国家自然科学基金重点项目（71832005）资金资助

经济管理精品教材
工商管理系列
21世纪

Marketing

市场营销学

滕乐法　李峰　吴媛媛　马振峰◎编著

清华大学出版社
北京

内容简介

《市场营销学》主要介绍了市场营销及其发展脉络，讲解了营销环境、市场分析与消费者洞察、营销策略与营销组合等核心概念，以及数字营销、全球营销、可持续营销等新理念，并凸显品牌在可持续市场营销中的重要作用。

《市场营销学》对一些易混淆的概念，如市场定位、产品定位和品牌定位，进行了明确、清晰的界定，既聚焦本土营销实践，又关注国际学术前沿，还注重对学生能力的培养。本书中的案例强调追踪现实中优秀企业的最新营销实践；在相关知识点中引入最新的研究成果；学思结合，每章提供题型丰富的思考与练习和实践应用。实践应用环节，要求学生进入企业调研，既分析成功企业，也分析失败项目，以系统提升学生发现和解决营销实际问题的能力。

本书可作为高等学校工商管理专业本科生、研究生、MBA 的教材，也可作为企业培训用书。

本书封面贴有清华大学出版社防伪标签，无标签者不得销售。

版权所有，侵权必究。侵权举报电话：010-62782989 13701121933

图书在版编目(CIP)数据

市场营销学 / 滕乐法等编著. —北京：清华大学出版社，2020.7
21 世纪经济管理精品教材. 工商管理系列
ISBN 978-7-302-55764-7

Ⅰ.①市⋯ Ⅱ.①滕⋯ Ⅲ.①市场营销学—高等学校—教材 Ⅳ.① F713.50

中国版本图书馆 CIP 数据核字 (2020) 第 105003 号

责任编辑：徐永杰　刘志彬
封面设计：李召霞
版式设计：方加青
责任校对：宋玉莲
责任印制：沈　露

出版发行：清华大学出版社
网　　址：http://www.tup.com.cn, http://www.wqbook.com
地　　址：北京清华大学学研大厦 A 座　　邮　　编：100084
社 总 机：010-62770175　　邮　　购：010-62786544
投稿与读者服务：010-62776969, c-service@tup.tsinghua.edu.cn
质 量 反 馈：010-62772015, zhiliang@tup.tsinghua.edu.cn

印 装 者：三河市吉祥印务有限公司
经　　销：全国新华书店
开　　本：185mm×260mm　　印　张：25.25　　字　数：551 千字
版　　次：2020 年 9 月第 1 版　　印　次：2020 年 9 月第 1 次印刷
定　　价：59.80 元

产品编号：087557-01

前 言

随着移动互联网、大数据、云计算、人工智能、5G等科学技术的不断发展，我们开始越来越多地接触通过社交媒体、网络直播进行的营销活动。一方面，这些营销活动不断冲击着传统的市场营销理论；另一方面，今天的市场营销人员需要更多基于新的营销实践的理论和工具，去帮助企业创造顾客价值、建立顾客关系。

为什么要学习市场营销学？

在这个快速变化且日益数字化和社会化的环境中，每个人都是营销过程的积极参与者，把握目标市场、创造顾客价值、打造产品品牌是当今市场营销的目标。市场营销在了解消费者需求的基础之上，确定企业可以了解和引导的目标市场，吸引留住消费者，与其建立良好的顾客关系。肯德基进军电子竞技游戏领域，推出智能虚拟形象"KI上校"，通过实时数据分析，预测电竞赛事胜率。力求在电子竞技爱好者心智中站稳脚跟，并完美地进入他们的生活。然而，电竞比赛充满无法预知的不确定性，于是"KI上校"在比赛胜率预测时频频出错，但其"反向预测"能力却被广大网友传播，反而迎合了电子竞技消费者的喜好，使得"KI上校"无论结果预测对否，都让品牌传播立于不败之地，很好地与用户建立了紧密的顾客关系。

新兴技术的快速发展必将会创造出一个更加新颖、更加便捷、更加吸引顾客的营销世界，在这个新世界中，消费者也将面对更多的产品和服务，也会变得更加挑剔。市场营销学的知识也在原有的理论体系的基础上"破茧而出"，"顺势"升级。

如何借助本书学好市场营销学？

本书围绕"如何为顾客创造价值"这一市场营销最核心的问题，分18章进行了阐述。章首、章中及章末的学习环节可以帮助学生全面、系统地掌握市场营销学的相关理论和实践。

1. 章节开篇有情境

每章开始，均设有一个整合性的开篇部分，包含本章要点（介绍本章的要点内容）、学习目标（介绍本章的主要内容和学习任务）以及营销导读（以一个引人入胜的案例引出本章的主要内容），以引导学生尽快进入特设的营销情境中。

2. 理论阐述有特色

阐述营销理论时，通过直观的图表注释使内容易于理解；借助企业实践案例，把理论融入案例与实践中，加深学生对营销理论知识的理解；引入市场营销领域前沿或有趣的研究成果，增强学习的广度与深度；增加最新的企业营销故事，丰富学习的内容和形式；加入题型完善的自我测试，检验学习效果，及时查缺补漏。

3. 章节总结和拓展应用有复盘

本书以实践性和应用性的方式引导学生踏上有趣的市场营销学习之旅。为便于学生对所学知识进行复盘，每章末尾均设有 4 个栏目，分别从不同的角度帮助学生提升学习效果，如图 1 所示。

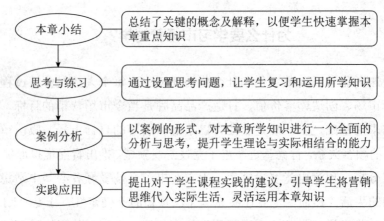

图 1　章节内容结构图

本书的特色

1. 重视品牌建设在长期市场营销过程中的重要作用

之前的"市场营销学"教材大多把品牌作为产品策略的一部分进行论述，重视度不够，也无法体现当前品牌在产品策略中的重要作用。为凸显品牌地位，本书特别把品牌策略作为独立的一章进行详细阐述，以期能引起读者对品牌营销更多的关注。

2. 重新梳理了部分易混淆的概念

本书对市场营销学的部分基本概念进行了重新梳理，进行了明确、清晰的界定。例如，本书对于易混淆的市场定位、产品定位和品牌定位进行了重新定义，明晰了三者之间的关系，如图 2 所示。

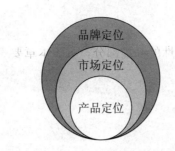

图 2　市场定位、产品定位和品牌定位的逻辑关系图

3. 聚焦于最新的本土营销实践和前沿的国际学术研究

本书内容与当代营销环境深度结合，每章均有读者熟悉的中国企业营销实践案例，同时加入国内外学术界的最新研究洞察，引导学生关注市场营销领域最新的学术研究成果和发现。

4. 理论联系实际，追踪企业的最新营销实践

本书内容与当今企业的营销实践密切结合，每一章都加入最新的企业营销案例作为教材的营销故事，丰富教材内容，注重理论知识与企业实际相联系，引导学生紧跟时代发展，关注企业的营销实践。

5. 学思结合，构建题型详尽的章节自我测试

系统自我检测环节，学生在学习一个章节的知识后，无法及时检验学习效果。本书既注重理论知识的阐述，同时也重视提供一种检验学习效果的方式，从而更好地帮助学生提升其学习效果。

本书由滕乐法、李峰、吴媛媛、马振峰编著。滕乐法编写第一、二、七、八、十六章，李峰编写第三、四、十二、十三、十七章，吴媛媛编写第五、六、九、十章，马振峰编写第十一、十四、十五、十八章。此外，在本书编著的过程中，非常感谢王永贵、王燕茹和邹丽敏三位老师对本书提出的宝贵意见。

由于编者水平有限，书中难免存在不足之处，敬请广大读者批评指正。

编　者

目 录

第一章 市场营销及其发展脉络……1
本章要点……1
学习目标……1
营销导读……1
第一节 市场营销概述……2
第二节 市场营销发展历程……8
第三节 市场营销的意义……13
本章小结……15
重要概念……15
思考与练习……16
案例分析……16
实践应用……17

第二章 营销计划、组织、执行与控制……18
本章要点……18
学习目标……18
营销导读……18
第一节 营销计划……19
第二节 营销组织……22
第三节 营销执行……26
第四节 营销控制……30
本章小结……35
重要概念……35
思考与练习……36
案例分析……36

实践应用……37

第三章 市场营销环境……38
本章要点……38
学习目标……38
营销导读……38
第一节 营销环境概述……39
第二节 宏观营销环境……41
第三节 微观营销环境……49
第四节 营销环境与市场导向……54
本章小结……58
重要概念……59
思考与练习……59
案例分析……59
实践应用……60

第四章 营销信息管理与市场调研……61
本章要点……61
学习目标……61
营销导读……61
第一节 营销信息管理……62
第二节 市场调研……67
第三节 市场预测……76
本章小结……84
重要概念……84

思考与练习···84
案例分析···85
实践应用···86

第五章　消费者市场及购买行为分析····87

本章要点···87
学习目标···87
营销导读···87
第一节　消费者市场概述·····················88
第二节　影响消费者购买行为的因素····92
第三节　消费者的购买决策过程··········98
本章小结··106
重要概念··107
思考与练习·······································107
案例分析···107
实践应用···108

第六章　组织市场及其购买行为·········109

本章要点··109
学习目标··109
营销导读··109
第一节　组织市场概述·······················110
第二节　组织购买行为·······················113
第三节　组织市场的分类及其行为特点····120
本章小结···126
重要概念···126
思考与练习·······································126
案例分析···127
实践应用···128

第七章　目标市场选择与定位···········129

本章要点··129
学习目标··129
营销导读··129
第一节　市场细分·······························130

第二节　目标市场选择·······················140
第三节　市场定位·······························143
本章小结··149
重要概念··149
思考与练习··149
案例分析··150
实践应用··151

第八章　产品策略······························152

本章要点··152
学习目标··152
营销导读··153
第一节　产品及产品组合···················154
第二节　产品定位·······························159
第三节　产品生命周期·······················162
第四节　包装、标签、保修和承诺···167
第五节　新产品开发···························169
本章小结··175
重要概念··175
思考与练习··175
案例分析··176
实践应用··177

第九章　定价策略·······························178

本章要点··178
学习目标··178
营销导读··178
第一节　定价的理论基础与基本影响
　　　　因素·····································179
第二节　定价的方法···························188
第三节　定价的基本策略···················190
第四节　价格变动·······························195
第五节　公共政策与定价···················198
本章小结··199
重要概念··200

思考与练习	200
案例分析	200
实践应用	202

第十章 渠道策略 203

本章要点	203
学习目标	203
营销导读	203
第一节 渠道概述	204
第二节 渠道设计与管理	208
第三节 批发商与零售商	214
第四节 物流与供应链管理	218
本章小结	223
重要概念	223
思考与练习	223
案例分析	224
实践应用	225

第十一章 促销策略 226

本章要点	226
学习目标	226
营销导读	226
第一节 促销组合	227
第二节 整合营销传播	233
第三节 广告与公共关系	235
第四节 人员推销与销售促进	239
第五节 直接营销与互联网营销	243
本章小结	245
重要概念	246
思考与练习	246
案例分析	246
实践应用	248

第十二章 营销组合理论的发展 249

| 本章要点 | 249 |

学习目标	249
营销导读	249
第一节 4P 营销组合的扩展	251
第二节 4C、4R 和 4V 营销组合理论	256
本章小结	260
重要概念	260
思考与练习	261
案例分析	261
实践应用	262

第十三章 服务营销 263

本章要点	263
学习目标	263
营销导读	263
第一节 服务营销概述	264
第二节 服务质量管理	269
第三节 服务营销策略	275
本章小结	280
重要概念	280
思考与练习	280
案例分析	281
实践应用	282

第十四章 数字营销 283

本章要点	283
学习目标	283
营销导读	283
第一节 数字营销概述	284
第二节 数字营销与消费者	289
第三节 数字营销的形式	293
第四节 数字时代下的顾客关系管理	298
本章小结	302
重要概念	302
思考与练习	303
案例分析	303

实践应用……304

第十五章　市场营销新领域……305

本章要点……305
学习目标……305
营销导读……305
第一节　体验营销……306
第二节　口碑营销……310
第三节　事件营销……314
第四节　绿色营销……319
本章小结……323
重要概念……324
思考与练习……324
案例分析……324
实践应用……325

第十六章　品牌策略……326

本章要点……326
学习目标……326
营销导读……326
第一节　品牌综述……327
第二节　品牌定位……331
第三节　品牌资产……335
第四节　品牌策略选择……342
本章小结……346
重要概念……347
思考与练习……347
案例分析……347
实践应用……348

第十七章　全球市场营销……349

本章要点……349
学习目标……349
营销导读……349
第一节　21世纪的全球市场营销……351
第二节　全球市场营销环境分析……352
第三节　全球市场的进入决策……354
第四节　全球市场营销策略……360
第五节　全球市场营销组织……367
本章小结……368
重要概念……368
思考与练习……368
案例分析……368
实践应用……370

第十八章　营销道德和社会责任……371

本章要点……371
学习目标……371
营销导读……371
第一节　营销道德……372
第二节　企业社会责任……378
第三节　社会责任营销……381
本章小结……384
重要概念……385
思考与练习……385
案例分析……385
实践应用……387

附录……388

附录A　案例分析的六大步骤……388
附录B　企业调研展示模板……389

主要参考文献……390

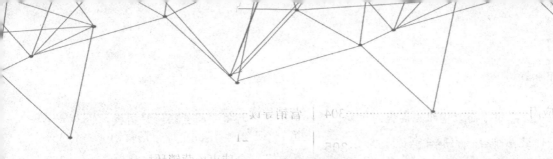

第一章
市场营销及其发展脉络

本章要点

市场营销学是系统地研究市场营销活动规律性的一门科学。它是建立在经济科学、行为科学和现代经营管理理论基础之上的一门交叉学科,也是一门应用性与原理性相结合的学科。随着市场经济体制的不断完善和发展,市场营销在经济和社会各个领域都得到广泛应用,其理论和方法的应用对企业经营、政府管理乃至国际关系等都起着重要作用。面对更加激烈的市场竞争和更大的机遇与挑战,全面、系统地学习、掌握和应用现代市场营销的理论和方法,对于各个领域、行业的营销人员以及当代经济管理类各专业的大学生们来说具有重要意义。

学习目标

通过本章的学习,读者应该:
1. 理解市场的定义。
2. 掌握市场营销的含义。
3. 掌握市场营销的重要概念。
4. 了解营销的主要观念。
5. 理解市场营销的意义。

营销导读

小站教育——互联网营销新思维

小站教育长期从事托福、雅思等出国留学外语的一对一在线培训,自2012年起进入飞速发展阶段,业绩以每年200%以上的幅度增长。接下来,我们就看一下这家已经在互联网营销方面取得非凡成就的机构,是如何一步步打造完美互联网营销模式的。

1. 交易平台:大胆尝新

小站教育自从确定在线教育的模式后,就一直借助淘宝等互联网平台进行交易。利用这些互联网工具可以完成咨询洽谈、方案制定、付款签约等流程。当外语培训(如托福培训)涉及课时、英语基础等复杂问题的沟通时,可以借助电话进行联系,但交易的大部分过程最终还是在互联网平台上完成。

2. 公益平台:免费公开课攻势

小站教育目前已在YY平台上建立了自己的主题页面,定期直播托福培训等公开课,广受学员好评。最近还将公开课延伸到了QQ平台。这种公开课等同于一种试听,是展示师资力量的绝佳机会。

3. 内容平台:营销+品牌打造

小站教育的自建论坛bbs.tpooo.com,在短短两年时间内,注册量已突破50万,日均访问量3万人次,曾创造过同类论坛中当日同时在线人数的最高纪录。此外,小站教育在微博、人人、豆瓣等多个网络社交平台上开设外语培训相关账号,累积粉丝数量相当可观。这些平台在发送外语培训相关信息之余,也时不时地开展互动活动,所有能直接接触到目标人群的平台都以互动体验取胜。基于消费者对品牌的良好印象,小站教育可以再次发现商机。

外语培训的在线化,不是只有教学模式实现网络化就可以,而是从开始品牌打造,到中期营销推广和后期服务,全程切入互联网思维。用一个完整的互联网环境打动消费者,让他们从接触品牌开始就适应互联网教育的概念,进而更容易接受相关产品。小站教育的成功模式非常值得业内同行借鉴。

资料来源:佚名.小站教育——互联网营销新思维.搜狐教育.[2014-05-19].
http://learning.sohu.com/20140519/n399748259.shtml.

第一节 市场营销概述

企业的市场营销活动建立在了解消费者需求的基础之上,确定企业可以了解和引导的目标市场,吸引并留住消费者,与其建立良好的顾客关系。市场营销学是一门应用性极强的管理学科,在其不断的发展过程中,不断融合了经济学、管理学、社会学和行为科学等相关理论,形成了自己独特的理论体系。市场营销学的研究对象是"以消费者需求为中心的市场营销关系、市场营销规律及市场营销策略"。研究企业的市场营销活动并为其营销管理服务,是市场营销学的基本立足点。

一、市场概述

市场（Market）产生于社会分工，也是商品经济的产物，经济学家将其定义为"买主和卖主的集合"。从宏观角度来看，卖方的集合构成行业，买方的集合构成市场。市场营销学（Marketing）主要研究组织（特别是企业）的营销管理活动，侧重从具体的交换活动及其规律去认识和定义市场。著名营销学家菲利普·科特勒指出，市场是由一切具有特定需求或欲望、愿意且可能通过交换来满足需求和欲望的潜在顾客构成的。因此，这里的市场是指某种产品的现实购买者和潜在购买者需求的总和。

市场包含3个主要因素：有某种需要的人、为满足这种需要的购买能力和购买欲望，即：市场 = 人口 + 购买能力 + 购买欲望。

图1-1显示了5个基本市场及它们的交换关系。制造商进入资源市场（如原材料市场、劳动力市场、货币市场），购买资源并将其转化为商品和服务，然后将成品出售给中间商，中间商再将商品和服务出售给消费者。消费者通过出售劳动获得支付商品和服务的费用。政府利用税收收入从资源市场、制造商市场和中介市场购买商品和服务，并利用这些商品和服务提供公共服务。每个国家的经济，乃至全球经济，都是由一系列相互作用的市场组成的，这些市场通过交换过程联系在一起。

市场营销人员使用"市场"这个术语来涵盖各种类型的顾客。他们认为卖方构成行业，买方构成市场。其中，市场类型多样，包含需求市场（如餐饮市场）、产品市场（如鞋子市场）、人口市场（如青年市场）和地理市场（如中国市场）等。

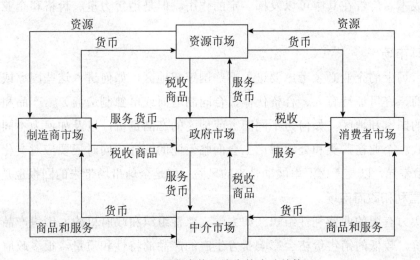

图1-1　现代交换经济中的流动结构

图1-2显示了行业和市场之间的关系。买卖双方通过4种流动关系联系在一起。卖方向市场发送商品、服务和传播信息（如广告和直邮）；作为回报，他们收到金钱和反

馈信息（如顾客态度和销售数据）。行业与市场之间的内部循坏展示了商品或服务与货币的交换，外部循环展示了信息交换。

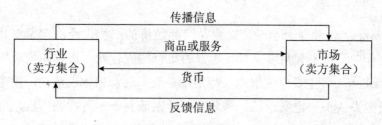

图1-2 简化的营销系统

为了进一步提高企业的经营利润，提供市场需要的商品或服务，企业会按照某种标准将市场进一步划分成几个主要的顾客市场，不同的顾客市场之间，需求也不同，企业需要考虑不同的顾客市场各自的需求。

1. 消费者市场

销售大众消费品和服务（如果汁、化妆品、运动鞋和航空旅行）的企业花费大量的时间，通过开发优质产品和包装，发挥其产品特色，并通过积极的沟通和可靠的服务为其提供支持，进而树立卓越的品牌形象。

2. 企业市场

向企业出售产品和服务的公司通常会遇到知识渊博的专业买家，他们擅长评估不同的竞争产品。企业买家通过进一步加工购买到的产品或将产品转售给他人以获利。以企业为目标顾客的营销人员必须证明他们的产品将如何有助于购买方企业实现更高的收入或更低的成本。广告在其中可以发挥一定的作用，但是销售力量、价格和企业声誉可能更为重要。

3. 全球市场

全球市场上的企业必须考虑要进入哪些国家或地区，如何进入这些国家或地区（如作为出口商、许可证持有人、合资伙伴、合同制造商或单独制造商），产品和服务如何适应进入的国家和地区，如何为不同国家或地区的产品定价，以及如何为不同的文化设计交流方式。企业在购买和处置财产上会面临不同的选择，同时还要应对文化、语言、法律、政治差异，以及考虑汇率波动带来的风险，但是全球市场带来的回报也是巨大的。

4. 非营利和政府市场

向购买力有限的非营利性组织（如大学、慈善组织和政府机构）销售产品的企业需要谨慎定价。较低的销售价格会影响卖方生产的产品的特性和质量。很多政府采购都需要投标，在没有特殊原因的情况下，除了关注实际的解决方案，也更青睐成本较低的投标。

二、市场营销的含义

与学过的其他科目不同的是,你对市场营销已经很熟悉了,你每天都会参与其中。每天早上,你都要选择什么样的食物作为早饭,可能是粥也可能是面条;中午,你可能会一边吃午饭一边逛淘宝购买东西。在每一种情况下,你都作为买方,决定是否应该花费时间或金钱来接受某一特定的产品或服务。如果你决定在闲鱼上出售一些你不再需要的产品,这时你就变成了卖家。在每一笔交易中,你都参与了市场营销活动。

市场营销可以定义为"在创造、沟通、传播和交换产品中,为顾客、合作伙伴以及整个社会带来经济价值的活动、过程和体系"。市场营销与其他组织职能(如会计和财务)密切相关,其作用是创造基于市场的资产,如顾客和供应商关系,从而可以创造和利用品牌等市场营销资产。品牌体现在资产负债表上,是该组织的投资,它对消费者情绪、股东活动、顾客忠诚度和组织价值等均会产生影响。

有效的市场营销不是巧合,它需要进行详细周密的计划和确定这些决定对整个社会产生的伦理影响。企业评估其市场地位并决定营销策略,然后制订营销计划以确定特定时期内的营销活动。其中,营销计划包含不同的组成部分:产品的构思或设计、成本、促销地点和方式以及如何到达消费者手中。此外,交易各方都应该对交易感到满意。例如,你应该对自己因为成为某平台会员而免费看付费电影感到满意甚至高兴,该视频平台则应该对从你那里得到的费用感到满意。如图1-3所示为市场营销的核心内容。

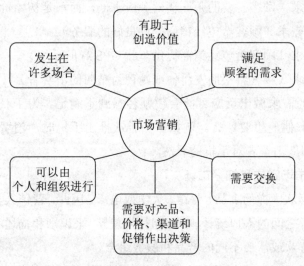

图 1-3 市场营销的核心内容

三、市场营销的重要概念

1. 需求、欲望和需要

需求是人类的基本需要，如对空气、食物、水、衣服和住所的需要。人类也有强烈的休闲、教育和娱乐需求。当它们被指向可能满足需求的特定对象时，这些需求就变成了欲望。一个上海人的食物欲望，可能是奶酪、牛排和冰茶；一个新疆人的食物欲望，可能是大米、羊肉和胡萝卜。欲望是由我们的社会塑造的，需求是在有支付能力的前提下，对特定产品的欲望。很多人都想拥有一辆奔驰汽车，但只有少数人能够拥有。企业不仅要衡量有多少人想要它们的产品，还要衡量有多少人愿意并能够购买其产品。

这些区别验证了"营销人员创造需求"或"营销人员让人们购买他们不想要的东西"的观点是错误的。事实上，营销人员不创造需求，需求先于营销人员存在。营销人员与其他社会因素一起影响需求。营销人员可能会提倡这样一种想法，即一辆奔驰车可以满足一个人对社会地位的需求。然而，他们并没有创造对社会地位的需求。

有些顾客的需求是营销人员没有完全意识到的，或者是顾客无法表达的。当顾客要求一台"强大的"割草机或一家"安静的"酒店时，这意味着什么？营销人员必须进一步调查。我们以汽车为例，区分以下5种需求：

（1）阐明的需求（顾客想要一辆划算的车）。
（2）真正的需求（顾客想要的是一辆驾驶成本低，而不是初始价格低的车）。
（3）未说明的需求（顾客希望经销商提供良好的服务）。
（4）快乐的需求（顾客希望经销商提供车载 GPS 导航系统）。
（5）隐秘的需求（顾客希望朋友将他或她视为精明的消费者）。

仅对上述阐明的需求做出反应可能会使顾客感到不满足。为了获得优势，企业有时候必须帮助顾客了解他们想要什么。例如，当首次推出手机时，消费者对其了解不多，OPPO 和小米努力塑造消费者对手机的看法。

2. 目标市场、市场定位和细分市场

不是每个人都喜欢同样的食品、餐馆、大学或电影。因此，营销人员需要将市场细分。他们通过分析购买者之间的人口统计、心理和行为差异，来识别和描述不同的购买者群体，这些购买者可能更喜欢或需要不同的产品和服务组合。

在确定细分市场之后，市场营销人员需要决定哪些是最大的机会，即哪些是目标市场。对于每一个目标市场，企业都要开发出一种市场产品，定位它在目标顾客心中的位置，为目标顾客提供核心利益。沃尔沃为那些主要关注安全的购买者开发汽车，将其定位为顾客能买到的最安全的汽车。

3. 产品和品牌

企业通过提出价值主张来满足顾客需求，即提出满足这些需求的一系列利益。无形的价值主张是通过产品、服务、信息和经验的组合来实现的。品牌可以帮助消费者对企业产品进行恰当的联想，从而树立良好的品牌形象，像华为这样的品牌在人们心目中树立了许多构成其形象的联想：智能手机、5G、高科技和便利的服务等。所有的企业都试图建立一个尽可能多的、强大的、有利的、独特的和容易联想的品牌形象。

营销故事1-1

4. 价值与满足

买方会选择他（或她）认为最有价值（即有形与无形利益最大以及成本最低）的产品。价值是一个核心的营销概念，由质量、服务和价格构成，这三者的组合被称为顾客价值三元组。产品的价值随着质量和服务的提高而提高，但随着价格的降低而降低。

我们可以把市场营销看作是对顾客价值的识别、创造、沟通、传递和监控的过程。满意度反映了一个人对产品感知性能与期望之间的关系判断。如果性能低于预期，顾客会失望；符合预期，顾客不会产生不满；超过预期，顾客会满意。

5. 营销渠道

（1）沟通渠道。传递和接收目标顾客的信息，包括报纸、杂志、广播、电视、邮件、电话、广告牌、海报、传单、CD、录音带和互联网。此外，企业还通过观察旗下的零售店、网站和其他媒体来了解市场。营销人员越来越多地关注与消费者可以进行对话的渠道（如电子邮件、博客和免费电话），而非单向的独白渠道（如广告）。

（2）分销渠道。营销人员利用分销渠道向买方（或用户）展示、销售和交付实物产品（或服务）。这些渠道可以通过互联网、邮件和电话等直接联系，也可以通过分销商、批发商、零售商和代理商这样的中介间接联系。

（3）服务渠道。为了与潜在顾客进行交易，营销人员还使用包括仓库、运输、银行和保险企业在内的服务渠道。营销人员在为产品选择最佳的传播、发行和服务渠道组合时，显然面临着渠道设计上的挑战。

6. 供应链

供应链是一个更长的渠道延伸，包括从原材料到零部件再到最终产品运送至最终购买者的过程。例如，咖啡的供应链始于埃塞俄比亚农民的播种、培植和采摘。接着，农民把收获的咖啡豆卖给批发商或公平交易的合作企业。如果通过合作企业销售，另一个贸易组织（ATO）会以每千克最低 2.8 美元的价格收购这些咖啡豆，并进一步对它们进行清洗、烘干、打包和装运。之后，ATO 会将咖啡豆运送到发展中国家，在那里可以直接或通过零售渠道进行销售。这个过程中，每家企业只从供应链价值交付系统产生的总价值中获取特定比例的价值。当一家企业收购竞争对手或向上下游扩张时，其目标是获取更高份额的供应链价值。

7. 竞争

竞争者包括买方可能考虑到的、所有实际的和潜在的竞争品和替代品的生产企业。汽车制造商可以从中国的钢铁企业或日本、韩国等外国企业购买钢材来节省成本，也可从中国的铝制品企业购买某些部件来降低汽车的重量，亦可购买来自沙特阿拉伯基础工业企业（SABIC）的工程塑料来代替钢铁。显然，如果只考虑其他钢铁企业的看法将过于狭隘。从长远来看，中国钢铁企业更可能受到其他行业（非钢铁行业）替代产品的伤害，而不是行业内其他钢铁企业带来的伤害。

8. 营销环境

营销环境包括宏观环境和微观环境。宏观环境包括人口、经济、社会文化、自然、技术和政治法律6个环境因素。微观环境包括参与制造、分销及宣传的各种力量：企业能力、竞争对手、合作伙伴、顾客、营销渠道企业和公众。营销人员必须密切关注市场的趋势和发展，并根据需要调整营销策略。精准的营销技巧和营销创意可以给营销带来新的机会。

第二节 市场营销发展历程

一、市场营销的4个发展时期

市场营销的发展反映了社会正在发生的事情。市场营销的这种适应性特征反映在美国市场营销协会对市场营销的正式定义中。正如社会发展一样，营销也在发展，从早期强调销售，到现在考虑多个利益相关者和社会进步。为了了解市场营销是如何演变成创造价值过程中不可或缺的一环的，让我们来看看市场营销发展历程中的一些里程碑（见图1-4）。

图1-4 营销演变：生产、销售、营销和价值

1. 生产导向时期

20世纪初，大多数企业以生产为导向，相信好的产品会自我推销。福特汽车公司

（Ford Motor Co.）创始人亨利·福特（Henry Ford）曾说过一句名言："不管顾客需要什么颜色的汽车，我只有黑色一种（Customers can have any colour they want so long as it's black）。"制造商关心的是产品创新，而不是满足消费者个人的需求，零售店通常被认为是存放商品的地方，直到消费者对商品有需求。

2. 销售导向时期

1920—1950 年，生产和销售技术变得更为复杂，大萧条和"二战"使消费者习惯于减少消费或自己制造产品，如他们开辟了花园而不是购买鲜花。因此，制造商的生产能力超过了消费者的实际需求或购买能力。为了应对产能过剩带来的负面影响，企业继续生产超出需求的产品，并转向以销售为导向，依靠积极的销售，如使用大量的个人销售和广告。

3. 市场导向时期

"二战"后，士兵们回到家里，寻找到新工作，开始了家庭生活。与此同时，制造商也将关注点从战争转向生产。新的郊区设施和购物中心在全国各地兴起，逐步取代城市里的中心商业区，成为零售活动中心和休闲场所。

有些产品由于战争而一度供不应求，但现在供应充足了。发达经济体进入买方市场——顾客为王！当消费者处于有选择的情况时，他们能够根据质量、便利性和价格等因素做出购买决定。制造商和零售商对此的反应是，在设计、制造或销售其产品和服务之前，开始关注消费者的需求。正是在这一时期，企业开始看重市场。

4. 价值导向时期

当今大多数成功的企业都是以市场为导向的。这意味着它们已经从生产或销售导向转变为价值导向，试图发现并满足消费者的需求。在进入 21 世纪之前，好的营销企业意识到，除了发现并提供消费者想要和需要的东西外，"好的营销"还涉及创造价值，即比竞争对手为消费者提供更大的价值。

价值反映了收益与成本的关系，或者说是付出与得到之比。在市场营销环境中，消费者为了他们辛苦挣来的钱和稀缺的资源而寻求商品或服务的公平交易。他们希望商品或服务能够满足他们的特定需求，同时这些商品或服务的价格是适当的。为消费者提供价值的一种创造性方法是参与价值共创。在这种情况下，消费者可以充当产品创建的协作者。当消费者与企业合作时，他们共同创建投资组合，如当耐克允许消费者定制运动鞋时，他们便共同创造出一双新的运动鞋。

二、营销观念的演变

1. 生产观念

生产观念是商业中最古老的观念之一。它认为消费者更喜欢广泛可用和廉价的产品。

以生产为导向的企业管理者力图实现高生产效率、低成本和大规模分销，这种观念在发展中国家仍然流行，中国最大的个人计算机制造商联想和家用电器巨头海尔利用本国庞大而廉价的劳动力资源主导市场。当营销人员想要扩大市场时，他们就使用了生产观念。

2. 产品观念

消费者喜欢高质量、高性能和创新的产品。然而，产品经理们可能会犯"更好的鼠笼"的错误，总是相信一个更好的产品本身就会引导人们走向他们的大门。一个新的或改进的产品，如果没有合理的定价、分销、广告和销售，就不一定会成功。

3. 推销观念

推销观念认为，消费者通常存在购买惰性或抗衡心理。如果顺其自然的话，消费者一般不会主动购买某一企业的产品，如消费者通常不会想到购买保险和墓地。因此，企业必须积极推销和大力促销，以刺激消费者大量购买本企业的产品。那些产能过剩企业的目标是出售其所生产的产品，而不是市场想要的产品。这是一种激进的做法，基于硬性销售的营销是有风险的。它假定消费者在被诱骗购买某种产品后，不仅不会退货或说坏话，也不会向消费者组织投诉，甚至可能再次购买。

4. 市场营销观念

市场营销观念认为，实现企业各项目标的关键，在于正确确定目标市场的需要和欲望，并且比竞争者更有效地传送目标市场所期望的产品和服务，进而比竞争者更有效地满足目标市场的需要和欲望。在市场营销观念的指导下，企业应致力于顾客服务和顾客满意。顾客满意是指顾客将产品和服务满足其需要的效用与期望进行比较所形成的感受。若效用小于期望，顾客会不满意；若效用与期望相当，顾客会满意；若效用大于期望，顾客会十分满意。满意的顾客会变得忠诚，顾客忠诚会给企业带来更好的业绩。

5. 顾客观念

顾客观念是一种以消费者为中心的新型的企业经营哲学。不是为你的产品找到合适的顾客，而是为你的顾客找到合适的产品。例如，戴尔没有为其目标市场准备一台完美的计算机，相反，它提供了产品平台，每个人都可以定制想要的功能。

顾客观念认为，企业注重收集每一个顾客以往的交易信息、人口统计信息、心理活动信息、媒体习惯信息以及分销偏好信息等，由此获得不同顾客的终生价值，分别对每一个顾客传播不同的信息，提供各不相同的产品和服务，从而提高顾客忠诚度，以增加每一个顾客的购买量，进而确保企业利润的增长。有学者指出：销售侧重于卖方的需要，营销则侧重于买方的需要；销售专注于卖方将其产品转化为现金的需要，营销则通过产品和与创造、交付和最终消费相关的所有东西来满足顾客的需求。此外，营销观念强调满足每一个子市场的需求，而顾客观念则强调满足每一个顾客的特殊需求。

营销故事1-2

> **最新研究洞察 1-1**

通过社交媒体中的顾客参与行为捕捉创新机会

全球的品牌都在社交媒体品牌社区进行大量投资，以更好地与顾客互动，为促进共同创造提供机会。跨服务环境的研究表明，参与互动的顾客积极参与创意产生和协同工作，如共享知识、想法和偏好信息，以支持品牌。成功管理的核心是理解在社交媒体环境下是什么刺激了顾客参与行为（CEB），这有助于品牌在创新方面进行努力，最终提高目标受众的价值定位。

在线服务的发展使交互式的"参与平台"得以构建，消费者可以在其中交换资源以及共同创造价值。在此背景下，学者们认为 CEB 带来了一种新的行为视角。这一视角考察了顾客的行为表现，这些行为的焦点是品牌，而不是购买，是由于企业增加价值的动机驱动因素造成的。因此，管理者需要越来越多地引入实践来激励和鼓励顾客参与到对品牌和其他顾客有益的行为中。这种关注使品牌能够开启顾客共享行为，如提升顾客提供反馈或创新想法的倾向，以及与品牌社区中的其他人进行更多的协作和互动。

在这项研究中，顾客可以使用各种社交媒体功能，如发布问题，自由地寻求品牌信息，接收来自品牌的反馈和其他社区成员提供有关品牌偏好的品牌反馈（如完成调查、文字建议），参与产品开发和帮助其他顾客的品牌会获得更大的产品效用。这些功能可能会增加他们在品牌页面上进行自愿的、与创新相关的行为的可能性。

品牌页面等在线社交网络服务的日益成熟，使得品牌能够将被动的观察者转变为积极的参与者和合作者，不断产生新的想法。通过社交媒体分享品牌体验，将消费者和品牌联系起来，消费者正成为品牌故事的关键作者。尽管虚拟社区的概念并不新鲜，强大的社交网络工具的可用性使得发起对话、快速收集和捕获大量参与者的用户生成输入变得相对容易。了解这些过程对于获得竞争优势至关重要，因为可以促使社交媒体监控和文本分析等技术进步，这些技术可以"倾听"并从品牌页面捕捉顾客生成的内容，以实现创新目的，包括产品开发和品牌体验改进。

理解网站设计的特点，促进与顾客创新者的对话，对于鼓励消费者之间的合作和想法共享是很重要的。因此，理解社交媒体经理设计此类在线服务的机制，以促进消费者自愿做出有利于品牌和其他顾客的创新行为，是至关重要的。

资料来源：Carlson J, Rahman M, Voola R, et al. Customer Engagement Behaviours in Social Media: Capturing Innovation Opportunities. Journal of Services Marketing, 2018, 32（1）:83-94.

6. 社会营销观念

社会营销观念是以社会长远利益为中心的市场营销观念，是对以往营销观念的补充和修正。它产生于20世纪70年代,随着全球环境破坏、资源短缺、人口爆炸、通货膨胀和失业增加等问题日益严重,要求企业顾及消费者整体利益与长远利益的呼声越来越高。以往的营销观念回避了消费者需要、消费者利益和长期社会福祉之间隐含冲突的现实,而社会营销观念认为,企业的任务是确定各个目标市场的需要、欲望和利益,以保护或提高消费者和社会福祉的方式,比竞争者更有效、更有利地向目标市场提供能够满足其需要、欲望和利益的商品或服务,即必须统筹兼顾企业利润、消费者需要和社会福祉三者的平衡。诚如习近平主席所言:"只有义利兼顾才能义利兼得,只有义利平衡才能义利共赢。"

7. 关系营销观念

市场营销的一个关键目标是与直接或间接影响企业营销活动结果的人和组织建立深入持久的关系。关系营销的目的是与关键组成部分企业建立相互满意的长期关系,以获得和维系其业务。

关系营销的四大主要成员是顾客、员工、合作伙伴(如渠道、供应商、经销商和代理商)以及金融圈成员(如股东、投资者和分析师)。营销人员必须在这些成员中创造财富并平衡利益相关者的收益。需要与他们建立牢固的关系,了解他们的能力、资源、需求、目标和愿望。

关系营销的最终结果是形成一项独特的企业资产——营销网络,由企业及其利益相关者组成,即与顾客、员工、供应商、分销商、零售商和其他成员建立互利的业务关系。与关键的利益相关者建立一个有效的关系网络,利润就会随之而来。因此,越来越多的企业选择拥有自己的品牌,而不是实物资产,并将业务分包给那些可以做得更好、成本更低的企业,同时将核心业务留在国内。企业还会根据过去的交易、人口统计、心理统计、媒体和分销偏好等信息,为消费者制定单独的报价和服务。通过关注利润最高的顾客、产品和渠道,企业希望实现利润增长,通过建立高度的顾客忠诚度,以期在每个顾客的支出中获得更大的份额。他们估计单个顾客的生命周期价值,设计他们的市场产品和价格,以便在顾客的生命周期中获利。

8. 整体营销观念

毫无疑问,定义了21世纪第一个10年的趋势和力量正在引导商业企业走向一套新的信仰和实践。

整体营销观念是基于开发、设计和实施营销计划、过程和活动,认识到它们的广度和相互依赖性。整体营销认识到并调和了营销的范围和复杂性。图1-5提供了整体营销的4个主要组成部分的示意图概述,包括内部营销、整合营销、关系营销和绩效营销。成功的企业使其营销随着市场和市场空间的变化而变化。整体营销认为营销中的一切都很重要,并且认为广泛的、综合的观点往往是必要的。

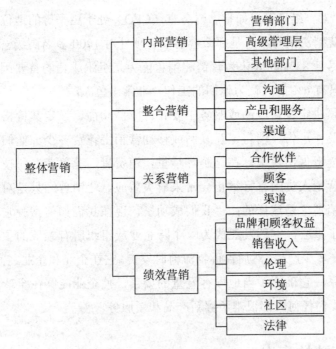

图 1-5　整体营销关系图

一、市场营销的重要性

　　21世纪的头10年,企业面临着在严峻的经济环境中生存和获取利润的挑战,营销在其中发挥着关键作用。如果没有足够的产品和服务需求,企业的财务、运营、会计和其他业务职能就没有意义,只有存在足够需求的企业才可以盈利。因此,企业的财务成功通常取决于营销能力。

　　整体而言,市场营销的重要性可以更广泛地延伸到整个社会。市场营销帮助人们引进和接受新产品,这些产品减轻或丰富了人们的生活。当营销人员进行创新以提高其在市场中的地位时,可以激发现有产品的改进。成功的市场营销为产品和服务创造了需求,继而创造了就业机会。因此,成功的市场营销战略使得企业更加充分地参与社会责任活动。

　　首席执行官(CEO)们认识到营销在建立强大的品牌和忠诚的顾客基础方面的作用,这些无形资产对企业的价值贡献巨大。消费品制造商、医疗保险企业、非营利组织和工业产品制造商都在宣传其最新的营销成果。许多企业现在都设有首席营销官(CMO),

以使营销与其他"C"级高管，如首席财务官（CFO）处于更平等的地位。

做出正确的营销决策并不总是那么容易。一项针对1000多名高级营销人员和销售主管的调查显示，尽管83%的人认为营销和销售能力是组织成功的首要因素，但在评估实际营销效果时，只有6%的人认为他们的工作"非常出色"。

营销人员必须决定在新产品或服务中要设计哪些功能，设定其价格，在何处销售产品或提供服务以及在广告、销售、互联网或移动营销上花费多少。他们必须在这个以网络为驱动力的环境下做出决策，在这个环境里，消费者、竞争者、科技与经济力量高速变更，并且市场营销人员的言行举止会带来放大效应。营销曾经只是对生产的一种事后思考。早期的营销理念是这样的："我们成功了，现在我们如何摆脱它？"现在，营销不仅极大地转移了重心，它还发展成为一个跨企业或组织所有领域的主要业务职能。市场部建议企业生产多少产品，然后告诉物流何时发货。它在企业和企业之间建立了长期的、相互有价值的关系。它确定了当地顾客看重的要素，使企业能够在全球进行扩张。如果没有市场营销，我们任何人都很难了解新产品和新服务。

二、市场营销的意义

1. 促进经济增长和发展

回顾我国改革开放40多年来的经济增长过程，我们可以看到市场营销对经济发展有着重要意义，随着我国社会主义市场经济体制的不断建构和完善，这种作用还将进一步加强。

（1）市场营销在促进经济总量增长方面发挥着重要作用。在社会主义市场经济条件下，经济总量的增长取决于能够满足人民日益增长的物质文化需要的社会有效供给，亦即能为市场接受的价值生产的总增长。

（2）市场营销通过营销战略与营销策略的创新，指导新产品开发经营，降低市场风险，促进新科技成果转化为生产力，充分发挥科技作为第一生产力在经济成长中的作用。

（3）市场营销的发展，在扩大内需和进军国际市场，以及吸引外资，解决经济成长中的供求矛盾和资金、技术问题等方面，开拓了更大的市场空间。

（4）市场营销为第三产业的发展开辟道路。专业性市场营销调研、咨询机构的发展，企业营销机构的充实和市场营销支持系统的发展，提供了大量的就业机会，并直接或间接地创造价值，促进第三产业的成长与发展。

（5）市场营销强调营销与环境的系统协调，倡导保护环境、绿色营销，对经济的可持续发展起到重要的作用。

2. 促进企业成长和发展

对于企业来说，市场营销对经济成长的贡献，主要表现在其解决企业成长和发展中的基本问题上。企业作为现代经济的细胞,其效益和成长是国民经济发展的基础。

(1)市场营销以满足需求为宗旨,引导企业树立正确的营销观念,面向市场组织生产过程和流通过程,不断从根本上解决企业成长中的关键问题。

(2)市场营销为企业成长提供了战略管理原则,将企业成长视为与环境变化保持长期适应关系的过程。企业必须不断了解变化的环境,预测其趋势,不断创新企业的产品及营销策略,规避营销短视风险,不断在更高层次上满足需要以实现自身成长。

(3)市场营销为企业成长提供了一整套竞争策略,指导企业发挥其竞争优势。在营销战略与策略层面,市场营销十分重视研究企业以满足需求为中心,形成自己的经营特色,以保证处于不败之地。

(4)市场营销为企业的成长与发展提供了较为系统的策略方案。企业可以通过市场营销战略和营销组合策略决策和系统实施,来达到其成长目标,也为企业成长提供了组织管理和营销计划的执行与控制方法。

本章小结

市场营销学是建立在经济科学、行为科学和现代经营管理理论基础之上的一门交叉学科,也是一门应用性与原理性相结合的学科。其研究对象是以满足顾客需求为中心的企业营销活动过程及规律。市场营销的重要概念有:需求、欲望和需要,目标市场、市场定位和细分市场,产品和品牌,价值与满足,营销渠道,供应链,竞争和营销环境等。

市场营销的发展历程大致分为4个阶段,分别是生产导向时期、销售导向时期、市场导向时期和价值导向时期。主要的营销观念有:生产观念、产品观念、推销观念、市场营销观念、顾客观念、社会营销观念、关系营销观念和整体营销观念。其中社会营销观念的核心在于正确处理企业利润、消费者需要和社会福祉三者之间的利益关系。

营销是指以满足人类各种需要和欲望为目的,通过市场变潜在交换为现实交换的一系列活动和过程。企业应努力提高顾客忠诚度,并与顾客构建长久持续的顾客关系,正确应用营销理论和方法,调整企业战略,进而提高企业的核心竞争力。

学习和研究市场营销学对于把握新经济时代下的各种机遇,迎接各种挑战,促进我国经济健康平稳发展,实现企业利润与社会和谐等具有重大意义。

重要概念

市场　市场营销　市场营销学　产品观念　推销观念　顾客观念　社会营销观念　关系营销　整体营销

思考与练习

1. 市场营销的发展历程分为哪几个阶段？
2. 营销和销售有哪些不同？
3. 营销观念主要有哪些？各自的含义是什么？
4. 营销观念的变化带来的启示有哪些？

案例分析

三只松鼠：网红零食的成功之道

一、建立极致口碑

1. 定位

产品定位于热衷网购的"80后""90后"，他们有自己的主见和行为准则，追求时尚，对细节挑剔，注重全方位的消费体验。

2. 主推产品

三只松鼠的主推产品是碧根果，选择这样一个市场前景好、竞争力度相对小的产品，对后期的发展尤为重要。如果当时选择的是市场接近饱和的开心果做主推产品，效果就会大受影响。

3. 口味

三只松鼠在产品口味上也是细心研究过的，像卖得很好的奶油口味碧根果，在市场上就很受欢迎。

二、深入人心：售卖流行文化和人文关怀

三只松鼠的包装设计，源于网上漫画爱好者的设计图，后期由店铺的专业团队进行改造。松鼠给人一种很萌的感觉，可以让人联想到快乐的童年，有利于记住"三只松鼠"这个品牌。

三只松鼠还成立了松鼠萌工场动漫文化企业，希望创作出互联网动画片、动漫集、儿童图书，为消费者带来快乐。

三、在所有细节上超越顾客期望

例如，消费者购买坚果，肯定需要一个垃圾袋，于是，三只松鼠就在包裹中，放置一个价值 0.18 元的袋子。尽管此举增加了成本，但是消费者会被三只松鼠的细心和体贴深深感动，这就是极致体验。

渠道方面，三只松鼠采取线上 B2C 品牌销售，拒绝分销。线下分销必然会增加流通环节，破坏产品的新鲜度，进而影响消费体验，削弱品牌力。除非未来 O2O 的融合产生能解决这一问题的模式和技术。

四、传播营销

在当前的互联网环境下，快消品企业必须要清醒地看到：无传播，不营销，敢于做"网红"。传统产品的互联网品牌要会讲故事、会折腾，要做"网红"，让你的目标群体记住你，帮你传播。

1. 广告植入

无论是《欢乐颂》《好先生》《微微一笑很倾城》，还是《小别离》，你都能看到三只松鼠的身影，或是以零食出现，或是以玩具公仔出现，广告总是植入得恰到好处，让人印象深刻。

同时，这些热播剧本身就极具吸睛效果，得以让三只松鼠的传播效应进一步放大。从投资回报率上来看，真是一般硬广所不能企及的。

2. 微博营销

三只松鼠已经成为众多大众媒体和小众媒体关注的焦点。众多的媒体关注，为三只松鼠创造了极高的社会影响。

资料来源：DomeSmart.三只松鼠营销策略分析——萌文化的网红零食成功之道.搜狐网.[2018-10-10].

https://www.sohu.com/a/258571098_100169107.

问题：

（1）试评析三只松鼠的营销策略。

（2）三只松鼠是怎样创造、传递和传播顾客价值的？

实践应用

2个小组针对本章内容进行展示。一组展示一个全面的案例；另一组介绍企业调研，讲述企业真实的故事。

任务1-1　案例分析

任务1-2　企业调研

第二章
营销计划、组织、执行与控制

本章要点

营销计划、组织、执行和控制是企业营销管理的重要组成部分。营销计划的缺失会导致行动和支出的混乱,使企业在市场竞争中处于不利地位,因此营销计划是每个企业管理经营的重要依据。营销组织是实施计划的载体,企业需要一定的组织结构和组织形式实现计划的制订和执行。同时,监控营销组织在实施过程中执行计划的进展和结果,会使整个过程便于企业进行评估和控制,从而能更有效地指导企业管理实践。因此,营销计划、组织、执行和控制是构成企业营销管理的重要环节。

学习目标

通过本章的学习,读者应该:
1. 掌握营销计划的主要内容。
2. 了解管理营销组织的措施。
3. 掌握企业营销执行的过程。
4. 掌握企业营销控制的方法。
5. 了解企业营销审计的内容。

营销导读

五粮液寻求更高质量发展

在2018年的"1218会议"上,五粮液为2019年的企业发展制定了"补短板、拉长板、升级新动能"的发展战略,对渠道、组织、系列酒和机制4个"短板"进行补齐,在推动产品结构、品牌传播升级上,进一步发挥"长板"优势。

2019年以来，五粮液全面导入"控盘分利"的营销模式，通过梳理渠道架构，实现渠道的扁平化、网络化、精细化，配套精准的市场运作策略，做到动作简洁、政策透明和利润稳定。2019年也是五粮液营销组织的改革元年，围绕着推动营销组织"横向专业化、纵向扁平化"的目标，原有的五粮液七大营销中心改成了21个营销战区，依托数字化赋能，向终端和消费者方向全面转型。

"五粮液2019年的营销改革取得阶段性成效。"李曙光在会上表示。从目前发展情况来看，五粮液的一系列改革举措正在补齐发展"短板"，并且已经取得重大实质性成果。五粮液集团企业总经理、股份企业董事长曾从钦在营销工作报告中表示，2019年五粮液重点在提升品牌力、产品力、渠道力和执行力上持续优化，实现了"四个提升"：加强文化建设、加大品牌推广和加速IP打造，品牌力得到进一步提升；深化研发创新、优化产品体系和强化过程管控，产品力得到进一步提升；升级传统模式、拓展优势资源和严格市场督导，渠道力得到进一步提升；抓数字化转型、变革营销组织和优化管理模式，执行力得到进一步提升。

2019年度世界品牌500强排行榜中，五粮液连续入选并位列第302位，较2018年上升24位，排名增速为食品饮料行业第一。在亚洲品牌500强、中国企业500强等权威评价榜单中，五粮液也连续多年入选，排位不断跃升。

与此同时，五粮液的核心产品在2019年也实现了迭代升级，白酒行业标志性大单品——第八代经典五粮液全面上市，品质、包装和防伪等全方位升级，得到市场高度认可。超高端白酒产品"501五粮液"正式发布，进一步推动了五粮液品牌价值提升，重新定义了中国白酒的价值表达。

资料来源：佚名. 千亿酒企凸显行业结构性繁荣 五粮液寻求更高质量发展. 中国证券网. [2019-12-24]. http://news.cnstock.com/event,2017mzpp-201912-4468735.htm.

第一节 营销计划

从理论上讲，市场营销管理过程包括分析营销机会、选择目标市场、设计营销策略、制订营销计划和管理营销活动。但实际上，在竞争激烈的市场中，企业必须不断推进营销计划，创新产品和服务，与顾客保持联系，寻求新的优势，而不是依赖过去的优势。在将互联网纳入营销计划方面尤其应如此。营销人员必须努力在搜索广告、社交媒体、电子邮件和短信营销方面的增加支出与传统营销传播方面的适当支出之间取得平衡。在经济困难时期，他们必须这样做，因为每项营销活动都被期望带来投资回报。

一、营销计划的内涵

营销计划总结了营销人员对市场的了解,是一份指出企业计划如何实现其营销目标的书面文件。它是营销过程中最重要的成果之一,为品牌、产品和企业提供方向。非营利组织利用营销计划来指导其筹款和外联工作,政府机构利用营销计划来提高公众对其形象的认识。

与商业计划相比,营销计划的范围更为有限,它以顾客为出发点,记录企业如何通过具体的营销战略和策略来实现其战略目标,它也与其他部门的计划有联系。假设一个营销计划要求每年销售20万台产品,生产部门必须准备好生产那么多的产品,财务部门必须安排资金以支付费用,人力资源部门必须准备聘用和培训员工等。没有适配的组织支持和资源水平,任何营销计划都不会成功。

营销计划正变得更加以顾客和竞争对手为导向,更加合理和现实。它以团队开发的形式,从所有职能领域吸收更多的投入。营销计划正在成为一个持续的过程,以便应对迅速变化的市场条件。营销主管们表示,当前营销计划最常见的缺点是缺乏现实性、竞争分析不足以及短期关注。

中小企业可能会制订较短或不太正式的营销计划,而大型企业通常需要高度结构化的营销计划。为了有效地指导实施,计划的每一部分都必须详细地描述。有时候,企业会在内部网站上公布其营销计划,这样每个人都可以查阅特定的部分,并及时调整以进行协作。

二、营销计划的内容

(1)行动摘要及目录。营销计划应以目录开头,并简要总结高级管理人员的主要目标和建议。

(2)情况分析。本部分提供了关于销售、成本、市场、竞争对手和宏观环境中各种力量的相关背景及数据。如何定义市场,市场有多大,增长有多快,有关的变化趋势和关键问题是什么?企业将利用所有这些信息进行SWOT分析。

(3)营销策略。在这里,营销经理确定任务、市场和财务目标。所有这些都需要其他领域的投入,如采购、制造、销售、财务和人力资源。

(4)财务预测。财务预测包括销售预测、费用预测和盈亏平衡分析。在收入方面是按月份和产品类别预测销售量,在费用方面是各细分市场预期的营销成本。盈亏平衡分析估计企业每月必须销售多少单位(或者需要多少年)来抵消每月固定成本和平均可变成本。风险分析是另一个更为复杂用来估计利润的方法。在假定的营销环境和营销策略的计划时期内,有学者针对影响盈利能力的不确定变量分别进行了3种估计(乐观、悲观和最有可能)。计算机模拟可能的结果,并计算出一个分布,显示可能的回报率范围及其概率。

(5)行动过程。企业需要将它们的营销策略转化为具体的活动和过程,包括做什么、怎么做、什么时候开始、什么时候结束以及费用多少。

(6)市场营销控制。这是指用来监测和调整营销计划执行情况的控制措施。通常,营销计划会详细说明每个月或每个季度的目标和预算,因此管理层可以审查每个时期的结果,并根据需要采取纠正措施。这意味着在策划阶段要分析市场营销活动面临的主要威胁和机遇,以及市场营销活动的优势和劣势,为以后确定市场营销目标做好准备。

三、制订营销计划时应注意的问题

(1)营销计划的制订需要掌握大量真实、准确和具体的营销活动信息,这些信息主要来自企业的内部和外部。内部信息主要来自销售人员、市场分析人员、中高层管理人员、股东和记录企业市场交易的部门。外部信息往往来自顾客、经销商、代理商、竞争对手和供应商等信息提供者。在当今的数字经济时代,企业往往可以利用先进的大数据技术获取外部信息。在大数据环境下,

营销故事2-1

数据量巨大,企业对数据质量的判断能力非常重要。企业不仅要保证数据的通用性,还要考虑数据的准确性。只有这样才能提高数据结果的可靠性,避免重大决策偏差。数据误读会给企业营销带来极大的负面影响。因此,营销经理必须学会收集和组织信息,区分有用和无用的信息,利用有用的信息来制订营销计划。

(2)制订营销计划应该符合客观要求。这要求企业根据自身的特点和性质,有重点地选择和确定营销计划的内容,不能牵强附会、僵化呆板。同时,准确地确定和详细地描述企业的发展机会是重中之重,要以此来鼓励员工为之努力奋斗,实现预期目标。

(3)市场营销计划的目标应该锁定在通过努力就可以实现的目标上。市场营销人员不能好高骛远,必须在确定目标市场的基础上,科学、合理地进行产品定位,重点抓好5个方面:①目标的可测量性,即目标可测量的程度。②目标的可实现性,即通过不懈努力,目标可实现的程度。③目标的营利性,即实现这个目标能给企业带来的利益。④目标的可行性,即目标可操作的程度。⑤目标的激励性,即确定目标能在多大程度上对员工产生有效的激励。

营销故事2-2

(4)在制订营销计划时,企业必须结合环境分析工具,客观分析企业的内外部营销环境。此外,营销经理应该学会分析、改变、利用和创造环境,善于在不断变化的营销

环境中分析和观察市场机会,确定具体、明确的行动计划。如果没有实际和具体的行动方案,或者没有所有部门的协同努力,往往会造成营销计划的失败。

第二节 营销组织

传统上,营销人员扮演着中间人的角色,负责了解顾客的需求并将他们的声音传达到企业的各个职能领域。但是,在一个网络化的企业中,每个职能领域都可以直接与顾客互动。营销不再完全拥有与顾客互动的权利;相反,它现在必须整合所有面向顾客的流程,以便顾客在与企业互动时能对接同一个人员。

内部营销要求组织中的每个人都接受营销的概念和目标,并参与顾客价值的选择、提供和传达。只有当所有员工都意识到他们的工作是创造、服务和满足顾客需求时,企业才会成为有效的营销商。

让我们来看看营销部门的组织方式,它是如何与其他部门开展有效合作,以及企业如何在整个组织中培养创造性的营销文化的。

一、组织市场部

现代市场营销部门可以通过多种不同的或是重叠的方式进行组织,如从功能、地理位置、产品、品牌、市场和矩阵等方面进行。

1. 职能组织

在最常见的营销组织形式中,营销副总裁(CMO)负责协调管理各种职能专员的活动。职能专员除了如图2-1所示的5种类型,还可能包括顾客服务经理、营销策划经理、市场物流经理、直销营销经理和数字营销经理。

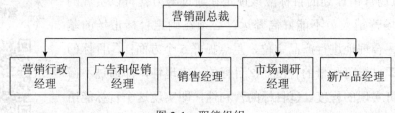

图2-1 职能组织

职能性营销组织的主要优点是管理简单。然而,对这种类型的组织来说,建立顺畅的工作关系是一个相当大的挑战。这种形式也会导致计划不充分,因为当产品和市场的数量增加后,每个职能组都在争夺预算和地位。营销副总裁需要经常权衡不同的主张,协调不同的问题。

2. 地理组织

在全国市场销售产品的企业经常会按地域划分销售人员（有时也包括市场营销人员）。全国销售经理可以管理4个省的销售经理，每个省的销售经理可以管理6个市的销售经理，每个市的销售经理可以管理8个区的销售经理，每个区的销售经理可以管理10个销售人员。

一些企业正在增加区域市场专员（或当地市场经理）来支持高销量市场的销售工作。有些企业必须在全国不同的地区发展不同的营销计划，因为地理位置对品牌发展有很大的影响。

3. 产品或品牌管理组织

企业通常会建立产品或品牌管理组织。这不能代替职能组织，但可以作为另一种管理。集团产品经理监督各种类别的产品经理，而后者又监督特定的产品或品牌经理。

当企业的产品与众不同，或者事情超出职能组织可以处理的范围时，产品或品牌管理组织才会发挥应有的作用。这种形式被称为中心辐射系统，产品或品牌经理位于中心，通向各个部门的箭头代表工作关系（见图2-2）。产品或品牌经理的职责包括以下6点。

（1）为产品制定长期的竞争策略。

（2）制订年度营销计划和销售预测。

（3）与广告和推销企业合作制订广告文案、计划和活动。

（4）增加销售人员和经销商对产品的支持。

（5）持续收集有关产品性能、顾客和经销商态度以及新问题和新机遇的信息。

（6）改进产品以满足不断变化的市场需求。

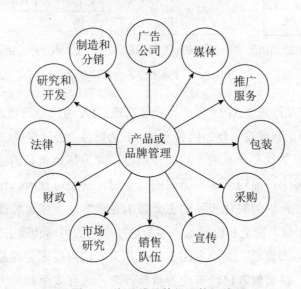

图2-2 产品或品牌经理的互动

产品或品牌管理组织可以使产品或品牌经理专注于制订具有成本效益的营销计划，并对市场上的新产品做出更快的反应。它还为该企业的新品牌提供了产品代言人。然而，产品或品牌管理组织也有以下6个缺点。

（1）产品或品牌经理可能缺乏履行职责的权力。

（2）他们是产品领域的专家，但缺乏职能专业知识（如行政管理知识）。

（3）组织成本高昂。每个主要的产品或品牌都会指派一个人来管理，接着就会有更多的人被指派来管理次要的产品和品牌。

（4）产品或品牌经理通常管理产品或品牌的时间很短。短期参与造成短期规划，不能建立长期优势。

（5）市场的碎片化使得制定国家层面的战略变得更加困难。产品或品牌经理必须迎合地区和当地的销售团队，将权力从营销转移到销售上。

（6）产品或品牌经理把企业的重点放在获得市场份额上，而不是培养顾客关系上。

产品或品牌管理的第二种选择是建立产品团队，包含3种类型，分别为：垂直、三角形和水平产品团队（见图2-3）。三角形和水平产品团队允许每个主要品牌由一个品牌资产管理团队运营，该团队由来自影响品牌绩效的职能部门的人员构成。若该企业由多个品牌资产管理团队组成，那么这些品牌资产管理团队属于品牌资产管理团队董事委员会管理，而该委员会又对首席品牌官负责。这与传统的品牌管理方式大为不同。

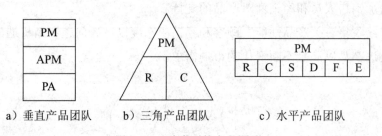

图2-3　3种类型的产品团队

其中，PM为产品经理，APM为产品经理助理，PA为产品助理，R为市场研究员，C为沟通专员，S为销售经理，D为销售专员，F为财务/会计专员，E为工程师。

第三种选择是取消次要产品的产品经理职位，并为每个剩余的经理分配两个或多个产品。当这两个或多个产品用于满足类似的需求时，这是可行的。化妆品企业不需要每个产品都有产品经理，因为对化妆品的主要需求是美容。一家化妆品企业需要不同的经理来管理头痛药、牙膏、肥皂和洗发水，因为这些产品的用途和吸引力各不相同。

第四种选择是品类管理，企业专注于从产品类别的角度来管理品牌。事实上，在一些包装商品企业中，品类管理已经演变为货架管理，包含多个相关类别，这些类别通常出现在超市和杂货店的同一区域。

4. 市场管理组织

面对不同购买偏好和习惯的不同用户群时,需要一个市场管理组织。市场经理管理若干市场开发经理、市场专员和行业专员,并根据需要利用职能服务。重要市场的市场经理甚至可能需要管理职能专员。市场经理是行政人员(非一线员工),他们的职责与产品经理类似。他们根据市场的增长和盈利能力进行判断,为自己的市场制订长期和年度计划。由于需要组织营销活动以满足不同顾客群体的需求,因此市场管理组织具有产品管理组织的优点和缺点。许多企业正按照市场路线进行重组,成为以市场为中心的组织。

如果一种密切关系是有利的,如当顾客有多种复杂的需求,并因此购买了一套完整的产品和服务时,一个针对单个顾客而不是针对大众市场甚至细分市场的顾客管理组织会更好。一项研究表明,由顾客群体组成的企业在关系的整体质量和员工自由采取行动满足顾客个人需求方面更负责。

5. 矩阵管理组织

为许多市场生产产品的企业可以采用同时使用产品和市场经理的矩阵组织,问题是这样做成本高昂并且经常会引起冲突。同时,使用产品和市场经理的矩阵组织需要考虑管理人员的成本,并且要对营销活动的权力和责任应该驻留在总部还是在部门的问题做出决策。一些企业营销小组会协助高层管理人员进行总体机会评估,根据需要为各部门提供咨询帮助,在整个企业内推广营销理念。

二、与其他部门的关系

在市场营销理念下,各部门均需要"考虑顾客",共同努力满足顾客的需求和期望。然而,各部门从自己的角度来理解企业的问题和目标,利益冲突和沟通不畅是不可避免的。营销副总裁必须通过说服而不是用权力做到:①协调企业的内部营销活动。②协调营销与财务、运营和其他企业职能来服务顾客。为了帮助市场营销和其他职能部门共同确定什么最符合企业的利益,企业可以组织研讨会、委员会和员工交流来确定最有利可图的行动方案。

许多企业现在关注关键流程而不是部门,是因为部门组织可能成为顺利执行的障碍。他们任命流程负责人,由流程负责人管理包括市场和销售人员在内的跨部门团队。因此,营销人员可能对他们的团队负有固定的责任,而对营销部门负有隐形的责任。

三、建立一个有创意的营销组织

许多企业意识到它们还没有真正地成为由市场和顾客驱动——它们仍然是由产品和销售驱动。转型为真正以市场为导向的企业,需要做到以下3点。

（1）培养全企业对顾客的热情。

（2）围绕顾客细分市场而不是产品来组织。

（3）通过定性和定量研究来了解顾客。

这个任务并不容易，但回报却是可观的。这种情况不会因为CEO的演讲或敦促每个员工"考虑顾客"而发生。虽然以顾客为导向是必要的，但这是不够的，组织还必须具有创新性。今天的企业以越来越快的速度复制彼此的优势和策略，这使得差异化变得更加难以实现。同时，随着企业变得越来越相似，企业利润率也因此下降。唯一的应对方式是拥有战略创新和想象的能力。这种能力来自于工艺、流程、技能和衡量标准，这些使企业比竞争对手产生更多更好的创意。此外，企业还必须关注市场趋势并准备好利用它们。

第三节 营销执行

大多数企业都会制订年度营销计划。营销人员在实施之前就开始计划，以便有足够的时间进行市场调研、分析、管理、评估和协调各部门。当每个行动计划开始后，他们监控正在进行的结果，调查任何偏离计划的情况，并根据需要采取纠正措施。营销人员必须随时准备更新和调整营销计划，营销计划应该定义如何衡量目标的进展。管理者通常使用预算、时间表和营销指标来监控和评估结果。通过预算，他们可以比较一个给定时期的计划支出和实际支出。时间表允许管理人员能够确定任务完成的预期时间和实际时间。营销指标跟踪营销计划的实际结果，以了解企业是否正朝着目标前进。

一、营销执行的内涵

营销执行是将营销计划转化为行动，确保它们完成既定目标的过程。如果实施不当，一个出色的战略营销计划就没有什么价值。战略解决了营销活动是什么和为什么，解决了何人、何时、何地和怎样。营销执行和营销计划是紧密相关的：某些基层战略代表着某些较低层次需要具体实施的任务。例如，最高管理层"收获"产品的战略决策必须转化为具体的行动和任务。

今天的企业正努力使它们的营销更有效率，营销投资回报更可衡量。营销成本可能高达企业总运营预算的1/4。因此，营销人员需要更好的营销流程规范、营销资产管理和营销资源配置。

市场资源管理（MRM）软件提供了一组基于Web的应用程序，这些应用程序可以自动运行，囊括了项目管理、活动管理、预算管理、资产管理、品牌管理、顾客关系管理和知识管理。

二、营销执行过程的步骤

1. 制订行动方案

行动方案必须详细完备才能使营销战略有效实施，方案中需要明确企业实施营销战略的关键性任务和决策，同时这些任务和决策需要明确地分配到个人或团队。此外，具体的执行时间表和确切的行动时间也应包括在内。

2. 建立组织结构

企业的正式组织在营销执行过程中有着举足轻重的作用。组织结构的设立要与企业战略相匹配，必须适应企业自身的特点和所处的环境，并且为了实现内部的决策和行动，需要明确分工和有效协调。

3. 设计决策和报酬制度

战略实施的成败受决策和报酬制度的影响。

4. 开发人力资源

营销战略的最终落实由企业内部的员工来执行，人力资源的开发涉及人员的考核、选拔、安置、培训和激励等问题。

5. 建设企业文化

企业文化是一个企业中所有员工共同遵循的价值标准、基本信念和行为准则，包括企业环境、价值观念、模范人物、仪式和文化网络。良好的企业文化可以团结全体员工，为企业战略的执行打下坚实的基础。

6. 确定管理风格

企业管理风格直接关系到企业文化，不同的战略需要不同的管理风格，这主要取决于企业的战略任务、组织结构、人员和环境。同时，为了有效地实施营销战略，必须协调行动计划、组织结构、决策与薪酬体系、人力资源、企业文化和管理风格等6个要素。

三、影响有效执行营销计划方案的因素

一个好的营销战略计划，如果实施不当，其有效性会大大降低。总之，影响有效执行营销计划的因素主要有以下4种。

1. 发现和诊断的技能

当营销计划执行结果不能达到预期目标时，战略与执行之间的密切关系会导致一些需要诊断的难题。此外，企业还需要确定问题是什么、如何解决等。有许多不同的管理

工具和解决方案可供选择。

2. 对企业存在问题的层次作出评估的技能

营销执行问题可以发生在3个层面。第一个层面是营销功能，如企业需要考虑如何从广告企业获得更多的创意广告。在数字时代，随着移动营销、社交媒体和网络社区的发展，除了广告代理之外，用户生成内容（User Generated Content）也是一个热门话题。存在意见领袖的媒体平台，如抖音短视频、微博、今日头条和知乎等，比传统形式的广告为消费者展示企业的产品和服务提供了更多的权利。第二个层面是营销策划，它将各种营销功能和谐地结合起来，决定着企业能否更好地将产品推向市场。在这个层面上，企业需要运用大数据技术，准确地计算和预测顾客的需求和偏好，制定营销组合策略。第三个层面是营销策略，如希望每个员工都把顾客放在第一位。

3. 执行计划和评估执行结果的技能

营销者必须掌握一套能有效执行营销计划或政策的技能。这种基本技能主要体现在分配、监控、组织和相互配合方面。

4. 功能、方案和政策方面的分配技能

营销管理者应不断监督、评估营销活动的结果并且利用自身技能建立有效的工作组织。同时，他们可以利用自己的协调技能影响他人，进而完成自己的工作。营销人员不仅要动员企业员工有效地实施预期的战略，还要学会利用外部力量，如研究型企业、广告企业、经销商、批发商和代理商等。

四、营销执行中的问题

营销执行是一个困难复杂的过程。在美国进行的一项研究表明，接受调查的计划人员中有90%认为，他们的战略和战术没有成功的原因是他们没有有效地执行营销计划。在实施营销战略和营销计划的过程中，企业出现的问题主要源于以下几个方面。

1. 计划脱离实际

企业一般由上层专业计划人员制订企业的营销策略和营销计划，而实施却依赖于基层营销人员。一方面，专业计划人员只注重总体战略的规划，而忽视实施细节，使规划流于笼统和形式化。另一方面，专业计划人员对计划实施中的具体问题缺乏了解，计划与现实脱节。专业计划人员和销售经理之间缺乏有效的沟通和协调，会进一步加剧执行计划的难度，还会导致他们之间的对立和不信任。因此，正确的做法应该是让计划人员协助营销人员制订计划，因为营销人员比计划人员更了解实际情况，只有他们参与企业的计划管理过程才更有利于营销执行。

2. 长期目标和短期目标相矛盾

营销战略通常考虑的是企业的长期目标，涉及的是企业未来3～5年的经营活动。

但是，实施这些策略的营销人员的绩效和奖励通常是根据他们的短期业绩（如销售量、市场份额和利润率）进行评估的，这导致营销人员往往选择短期行为。许多企业正在采取适当措施，努力在两者之间实现协调，克服长期目标与短期目标之间的矛盾。

3. 因循守旧的惰性

企业目前的经营活动旨在实现既定的战略目标，如果新战略不符合企业的传统和习惯就会受到抵制。实施新战略的阻力会随着新战略与旧战略的差异变大而变大。要实施与旧战略完全不同的新战略，往往需要改变企业传统的组织结构和供销关系。

4. 缺乏明确、具体的执行方案

有些计划之所以失败，是因为计划人员没有制订明确具体、能够使企业内部各有关部门协调一致的执行方案。

五、提升营销执行能力的方法

企业的营销执行能力非常重要，在实践中如何持续不断地提升自己的营销执行能力是企业需要思考的问题。对此，通过总结无数成功企业的实践，可以从以下5个方面入手，这为管理者提供借鉴的同时提升了企业的营销执行能力。

1. 确立明晰的营销战略目标

营销执行的各个环节应该参照战略目标来制定，需要为执行层人员提供明确的行动方向。因此，为了确保营销执行能力不受损害，首先必须确定明确的营销战略目标，在确保明确的营销战略目标与企业总体战略目标相一致的基础上，合理分解营销战略目标，实施有效的营销目标管理。

2. 建立健全的营销文化体系

企业文化是组织的灵魂和精神支柱，是决定企业营销执行力强弱的基础。在企业内部应该建立一种实际执行的文化。在提高营销执行力的过程中，思想观念的转变十分重要。在日常生活中，一个不愿意做某件事的人会寻找一千个借口来拒绝。所以，一个人只有在心里想做一件事的时候，才不会找各种借口。因此，对于一个组织的成员来说，培养和建立一种执行文化是非常重要的。

3. 完善营销管理体制

事实上，完善营销管理体制要求企业的营销管理体系做到全面、系统、有力和强可操作性。其中，完善营销激励机制是一个非常重要的环节。合理的薪酬制度、公平的考核机制以及适当的奖惩制度，可以激励员工充分参与工作，提高企业的营销执行力。

4. 成立项目小组或监督小组

项目的进度和结果通常由建立项目的团队成员进行全权负责。通过各种方式和渠道，项目小组成员可以指导和跟踪各个地点的项目执行情况，对项目的进展和质量实施时时把控，对项目产生的问题能够有效解决，同时可以及时地与总部工作人员沟通，对项目进行调整。目前，国内许多企业都采用了由高层领导指导小组组成的监督制度。如果运用得当，这种监管体系将是改善业绩的一个好办法。

5. 重视计划与沟通

有相当一部分企业不会制订详细的年度战略计划，而只是确定初步的行动构想，然后在一定的时间点上进行产品、市场和广告策划活动。一旦出现严重的紧急情况，这些企业将会失控。因此，提前制订好营销计划并做好后备计划对企业来说很有必要。如果在特定情况下方案不可用，企业可以启动后备方案。只有这样，企业设定的目标才有可能顺利实现。

营销故事2-3

第四节 营销控制

在营销计划执行过程中，不可避免会出现一些小偏差，而且随着时间的推移，这些偏差如果没有得到及时纠正，很可能逐渐积累甚至导致严重的问题。

营销控制不仅是对企业营销过程的结果进行控制，而且是对企业营销过程本身进行控制，而对过程本身的控制更是对结果控制的重要保证。因此，营销管理者必须依靠控制系统及时地发现并纠正小偏差或小错误，以免造成难以挽回的损失。

一、营销控制的内涵

营销控制是企业评估其营销活动和计划的效果，作出必要的改变和调整的过程。营销控制有以下4种类型。

1. 年度计划控制

年度计划控制确保企业实现年度计划中的销售、利润和其他目标，其核心是目标管理。年度计划控制的步骤，如图2-4所示。首先，管理层设定月度或季度目标。其次，它监视市场中的绩效。再次，管理层找出严重绩效偏差的原因。最后，采取纠正措施，缩小目标与绩效之间的差距。

营销故事2-4

这种控制模型适用于组织的所有级别。最高管理层制定年度销售和利润目标；每个产品经理、区域经理、销售经理和销售代表都致力于达到指定的销售水平和成本。每个阶段，最高管理层都要回顾并解释结果。

今天的营销人员有更好的营销指标来衡量营销计划的表现。常用的4种工具包括销售分析、市场份额分析、营销费用分析和财务分析。

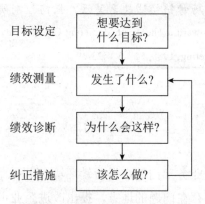

图 2-4 年度计划控制的步骤

2. 盈利能力控制

企业应衡量其产品、地区、顾客群体、细分市场、贸易渠道和订单规模的盈利能力，以决定是否扩大、减少或取消任何产品或营销活动。

3. 效率控制

假设盈利能力分析显示该企业在某些产品、地区或市场的利润很低，是否有更有效的方法来管理销售队伍、广告、促销和分销？

4. 战略控制

每一家企业都应该定期评估其市场战略，进行良好的市场审计。企业也可以进行营销卓越性评估和道德或社会责任评估。

最新研究洞察 2-1

走向营销控制理论：环境背景、控制类型和结果

研究的基本目的是对市场营销人员的管理和控制进行一个全面的描述。组织框架将环境背景、控制类型和结果联系起来。本文确定了3个主要环境中的每个变量，并展示它们如何在塑造控制的发展中起到预测作用，如何在塑造控制的效果中起到调节作用。最后，我们注意到控制可以对个人（心理、角色、行为和绩效）和更广泛的营销单元产生影响。

即使现有的证据有限，我们也可以得出这样的结论：环境在形成控制效果方面起着重要作用。同样明显的是，控制是相互作用的，往往相互制衡。这一发现表明了一定程度的复杂性，而这一复杂性尚未得到详细研究。相反，组织研究和会计核算中的控制研究似乎是主效应导向的。从管理的角度来看，最重要的控制问题是结果问题。一个给定

的控制系统如何影响个人和营销单位的绩效？越来越多的研究调查了产出控制对员工的影响，但是很少有研究将产出控制与绩效联系起来。因此，这种关系在控制研究中尚有较大的研究空间。鉴于在市场营销领域缺乏关注，任何控制研究都会提供所需的见解。

资料来源：Jaworski B J. Toward a Theory of Marketing Control: Environmental Context, Control Types, and Consequences. Journal of Marketing, 1988, 52（3）:23-39.

二、营销审计

营销审计是指对企业或业务部门的市场营销环境、目标、战略和活动进行全面、系统、独立和定期的检查，以确定存在问题的地方，提出改进企业市场营销业绩计划的建议。

（一）营销审计的发展

20世纪50年代，随着市场需求不断趋于个性化和多样化，市场竞争日趋激烈，一部分企业遇到了营销危机。为增加经济收入，企业需要进行营销审计，逐步加强对营销活动的检查、分析和控制。70年代之后，更多的企业追求全面改革商业战略、年度计划和营销组织，追求更有效地提高经济效益。这些企业扩大了营销活动的检查范围，制定了具体的检查要求，设立了检查标准，通过评分系统进行了评估。从此，市场营销审计走向成熟并进一步发展，越来越多的企业通过营销审计有效加强了营销管理活动。

（二）营销审计的特性

1. 综合性

营销审计包括企业的所有主要营销活动，而不仅仅是功能性审计中的几个问题。虽然功能性审计很有用，但有时会误导管理层。例如，销售人员的过度流动可能不是销售人员缺乏培训或薪酬不高的表现，而是企业产品和促销力度不够的表现。全面的市场审计通常能更有效地找出问题的真正根源。

2. 系统性

营销审计是对组织的宏观和微观营销环境、营销目标和战略、营销体系以及具体活动的有序检查。它确定了最需要的改进，并将它们合并到一个包含短期和长期步骤的纠正行动计划中。

3. 独立性

通过自我审计、内部交叉审计、上级公司审计以及聘请外部专家进行审计，开展独立性工作。内部审计的独立性是指在企业设立独立的内部审计机构和专职审计职员，使之以独立第三者的身份检查、监视、分析和评价企业的各项营销工作，不兼任内审工作以外的业务和生产经营。外部审计是指对企业内部营销活动的重要系统检查,外部顾问往往更具有客观性、拥有多行业的广泛经验,熟悉被审计的行业,且不易被企业内部事务分散注意力,从而能从根本上提高企业营销管理的透明度。

4. 定期性

企业通常只在经济景气却没有审查营销运作并因此产生问题时,才会开始营销审计。定期的营销审计可以使经营状况良好的企业和陷入困境的企业受益。

营销审计需要企业管理人员和营销审计人员就审计目标和时间框架达成一致,并详细计划谁将被问及什么问题。营销审计师的基本原则是:不要完全依赖企业经理提供的数据和意见。可以询问顾客、经销商和其他外部团体。许多企业并不真正了解顾客和经销商如何看待它们,也不完全了解顾客的需求。

(三)营销审计的内容

1. 营销环境审计

营销环境审计的内容,见表 2-1。

表 2-1 营销环境审计的内容

	宏 观 环 境
人口	人口的发展和趋势会给企业带来什么样的机遇或威胁?企业采取了什么行动来应对这些发展和趋势?
经济	在收入、价格、储蓄和信用方面的主要发展将对企业产生什么影响?企业采取了什么行动来应对这些发展和趋势?
自然	企业所需的自然资源和能源的成本、可用性前景如何?对于企业在环境污染和保护方面,人们表达了什么样的担忧?企业采取了哪些措施?
技术	在产品和工艺技术方面发生了哪些重大变化?企业在这些技术上的地位是什么?有什么主要的替代品可以替代这个产品?
政治	法律法规的哪些变化会影响营销策略?在污染控制、平等就业机会、产品安全、广告、价格控制等影响营销策略的领域中发生了什么?
文化	公众对企业产品的态度是什么?顾客生活方式和价值观的改变会对企业产生什么影响?
	任 务 环 境
市场	市场规模、增长、地域分布和利润发生了什么变化?主要的细分市场是什么?
顾客	顾客的需求和购买流程是什么?顾客和潜在顾客如何评价企业及其竞争对手的声誉、产品质量、服务、销售力量和价格?顾客群体是如何作出购买决定的?
竞争者	谁是主要的竞争对手?其目标、战略、优势、劣势、规模和市场份额是什么?哪些趋势会影响企业产品未来的竞争和替代品?
经销商	将产品带给顾客的主要贸易渠道是什么?不同贸易渠道的效率水平和增长潜力如何?
供应商	生产中使用的关键资源的可用性前景如何?供应商之间出现了什么趋势?
服务商和营销企业	运输服务、仓储设施和财政资源的成本和可用性前景如何?企业的广告代理商和市场调研企业的效率如何?
公众	哪些公众代表了企业的特殊机会或问题?企业采取了哪些措施来有效应对每一位公众?

2. 营销战略审计

营销战略审计的内容，见表2-2。

表2-2　营销战略审计的内容

业务任务	企业使命是否以市场为导向？它是可行的吗？
营销目标	企业和市场的目标表述是否足够清晰，可以指导市场营销计划和绩效评估？在考虑企业的竞争地位、资源和机会的情况下，营销目标合适吗？
战略	管理层是否为实现营销目标制定了清晰的营销战略？这个战略有说服力吗？该战略是否适合产品生命周期阶段、竞争对手的战略和经济状况？企业是否采用了市场细分的最佳方案？它清晰地评价这些部门和选择最佳部门的标准是什么？它确认了每个部门的职责吗？企业是否为每个目标细分市场制定了有效的定位和营销组合？营销资源是否被最优分配到营销组合的主要元素上？是否有足够的资源或更多的资源预算来完成营销目标？

3. 营销组织审计

营销组织审计的内容，见表2-3。

表2-3　营销组织审计的内容

正式结构	营销副总裁或营销总监是否对影响顾客满意度的企业活动有足够的权力和责任？营销活动是否按功能、产品、细分市场、最终用户和地理位置优化组织？
职能效率	市场和销售之间是否有良好的沟通和工作关系？产品管理系统是否有效？产品经理能够计划利润还是只能计划销量？市场营销中是否需要更多培训、激励、监督或评估的群体？
对接效率	营销与制造、研发、采购、财务、会计和法律之间是否存在需要注意的问题？

4. 营销系统审计

营销系统审计的内容，见表2-4。

表2-4　营销系统审计的内容

营销信息系统	市场信息系统是否提供关于市场发展的准确、充分和及时的信息，包括顾客、潜在顾客、分销商、经销商、竞争对手、供应商以及各种公众。企业的决策者有无要求进行足够的市场调查，他们是否在使用调查结果？企业是否采用了最好的市场测量和销售预测方法？
营销计划系统	营销计划系统是否考虑周到并有效使用？营销人员有可用的决策支持系统吗？计划系统是否有可接受的销售目标和配额？
营销控制系统	控制程序是否足以确保年度计划目标的实现？管理层是否定期分析产品、市场、区域和分销渠道的盈利能力？是否定期检查营销成本和生产率？
新产品开发系统	企业是否设立组织来收集、产生和筛选新产品的创意？在投资新创意之前，企业是否做了充分的概念研究和业务分析？企业在推出新产品之前是否进行了充分的产品和市场测试？

5. 营销主动性审计

营销主动性审计的内容，见表2-5。

表2-5　营销主动性审计的内容

盈利能力分析	企业不同的产品、市场、地区和分销渠道的盈利能力如何？企业是否应该进入、扩展、收缩或退出任何业务部门？
成本效益分析	任何营销活动都有过高的成本吗？可以采取哪些降低成本的措施？

6. 营销功能审计

营销功能审计的内容，见表2-6。

表2-6 营销功能审计的内容

产品	企业的产品线目标是什么？合理吗？当前的产品线是否符合目标？生产线是应该向上、向下，还是双向延伸或收缩？哪些产品应该淘汰？应该添加哪些产品？购买者对企业和竞争对手的产品质量、特点、款式和品牌名称等有什么认识和态度？哪些领域的产品和品牌战略需要改进？
价格	企业的定价目标、政策、策略和程序是什么？价格在多大程度上取决于成本、需求和竞争标准？顾客是否认为企业的价格与产品的价值相符？管理层对需求的价格弹性、经验曲线以及竞争对手的价格和定价政策了解多少？价格政策在多大程度上与经销商、供应商和政府监管的需求相一致？
渠道	企业的分销目标和策略是什么？是否有足够的市场覆盖和服务？分销商、经销商、制造商代表、经纪人、代理和其他人员的效率如何？企业应该考虑改变销售渠道吗？
广告、促销与公关	组织的广告目标是什么？合理吗？花在广告上的费用合适吗？广告主题和文案是否有效？消费者和公众对广告有什么看法？广告媒体选得好吗？内部广告人员是否充足？促销预算是否充足？是否有效和充分地使用促销工具，如样品、优惠券、展示和销售竞赛？公关人员是否有能力和创造力？企业是否充分利用了直接、在线和数据库营销？
营销相关的人力资源管理	营销团队的目标是什么？队伍是否足够大，从而完成企业的目标？队伍的组织是否遵循适当的专业化原则（区域、市场、产品）？薪酬水平和结构是否提供足够的激励和奖励？营销人员是否表现出高昂的士气、能力和努力？设定指标和评估绩效的程序是否足够？与竞争对手的营销力量相比，企业的营销力量如何？

本章小结

市场营销管理过程包括：①营销计划，包括营销计划的内涵、内容和制订营销计划需注意的问题。②营销组织，在剖析营销部门的组织方式的基础上，探讨它们如何与其他部门有效合作，以及企业如何在整个组织中培养创造性的营销文化。③营销执行，本章主要从营销执行的概念、执行过程的步骤、影响有效实施营销计划方案的因素、执行中的问题以及提升营销执行能力的方法6个方面进行分析。对于企业来说，制订好的营销计划比有效地执行营销计划容易得多。因此，提升企业的营销执行能力往往是至关重要的。④营销控制，营销控制有年度计划控制、盈利能力控制、效率控制和战略控制4种，有效的营销控制能够在不断评审和信息反馈过程中，对营销战略和计划进行及时修正，确保营销战略计划的顺利实现，最终实现企业的既定目标。营销审计的基本内容包括营销环境审计、营销战略审计、营销组织审计、营销系统审计、营销主动性审计和营销功能审计。

重要概念

营销计划 营销组织 营销执行 营销控制 营销审计 盈利能力控制

思考与练习

1. 营销计划的内容包括什么？制订营销计划时需要注意哪些问题？
2. 有哪些营销组织方式？怎样建立一个有创意的营销组织？
3. 对于企业来说，营销执行过程中会出现什么问题以及该如何解决？
4. 营销效率控制的内容有哪些？
5. 什么是营销审计？它主要包括哪些内容？

案例分析

新体验经济时代下平台和旅游商家的合作共赢

在马蜂窝旅游网副总裁周默看来，商家要对于资源的了解足够深入，同时产出内容还需要从用户视角出发，切中用户需求，这对商家的内容运营能力提出了较高的要求。"旅游商家需要更多地深入内容生态，以优质内容为基础，获得更多低成本曝光，攫取马蜂窝攻略体系下的流量红利。同时，旅游平台、商家和用户之间的关系，也将从货架模式之下简单的生产与消费关系，变为交互体验之下高频次、多渠道双向互动关系。"

近日，马蜂窝发布的2020年"攻略+"营销战略，提出将围绕"攻略即服务"的核心理念，深耕兴趣社区与圈层玩法，扩展营销半径与营销场景，打造覆盖内容营销、IP营销与数字营销的全景营销图谱。"我们基于不同场景、不同圈层打造的内容生态，将实现用户从'找内容'到'逛内容'的行为路径转变，并借助大数据完成从'人找内容'到'内容找人'的升级。"周默说道。此外，马蜂窝还启动了"地球发现计划"营销IP，该计划将联动马蜂窝平台旅行达人，前往世界各地挖掘新奇的旅行体验，生产优质旅行内容，为用户、达人与行业合作伙伴营造多维立体的交互体验场景。

无独有偶，穷游网不久前也在其发布的"2020先锋计划"中表示，将进一步赋能旅游达人成长，从流量、运营和商业三端齐发力。流量侧，将提供上亿站内流量支持，为达人提供更多的展示机会；运营侧，达人将基于某个目的地、兴趣领域的内容创作优势，提供更多的体验机会，获得相应的荣誉认证。同时，穷游网仍将继续深度运营"上瘾团"和"三天两夜"等IP项目；商业侧，穷游网为达人与品牌建立连接的同时，将打造更多有趣、有效的营销案例，提升品牌在旅游行业及用户中的认知度，帮助达人实现内容变现。2019年"双十一"期间，穷游网与飞猪联手打造"超级推荐"板块，通过聚合达人公域私域能量，以优质内容种草带动商品交易，达人"带货"总成交总额（GMV）占比超过 14%，其中 23 位穷游网头部达人获得超百万元收入。"成熟的达人体系已成为穷游网内容生态的核心之一，也是穷游网内容生态赋能行业的重要组成部分。"穷游网副总裁崔莉表示。

资料来源：韦夏怡. 在线旅游平台新旅行生态争夺再升级. 经济参考报.[2019-12-26].
http://news.cnstock.com/industry,rdjj-201912-4469482.htm.

问题：

（1）马蜂窝采取了哪些行动来提高其营销情报的数量和质量？

（2）2家企业体现出市场营销人员在这项任务中的2个优势是什么？

（3）这样的营销信息系统是否有效？

实践应用

2 个小组针对本章内容进行课堂展示。一组展示一个全面的案例；另一组介绍企业调研，讲述企业真实的故事。

任务 2-1　案例分析

任务 2-2　企业调研

第三章
市场营销环境

本章要点

企业的市场营销活动不仅受内在因素制约，同时也受外在环境的影响。对于企业的管理者和营销人员而言，关注和研究周围营销环境的变化，分析由于环境变化带来的机会和威胁十分重要。对于企业而言，营销环境是不可控的因素。因此，企业需要适应环境的变化，做到因地制宜，制定并不断调整自身的营销策略，才能取得竞争优势。

学习目标

通过本章的学习，读者应该：
1. 理解市场营销环境的含义和特征。
2. 理解企业营销活动与营销环境之间的关系。
3. 掌握宏观营销环境的构成因素和它们对企业活动的影响。
4. 掌握微观营销环境的构成因素和它们对企业活动的影响。
5. 掌握市场导向的相关概念。
6. 掌握分析评估环境机会与威胁的基本方法。

营销导读

故宫口红：传统文化与现代时尚的"接吻"

近年来，在经济增长速度整体放缓的形势下，美妆市场却逆市上扬，呈现出惊人的增长速度。据贝恩咨询发布的《2017年中国奢侈品市场研究报告》显示，奢侈品市场在经历3年连续减速期后，2017年取得了惊人的整体增长，其中以美妆为代表的女性日化品类以28%的增长速度，领先珠宝、服装和箱包，成为增长最迅速的品类之一。故宫文创在这样的时代大背景下进军彩妆市场,不仅迎合了现行的经济发展规律和消费市场特点,更让传统文化与当代时尚接轨。

故宫此次推出的系列彩妆,最大的亮点在于将古典与现代文化元素巧妙融合。6款口红,每款都与一件故宫院藏文物同色,口红上盖四周,绘以仙鹤、蝴蝶及瑞鹿等,外壳下方饰以绣球花、水仙团寿纹和地景百花纹等吉祥图案。郎窑红、豆沙红、玫紫色、枫叶红、碧玺色和人鱼姬,6款颜色开启了一场"历史与颜色的告白仪式"。当传统精美国风与时尚轻奢相遇,完美地展现了"内容+形式"的巧妙结合,通过设计创意产生了化学反应,形成了让人眼前一亮的时尚新品,弥补了彩妆市场上同类产品的空白。

在现代消费中,相比较品牌,年轻人更注重消费中的符号价值和个性体验。故宫口红大火,或许背后的文化符号才是其走红的关键。长期以来,古装剧、宫廷剧中所营造的高端、精致的宫廷文化让广大女性心向往之。如今,代表宫廷文化的故宫口红走下神坛,"口红+宫廷文化"两种女性最爱的元素结合自然产生了"1+1>2"的化学反应。

故宫口红的流行,与其在网络上营造的环境氛围是分不开的。故宫本来就有大量的"宫粉",近期流行的宫廷剧及综艺节目《上新了,故宫》等又营造了一种宫廷文化氛围。

2017年5月,国务院办公厅转发四部委《关于推动文化文物单位文化创意产品开发的若干意见》,鼓励文化创意产品的开发。在政策的引领和故宫博物院等文创先进单位的示范带动下,故宫口红的走红给各地博物馆的文创开发提供了一个教科书式的案例。

资料来源:宋朝丽.故宫口红:传统文化与现代时尚的"接吻".中国经济网.[2018-12-29].
http://www.ce.cn/culture/gd/201812/29/t20181229_31142920.shtml.

第一节 营销环境概述

一、营销环境的内涵

营销环境(Marketing Environment)是指相对于企业或组织营销活动之外,影响营销管理效率和效果的所有因素。其中,消费者是影响营销环境的核心因素。营销人员不断寻找消费者需求或期望的变化,并相应地调整其产品和服务。一个优秀的营销人员可以通过密切关注消费者需求并持续跟踪调查企业所处的环境,以发现潜在的机会。

由于消费者是所有企业营销努力的中心,企业基于价值的营销旨在为消费者提供比竞争对手更大的价值。因此,企业必须从消费者的角度考虑整个业务流程。消费者的需求、欲望以及他们的购买能力取决于一系列不同的因素。企业使用各种工具、信息渠道来追踪竞争对手的活动和消费者趋势,如脸谱网洞察等,依靠各种方法与其合作伙伴进行沟通。

二、营销环境的影响因素

消费者关注的企业、该企业的竞争对手或与该企业合作为消费者提供产品或服务的合作伙伴的行动都可能直接影响消费者的消费行为。这一系列因素构成了营销微观环境。微观环境与企业营销形成协作、竞争、服务与监督的关系,直接影响与制约企业的营销能力。企业和消费者也会间接地受到宏观环境的影响,包括人口、经济、社会文化、自然、技术和政治法律等因素。企业或组织通过对宏观环境进行监测,以确定这些因素如何影响消费者,以及消费者应如何应对。有时,企业甚至可以预测宏观环境及消费者对应行为发展的趋势。

三、营销环境的特征

1. 客观性

企业总是在特定的营销环境中生存和发展。环境并不以营销者的意志为转移,具有强制性与不可控制性的特点。也就是说,企业营销管理者虽然能认识、利用营销环境,但无法摆脱环境的制约,也无法控制营销环境,特别是间接的社会环境因素更难以把握。

2. 差异性

不同的国家、地域、人口、经济、政治和文化存在很大的差异性,企业营销活动必然需要面对这种环境的差异性,以制定不同的营销策略;而且同样一种环境因素,对不同企业的影响也是不同的,如海湾危机,造成国际石油市场的极大波动,对石化行业的企业影响十分大,而对那些与石油关系不大的企业影响则小。

3. 相关性

营销环境的相关性是指各环境因素间的相互影响和相互制约。这种相关性表现在两个方面:①某一环境因素的变化会引起其他因素的相应变化,如 2019 年末央行宣布降准 0.5 个百分点,势必会影响企业的投资等一系列活动。②企业营销活动受多种环境因素的共同制约。企业的营销活动不仅仅受单一环境因素的影响,而是受多个环境因素共同制约的。例如,企业的产品开发,就要受制于国家环保政策、技术标准、消费者需求特点、竞争者产品、替代品等多种因素的制约，如果不考虑这些外在的力量，生产出来的产品能否进入市场是很难把握的。

4. 多变性

营销环境是一个动态系统。构成营销环境的因素是多方面的，不同的因素在不同的时空范围内不断变化，此外相同的因素在不同的时间对企业的影响也是不同的。例如，随着科学技术的发展，有些因素从不可控因素转变为可控因素。

四、营销环境的趋势

企业处在复杂多变的环境中，营销环境对企业的生存和发展至关重要。由于社交媒体的存在，今天的"趋势"意味着营销环境中正在发生的事情。然而，自从交易开始以来，企业就需要对什么是"趋势"有一个认识和理解。企业和其他组织需要意识并理解消费者行为的趋势。例如，如果你经营一家咖啡馆，就要了解最新的健康饮食趋势；如果你是一名建筑师，就要了解最新的家居设计理念。

利用谷歌趋势是营销人员掌握其特定行业趋势的一个简单且有效的途径。营销人员或任何人都可以使用谷歌趋势来查找消费者本周、本年或过去 5 年搜索的内容。脸书用户会得到一个基于他们的兴趣、朋友和活动地点的个性化的"趋势"框，这是他们追随并了解市场前进步伐的方式。此外，国内的微博用户通过实时热搜了解到正流行的事物和发生的事情；小红书 APP 提供分享日常消费和生活的平台，企业营销人员通过用户分享的"笔记"热度或者某一相关产品的讨论度了解市场流行元素并预测未来趋势。

营销故事3-1

第二节　宏观营销环境

营销人员做出决策时要考虑企业营销的宏观环境因素。爆炸性的人口增长带来资源枯竭和污染等问题，促使有关人士呼吁政府制定更多的法律和政策，开发新的技术和产品，引导消费者正确消费，以应对这些问题。图 3-1 显示了影响企业宏观环境的因素：人口、经济、社会文化、自然、技术和政治法律。

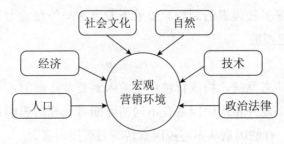

图 3-1 宏观营销环境因素

一、人口环境

营销人员的主要监控对象是人口规模、年龄、性别、教育水平、家庭模式和种族。人口统计数据表明了人口和细分市场的特征，尤其是消费者市场的特征。如今，技术进步使得更多的企业能够开展自己的市场调研。人口统计数据提供了特定目标市场中典型消费者的简要信息。

1. 人口规模

世界银行数据显示，2018 年全世界近 200 个国家的人口总数超过 75 亿，达到 75.94 亿，而世界上人口超过 5000 万的有 28 个国家。总体来看，亚洲人口最为密集，非洲、东南亚、南亚以及西亚地区人口增长是最快的。2018 年末，我国总人口约为 13.95 亿人，人口出生率约为 10.94%，人口死亡率约为 7.13%。在发展中国家，现代医学的发展使得死亡率降低，但出生率仍然稳定。

但是，人口的增长并不意味着市场的增长。人口增长的同时也要有足够的购买力。虽然对儿童的照顾和教育会提高消费水平，但在大多数发展中国家几乎不可能实现。

2. 年龄

把年龄作为识别消费者的基本因素，结合其他消费者特征使用，对营销人员来说非常有用。例如，年龄段可以帮助企业确定应该在哪些网站、电视节目和应用程序上做广告，以及在电子邮件和电话营销活动中应涉及的内容。年龄对于确定最佳社交媒体渠道也很有用。企业可以根据各社交媒体消费群体的年龄段和企业目标群体的年龄段，选择相似程度最大的社交媒体渠道。

营销人员通常将人口分为 6 个年龄段：学龄前儿童、学龄儿童、青少年、20～40 岁的年轻人、40～65 岁的中年人以及 65 岁以上的老年人。一些营销人员专注于同类人群，即在同一时期出生的一群人。他们成年后经历的决定性时刻会影响他们的价值观、偏好和购买行为，不同时代出生的消费者往往表现出不同的购买行为。例如，1965—1979 年间出生的人倾向于晚婚和晚年购房，具有相当大的消费能力；1980—1994 年间出生的人非常重视平衡工作和生活，可以在各个网站分享自己的行为和兴趣，这群人紧密地联系在一起，利用这些联系来做出产品和服务的消费决策；1994年后出生的人热衷使用社交媒体，喜欢视频游戏，对同一品牌具有亲和力。

人口老龄化是全球趋势。1950年，全球65岁及以上的人口只有1.31亿；1995年，这一数字几乎增加了两倍，达到3.71亿。到2050年，全世界10个人中就有1个人是65岁及以上的。2018年，我国65岁及以上人口约为16658万人。

3. 性别结构

社会的性别结构与市场需求有紧密的联系，不同的性别造成需求上的不一样，在购买动机和购买行为等方面也有差异。日用品和儿童用品多由女性购买，实用品和高科技产品通常由男性购买。不同的性别在生理和心理上的差别，决定了他们不同的购买行为和特征。例如，男性常常喜欢一个人逛商场，并且有需要购买的物品，买完就离开；女性则喜欢几个人一起逛商场，走走停停，可能产生额外消费。企业可以按照不同性别的不同需求，生产有市场吸引力的产品，制定有效的营销策略。

几年前，性别角色很清晰，但随着社会的进步，如今性别角色已经模糊。这种态度和行为的转变影响了许多企业设计和推销其产品和服务的方式，市场上出现了女性领带、男性香水、男性化妆品等产品。越来越多的企业在产品定位上注意性别中立，并试图超越性别界限，增加产品与消费者的互动。

最新研究洞察 3-1

男性和女性之间本土化和全球化差异效应：价格敏感性案例

不合适的提价通常会导致消费者不满，遇到麻烦时，一些企业会通过采取"自残"措施来避免提价，如减少员工人数、降低产品质量和服务质量。你们知道如何通过降低消费者的价格敏感性来解决这一问题吗？

尽管男性和女性同样需要社交，但在喜欢的关系类型方面，他们却有所不同。具体而言，女性表现出关系上的相互依存，这意味着她们更倾向于较小的团体和紧密的关系。相比之下，男性更喜欢相互依存的、松散的较大集体。同样的，本土化消费者更喜欢代表较小群体的本地社区，更偏向于范围较狭小的信息。相反，全球化消费者倾向于认同更广阔的世界，这代表了一个更大的群体，具有更多的陌生人和更少的人脉关系。根据认知一致性理论，女性消费者拥有显著的全球化身份时会感觉到认知失调，男性消费者拥有显著的本土化身份时会感到认知失调，而认知失调的消费者对价格的敏感性较低。

Gao等（2017）发现，本土化消费者对价格的敏感性低于全球化消费者。并在中国的一家连锁餐厅进行了一项研究，该研究持续了92天，包括3287名参与者。在2017年8月18日那一天，店主将7件商品的价格提高了5元，也就是说，这7件不同商品的价格分别上涨了 25%～100%。调查者在价格上涨前的 43 天和价格上涨后的 49 天收集了消费数据。菜单左边一页记录参与者的全球化/本土化身份，右边是真正的菜单。通过比较价格上涨后消费者的实际商品购买量与价格上涨前的购买量来衡量价格敏感性。结果表明：在认知失调的情况下，即全球化身份的女性和本土化身份的男性，消费者体现出较低的价格敏感性。相比之下，在认知一致的情况下，即本土化女性、全球化男性，消费者对价格的敏感性更高。

根据以上结论，我们可以看出不同的消费者对于价格敏感性的感知程度也不同。企业可以通过这些结论适时适度管理价格上涨，避免消费者产生反感情绪。

资料来源：Gao H, Mittal V, Zhang Y. The Differential Effect of Local–Global Identity Among Males and Females: The Case of Price Sensitivity. Journal of Marketing Research, 2020, 57（1）：173-191.

4. 教育水平

对于某些产品，营销人员可以将消费者的受教育程度、职业和收入等数据结合起来，对其消费行为进行更准确的预测。例如，一个做兼职的大学生与在工厂工作获得收入的中学毕业生的花费方式不同，大学生喜欢运动而中学毕业生更喜欢看体育节目。营销人员需要充分认识到教育、收入和职业之间的相互作用。

人口可以分为 5 个教育群体：文盲、高中辍学、高中文凭、大学学位和专业学位。全世界 7.85 亿文盲中，2/3 以上分布在 8 个国家（印度、中国、孟加拉国、巴基斯坦、尼日利亚、埃塞俄比亚、印度尼西亚和埃及）；在全世界所有文盲成年人中，2/3 是妇女。美国是世界上受过大学教育的公民比例最高的国家之一。截至 2018 年末，我国每 10 万人口中受大专及以上教育人口数为 8930 人，受高中和中专教育人口数为 14032 人，受初中教育人口数为 38788 人，受小学教育人口数为 26779 人，文盲率为 4.1%。研究表明，更高的受教育水平可以带来更好的工作和更高的收入。

5. 家庭规模

有些产品以家庭为目标市场，如电冰箱、抽油烟机、电视机、热水器等。家庭是购买和消费的基本单位，家庭的数量直接影响相关产品的需求量。我国家庭有小型化、特殊化的特点，丁克（双薪水、无子女）、单亲、独身家庭的比重不断上升，使得家庭数量不断增加。而这致使家具、家用电器和住房等市场不断扩大。同时，家庭的需求通常因为家庭的类别差异而不同。截至 2018 年底，我国人口普查家庭户规模为 3.1 人/户。

传统的家庭由丈夫、妻子、孩子（有时还有祖父母）组成。越来越多的人离婚或分居，选择不结婚，晚婚或结婚不打算要孩子。每个群体都有不同的需求和购买习惯。单身、分居、丧偶和离婚的人可能需要更小的公寓，便宜的小型器具、家具等。

6. 种族

不同的文化群体购买力各不相同，但随着移民获得专业岗位就业，拥有更多的可支配收入，购买力变得越来越同质化。在许多情况下，来自不同文化背景的消费者不理解营销人员与他们交流的信息，有时甚至会感到恼怒。因此，企业需要参与不同的文化活动，针对不同文化设计新产品线。

民族和种族多样性因国家而异。在美国，近 2500 万人口（占人口的 9% 以上）出生于其他国家。而我国少数民族众多，2018 年人口普查中少数民族人口数为 1.14 亿人，占总人口比重 8.5%。一些食品、服装和家具企业已经将产品和促销活动针对一个或多个民族和种族。

二、经济环境

一个经济体的购买力取决于当前的收入、价格、储蓄、债务和信贷可用性。经济影响购买力，这会对企业产生强烈影响，特别是以高收入或对价格敏感的消费者为目标群体的企业。

1. 消费者心理

一些专家认为，经济衰退从根本上动摇了消费者对经济和个人财务状况的信心。盲目的消费将会被淘汰，消费者愿意比较不同商店产品的价格。另一些人则坚持认为，紧缩开支只是经济上的限制，而不是根本的行为变化。因此，在经济衰退期间，消费者的意愿将保持不变，而当经济改善时，消费将恢复。

2. 收入分配

我国目前的分配制度是以按劳分配为主体，多种分配方式并存的分配制度。改革开放以来，我国的收入分配制度取得了突出效果，人民生活水平明显提高，脱贫效果显著，收入分配政策和制度体系持续完善，收入分配格局持续优化，逐渐趋向合理化。我国政府部门的可支配收入占国民经济比重不高，企业部门占比较高，居民部门占比偏低。我国政府、企业、居民部门内部的收入分配结构也存在缺陷，主要表现在，各级政府间收入结构缺乏合理性，具有垂直不平衡的特点；非金融与金融企业、工业与房地产企业分配明显背离，脱实向虚；居民的收入分配差距依旧较大。

3. 收入、储蓄、债务和信贷

消费者支出受收入水平、储蓄率、债务惯例和信贷可用性的影响。导致经济萎缩的金融危机是由于过度宽松的信贷政策导致的，这些政策允许消费者购买他们确实买不起的房屋和其他物品。2017 年以来，我国的稳健中性货币政策及结构性信贷政策成果显著，货币信贷总体保持适度增长，信贷结构也在不断优化。2018 年 5 月末，产能过剩行业中长期贷款下降 2.1%，遏制低效融资需求取得了明显的效果；房地产贷款增长 20.5%，增速较 2017 年同期下降 4.5%，其中个人住房贷款增长 18.9%，增速下降 13.7%。此外，委托贷款、企业债券、表外融资等业务的增速也明显放缓。

消费对中国经济增长的作用越来越重要。一般情况下，如果消费者收入水平无法满足其消费水平，那么消费者很可能走上借贷的道路。2019年《中国消费年轻人负债状况报告》指出，在中国的年轻人中，总体信贷产品的渗透率已达到86.6%。中国年轻人的平均债务收入比（即负债率）为41.75%，其中13.4%的年轻人零负债。如果扣除消费信贷作为"支付工具"的部分，那么年轻人的每月实质偿还债务收入比（债务偿付额/可支配收入）降为12.52%，而在校大学生的实质债务收入比为7.5%。

三、社会文化环境

　　我们将社会文化环境广义地定义为一群人的共同认知、信念、道德、价值观和习俗。营销人员面临的挑战是让产品被特定人群识别并与之紧密联系。不同的文化影响着我们买什么、为什么买、怎么买、在哪里买以及什么时候买。

　　营销人员在制定策略时必须考虑的两个文化维度是：国家的文化和国家各个地区的文化。一个国家的文化表现在手工艺品、行为、服饰、符号、地理环境、礼仪、语言差异、颜色口味以及食物偏好等。国家文化的差异通常很难识别，最好的解决方案是在国家文化的特征中建立一种普遍的吸引力。生活在一个国家某个区域的人们有自己的地域文化，影响着生活的许多方面。例如，对特定产品类别的提及方式会因为不同的地域文化而不同。地域文化能够帮助营销人员在区域营销中定位，如在庞大而又文化多样的中国，北京、上海和香港之间具有突出的区域文化差异。同时，在社会文化环境中，营销人员也需要关注世界观、价值观和亚文化。

　　1. 世界观

　　世界观定义了个体与他人、组织、社会、自然和宇宙的关系。人们关注无家可归者等社会问题，同时寻求与自己相似的人维持长久的关系。这意味着社会支持型产品和服务（如健身俱乐部、游轮和宗教活动）以及电视、视频游戏和社交网站等"社交代理"的市场正在增长。同时，如果企业与员工或消费者的世界观不一致，那么员工和消费者对企业的忠诚度会下降。例如，有些人保卫社会（保护者），有些人经营社会（制造者），有些人从社会中索取一切（索取者），有些人想改变社会（改变者），有些人在寻找更深层次的东西（探索者），还有一些人想离开社会（逃避者）。人们的消费模式往往反映了这些社会态度。

　　2. 价值观

　　核心文化价值观具有高度持久性。核心文化价值观从父母传给孩子，并由社会机构、学校、企业和政府加强。相比核心文化价值观，次要文化价值观更容易改变。营销人员可以改变次要文化价值观，但很难改变核心文化价值观。虽然核心文化价值观相当持久，但也会受到文化的波动。例如，20世纪60年代，嬉皮士、披头士、猫王和其他文化现象对发型、服装、性规范和生活目标产生了重大影响。

3. 亚文化

亚文化是另类化的、有一定空间限度的文化情景,拥有自己不寻常的价值与观念的一种文化,如嬉皮士文化、粉丝文化和嘻哈文化以及爵士音乐、摇滚音乐等。美国学者认为亚文化是具有批判的精神文化,是"主动地探索一种小众的品格"。亚文化存在于各种社会,亚文化不仅蕴含跟主流文化有关的价值观和观念,还有其不平凡的价值观和观念。亚文化赋予人们一种独特的身份,给予人们一种属于群体的额外精神面貌和风度。亚文化群体具有共同价值观、信念、偏好和行为。这些都是在他们与众不同的生活经历或环境中形成的。许多亚文化群体是弱势群体、边缘群体,其中人数最多、作用最大的亚文化群体是青少年群体。青少年在时尚、音乐、娱乐、创新和立场方面引领潮流。企业通常只能适应和利用亚文化,以谋求更好的生存和发展。

> **最新研究洞察 3-2**

国外市场品牌拓展中消费者的文化差异:思维方式的作用

消费者对企业品牌战略的反应对于企业的成功至关重要。很多人可能知道文化等因素会影响整个市场的产品接受度,但你们知道这些因素如何影响品牌拓展吗?

由于东西方文化差异,东方人倾向于整体性思维,观看图片时更多地关注背景和整体,分类时更注重事物之间的联系;而西方人则倾向于关注主体,观看图片时更多地关注单个目标,分类时多依赖于事物的本质属性,即分析性思维。

Allman等人(2019)进行了两项研究。第一个研究是关于消费者对某汽车品牌拓展的反应,受访者来自美国和印度,将美国受访者看作分析性消费者,印度受访者看作整体性消费者,品牌策略包括垂直向上延伸和垂直向下延伸,品牌理念包括名誉型和功能型。研究结果表明,对于分析型消费者来说,引入向上延伸与向下延伸可能会在相互溢出效应方面提供更大的回报。此外,无论品牌理念如何,垂直延伸方向都很重要。垂直向上延伸的溢出效应高于垂直向下延伸的溢出效应。在第二个研究中,受访者均为美国人,研究消费者的思维方式在国家内部和国家之间是否存在差异。尽管总体而言,印度和美国受访者的思维方式与预期相符(美国为分析性,而印度为整体性)。然而,个体之间仍然存在差异。

研究结果对于企业如何进行跨文化交流具有深远的影响。在对消费者的信息处理方法有了更深入的了解之后,企业可以基于消费者不同的反应来实施品牌战略,根据消费者不同的思维方式来设计沟通方法。

资料来源:Allman H F, Hewett K, Kaur M. Understanding Cultural Differences in Consumers' Reactions to Foreign-Market Brand Extensions: The Role of Thinking Styles. Journal of International Marketing, 2019, 27(2): 1-21.

四、自然环境

环保法规给某些行业造成了沉重打击。钢铁企业和公共事业企业在污染控制设备和环保燃料上花费巨大。机遇存在于那些能够在繁荣与环境保护之间找到平衡点的人。企业环保主义者意识到将环境问题纳入企业战略计划的必要性。营销人员需要注意自然环境趋势，包括资源短缺、能源成本增加、污染水平提高以及政府角色变化。

地球上的资源包括无限的、有限可再生的和有限不可再生的。如果企业的产品需要有限的不可再生资源，那么随着资源耗竭的临近，企业的成本将大幅增加。能够开发替代材料的企业就有极好的机会。石油是一种有限不可再生资源，随着石油价格的飙升，企业需要寻找实际的方法来利用太阳能、核能、风能和其他替代能源。一些工业活动不可避免地破坏自然环境，这为污染控制企业创造了巨大的市场。许多贫穷国家缺乏资金或政治意愿，在污染问题上几乎无所作为。帮助贫穷国家控制污染符合富裕国家的利益，但如今即使是较富裕的国家也缺乏资金。

五、技术环境

如果传统工业抵制或忽视新技术，其业务就会逐渐减少。重大新技术刺激经济增长，而缺乏创新经济会停滞。一些小的创新填补了新技术的空白，如冷冻华夫饼、沐浴露和能量棒等超市新产品。尽管小的创新带来更低的风险，但这也会转移研究工作的注意力，使得研究工作无法取得重大突破。营销人员应注意以下技术发展趋势。

1. 技术变革步伐加快

产品中的创意比以往任何时候都多，而且创意和实施之间的时间正在缩短。从引入创意到达到生产巅峰的时间也在不断缩短。例如，苹果在过去 10 年内迅速发展，据官方数据显示，iPhone6 的销量至停产时突破了 2.5 亿部，是目前苹果销量最高的手机系列。

2. 无限的革新机会

如今，生物技术、计算机、微电子、机器人技术等领域正进行着变革性的研究。例如，开发对抗超耐药感染的抗生素，用过热炉将垃圾转化为原材料等。

3. 渐进式研发与开发预算

许多企业把钱花在抄袭竞争对手的产品上，只在功能和风格上做了细微的改进，而华为、贝尔实验室和辉瑞等企业在进行基础研究。

4. 增长的技术革新规定和法律

企业应当加强对技术变革的监管，政府应当加强对技术变革的引导和规范。目前，区块链技术成为潮流。习近平总书记指出，区块链技术的集成应用在新的技术革新和产业变革中有十分重大的意义，是我国核心技术自主创新的重要突破口。2019 年 1 月，《区块链信息服务管理规定》发布，旨在明确区块链信息服务提供者的信息安全管理责任，规范和推进区块链技术及相关服务健康发展，防范区块链信息服务安全风险，为区块链信息服务的使用、管理等提供有效的法律依据。

六、政治法律环境

政治法律环境由影响各种组织和个人的法律、政府机构组成。有时，法律能够创造新的商机，强制性法律能够推动相关企业的发展。目前，政治法律环境的两个主要趋势是商业法规的增加和特殊利益集团的增长。

1. 商业法规的增加

商业法规旨在保护企业免受不正当竞争的侵害，保护消费者免受不正当商业行为的侵害，保护社会免受不加约束的商业行为的侵害，并向企业收取产品或生产过程的社会成本。

欧盟委员会为欧盟成员国制定了新的法律，涵盖竞争行为、产品标准、产品责任和商业交易。美国有许多消费者保护法，涉及竞争、产品安全、责任、公平贸易和信用惯例以及包装和标签。泰国要求食品加工商销售民族品牌，推销低价品牌。在印度，食品企业需要获得特别批准才能推出重复的品牌。我国反垄断法修订草案公开征求意见，首次将互联网新业态列入，明确认定互联网领域经营者具有市场支配地位，还应当考虑"网络效应、规模经济、锁定效应、掌握和处理相关数据的能力"等因素。随着越来越多的交易发生在网络空间，营销人员必须建立新的商业道德经营方式。

2. 特殊利益集团的增长

许多企业都建立了公共事务部门来处理消费者或者有关组织的不满和他们反映的问题。例如，消费者有权知道贷款的真实成本、竞争品牌的真实成本、产品的基本成分和真实效益、食品的营养质量和新鲜度。

隐私问题和身份盗窃仍然是公共政策的热点。消费者担心他们会受到推销信息的狂轰滥炸，或者他们的私人信息会被用来对付自己。明智的企业设立消费者事务部门，制定政策，处理投诉问题。

第三节 微观营销环境

营销管理的工作是通过创造消费者价值和满意度来进一步创建企业与消费者的密切关系。成功的营销管理要求企业与其竞争对手和合作伙伴建立关联，共同构建以消费者为中心的企业价值传递系统。如图3-2所示为影响消费者的微观营销环境因素。

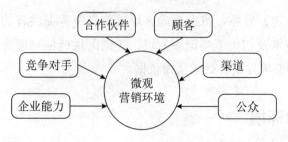

图 3-2　微观营销环境因素

一、企业能力

在当前环境中，影响消费者行为决策的第一个因素是企业能力。成功的营销企业专注于满足与其核心竞争力相匹配的消费者需求。例如，苹果最初专注于个人产品的生产、销售和推广。但为了应对不断变化的趋势，企业重新调整了营销重点，推出了一系列电子娱乐设备和服务，如 iPad 和 iTunes。营销人员可以使用诸如 SWOT 分析之类的外部环境分析工具，将机会分类为有吸引力的机会和无吸引力的机会。如果机会是有吸引力的，企业可以根据现有能力对其进行评估，看是否可以付诸实践。

营销故事3-3

二、竞争对手

在直接营销环境中，企业之间的竞争也会对消费者行为产生重大影响。因此，营销人员必须了解竞争对手，包括竞争对手的优势、劣势和消费者对其企业的态度。多年来，苹果和三星在专利侵权方面存在分歧。在美国最高法院的一项裁决中，三星模仿苹果的核心设计，但未向苹果支付一定的专利使用费。数百万消费者依赖这两家电子巨头，而这一市场迫使这两家企业不断努力争取竞争优势。这突出了了解竞争对手的重要性，企业会试图阻止竞争对手实施那些可能对该企业具有破坏性的策略。但同时，每家企业都在吹嘘自己提供的产品或服务胜过竞争对手，毕竟企业最终的目标是吸引消费者购买。从消费需求的角度分析，竞争对手可以分为以下几类。

1. 愿望竞争者

愿望竞争者是指为目标市场提供不同种类的产品以满足消费者不同消费愿望的竞争者。例如，消费者要选择一种价值万元的消费品，若他所面临的选择有计算机、电视机、摄像机、出国旅游等，这时计算机、电视机、摄像机以及出国旅游之间就存在着竞争关系，成为愿望竞争者。

2. 一般竞争者

一般竞争者是指为目标市场提供不同的产品以满足消费者某种需求的竞争者。例如，航运和客运都能运送物资至目的地。此时，提供航运的企业与提供客运的企业就存在竞争关系，成为一般竞争者。

3. 产品形式竞争者

产品形式竞争者是指向目标市场提供同种产品，但质量、规格等不同的竞争者。例如，自行车就有男式车、女式车、轻便车、加重车、平车、山地车、助力车和赛车等不同的型号，而生产不同型号的自行车企业之间就存在竞争关系，成为产品形式竞争者。

4. 品牌竞争者

品牌竞争者是指向目标市场提供种类和产品形式都基本相同，但品牌不同的产品。例如，华为手机和苹果手机的产品形式和功能基本相同，但它们之间存在竞争关系，成为品牌竞争者。

最新研究洞察 3-3

竞争对手的好处

在微观营销环境中，竞争对手是一个重要的组成部分。如果你来选择，你更希望有一个强大的竞争对手还是一个相对更弱的竞争对手？大多数人可能会选择弱一些的竞争对手。实际上，强大的竞争对手对于企业而言也有好处。

在传统的垂直分化模型中，当低质量竞争对手的产品质量提高时，高质量的企业获利便会下降；当两家制造商的产品之间的质量差异较小时，消费者将对价格更加敏感，从而导致零售商降低价格。此外，与强大竞争对手的竞争可能导致较低的利润率和市场份额。

以零售商 1 为例，如果零售商 1 的竞争者退出市场，零售商 1 会因为竞争减少拥有更高的需求和更大的市场力量，因此提高产品价格，这时人们可能会认为竞争者退出市场时零售商 1 将受益。但是实际上，零售商 1 会在竞争对手退出时变得更糟。直观地讲，在竞争对手退出之后，制造商将设置一个相对较高的批发价格，因为它知道此时较低的批发价格不会增加单位销售量。在没有市场竞争者的情况下，零售商 1 从高需求和低竞争中获得的利益可能不足以弥补批发价格上涨带来的损失，从而导致利润降低。

因此，以上分析表明，与传统观念相反，竞争对手产品的质量提高，只要增长幅度不是太大，企业的利润也会变大。这意味着与强大的竞争对手竞争实际上可以提高企业的利润。

资料来源：Harutyunyan M, Jiang B. The Bright Side of Having An Enemy. Journal of Marketing Research, 2019, 56（4）: 679-690.

三、合作伙伴

合作伙伴是指直接或间接地与企业合作，提高企业效率，使双方共同获利的个人或单位。很少有企业是孤立经营的，每个企业的资源都是有限的，合作伙伴可以实现资源共享，使双方优势互补，形成双赢的投资。例如，汽车制造商与钣金供应商、轮胎制造商、零部件制造商、工会、运输企业和经销商合作，成功地生产和销售汽车。

四、顾客

顾客是企业要求服务的对象，也是企业营销活动的最终目标市场。顾客是最重要的环境因素，企业的一切活动都以顾客为出发点。如图3-3所示，按照顾客购买动机的不同，可将市场划分为以下几种。

（1）消费者市场：为个人的消费欲望进行购买的个人和家庭组成的市场。

（2）生产者市场：为生产活动取得收益进行购买的个人和企业组成的市场。

（3）中间商市场：为转卖取得差价进行购买的零售商和批发商组成的市场。

（4）国际市场：由国外各种市场组成的市场。

（5）政府市场：为履行义务进行购买的政府机构构成的市场。

图3-3　市场类型

五、渠道

1. 供应商

供应商是指向企业提供材料、设备、资金等生产经营所需资源的单位或个人。这些资源的质量对企业的生产及销售有着重大的影响。例如，劣质的葡萄原料无法酿制出合格的葡萄酒。货物价格变化也会对企业利润造成影响，成本上升，企业利润则会下降。供应商供货的及时性和稳定性，则是企业顺利开展营销和生产活动的前提，企业需要和供应商搞好关系,以保证得到及时、连续的货物供应。

2. 营销中介

营销中介是指帮助企业销售人员将最终产品送到购买者手中的中间商、营销服务机构、实体分配企业和金融机构等。

(1)中间商。中间商帮助企业寻找目标客户,为产品打开销路,主要包括批发商、零售商和代理商。批发商向企业购进产品,卖给零售商等非个人消费者机构;零售商一般将产品卖给最终消费者,其获利来源主要是个人消费者;代理商一般是在授权下促成某种交易的代理人。企业一般需与中间商合作,因此需要选择最适合的中间商,并与它们搞好关系,以保证获取最大的利益和竞争优势。

(2)营销服务机构。营销服务机构是指为企业提供各种营销服务的机构,如广告企业、营销咨询企业等。它们能够帮助企业进行市场定位并对其产品进行推广,为企业的营销活动提供便利。企业可以拥有自己的营销服务机构,也可以与外部营销服务机构合作代理有关的业务。

(3)实体分配企业。实体分配企业是指协助企业存储和运输的企业,如各种仓储、物流企业。实体分配企业帮助企业运输货物,并在销售目的地进行一段时间的保管,运输过程中的安全性、便利性将直接影响企业的营销效果。

(4)金融机构。金融机构是指企业营销活动中赞助融资、承担风险的机构,如银行、信托企业、保险企业等。在现代化社会中,任何企业都与金融机构息息相关。金融机构业务活动的变化还会影响企业的营销活动,若银行利率上升,企业成本就会增加;若信贷资金来源受到限制,企业经营会处于困境。

六、公众

公众是指对于企业实现目标能力有实际或潜在影响的任何团体,公众对于企业的印象和态度具有很大的影响。良好的公众印象会为企业树立较好的企业形象,反之,也会损害企业形象。公众主要包括以下几类。

1. 金融公众

金融公众对企业的融资能力有巨大的影响,如银行、证券企业等,这些公众为企业提供融资。企业需要稳健地管理运用自己的资金,发布真实、良好的财务报告,以获得金融公众的信任,树立良好的信誉,这对企业获得融资至关重要。

2. 媒体公众

媒体公众主要指有影响力的大众传播媒体,如报纸、广播和杂志等。媒体公众的传播影响力较大。因此,企业需要在其面前树立良好的形象并与它们建立友好关系,争取媒体为其增加曝光度和写出更多有利于企业形象的报道、新闻等。

3. 政府公众

政府公众主要指对企业活动有较大影响的有关政府机构。企业制订和举行的营销活动，需要符合企业的发展计划和产业政策，并且保证合法，特别注意产品的安全性和广告的真实性问题。同时，在保证合法的前提下，向有关部门申请有利于企业发展的立法。

4. 社会组织公众

社会组织公众是指与企业营销活动有关的非政府部门，如消费者权益组织、环境保护组织等。由于企业自身的营销活动可能与社会各个方面的利益密切相关，企业需注意社会组织公众的批评与建议，才能为自身树立良好的企业形象。

5. 地方公众

地方公众是指企业附近的居民和社会组织。企业需要与当地的公众保持良好的关系，以树立良好的企业形象。因此，企业可以积极帮助和资助当地居民办理重大活动，为社区的发展奉献自己的一份力量，并在其中使更多的人了解该企业，取得良好的民众基础。

6. 内部公众

内部公众是指企业内部的员工，不仅包括管理人员，也包括普通员工。企业的完整运作离不开员工们的努力和支持。因此，需要处理好员工之间的关系和矛盾，并调动员工在工作中的积极性和创造性。

7. 一般公众

一般公众是指除以上公众关系之外的社会公众。尽管一般公众对于企业并未存在直接的影响，然而，企业若不树立好自己的形象，也会减少一般公众的惠顾率，转而去竞争对手处购买。

第四节　营销环境与市场导向

在营销环境实践中，企业对市场营销环境的重视从来就没有减少过。对微观营销环境与宏观营销环境的了解与分析只是营销重要任务中最基础的一步。为了更成功地开展营销管理活动，企业必须正确理解市场导向，分析营销环境的机会与威胁，使企业有限的营销资源与营销环境相匹配，实现其营销目标。

一、市场导向

市场导向是企业生成和传播市场信息并对其作出响应的能力。市场导向主要基于营销环境的微观和宏观方面。在微观环境方面，市场导向包括3个相关概念：消费者导向、竞争对手导向和企业内部协调。其中，消费者导向要求企业充分了解消费者需求，通过提高消费者满意度来创造具有高质量、高价值的产品或服务。为了改善消费者导向，有必要获取有关消费者的相关信息。竞争对手导向要求企业了解现有和潜在竞争对手的优缺点以及它们的长期能力和策略。企业内部协调是指在为消费者创造卓越价值的过程中，企业资源的协调、利用和整合以及职能部门之间的密切合作。

事实上，对竞争对手和消费者的关注也包含了对宏观环境的分析。为了掌握消费者未来的需求，企业必须了解影响其需求的政治、经济、技术、社会等因素；为了了解竞争对手的动向，企业必须掌握行业竞争状况以及影响本行业发展的各种宏观环境因素。

二、环境机会与威胁分析

（一）环境机会分析

良好的营销是一门发现、开发和利用环境机会的艺术。环境机会是指一个企业很有可能从中获利并获得满足的买方需求和兴趣领域。但是，环境机会对不同的企业，并不一定都是最佳机会，因为这些环境机会不一定都符合目标和能力，不一定能取得最大的竞争优势。只有环境机会中那些符合企业目标与能力并有利于发挥企业优势的市场机会，才是合适的企业机会。所以，在市场

营销故事3-4

机会分析中，从企业的角度来说，就是要从环境机会中进行选择，选出合适的企业机会，对其加以评估，进而采取适当的决策，从中获得利益。

市场机会有3个主要来源：①提供市场短缺的东西。②以新的或更高级的方式供应现有的产品或服务。③提供全新的产品或服务。

营销人员需要善于发现环境机会，重点考虑以下几点。

（1）企业可能会从行业趋势发展中受益，并引入市场上新的混合产品或服务。例如，主要的手机制造商已经发布了具有人脸识别功能的手机。

（2）企业可以使购买过程更加方便或高效。例如，消费者可以通过互联网找到比以往更多的书，只需点击几下就可以搜索到最低价格。

（3）企业可以满足消费者对更多信息和建议的需求。例如，淘宝网为消费者提供晒单评论服务。

（4）企业可以定制产品或服务。例如，苹果官网为消费者提供购买Airpods、iPad等电子产品免费激光刻字服务。

（5）企业可以引入新的能力。例如，苹果的网络服务器或YouTube等网站支持消费

者可以用 iMac 创建和编辑数字"iMovies",与世界各地的朋友分享。

（6）企业可以更快地交付产品或服务。例如，顺丰快递发现了一种比 EMS 更快的邮件和包裹递送方式。

（7）企业可以以更低的价格提供产品。例如，制药企业已经开发出了品牌药品的仿制药，购买该药品企业的仿制药的价格通常较低。

（二）环境威胁分析

环境威胁是由不利的趋势给企业发展带来的挑战，如果没有防御性的营销行动，将导致销售或利润下降，从而对企业的市场地位构成威胁。例如，微观环境中，新竞争对手的出现、替代产品的增多；宏观环境中，市场紧缩、行业政策变化、经济衰退等。研究营销环境对企业的威胁，一般分析两方面内容：威胁的严重性和威胁发生的概率。

以一家小型企业为例，该企业的业务是为电视演播室设计白炽灯照明系统。电视演播室是企业的用户群，照明是用户的需求，白炽灯是需要的产品。该企业可能希望扩大业务，为家庭、工厂和办公室提供照明，也可以提供电视工作室所需的其他服务，如供暖、通风或空调。它还可以为电视演播室设计其他照明技术，如红外线或紫外线照明，或者环保的绿色荧光灯。

（三）环境机会与威胁分析

1. 机会矩阵

在图 3-4 的环境机会分析矩阵中，处在 1 位置的机会，潜在的吸引力和成功的可能性都很大，有极大的可能为企业带来巨额利润，企业应把握机会，全力发展；处于 4 位置的机会，不仅潜在的吸引力小，成功的概率也小，具有较大的风险，企业应改善自身条件，关注环境的发展变化，谨慎地开展营销活动；处于 3 位置的机会，潜在的吸引力较低，但成功的可能性较大，企业应密切关注市场趋势的变化，及时采取有效措施；处于 2 位置的机会，潜在的吸引力较大，但企业成功的可能性较低，企业应尽快找出成功概率低的原因并根据自身条件做适当的调整，设法化解不利因素。

	成功的可能性	
	大	小
潜在的吸引力 大	1	2
潜在的吸引力 小	3	4

图 3-4　环境机会分析矩阵

本例中，电视照明设备企业可能面临 4 个营销机会：①企业开发了更强大的照明系统显然属于成功可能性高、潜在吸引力大的机会，出现在图中 1 的位置。②企业开发了测量任何照明系统能效的装置。③企业研制了照明度测量装置，成功的可能性就比较小，可能出现在图中 2 的位置。④企业开发软件程序，向电视演播室人员教授照明基础知识，虽然成功的可能性比较大但吸引力明显比较小，可能出现在图中 3 的位置。

2. 威胁矩阵

在图 3-5 的环境威胁分析矩阵中，处于 1 位置的威胁出现的概率和影响程度都大，必须予以特别重视，并制定相应的政策；处于 4 位置的威胁出现的概率和影响程度都比较小，企业不必过于担心，但应注意其发展变化以防威胁增加；处于 2 位置的威胁出现的概率虽小，但影响程度较大，必须密切监视其出现和发展；而处于 3 位置的威胁影响程度较小，但出现的概率大，也应予以充分的重视。

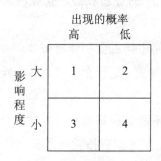

图 3-5　环境威胁分析矩阵

在本例中，电视照明设备企业可能面临 4 个营销威胁：①竞争对手开发了卓越的照明系统，显然影响程度大，出现的概率也比较大，可能出现在图中 1 的位置。②经济大萧条。③更高的成本，出现的概率小但一旦出现影响程度很大，应出现在图中 2 的位置。④立法减少电视演播室牌照数目，出现概率很低，影响程度较小，应出现在图中 4 的位置。

三、企业营销对策

在企业实际面临的客观环境中，单纯的威胁和机会是少有的。一般情况下，市场营销环境都是机会与威胁并存、利益与风险结合在一起的综合环境。根据上述矩阵法分析、评价营销环境，企业所面临的环境可以分为 4 种情况，如图 3-6 所示。

在环境分析与评价的基础上，企业对威胁与机会水平不相等的各种营销业务，应采取不同的对策。

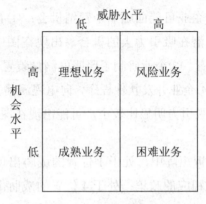

图 3-6　环境分析综合评价图

（1）理想业务。理想业务的机会水平高，威胁水平低，利益大于风险。这是企业难得遇上的好业务。对于理想环境下的理想业务，企业应及时抓住机遇，迅速行动以免丧失良机追悔莫及。

（2）风险业务。风险业务是市场机会和环境威胁同在、利益与风险并存的业务。对于风险业务，企业必须加强调查研究，进行全面分析，扬长避短，审慎决策，以降低风险、争取利益。

（3）成熟业务。成熟环境下机会和威胁水平都比较低，是一种比较平稳的业务。对于成熟环境下的成熟业务，企业一方面要按常规经营，以维持正常运转；另一方面，要积蓄力量，为进入理想环境或风险环境做准备。

（4）困难业务。困难环境下风险大于机会，企业处境十分困难。对于困难环境下的困难业务，企业必须想方设法扭转局面。如果大势已去，则退出在该市场营销环境中的经营，另谋发展。

本章小结

企业处在复杂多变的环境中，营销环境对企业的生存和发展至关重要。营销环境是指对企业活动造成影响的各种因素和动向。营销环境的基本特征是客观性、差异性、相关性和多变性，"趋势"是营销环境中正在发生的事情，企业需要意识并理解消费者行为的趋势，采取正确的策略来适应所处的营销环境，以保持竞争优势。

营销环境具体可分为营销宏观环境和营销微观环境，营销宏观环境包括人口、经济、社会文化、自然环境、技术和政治法律环境；营销微观环境包括企业能力、竞争对手、合作伙伴、顾客、渠道和公众。

营销环境对企业造成的影响，可分为环境威胁和环境机会，环境威胁是由不利的趋势或发展带来的挑战；环境机会是指一个企业很有可能从中获利并获得满足的买方需求和兴趣领域。营销人员可以通过绘制环境机会分析矩阵和环境威胁分析矩阵进行环境机会与威胁分析。在企业实际面临的客观环境中,机会与威胁并存、利益与风险同在,企业需要根据自身所处环境,采取正确的营销战略。

重要概念

市场营销环境　宏观营销环境　微观营销环境　环境威胁　环境机会

思考与练习

1. 市场营销环境有哪些特征?为什么营销环境对于企业很重要?
2. 营销宏观环境包括哪些因素?它们如何影响企业活动?
3. 营销微观环境包括哪些因素?它们如何影响企业活动?
4. 企业的竞争对手可以分为哪几类?它们的含义是什么?
5. 企业该如何分析营销环境中的机会和威胁?
6. 对于营销环境带来的机会和威胁,企业该采取怎样的策略?

案例分析

推动"粉丝经济"行稳致远

以购买明星的专辑、代言的产品,为明星提升流量等为特征的"粉丝经济",正在成为近年来经济生活中的新亮点。明星"带货"能力的背后,是粉丝们强大的消费能力。从明星发布预售链接,到推出明星定制礼盒、联名款产品,再到购物赠送签名海报、线下见面机会等,"粉丝经济"比往年更抢眼。互联网和社交媒体的升级迭代、文化娱乐产业的蓬勃发展,成为"粉丝经济"兴起的深厚土壤。作为文化娱乐产业和数字经济的重要组成部分,"粉丝经济"同样要遵守市场经济对诚信、法治的要求。36%的粉丝表示愿意为偶像每个月花100~500元,相关领域市场规模高达900亿元。面对这一庞大的市场规模,如果任由非理性因素野蛮生长,将破坏这一新生事物,侵蚀社会诚信体系。正因如此,国家相关部门要求电商第三方平台须切实履行监管职责,并将对违反广告法等的违法行为进行查处。依法依规、诚实守信形成健康的商业模式,将更好地推动"粉丝经济"行稳致远。

随着相关产业规模的不断扩大,"粉丝经济"涉及的领域和内容愈发多元,新对象、新领域、新场景不断涌现。例如,如何杜绝恶意注册账号"刷单",怎样避免未成年人非理性消费等。管理部门要加强事前监管，提高监管意识；优质流量明星应当更加自律、更有担当；平台方面要增强责任感，杜绝管理漏洞。各方协力完善相关法规制度，善用大数据、人工智能和区块链等技术，才能为"粉丝经济"营造良好的外部环境。

当前，随着粉丝素养的提升、技术支撑的完善，"粉丝经济"正在步入发展快轨，有望保持高速增长的活力。呵护、规范好这一新生事物，让"粉丝经济"带动消费升级、行业变革和市场发育，能更好地满足人们对美好生活的向往，为经济发展注入动力。理性对待粉丝热情、引导粉丝合理消费，同时将明星效应转化为提升商业品牌知名度和美誉度的契机，才能更好地体现"粉丝经济"背后的流量价值。

资料来源：何希.推动"粉丝经济"行稳致远.人民网.[2019-12-02].
http://finance.people.com.cn/n1/2019/1202/c1004-31484761.html.

问题：
（1）"粉丝经济"火爆的外部环境因素是什么？
（2）政府该如何管控好"粉丝经济"？

实践应用

2个小组针对本章内容进行课堂展示。一组展示一个全面的案例；另一组介绍企业调研，讲述企业真实的故事。

任务3-1 案例分析

任务3-2 企业调研

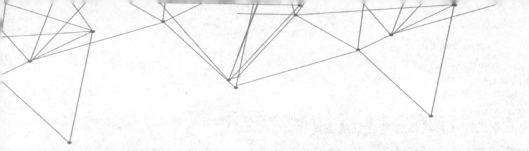

第四章
营销信息管理与市场调研

本章要点

对企业而言，要赢得竞争优势，就必须研究市场现状，并准确地预测现在和未来的市场需求。因此，理解并应用营销信息管理系统是重要的一环，它能保证管理者的信息准确、有效，是管理人员正确决策的重要前提。市场调研能够提供详细、准确的信息。此外，科学的营销预测能使管理者掌握市场发展规律，帮助企业科学地确定营销目标、制定市场营销发展战略并做出正确的经营决策。因此，营销信息管理、市场调研和营销预测对管理者做出正确的营销决策缺一不可。

学习目标

通过本章的学习，读者应该：
1. 了解现代营销信息系统的组成部分。
2. 理解市场调研的 5 个步骤。
3. 掌握市场调研的方法和技术。
4. 了解市场需求的含义及相关概念。
5. 了解市场需求测量的方法。
6. 了解市场需求预测的主要方法。

营销导读

华为信息战略：营销的大数据管理系统

华为营销的大数据管理系统以消费者需求信息为中心，建立端到端的流程化、规范化的信息搜集、分析、处理，为 IPD（产品集成开发）、LTC（机会至收款）、ITR（售后）三大业务流程体系提供信息决策服务支撑。

2019年以来，美国对华为的打压，使华为面临着前所未有的危机和挑战。一方面，外部宏观环境的变化造成困难，打破企业经营常态，出现一些问题；另一方面，这些危机和变化并未动摇企业根本，反而会刺激企业的成长和进步。

曾经多少电信行业巨头轰然倒下，也正说明了这个行业标准高、进步快、竞争激烈等特点，此时高频搜集和分析行业信息就显得尤为重要。华为兼顾聚焦与平衡的两种力量，建立及时、有效的行业营销情报系统。行业情报信息的搜集坚持合法和渠道来源多样化的原则。一是直接搜集，通过查阅商业文件、报刊，访问相关企业网站，访谈供应者、经销商，接触相关企业内部人士交换信息，参观相关企业的生产过程，了解技术发展水平，购买对方的产品进行体验和研究等。二是间接搜集，委托专门的行业调研机构进行有针对性的信息搜集，或者购买从事市场研究的专业机构出售的市场信息等。

谁是消费者？消费者需求是什么？痛点在哪里？解决痛点是营销成功的首要目标，为此华为做出了一系列的努力：①消费者满意度调研。华为智能手机消费者满意度调研，通过问卷形式，获取目标消费者信息以及对华为智能手机在通话音质、价格等方面的意见、建议。②试验局。试验局针对有价值的目标消费者，既可以从目标消费者这里获得对新产品需求的验证情况，及时发现问题进行补救和改进，又可以获取对以往产品的使用情况反馈信息。③解决方案团队。华为的解决方案团队与主要关系消费者一起制定解决方案。在此过程中，可以精准提炼消费者需求，还可以超越现实问题本身，关注消费者未来的发展需求。④现场支持。把消费者需要的服务工程师或者研发技术工程师，派到消费者身边，吃住在第一线，为消费者提供技术支持服务，就地解决问题。

资料来源：吴越舟.华为信息战略：营销的大数据管理系统.中国经济网.[2019-09-19].
http://www.cmmo.cn/article-216686-1.html.

第一节　营销信息管理

在瞬息万变的世界里做营销决策既是一门艺术也是一门科学。有效的管理需要准确、全面的市场信息，它可以帮助企业全面降低运作成本，提高运作效率，争取利润最大化，从而进一步提高企业的竞争力。

一、信息及其功能

信息是指音讯、消息、通信系统传输和处理的对象,泛指人类社会传播的一切内容。人们通过获得、识别自然界和社会的不同信息来区别不同事物,得以认识和改造世界。在一切通信和控制系统中,信息是一种普遍联系的形式。

信息主要有三大功能:①中介功能,主要是对所认识事物的中介体进行加工,对客观事物进一步认识。②联结功能,信息使人们对客观事物产生一致的看法,将个人与社会联结起来。③放大功能,信息与知识的第一次产生需要大量的财力和智慧,此后信息的产生可以大大节约社会资源。

二、营销信息系统的含义

营销信息系统是指为企业决策者制定营销规划和策略提供有用信息,而由人员、机器和计算机程序所构成的一种相互作用的、有组织的系统。

信息处理过程包括信息的收集、分类、分析、评价和传送。经过这些过程,将有用、准确的信息及时地传送给决策者。营销信息系统的具体操作过程包括:①评估信息。②企业通过内部报告系统、营销情报系统或营销调研系统提供信息。③通过信息分析使信息更具有用性。④在适当的时候用适合的方式,将整理好的数据传送给管理者,来帮助他们做决策。

三、营销信息系统的组成

营销决策所需信息来源于企业内部报告系统、营销情报系统和营销调研系统,再经过营销分析系统,共同构成营销信息系统。企业的营销信息系统首先应包含管理者需要的内容,其次还应包含企业的其他实际需求,并且以上信息需求都应该在经济上具有可行性。内部报告系统委员会可以检查企业的各个部门,以发现它们的信息需求。表4-1显示了信息需求调研中的一些问题。

表4-1 信息需求问题

序号	信息需求调研内容
1	您经常做什么决定?
2	您需要哪些信息来做出这些决定?
3	您经常得到什么信息?
4	您会定期要求进行哪些特殊研究?
5	您想知道哪些您现在没有得到的信息?
6	您每天/每周/每月/每年想要得到什么信息?

续表

序　号	信息需求调研内容
7	您希望定期看到哪些线上或线下的通信、简报、博客、报告或杂志？
8	您希望了解哪些话题？
9	您需要什么样的数据分析和报告程序？
10	在当前的营销信息系统中，可以做出的4个最有帮助的改进是什么？

（一）内部报告系统

为了发现重要的机会和潜在的问题，营销经理需要掌握包括订货数、销售额、价格、成本、库存状况以及现金流程等信息的内部报告。

1. 订单—收款周期

内部报告系统的核心是订单—收款周期。销售代表、经销商和消费者向企业发送订单。订货部门负责开具多联发票并发送给各有关部门，包括缺货的订单。运送物资产生的发票也会被送往各部门。因为消费者喜欢及时交货的企业，所以企业需要快速、准确地执行这些步骤。

2. 销售报告系统

营销经理需要及时、准确、全面地报告当前的销售情况，使企业能够把握正确的时机，更好地处理各环节存在的问题。新型、有用的销售报告系统，应该尽量满足使用者需求，对营销决策起到协助作用。

3. 数据库、数据仓库和数据挖掘

在数据库、数据仓库和数据挖掘这一环节，企业将其信息导入消费者、产品和销售者数据库中，然后合并数据。消费者数据库包含每个消费者的姓名、地址、交易信息，甚至包括人口统计数据和心理画像（如活动形式、兴趣爱好和观点）。企业将根据购买时间、购买频率和货币价值（RFM）等因素对消费者进行排名，并向得分最高的消费者发送报价，而不是向数据库中的每个消费者进行"地毯式轰炸"。除了节省邮费，这种数据处理方式的响应率会更高，通常能达到两位数。

企业可以让决策者轻松地访问这些数据，如管理人员可以分析数据，将被忽视的消费者群体、最近的消费者群体和其他有用的信息源挖掘出来。管理人员还可以将消费者信息、产品和销售人员信息交叉制成表格，从而产生更深刻的发现。

（二）营销情报系统

营销情报系统由信息来源和相应的程序构成，管理者使用它来获取有关营销环境发展的日常信息。内部报告系统提供结果数据，而营销情报系统提供事件数据。营销经理通过各种不同的方式收集营销情报，如阅读书刊和行业出版物等。

1. 收集营销情报

在互联网出现之前，营销人员有时必须走到组织外部，去了解竞争者的情况，如去购买少量竞争品进行分析。同时，营销情报收集必须合法，窃取他人企业的秘密是违法的。企业可以采取以下 8 种行动来提高其营销情报的数量和质量：

（1）培训和激励销售人员。企业给销售队伍指派任务时需要根据他们收集情报信息的能力而定，如有的企业会要求其销售代表观察消费者如何使用其产品，以便做出更多的创新。

（2）激励分销商、零售商和其他中介机构。营销中介通常更接近消费者和竞争对手，并能提供有用的见解。营销中介传递的消息，往往也更具实用性，能为企业创造更大的价值。

（3）聘请外部专家。企业时常聘请外部专家伪装成消费者，去竞争者的店中收集设施的清洁度、产品质量和员工对待消费者的方式等信息。例如，医疗机构利用外部专家收集情报来了解自身缺陷，进而作出改善，减少患者等待时间，让患者更详细地了解医疗程序，并在候诊室的电视上播放能减压的节目等。

（4）内部和外部情报网络。企业可以购买竞争对手的产品、收集竞争对手的广告、阅读竞争对手发布的报告；参加开放日、贸易展以及股东大会；与员工交谈、咨询供应商等。通过这些活动，企业可以收集到更加准确、有质量的情报。

（5）建立一个消费者咨询小组。消费者咨询小组的成员可以包括直言不讳的、老练的以及最有代表性的消费者，他们会对企业所提供的产品或服务的质量提出最中肯、准确的评价。

（6）利用与政府相关的数据资源。政府对于国家的人口波动、人口群体、地区迁移和家庭结构变化等信息较为了解，这些数据往往更容易获得且较为准确。根据这些信息，企业能够更精确地定位目标消费者。

（7）从外部信息供应商和企业处购买。著名的数据供应商会收集各种类别产品的销售信息以及消费者接触各种媒体的信息。他们收集消费者面板数据的成本也远低于营销人员自己管理的成本。

（8）在互联网上收集营销情报。在很多网站，如口碑网、V生活等，可以看到已购产品或服务的消费者的评价。当然，希望得到消费者信息和竞争者信息的营销人员也可以看这些评价。营销人员可通过以下 5 种主要方式在线研究竞争对手的产品或服务的优劣势。

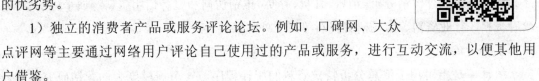

1）独立的消费者产品或服务评论论坛。例如，口碑网、大众点评网等主要通过网络用户评论自己使用过的产品或服务，进行互动交流，以便其他用户借鉴。

2）分销商或销售代理商的反馈网站。反馈网站提供正面和负面的产品或服务评价，如亚马逊网站提供了一个交互式的反馈机会。通过这样的反馈机制，买家、读者、编辑和其他人都可以查看亚马逊书城上的所有图书产品及相应的评价。

3）提供消费者评论和专家意见的组合网站。组合网站主要关注需要专业知识的金融服务和高科技产品。提供各种消费者评论以及专家评估，这样做的好处是产品供应商可以比较专家和消费者的意见。

4）消费者投诉论坛。消费者投诉论坛主要是为不满意的消费者设计的，允许消费者向特定的企业表达不愉快的经历和发泄他们对产品或服务的不满。企业借此改进相关的产品或服务。

5）公共博客。数以千万计的博客和社交网络提供几乎所有话题的个人意见、评论、评级和推荐，而且它们的数量还在持续增长。

2. 交流营销情报并采取行动

在一些企业中，员工会通过浏览互联网、主要出版物及摘录相关新闻来收集竞争情报，并做成新闻简报发给营销经理。当竞争情报与决策过程密切协调时，竞争情报的作用最佳。

考虑到互联网的速度，从网上搜集信息后迅速采取行动是很重要的，如可口可乐的监控软件发现一名消费者因无法从MyCoke奖励计划中兑换奖品而感到沮丧。他在推特上发了一条帖子，可口可乐迅速在其个人资料上道歉并帮助解决了这一问题。消费者兑换到奖品后，他把自己的推特头像改成了拿着可口可乐瓶的照片。

（三）营销调研系统

营销调研系统也称为专题调研系统，其作用是系统地设计、收集、分析和传递有关市场营销活动的信息，并整理出调研研究报告，详细说明企业所面临的营销状况，帮助管理者做出正确的决策。

（四）营销分析系统

营销分析系统也称营销管理科学系统，它需要先对某些复杂现象进行系统的统计和分析，并据此建立数学模型，以此分析市场营销中存在的复杂问题，并做出最合适的营销决策。一个系统的营销分析系统，通常由资料库、统计库和模型库三部分组成。

1. 资料库

资料库中包括营销所需各种资料，并且对营销人员开放。营销人员需要收集企业内部和外部资料进行营销分析。销售、订货、存货、推销访问和财务信用资料等属于内部资料；政府资料、行业资料、市场研究资料等属于外部资料。

2. 统计库

统计库是指可用于汇总分析特定资料的统计程序。一个规模庞大的营销研究方案，需要大量的原始资料,还需要统计数据库提供的平均数和标准差等统计数据,这样才能满足分析的需要。营销管理人员需要运用各种分析技术,如回归、相关、判别、变异分析以及时间序列等,来测量各个因素之间的关系,统计库的分析结果是建立模型的重要基础。

3. 模型库

模型库需要高级营销管理人员针对特定营销决策问题运用科学方法建立,包括描述性的模型和一组决策的数学模型。分析实体分配、品牌转换、排队等营销问题可使用描述性模型;而解决产品设计、厂址选择、产品定价、广告预算以及营销组合决策等问题需要使用决策性模型。

第二节 市场调研

一、市场调研的含义

市场调研是对企业所面临的特定市场情况的相关数据的系统设计、收集、分析和报告。市场调研可以为营销经理制定特定的战略提供有价值的信息,有助于企业进行市场细分、定位,制定产品、渠道、价格和促销决策。

二、市场调研的意义

市场调研是成功决策的前提。首先,市场调研有助于减少经营的不确定性。成功的管理者知道什么时候调研可以帮助他们做决定,并采取适当的步骤来获取他们需要的信息。其次,市场调研为企业与其营销环境提供了至关重要的联系。企业能够以消费者为导向,通过使用消费者的输入信息和持续的反馈建立自己的战略。最后,企业通过市场调研不断监控竞争对手,可以预测并对竞争对手的动向做出快速反应。

三、市场调研体系

许多企业通过市场调研分析行业、竞争对手、受众和渠道策略。负责市场调研的企业根据委托方的要求开展专业性的研究工作。市场调研分析最明显的意图是让决策者更理智地认识现实事物的实质和发展规律,从而做出更优的决策。市场调研企业具有目的性、准确性、代表性和时效性,为决策者决策提供有效依据。市场调研企业根据有关数据分析结果，得出各个数据之间隐含的联系。市场调研企业还可以为企事业单位和个人提供出色的参考服务。市场调研企业可分为3类：联合服务调研企业（收集消费者和交易信息，然后收费出售）、定制市场调研企业（执行特定项目，设计调研并报告结果）和专门的市场调研企业（提供专门的调研服务）。

四、市场调研过程

调研人员在开始市场调研项目之前需要考虑以下几个因素。

（1）调研是否有用。调研是否能提供超出管理者已知范围的见解，减少与项目相关的不确定性。

（2）高层管理人员是否致力于调研并遵守调研结果。如果调研结果没有价值或者管理层不遵守调研结果，那就是浪费资金。

（3）市场调研项目的大小。一个调研可能只是对企业的简单分析，也可能是花费巨大、耗时数月对企业进行的深入评估。

市场调研过程包含5个步骤：①确定问题、决策方案和调研目标。②制订调研计划。③收集信息。④分析信息和提出见解。⑤发表调研结果。虽然市场调研是一个循序渐进的过程，但随着需求的增加，调研人员需要从一个步骤到另一个步骤反复进行。例如，调研人员在调研过程中发现了新的信息或者出现了新的调研需求，就可能会重新定义调研目标，并从新的起点重新开始。调研人员提前计划整个项目，可以避免在整个过程中对调研计划进行不必要的修改。为了制定出最优短期战术决策和长期战略决策，调研人员需要收集关于消费者、竞争者及品牌的及时、准确和可操作的信息。

（一）确定问题、决策方案和调研目标

调研既昂贵又耗时，提前确定需要解决的问题尤为重要。因此，营销人员必须明确其调研目标。调研项目的复杂性取决于可用的时间和资源，以及需要的知识。并不是所有的调研项目都能具体描述，如有些调研具有探索性，其目的是阐明问题的实质，并提出可能的解决办法或新想法；有些调研是描述性的，试图量化需求；有些调研是因果关系，其目的是检验因果关系。

（二）制订调研计划

市场调研的第二阶段是制订最有效的计划以收集信息。制订一个调研计划时，调研人员需要对数据来源、调研方法、调研工具、抽样计划和联系方式做出决定。

1. 数据来源

调研人员可以收集一手数据或二手数据。一手数据是为特定目的或特定调研项目而

新收集的数据。二手数据是已存在的、以前为某一目的而收集的数据。调研人员通常根据二手数据展开调研，判断是否可以在不收集一手数据的情况下部分或完全地解决问题。

二手数据包括外部二手数据和内部二手数据。外部二手数据包括从外部来源，如互联网、图书、期刊、行业协会或联合数据收集的信息。联合数据是商业调研企业提供的数据，从扫描仪数据和消费者面板数据收集。扫描仪数据是联合外部二手数据，从收银台通用产品代码（UPC）的扫描仪读数中获得。数据随着时间的推移被组织成面板数据，这些数据通常包括购买物品的记录，以及调研问题的答复。总体而言，扫描仪和面板数据都为企业提供了消费者购买或不购买的所有情况。扫描仪调研和面板调研的主要区别在于数据是如何聚合的。扫描仪数据通常侧重于特定分析单位（如单个商店）特定产品的每周消费量，面板数据侧重于特定个人或家庭的每周总消费量。

内部二手数据是企业在内部生成的数据，可以从内部企业记录中导出。企业使用数据挖掘技术从其数据仓库（消费者信息和购买历史）中提取有价值的信息。数据挖掘使用各种统计分析工具来揭示数据中未知的模式或变量之间的关系。数据仓库是大型计算机文件，可存储数百万甚至数十亿条单独的数据。

一手数据和二手数据有明显的优势和劣势，而基于这两种数据类型进行的调研也有其优缺点，见表4-2。

表4-2 两种数据类型调研的优缺点

类型	示例	优点	缺点
一手数据调研	观察消费者行为、焦点小组访谈、调研、实验	特定于当前的数据需求和主题、提供二手数据调研通常无法提供的行为洞察力	费用高、耗时长、需要更复杂的培训和经验
二手数据调研	人口普查数据、销售发票、互联网信息、图书、期刊、联合数据	节省数据收集时间、数据随时可用、费用少甚至免费（联合数据除外）	可能与信息需求不完全相关、信息可能不及时、来源可能不是原始的、收集数据的方法可能不合适、数据来源可能有偏差

2. 调研方法

在多数情况下，调研人员获取需要的信息只能通过一手数据或特定的调研方法。根据调研问题的性质不同，主要调研方法可分为定性调研和定量调研。

（1）定性调研。定性调研通过开放式回答来理解某一现象。定性调研提供初始信息，帮助调研者更清楚地制订调研目标。定性调研的重点是寻求对现象的启发和理解。定性调研包括观察法、社交媒体调研法、深度访谈法和焦点小组访谈法。

1）观察法。观察法是指观察消费者的购买和消费行为，如调研人员可以观察消费者日常所用产品。观察可以持续很短的一段时间，也可以持续几天或几周。消费者无法清晰地表达自己所想时，观察法最有效。

2）社交媒体调研法。社交媒体网站可以帮助调研人员进行调研和部署战略。社交媒体网站的撰稿人大多敢于就企业或竞争对手的产品发表意见。企业如果能够监控、收集和挖掘庞大的社交媒体数据，将这些社交媒体评论（如博客、照片分享和在线社区）与消费者购买行为相互参照，能更好地了解消费者需求。

3）深度访谈法。深度访谈能帮助管理者更好地理解其行业性质、发展趋势和消费者偏好。消费者可以在个人层面上传达他们对产品的真实感受。调研人员可以利用深度访谈的结果进行分析，但深度访谈相对来说成本较高、耗时较长。

4）焦点小组访谈法。在焦点小组访谈中，一群人就某一话题深入讨论。调研人员记录和梳理讨论内容，记录消费者反应模式。在线技术、计算机和视频功能的发展使得调研可以在网上进行，为调研提供了巨大的益处。企业不参加焦点小组会议也能收听交谈的内容，甚至与消费者互动，这不仅节省了成本，还获得了更广泛的潜在消费者。

（2）定量调研。调研人员从一手数据或二手数据产生的见解可以通过定性调研进一步确认。一旦企业从定性调研中获得了真知灼见，就很有可能寻找可以进行统计检验的结构化反应，即定量调研。定量调研的重点在于信息是可以量化和总结的数字，最终结果由统计术语给出，正式调研本质上是定量的。

1）问卷调研法。问卷调研法是一种使用问卷收集信息的系统方法。问卷以一系列问题为特征，个别问题可以是非结构化的，也可以是结构化的。非结构化问题是开放式的，允许受访者用自己的话回答。结构化问题是封闭式的，提供一组离散的回答或特定的答案，供受访者评估。

调研可以在线或离线进行，在线调研提供了快速开发数据库的机会，离线调研则提供了更直接的方法，包括与目标市场的互动。在线调研可以提供时间紧、预算少的服务。网络调研稳步增长，其报告和摘要可以实时编制，并以简单、易消化的形式提交给管理人员，并配有图形和图表。而传统的电话或邮件调研则需要大量的数据收集、制表、汇总和分发，才能获得调研结果。

2）行为调研法。营销人员可以分析消费者在商店留下的购买痕迹。实际购买反映了消费者的偏好，通常比陈述更可靠。例如，杂货购物数据显示，高收入人群不一定会购买更昂贵的品牌，许多低收入的人反而会购买一些昂贵的品牌。

3）实验调研法。实验调研法是指在已经确定的条件下，经过实验对比，对市场现象中某些变量之间的因果关系及其发展变化过程加以洞察认识的一种调研方法。其系统地控制一个或多个变量，以判断哪些变量对其他变量有因果作用。调研人员通过实验对比获得市场情形第一手资料。实验调研法把调研对象放在非自然状态下进行市场调研，可提高调研的准确性。实验调研法具有真实性、实用性、可控性、主动性和准确性的优点，但实验调研法有一定的限制且费用较高。

> 最新研究洞察 4-1

市场调研中的现场实验

如果你是一名管理者,在市场调研中你会选择现场实验还是实验室实验?事实上,大多数学者倾向于实验室研究。例如,2013年发表在《市场营销研究》上的50篇文章中,只有3篇(6%)是基于现场实验得出的,原因有:①现场实验往往非常耗时费力。②现场实验侧重于观察行为,因此限制了该项目的理论贡献。③现场实验往往涉及较大的噪声,以及由于对实验程序的控制有限,这可能会给数据分析和解释带来不利。

下面是现场实验的两个例子:

(1)Gneezy(2017)在一项实验中将葡萄酒的质量(高、低)和价格分为几个不同的等级(10美元、20美元和40美元)。参加者是来酒庄品尝葡萄酒的游客,他们选择6种葡萄酒进行品尝。实验研究发现,对于高品质的葡萄酒,当价格从10美元增加到20美元时,需求上升。而当价格增加到40美元时,需求则略有下降。相比之下,对劣质葡萄酒的需求随价格的上升不断下降。因此,最赚钱的组合是优质葡萄酒的售价为20美元。利用这些发现,酿酒厂将较好的Cabernet Sauvignon定价为20美元,使利润增加了11%。

(2)Netflix于2011年7月12日宣布改变其会员制度,将会员价格上涨60%,导致该企业的市场价值在3个月内下跌了2/3(110亿美元)。Netflix消费者的不满是源于不公平和失望的心理,而这是一般的定价策略无法捕捉到的。然而,现场实验可能会发现不同的价格对公平感知的影响,确定与之相关的利弊,并使Netflix的领导者能够做出明智的决定。Anderson和Simester使用现场实验研究了价格对公平感知和销量的影响。实验结果表明,需求随额外费用的增加而下降。实际销售数据显示,这种不公平感使企业的总利润减少了6%~8%。

从以上案例中,我们可以发现,在现场实验中,参与者往往不知道自己参加了这项研究,即使知道,也会如往常一般从事活动,通常参与者不会意识到研究人员正在操纵环境因素和测量结果,这样就使得现场实验所得的结果更加自然和真实。因此,相比实验室实验,现场实验可以更直观地从表面看出所得结论,对市场研究大有裨益。

资料来源:Gneezy A. Field Experimentation in Marketing Research. Journal of Marketing Research, 2017, 54(1):140-143.

3. 调研工具

市场调研人员在收集一手数据时,有以下3种方式。

(1)调研问卷。调研问卷由一系列问题组成。由于其灵活性,它是目前收集一手数据最常用的工具。在进行问卷调研之前,调研人员需要仔细地开发、测试和调整问卷。问题的形式、措辞和

顺序都会影响回答。封闭式问题给出所有可能的答案以供选择，使得调研人员更容易解释和制表。开放式问题受访者用自己的话来回答，能更多地揭示人们的思维方式。开放式问题在探索性调研中特别有用，因为调研人员要深入了解人们是如何思考的，而不是测量有多少人以某种方式思考。

（2）定性分析。定性分析技术是相对非结构化的测量方法，允许一系列可能的反应，通常是探索消费者品牌和产品认知的第一步。其多样性只受到市场调研者创造力的限制。定性分析样本量通常很小，不一定适用于更广泛的人群，营销人员必须缓慢并深入洞察。不同的调研人员调研相同的定性结果可能会得出完全不同的结论。

表 4-3 主要的定性分析方法

联想法	当受试者听到品牌名称时，脑海中会出现什么词
投射法	给人们一个不完整的刺激并要求他们把它补充完整，或者给他们一个模糊的刺激并要求他们理解
视觉化	视觉化要求人们从杂志图片或图画中通过剪切拼贴来描述他们的感知
品牌拟人化	当提到品牌时，受访者会想到什么样的人
阶梯法	一系列越来越具体的"为什么"，可以揭示消费者的动力和消费者更深、更抽象的目标

（3）技术设备。营销人员可以使用皮肤刺激器、脑电波扫描仪和全身扫描仪来获得消费者的反应。一些调研人员通过消费者的眼球运动和大脑活动判断哪些广告吸引消费者注意力。电视机上的听力计可以记录电视机何时打开以及调到哪个频道，电子设备可以记录一个人在白天收听的广播节目的数量，全球定位系统（GPS）技术可以记录一个人在一天中的步数或开车经过的广告牌的数量。

4. 抽样计划

在确定了调研方法和工具之后，市场调研者必须设计抽样计划，需要确定的因素有：①抽样对象。一旦确定了抽样对象，营销人员必须制定一个抽样框架，使目标人群中的每个人都有相同的抽样机会。②样本量。大样本给出了更可靠的结果，但不需要对整个目标群体进行采样。③抽样程序。概率抽样允许营销人员计算抽样误差的置信区间，使抽样更具代表性。

5. 联系方式

市场调研人员必须决定如何联系这些调研对象，如通过邮件、电话、面谈或线上联系。线上调研的优点有：成本低、速度快、灵活性强以及数据更加真实可信。其缺点有：样本可能很小，而且有偏差；可能会遇到实际想法与所填内容不一致的问题和技术问题。

（三）收集信息

市场调研的数据收集阶段通常成本最高且最容易出错。市场营销人员可以在家中通过电话、互联网或在购物中心等采访地点进行调研。调研中可能会出现 4 个主要问题：

①对于无法联系到的受访者，必须多次联系或更改受访者。②受访者拒绝合作。③受访者给出不真实的回答。④受访者对一些问题存在成见或不够坦白诚实。

（四）分析信息和提出见解

调研人员应有条理地对收集到的数据进行深入的统计分析和利用，以产生有价值的信息。再将信息通过制表和总结获得调研结果。计算平均值和离散度，应用统计技术和决策模型，以期有更多发现。常用的数据统计分析方法，见表4-4。

表4-4 常用的数据统计分析方法

分类分析	按照数据特征，调研人员可将数据对象区分为不同的类别，再进行更深入的分析，深入探索事物的性质
回归分析	通过规定因变量和自变量来判断变量之间的因果关系。营销人员首先设置回归模型，然后按照实测数据求解模型的各参数，接着确定回归模型是否能够很好地拟合实测数据。如果模型能够大程度拟合，则可以进行进一步预测
聚类分析	按照数据的内在本质将数据分成聚合类，每一聚合类中的元素尽可能具有相似的特征，不同聚合类之间的特性差别尽可能大。聚类分析是对静态数据的分析，所区分的类是未知的
相似匹配	通过某个明确的方法估量两个数据的相似状况，通常采用百分比来测定
频繁项集	项的集合称为项集，频繁项集是事例中频繁出现的项的集合。其分析指标有支持度、可信度和兴趣度，可以揭示在数据集中经常一起出现的变量，为可能的决策提供一定的依据
统计描述	从数据的特点出发，用相关的统计指标和指标体系，展示数据所反映的信息，是数据分析的基本统计分析工作。主要方法包括平均指标和变异指标的计算、数据分布形态的图形展示等
链接预测	一种预测数据之间存在关系的方法，包含基于节点属性的预测和基于网络结构的预测。基于节点属性的链接预测通过使用节点信息知识集和节点相似度等方法获得节点之间潜在的关联。与基于节点属性的链接预测相比，网络结构数据更容易取得
数据压缩	在不丢失有效信息的条件下，减少数据量以缩减存储空间，提高其传输、存储和处理效率，或根据确定的算法对数据实行再组织，是收缩数据冗余和存储空间的一种技术方法，分为有损压缩和无损压缩
因果分析	一种操纵事物发展变化的因果关系来进行预测的方法，运用因果分析法实行市场预测，通常还需结合回归分析方法

（五）发表调研结果

在市场调研的最后阶段，调研人员整理结果并将其提交给决策者，决策者采取适当的营销策略。典型的市场调研报告包括执行摘要、报告正文（调研目标、使用方法和调研结果）、结论、局限性以及适当的补充图表和附录。作为最后一步，调研人员需提出与管理者进行决策相关的建议。调研人员应用一种通俗易懂的方式展示调研成果。

五、新兴技术和使用消费者信息的道德规范

调研人员在进行市场调研时，遵守道德规范很重要。各种市场调研协会制定的众多

行为准则明确了调研者尊重受访者权利的义务,市场调研只用于收集事实。然而,随着技术的不断进步,消费者个人信息面对的潜在威胁在不断增加。不仅调研企业必须加强保护消费者个人信息,市场调研人员也必须提高警惕,避免滥用消费者的个人信息。

社交媒体已经成为市场调研人员获取信息的重要途径。尽管立法规定了个人信息的处理方式,但保护隐私主要取决于消费者是否激活隐私设置。由于消费者几乎无法控制面部识别软件,该软件允许企业根据其外观检测人口统计学特征。嵌入这种软件的数字广告牌可以识别路人,然后根据他们的年龄、性别和注意力水平显示针对他们的广告。比生物统计数据更深入的是神经营销,它声称有能力读取消费者的想法。它使用无线脑电图(EEG)扫描仪来测量消费者观看产品、广告或品牌图像时的无意识脑电波。这样的见解对于营销人员来说是无价的,他们可以发现真正吸引消费者的东西。关键问题是,消费者是否希望营销人员绕过他们的意识来解读他们的脑电波,并向他们推销产品和服务。

六、衡量市场营销效率

营销人员需要向高级管理层提供证据,说明营销支出如何帮助企业实现目标。虽然企业可以将营销费用作为短期投资进行量化,但由此产生的结果,如更广泛的品牌知名度和更高的消费者忠诚度,可能要很长时间才显现出来。组织的内部变化和营销环境的外部变化使得很难对特定营销活动的影响进行孤立的分析。

评估市场营销活动的效率很重要。衡量营销效率有两种互补的方法:一是市场营销指标,二是营销组合模型。营销仪表板是将这两种方法收集到的信息进行结构化的方法。

(一)市场营销指标

市场营销指标帮助调研人员量化、比较和解释营销业绩,有助于确保管理者做出正确的决策。企业可以通过市场营销指标来衡量和报告营销业绩。营销业绩通过短期业绩和品牌资产的变化来体现。短期业绩往往反映出企业对利润的追求和对亏损的担忧。品牌资产的衡量可以包括消费者行为、市场份额、消费者总数以及忠诚度等。企业还可以监控大量的内部指标,如创新。

(二)营销组合模型

营销组合模型分析各种不同来源的数据,如零售商扫描数据、企业装运数据、定价、媒体和促销支出数据,以更精确地了解特定营销活动的影响。为了加深理解,营销人员可以进行多元分析,以整理出每个营销因素如何影响营销结果。营销组合模型的调研结果有助于分配或重新分配支出。虽然营销组合模型有助于明确不同营销活动的效果,但它在评估不同的营销要素如何组合工作方面的效果较差。

（三）营销仪表板

营销仪表板就像汽车或飞机上的仪表盘，实时显示各种指标，以确保正常运作。营销仪表板的好坏取决于它们所依据的信息，但是可视化工具正帮助人们把鲜活的数据转化为即时的理解和分析。一个结构良好的仪表板可以有一系列的选项卡，这些选项卡能让用户在由产品、体验、品牌、渠道、效率、组织发展或宏观环境因素组成的不同指标之间轻松切换。每个选项卡显示3～4个最具洞察力的指标，根据用户需求由业务单元、地理位置或用户部门进行数据筛选。

最新研究洞察 4-2

进化心理学方法在消费者研究中的适用性

如果你是一名市场研究人员，你会如何研究消费者不同的行为和偏好？实际上，除了一般的数据收集研究方法，还有另一种新的研究方法，即进化心理学。进化心理学方法包括3个要素：①理解近似解释和最终解释的不同。②建立并使用累积证据的词源网络。③组建知识树。

消费者文化理论研究人员可能会对中东和印度的香料店中的消费者行为进行人种学研究，从人们的偏好等方面来研究香料的分布原因；而进化科学家则可能认为，全球美食中香料的使用分布是对炎热气候中食源性病原体的适应性反应。进化心理学认为研究香料的分布问题需要一个进化的视角。

消费者是天生的还是后天形成的？进化心理学家认为人的大脑具有与生俱来的生物学蓝图，不需要激活任何学习。尽管大多数人类特征都涉及基因与环境之间的相互作用，但至少有两种策略可以将自然与营养的作用相结合。第一种源自行为遗传学，并利用同卵双胞胎和异卵双胞胎组成来识别由于基因、共享环境和非共享环境引起的变异百分比。但是，营销学者很少使用这种方法。第二种方法在概念上更复杂，需要在多个学科的基础上建立一个连贯的累积证据法学网络，以消除自然和养育的影响。

社会建构主义者长期以来一直认为，孩子对玩具的偏好与性别角色社会化有关，即个体在社会生活过程中逐渐学会按照自己的性别角色规范行事的过程（如父母的影响）。玩具偏好的生物学进化根源不是通过单一的数据建立的，而是通过建立具有连贯性的证据的法理网络来建立的。

从以上案例我们可以发现，进化心理学不仅能为生物等其他学科提供理论支持，对于市场营销也有深远的影响，这是一种综合了生物学、心理学和社会科学的研究思想的科学。为现代的市场研究提供了一种新的方法，将消费者的行为和心理与进化论结合起来。

资料来源：Saad, Gad. On the Method of Evolutionary Psychology and Its Applicability to Consumer Research. Journal of Marketing Research, 2017, 54（3）：464-477.

第三节 市场预测

了解营销环境并进行营销调研对识别目标市场十分重要。因此，企业必须衡量和预测每个新市场的规模、增长和利润潜力。由市场营销部门编制的销售预测数据对财务部门为企业的投资和运营筹集资金、制造部门建立产能和产出、采购部门确定适当的产品供应量、人力资源部门雇佣所需的职工等有着巨大的影响。如果预测不准确，企业将面临库存过剩或不足的局面。其中估计市场需求是评估市场营销机会的重要步骤，是进行营销预测必不可少的参考因素。市场需求的估计又分为对目前需求的估计和对未来需求的估计，前者也称为市场需求测量，着重估计当前市场的潜在销售量和企业可能的市场占有率，后者也称为市场需求预测，对于制订可靠的营销计划和可行的营销方案尤为重要。

一、市场需求测量

市场需求测量是依据现有的相关市场的信息、资料进行分析而作出对市场发展趋势的判断，可以划分为产品层次、空间层次和时间层次3个层次。其中，产品层次必须落实到空间层次上，而产品层次和空间层次都要受到时间层次的制约。企业可以为6个不同的产品类型、5个不同的空间类型和3个不同的时间段，制订多达90种不同类型的需求估计方案，如图4-1所示。企业可能会预测短期需求，以便订购原材料、计划生产和借入现金，可以预测区域需求，决定是否建立区域布局。

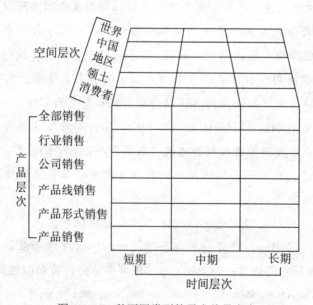

图4-1　90种不同类型的需求估量方案

1. 不同层次的市场

潜在市场是一组对市场报价有足够兴趣的消费者。然而，他们的兴趣不足以定义一个市场，除非他们也有足够的收入和获得产品的途径。例如，对一家经营摩托车的企业来说，当地凡是对摩托车有兴趣的人都构成了该产品的潜在市场，但这些人不一定都能够购买摩托车。

有效市场是一组具有比较大的兴趣、有购买能力并且可以获得该产品的消费者。企业或政府可以限制销售给某些群体，如一个特定的地区可能会禁止向21岁以下的任何人出售摩托车。适当的年龄构成了合格的有效市场，即具有兴趣、购买力、购买权限和购买渠道的消费者。

目标市场是企业确定的合格、有效市场的某一细分部分。例如，现阶段我国城乡居民对照相机的需求，可分为高档、中档和普通3种不同的消费者群。调研表明，33%的消费者需要物美价廉的普通相机，52%的消费者需要质量可靠、价格适中的中档相机，16%的消费者需要美观、轻巧、耐用、高档的全自动或多镜头相机。国内各照相机生产厂家，大都以中档、普通相机为生产营销的目标，因而市场上此类相机供过于求，而各大中型商场的高档相机，多为进口商品。如果某一照相机厂家选定16%的消费者目标，优先推出质优、价格合理的新型高级相机，就会受到这部分消费者的欢迎，从而迅速提高市场占有率。市场渗透是指企业在利用现有产品和市场的基础上，通过改善产品和服务等措施，逐渐扩大销售，提高产品的市场占有率。

渗透市场是指在利用现有产品和市场的基础上，增加购买企业产品的消费者群体，提高产品的市场占有率。通过企业及竞争者的营销努力，销售一定数量的某种产品，购买该产品的消费者群体便形成了渗透市场。

这些定义是进行市场规划的有用工具。如果企业对目前的销售不满意，它可以尝试从目标市场吸引更多的买家、降低潜在买家的进入门槛、通过在其他地方开放分销渠道或降低价格来扩大现有市场，也可以在消费者心中重新定位。

2. 市场需求

营销人员评估市场机会的第一步是估计总市场需求。产品的市场需求是指在特定的营销环境下，在特定的营销计划下，在特定的时间段内，特定的消费者群体在特定的地理区域内购买的总数量。

市场需求不是固定的数字，而是既定条件的函数，称之为市场需求函数。如图4-2所示，横轴显示了某一时期内不同的行业营销支出水平，纵轴显示了由此产生的市场需求。该曲线表示在不同营销支出水平下的市场需求变化。在没有任何支出对需求进行刺激的情况下所产生的一些基本销售量称为市场最低销售量，如图中 Q_1 所示。更高的营销支出将产生更高的需求水平，并且需求水平随着营销支出的增加先是加速递增，之后增速递减。以果汁为例，鉴于面临着其他类型饮料的间接竞争，企业希望增加营销支出以帮助果汁产品脱颖而出并增加需求和销量。营销支出超过一定水平后将不会刺激更多需求，这表明需求有一个上限，称为市场潜力，在图中标记为 Q_2。

市场最低值与市场潜力之间的距离反映了需求的整体营销敏感性。我们可以想到两种极端市场，即可扩展市场和不可扩展市场。一个可扩展的市场，如壁球市场，在很大程度上受行业营销支出水平的影响。Q_1 和 Q_2 之间的距离相对较大，为可扩展市场。一个不可扩展的市场，如垃圾处理市场，受营销支出水平的影响不大。Q_1 和 Q_2 之间的距离相对较小，为不可扩展市场。在不可扩展市场中销售的组织必须接受市场的规模，即对产品类别的主要需求水平，并努力为其产品赢得更大的市场份额，也就是对其产品有更高水平的选择性需求。

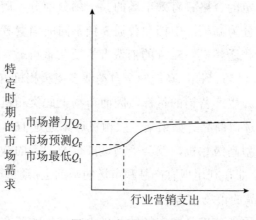

图 4-2　市场需求函数

通过比较当前和潜在的市场需求水平可以得出市场渗透指数。较低的指数表明所有企业都有巨大的增长潜力。较高的市场渗透指数意味着，吸引剩下的为数不多的潜在消费者成本会很高。一般来说，当市场渗透指数已经很高时，价格竞争就会加剧，利润率就会下降。

比较当前和潜在的市场份额，得出企业的市场占有率渗透指数。如果该指数较低，则企业可以大幅扩张其市场份额。低的市场占有率渗透指数可能是企业面临着品牌知名度低、可用性低、获利不足或价格高等阻碍。企业应该通过剔除每一个阻碍因素来促进市场占有率的增长，评估哪些投资能带来最大程度的改善。

3. 市场预测

行业营销支出是真实发生的，评估相应水平的市场需求称为市场预测。市场预测是对未来市场需求的估计，此项活动涉及范围广、影响程度大，需要了解的因素包括市场竞争者的动向、销售量的变化、资源利用的情况、营销目标的实现程度等。

按照预测的范围不同划分，市场预测可分为宏观市场预测和微观市场预测。宏观市场预测是指从总体上对市场的商品供求情况进行预测；微观市场预测是指对企业产品的潜在需求量、未来供应情况及其发展趋势的预测。微观市场预测是宏观市场预测的基础，宏观市场预测是微观市场预测的前提条件。

市场预测的基本程序为：确定预测目标—搜集资料—选择预测方法与预测模型—分析预测误差—编写预测报告。

4. 市场潜力

市场预测显示的是预期的市场需求，而不是最大的市场需求。对于后者，企业需要设想由非常高的行业营销支出所导致的市场需求水平。在这种情况下，进一步增加营销投入几乎不会有什么效果。市场潜力是指在特定的营销环境下，当行业营销支出趋近于无穷时，市场需求所接近的极限值。

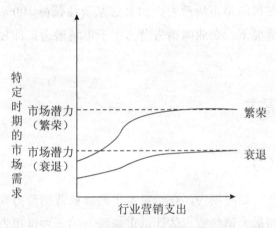

图 4-3　市场潜力对环境的依赖性

"在特定的市场环境下"这句话至关重要。市场潜力对环境的依赖性（见图 4-3），以汽车的市场潜力为例，繁荣时期比衰退时期更高。

调研人员需要识别市场需求函数的位置和沿市场需求函数的运动轨迹。对市场潜力感兴趣的企业特别关注产品渗透率，即产品或服务的拥有率或使用率。假定产品渗透率越低市场潜力越大，其前提假设是每个人最终都会在市场上购买该种产品。

5. 企业水平需求

企业水平需求是指个体企业在给定时间段内，在企业营销努力的不同水平上的市场需求的估计份额。这取决于企业的产品、服务、价格和沟通相对于竞争对手被消费者感知的程度。在其他条件相同的情况下，企业的市场份额取决于其市场支出的相对规模和有效性。营销模型中开发的销售响应功能，用以度量企业的销售如何受到营销支出水平、营销组合和营销效果的影响。

6. 企业销售预测

一旦营销人员估计了企业需求，他们的下一个任务就是选择一个营销努力的水平。企业销售预测是基于选定的营销计划和在假定的营销环境下的企业销售预期水平。

如果企业的需求不可扩展，或者预测是对整体国民经济活动的估计，那么这种从预测到计划的顺序是有效的。但是，如果市场需求是可扩展的，或者预测仅仅意味着对个体企业销售额的估计，则该顺序是无效的。企业的销售预测不能为营销支出决策奠定基础，恰恰相反，销售预测是给出假定的营销支出计划的结果。

这里还有3个重要的概念。销售配额是为产品线、企业部门或销售代表设置的销售目标。它主要是一种定义和刺激销售努力的管理手段，通常设定略高于估计的销售额，以扩大销售队伍的努力。销售预算是对预期销售量的保守估计，主要用于制定当前的购买、生产和现金流决策。它是基于避免过度风险的需要而设置的，通常略低于销售预测。销售潜力是指当企业的营销力度相对于竞争对手增加时，企业的需求达到的销售极限。当然，企业需求的绝对极限是市场潜力。如果这家企业获得100%的市场份额，两者将是相等的。在大多数情况下，企业的销售潜力小于市场潜力，即使企业的营销支出在大幅增加。

二、估计当前需求

（一）总市场潜力

总市场潜力是指在一定时期内，在一定水平的行业营销努力和环境条件下，一个行业中所有企业可获得的最大销售额。估计总市场潜力的一种常用方法是，用潜在买家的数量乘以每次购买的平均数量再乘以价格。

如果每年有1亿人买书，而每个买书的人平均每年买3本书，平均每本20元，那么书籍的总市场潜力是60亿元（1亿×3×20元）。最难估计的部分是买家的数量。我们可以从全国总人口开始，比如说，共有14亿人。接下来，排除明显不愿购买该产品的群体。假设文盲和12岁以下的儿童不买书，占总人口的20%。那么80%的人口，也就是11.2亿人，都有潜力购买书籍。进一步的研究可能会发现，低收入和受教育程度低的人不买书，他们占潜在人群的30%以上。除去这些人，大约有7.81亿的潜在购书者。可以用这个数字来计算总市场潜力。

这种方法的一个变形是链式比率法，它将一个基数乘以几个调整百分比。假设一家酿酒厂有兴趣评估一种专为配餐设计的新型淡啤酒的市场潜力，其计算方式为

| 新型淡啤酒市场潜力 | = | 对新型淡啤酒的需求 | × | 人口 | × | 人均可支配收入中用于食物的平均百分比 | × | 饮料支出占食物支出的平均百分比 | × | 酒精饮料支出占饮料支出的平均百分比 | × | 啤酒支出占酒精饮料支出的平均百分比 | × | 预计在淡啤酒上的开销占啤酒支出的百分比 |

（二）区域市场潜力

因为企业必须在其最好的领域中最优地分配营销预算，所以需要评估不同国家、省（州）和城市的市场潜力。两种主要的方法是市场累加法和多因素指数法，前者主要被工业品营销人员使用，后者主要被消费品营销人员使用。

1. 市场累加法

市场累加法要求识别每个市场中的所有潜在购买者，并估计他们的潜在购买行为。如果企业有一份所有潜在买家的名单，并对每个人的购买量作出准确的估计，它就会产生准确的结果。然而，收集这些信息往往并不容易。

例如，当企业估算北美区域的市场潜力时，有效的方法是利用美国人口普查局与加拿大和墨西哥政府共同开发的北美产业分类系统（NAICS）。NAICS 将所有制造业划分为 20 个主要行业门类，并进一步将每个门类划分为 6 位数的层级结构，见表 4-5。

表 4-5　北美产业分类系统（NAICS）

编号	层级
51	门类（信息）
513	大类/子门类（广播和电信）
5133	中类/产业分组（电信）
51332	小类/产业（无线电信运营商，卫星除外）
513321	美国小类/产业（美国传呼）

对于每个 6 位数的 NAICS 编号，企业可以购买商业目录的光盘，这些光盘提供数百万个企业的完整资料，并按位置、员工人数、年销售额和净资产分类。

2. 多因素指数法

像工业品生产企业一样，消费品企业也需要估计地区市场潜力，但是由于消费者太多而无法列出，所以通常使用多因素指数法，如药品制造商可能会认为药品的市场潜力与人口规模直接相关。洗衣机制造商假定洗衣机市场与人口直接相关，若某地区的人口占全国总人口的 2%，那么该地区的洗衣机市场潜力就占全国市场的 2%。

销售机会的完整指标很少是单个因素构成。地区洗衣机的销售也受到人均收入和家庭规模的影响。因此，开发一个多因素指数并为每个因素分配一个特定的权重十分重要。假设某地区拥有全国可支配个人收入的 2.00%、全国零售销售额的 1.96% 和全国总人口的 2.28%，各自的权重分别为 0.5、0.3 和 0.2。该地区的购买力指数是：$0.5 \times 2.00 + 0.3 \times 1.96 + 0.2 \times 2.28 = 2.04$。因此，该地区的洗衣机销售量可能占全国总销售量的 2.04%。

购买力指数中的权重大小可能并不完全客观，企业可以根据自身实际分配其他权重。制造商也会针对其他因素调整市场潜力，如竞争对手的存在、本地促销成本、季节性因素和市场特性等。

（三）行业总销售额和市场份额

除了估算总潜力和区域潜力之外，企业还需要了解其所在行业实际发生的销售情况，这意味着要确定竞争对手并估算其销售额。

尽管行业贸易协会通常不会单独列出各个企业的销售额，但它通常会收集并发布行业总销售额。有了这些信息，每家企业都可以根据行业业绩来评估自己的业绩。如果一家企业的销售额以每年 5% 的速度增长，而行业销售额以每年 10% 的速度增长，那么该企业在行业中的相对地位就会丧失。

另一种估计销售额的方法是从市场调研机构购买报告，市场调研机构审计总销售额和品牌销售额。尼尔森媒体研究审计各种超市和药店产品类别的零售额。一家企业可以购买这些信息，并将其业绩与整个行业或任何竞争对手进行比较，以查看其在整体或品牌方面的份额是增加还是减少。由于分销商通常不会提供有关其销售的竞争对手产品数量的信息，因此 B2B 的营销人员对他们的市场份额结果了解较少。

三、估计未来需求

少数易于预测的产品或服务需求通常是一个确定的需求量或具有相对稳定的趋势，竞争要么不存在（公共事业），要么稳定（纯粹的寡头垄断）。在大多数不易预测的市场，良好的预测是成功的关键因素。

营销故事4-3

企业通常先进行宏观经济预测，然后进行行业预测，最后是销售预测。宏观经济预测中需要关注通货膨胀、失业率、利率、消费者支出、企业投资、政府支出、净出口等宏观变量。最终的结果往往需要得到国内生产总值（GDP）的预测，企业再使用 GDP 和其他环境指标来预测行业销售。企业通过假定它将赢得一定的市场份额来得出其销售预测。

企业如何发展预测成果？它们可能会创建自己的预测数据，或者从外部购买预测数据。所有的预测都基于以下 3 个信息基础：人们说什么、人们要做什么或人们做了什么。这通常需要了解调研购买者的意图，以及综合销售人员和专家的意见。根据人们的行为建立预测意味着将产品投放到测试市场来衡量购买者的反应，下面简要介绍几种常用的预测市场需求的方法。

1. 买家意向调研法

预测是预测购买者在给定条件下可能会做什么的一门艺术。对于家电、汽车等主要耐用消费品，研究机构会定期对消费者的购买意愿进行调研，如你打算在未来 6 个月内购买汽车吗？并将答案放在购买概率量表上，见表 4-6。

表 4-6 汽车购买概率量表

0.00	0.20	0.40	0.60	0.80	1.00
不可能	可能性很小	比较有可能	很有可能	十分有可能	一定

调研还将分析消费者目前和未来的个人财务状况以及对经济的未来预期，将信息组合成消费者信心指数或消费者情绪指数（20世纪40年代，最先由美国密歇根大学的调查研究中心编制，1997年12月，中国国家统计局景气监测中心开始编制中国消费者信心指数）。

对于商业采购，研究企业可以对工厂、设备和材料进行买家意向调研，误差通常在10%以内。这些调研有助于工业产品、耐用消耗品的需求预测，也有利于需要提前规划的产品采购和新产品需求的估计。如果购买者的购买意向是明确清晰的，这种意向会转化为购买行为，并且愿意向调研者透露，这时买家意向调研法特别有效。

2. 综合销售人员意见法

当与买方面谈无法实现时，企业可以要求其销售代表估计其未来的销售额。当然，企业在使用销售代表给出的估算时往往需要做一些调整。销售代表可能会对未来销售趋于悲观或乐观，他们可能不知道企业的营销计划将如何影响他们所在地区的未来销售，一些销售代表可能会故意低估需求，促使企业将设定一个较低的销售配额。但当销售人员较多时，过高或过低的期望值可互相抵消，从而使预测结果趋向合理。

综合销售人员意见法会带来很多好处。销售代表可能比其他任何群体都更能洞察发展趋势，预测可能会让他们对销售指标更有信心，更有动力去实现它们。

3. 专家意见法

企业还可以从专家那里获得预测，包括经销商、分销商、供应商、营销顾问和行业协会。经销商的估算与销售人员的估算具有相同的优势和劣势。许多企业从知名的经济预测机构购买经济和行业预测，这些经济预测机构拥有更多可用数据和专业知识。

有时，企业会邀请一组专家来进行预测。专家们交换意见，并以小组（小组讨论法）或个人的形式作出估计。然后，另一位专家可能会将他们个人独立的估计合并汇总，接下来采用德尔菲法做进一步的评估和细化。

4. 市场试验法

当消费者没有详细的购买计划或专家意见不太令人满意时，直接的市场测试可以帮助预测新产品的销售，以及预测新的分销渠道或地区的产品销售情况。该方法耗时长、费用高，多用于投资大、风险高和具有鲜明特色的产品预测。

5. 统计需求分析法

统计需求分析法是在找出影响销售的最重要的实际因素的基础上，研究这些实际因素与产品销售之间关系的一套统计方法。它将产品销售量看作是一系列独立需求变量的函数。运用多元回归分析法可以建立反映这些需求变量与销售量之间的相关关系的销售预测模型。

统计需求分析将销售量 Q 视为一系列独立需求变量 $X_1, X_2, \cdots, X_n$ 的函数,即 $Q = f(X_1, X_2, \cdots, X_n)$。但是,这些变量同销售量之间的关系一般不能用严格的数学公式表示出来,而只能用统计分析来揭示和说明,即这些变量同销售量之间的关系是统计相关。多元回归技术就是这样一种数理统计方法,它运用数理统计工具在寻找最佳预测因素和方程的过程中,可以找到多个方程,这些方程均在统计学意义上拟合已知数据。

本章小结

准确、有效的信息对企业的发展和决策至关重要,而一个完整的营销信息系统能为企业提供详细、有效的信息。营销信息系统由内部报告系统、营销情报系统、营销调研系统和营销分析系统构成。市场调研是对企业所面临的特定市场情况的相关数据的系统设计、收集、分析和报告,分为定量研究和定性研究,包括:①确定问题、决策方案和调研目标。②制订调研计划。③收集信息。④分析信息和提出见解。⑤发表调研结果。

营销预测是对未来市场需求的估计,显示的是预期的市场需求,而不是最大的市场需求。市场需求的测量与预测包括企业需求、市场需求和市场潜量的测定。对需求的估计又分为对目前需求的估计和对未来需求的估计。对未来需求预测的主要方法有买家意向调研法、综合销售人员意见法、专家意见法、市场试验法和统计需求分析法等。

重要概念

信息营销　信息系统　市场调研　定性调研　定量调研　市场需求　市场预测　企业需求　企业营销预测

思考与练习

1. 营销信息系统由哪些内容构成?
2. 什么是市场调研? 市场调研由哪些步骤组成?
3. 企业可以用哪些方法来收集原始数据?
4. 原始数据和二手数据有什么区别? 它们各有哪些利弊?
5. 市场调研可分为哪两类? 有哪些调研方法和调研工具?
6. 什么是市场需求? 企业如何准确衡量和预测需求?
7. 市场需求预测有哪些方法?

案例分析

安全与上门服务成为毕业生的关注重点

2018年毕业季即将来临，各高校毕业生庞大的业务需求和长远的里程数，让各家快递企业在毕业季的业务量激增且营收形势一片大好，德邦对校园托运业务实地调研了解学生们关切的需求要点，以便于提供更优质的服务。

调研结果表明：在寄送首要考虑因素中，安全排在首位，其关注度高达36%，价格与时效性次之，占比依次为13%、11%；而在增值服务需求上，上门服务成为学生最关切的要点，近70%的学生更在意快递能否提供上门服务。

"其实除了计算机，其他东西都不贵重，但毕竟是有着4年的回忆，不希望在运输的过程中出什么问题。"在调研过程中，许多学生都表示虽然没什么贵重物品，但这些东西蕴含的情感寄托更加重要，因此，安全成为校园托运首要因素。

也有学生表示："毕业的时候有很多事情要忙，寄行李的时候自然要选择更方便的，最好是能上门服务，可以帮忙托运一下行李。"单凭学生一己之力托运大件行李到快递点自然困难重重，所以提供上门服务更能吸引毕业生。

此外，大多数学生都属于"无产"人员，自然决定了价格与优惠成为重要考虑因素。比起保价和抽奖机会，下单时赠送5元优惠券这种看得见、用得着的活动显然更受欢迎，调研数据显示54%的学生认为5元优惠券活动更有吸引力。

从上述实地调研结果可以看出，安全、价格、时效性、上门服务等因素是校园快运需要重点关注的需求点，本年度德邦据此推出了为毕业生量身定做的校园托运服务，基于以往大件快递的成熟业务优势，在原有服务的基础上，提供更人性化、更有针对性的校园快递服务。

在2017年，德邦校园托运业务已覆盖全国827所高校，在2018年毕业季，德邦预计将覆盖范围扩至1103所高校，用大件快递业务的优势和更安全、贴心的服务，解决广大毕业生行李托运难题。

资料来源：郑媛媛.德邦就校园托运展开市场调研,安全与上门服务成为学生关注重点.环球网.[2018-05-31]. https://biz.huanqiu.com/article/9CaKrnK8TQW.

问题：

（1）德邦为什么要做市场调研？这对于其决策有什么影响？

（2）德邦所作的市场调研属于哪种类型？是定量调研还是定性调研？

实践应用

2个小组针对本章内容进行课堂展示。一组展示一个全面的案例；另一组介绍企业调研，讲述企业真实的故事。

任务4-1　案例分析

任务4-2　企业调研

第五章
消费者市场及购买行为分析

本章要点

市场由消费者市场和组织市场构成。消费者市场是由以满足自身需要为目的而购买产品的消费者组成的。因为消费者是产品和服务流通的终点,所以消费者市场也被称为最终产品市场。消费者市场的研究对象主要是消费者,如消费者为何购买、何时何处购买及如何购买等。为了更好地研究上述问题,本章将对消费者市场、消费者行为以及消费者购买决策过程进行分析。

学习目标

通过本章的学习,读者应该:
1. 理解消费者市场的需求特点。
2. 理解消费者市场的购买对象。
3. 掌握影响消费者购买行为的因素。
4. 掌握消费者购买决策的类型和风格。
5. 掌握消费者购买决策的具体过程。
6. 理解期望—价值模型。
7. 理解购买后的结果。

营销导读

盒马鲜生,成功抓住消费者的生活方式

盒马鲜生针对目标顾客提出"新鲜每一刻""所想即所得""一站式购物""让做饭变成一种娱乐"4个新的消费观,收获了良好的口碑,以"未来超市+餐饮"的

模式对传统超市造成了很大的冲击。

2016年1月，第一家盒马鲜生在上海开业。盒马鲜生是阿里巴巴"新零售"布局的重要一步，被认为将"颠覆传统超市""改变生鲜业竞争格局"。盒马鲜生分为线下与线上两部分业务：线下开设门店，以场景定位的方式销售来自103个国家、超过3000种的商品；线上依托其实体店，提供5千米以内、半小时送达的快速物流配送服务。

盒马鲜生将目标顾客定位为"80后""90后"，相较于产品的品质，他们对于价格的敏感度更低，同时这也要求企业提供更加优质的消费体验。能够提供鲜美食物的餐饮体验区为盒马鲜生赚足了眼球，但也存在不足：高价的生鲜食品配备的是大排档的氛围环境、餐桌布置较为拥挤且数量较少以及顾客等候时间长等，降低了顾客的期待值。

中国人口步入老龄化且呈现加速的趋势，越来越多的中老年人开始选择网上购物，同时中老年人对于三餐的重视程度高于年轻人，且中老年人的思维容易形成定势，易培养顾客忠诚度，盒马鲜生应该重视中老年顾客群体。

企业通过向顾客传达信息，接受顾客反馈来不断地进行调整和改进，才能实现长久、可持续的发展。起步之初，盒马鲜生对接受顾客反馈信息没有明确的措施，尽管采用全数字化运营，但缺少顾客对企业的正向信息传递，会让企业滞后于消费者需求的变化，不利于企业的成长。

不可否认，2017年盒马鲜生的表现让各大生鲜电商及零售业都大为惊叹，其背后是阿里巴巴技术、资金、渠道等阿里系资源的大力支撑。同时它也面临着背靠永辉丰富零售经验的"超级物种"、依靠京东成熟物流网络的"7FRESH"等强有力对手的竞争，盒马鲜生能否在如此激烈的竞争中站稳脚跟，值得我们拭目以待。

资料来源：侯美倩.盒马鲜生营销策略分析.消费导刊，2018（6）：68.

第一节 消费者市场概述

一、消费者市场的含义

在了解消费者市场的含义之前，我们应该先搞清楚消费者市场的范围，它与市场这一概念的关系是什么。

市场是各方参与交换的多种系统、机构、程序、法律强化和基础设施之一。在市场营销学中,市场由购买者、购买力和购买欲望组成,三者缺一不可。市场规模和容量取决于有购买力同时又有购买愿望的人数的多少。

消费者市场是市场的重要组成部分,与组织市场不同的是,它是由一个个消费者组成的。消费者市场是由为满足自身需要而产生购买行为的所有消费者组成的市场。由于消费者是产品和服务流通的终点,因此消费者市场也被称为最终产品市场。在这一基础之上,消费者市场是市场体系的基础,是起决定作用的市场。

在数字化时代,消费者市场有了许多变化。传统意义上,消费者市场是消费者为满足生活消费需要而购买商品和服务的场所。这里的场所是有形的,是进行商品与服务交易的实体场所。现代互联网技术的发展与移动平台的普及使消费场景逐渐转移至线上。然而,消费者市场的本质仍然是消费者生活消费的商品和服务流通的总和。消费者市场仍然是分析和研究一切市场的基础,通过了解消费者的购买行为,可以适时把握消费者的需要,合理控制企业的行为,制定优秀的市场营销策略。

二、消费者市场的需求特点

消费者市场的研究对象主要是消费者,如消费者为何购买、何时何处购买、如何购买等。为了更好地研究上述问题,有必要对消费者市场特性进行分析。而随着数字化和互联网技术的发展,现有消费者市场呈现出不同于以往消费者市场的新特点。

1. 非营利性

消费者购买商品是为了获得某种使用价值,满足自身生活消费的需要,并不是为了盈利而去转售。相对来说,组织市场是指一切为了自身生产、转售、转租或者用于组织消费而采购的一切组织构成的市场,是以盈利为目的的消费。

2. 多样性

消费者购买的产品花色多样、品类复杂。在消费者市场上,购买者不仅人数众多,而且地域分布广,从城市到乡村,从国内到国外,这些特性使得消费者在购买消费品时表现出各种各样的兴趣和爱好。随着社会经济的发展,消费者的消费习惯、消费观念和消费心理不断发生变化,从而导致消费者的购买差异性增大。因此,在性能、品种、规格、质量和价格等方面,消费者对所购商品的要求不尽相同。随着互联网技术的发展,网络购物平台更是为消费者选择的多样性提供了可能。人们不再局限于购买本地的商品与服务,而是可以在更大的空间范围内选择最满意的商品和服务。

3. 分散性

从交易的规模和方式看,消费品市场购买者众多、市场分散、成交次数频繁,但购买数量较少。因此,绝大部分商品都是通过中间商销售,以方便消费者购买。电子商务和互联网平台的发展同时让消费在时间上更加分散。虽然消费者每次购买的消费品数量较少，但购买频率较高。这是因为消费者市场上的购买者在购买商品时常常以个人或家庭为单位，购买需求经常是突然出现的，再加上所需要的商品多是容易购买的生活用品，在购买极为便利的条件下，消费者没有大量购买的必要。随着中国经济发展更加均衡，各大品牌在内陆地区扩展了门店，这使得消费者的购买可以在家门口实现。这提高了消费者的购买频率，减少了消费者单次的购买数量。

4. 易变性

消费需求具有求新求异、追求时尚的特征。消费品中除了少数产品具有不可替代性外，大多数产品都能够找到替代品。因此，消费者市场中的产品有较强的易变性。经济的发展与交通的便利使消费者可选择的产品数量大大增加。同时，发达的网购平台导致消费者在产品之间进行转换的成本急速下降，使得数字化时代消费者经常尝试不同的品牌或产品，忠诚度极大地降低，这进一步强化了消费者需求的易变性。

5. 伸缩性

消费需求受各种因素影响表现出较大的需求弹性或伸缩性。消费者的购买欲望、支付能力、性格特点，以及他人的经验和建议、产品价格变化、促销等都会对消费者需求产生一定的抑制或促进作用，即消费者需求具有伸缩性。消费者对日用生活必需品，如粮食需求的伸缩性较小，不会因收入的增减和价格的升降产生大幅度变化。但是，他们对选择性较强的非必需品、高档消费品需求的伸缩性较大，如近年来兴起的"双十一"，致使消费者的购买行为急剧增加。

6. 可诱惑性

消费者需求的产生受内部因素和外部因素的影响，特别是外部因素，企业可以通过引导和调节来刺激消费者的需求。例如，通过适当的营销努力，企业可以引导、诱发或者刺激消费者的某些需求，从原本的无需求转变为有需求，从未来需求转变为近期需求，从潜在需求转变为现实需求。降价或免费提供就是典型的利用消费者购买行为的可诱导性来达到企业扩大市场占有率目标的做法。随着大数据技术的发展，企业可以将消费者日常生活中产生的各种数据信息加以分析，通过技术手段充分了解网民的需求，并及时响应每一个消费者的当前需求，让他在决定购买的"黄金时间"内及时接收到产品广告。

7. 非专业性

产品千差万别，消费者只能根据个人的喜好和感觉做出购买决策。大部分消费者是非专业性顾客，并不是非常了解产品的各种性能。换言之，消费者无法对产品的质量、性能、使用、维修、保管、价格以及市场行情等信息进行全面了解。在这种情况下，他们只能根据有限的信息结合自己的喜好做出购买决策。因此，消费者购买需求的情感性很强。同时，非专业性的消费者还具有可塑性强的特征。如果要让消费者对产品或品牌产生感情，就需要与消费者进行沟通，抓住消费者的心理需求，围绕消费者的情感需要进行广告宣传，进而让消费者产生情感共鸣，最终让消费者欣然接受产品、品牌或服务。

8. 层次性

人的需求有 5 个层次：生理需求、安全需求、社会需求、尊重需求以及自我实现需求。由于消费者的收入水平不同，所处社会阶层不同，消费者的需求会表现出一定的层次性。一般来说，消费者总是先满足最基本的生存需要和安全需要，购买衣、食、住、行等生活必需品，而后才能视情况逐步满足较高层次的需要。然而，随着移动支付和分期信贷的发展，消费者对不同层次需求的满足也呈现出一些新特点，特别是对于年轻人而言，超前消费、分期付款成为较普遍的现象。但总的来说，消费者需求的满足依然遵循层次性这一规律。

三、消费者市场的购买对象

1. 根据耐用性不同进行分类

（1）非耐用品。非耐用品通常是指只能使用一次或几次的有形产品，如啤酒和洗发水。由于人们经常购买此类产品，商家应该提供更加方便的购买渠道，定价也应该相对低廉。如果企业生产的是非耐用品，那么除了在产品质量上下工夫以外，还应在销售网点上多下工夫，才能经营成功。企业应当采取这样一种市场营销战略：通过许多商业网点出售这类物品，方便消费者随时随地购买；毛利要定得低些；大力开展广告活动，诱导消费者喜爱和购买本企业产品。

（2）耐用品。耐用品是指使用年限较长、价值较高的有形产品，如冰箱、电视。耐用品通常需要更多的个性化销售和服务，商家也会追求更高的利润。生产这类商品的企业，要注重技术创新，提高产品质量，同时要做好售后服务，满足消费者的购后需求。

2. 根据产品的有形性不同进行分类

（1）有形产品。有形产品是指使用价值必须借助有形物品才能发挥其效用，且该有形部分必须进入流通和消费过程的产品。

（2）无形产品（服务）。无形产品（服务）是指无形的、不可分割的、可变的和易逝的产品，这通常对企业的质量控制、信誉和适应性有更高要求，如理发、法律咨询和设备维修。企业需要时刻注意消费者的满意度，提供稳定、高价值的服务。

3. 根据消费者的购买习惯不同进行分类

（1）便利品。便利品是指消费者要经常、反复、即时、就近、惯性购买，且购买时不用花时间比较和选择的商品。便利品可以进一步分为常用品、冲动品以及救急品。常用品是消费者常用的产品，如写字笔；冲动品是消费者在没有事先了解的情况下冲动购买的产品，如路边书店中的杂志；救急品是消费者在需求紧急的情况下不得不购买的产品，如在患病时购买的药物。冲动品和救急品的销售者会把这两种商品摆放在消费者最容易拿到的地方。因此，便利品的生产者应注意分销的广泛性和经销网点的合理分布，以便消费者能及时、就近购买。

（2）选购品。选购品的价格比便利品要贵，消费者购买时愿意花较多的时间比较后才会决定购买，如服装、家电等。消费者会仔细比较其质量、价格、样式、特色和品牌等方面。选购品可以分为同质品和异质品。同质品在质量上相似，但在价格上存在差异，消费者需要经过比较进行选购。而对于异质品，相对于价格，产品功能和服务方面的差异更会引起消费者的关注。选购品的生产者应将销售点设在商业发达的商业区，并将同类产品销售点相对集中起来，以便消费者进行比较和选择。

营销故事5-1

（3）特殊品。特殊品具有独特性，在品牌识别上更为容易，消费者很愿意为了购买这一种产品而付出额外的金额，如手表、名牌时装和汽车等。消费者在购买前对这些产品有了一定的认识，偏爱特定的品牌和商标，不愿接受替代品。因此，企业应注意维护品牌声誉，以赢得消费者的青睐；要加强广告宣传，扩大品牌的知名度；同时要切实做好售后服务和维修工作。

（4）非渴求品。非渴求品通常是指消费者不了解，或者虽然了解但暂时不想购买的商品，如消防器材、人寿保险等。对于非渴求品的宣传，需要广告推广和销售人员的努力来使更多的人了解。这类产品的宣传和销售需要克服非渴求品消费表现力差的缺陷，大力普及非渴求品的消费文化，消除消费者与非渴求品之间的隔阂，丰富和创新产品价值。

第二节　影响消费者购买行为的因素

影响消费者购买行为的因素有很多，这些因素也是消费者行为研究的重要组成部分，市场营销人员若想准确把握市场动向，对于这些因素的研究就显得极其关键。目前，影响消费者购买行为的因素有四大类，分别是文化因素、社会因素、个人因素和心理因素。对营销人员来说，了解影响消费者购买行为的因素是很重要的，要根据消费者购买行为具体分析他们真正的需求，因人而异地开展营销活动。

一、文化因素

人类塑造文化环境的同时也受到文化的反作用与熏陶，在市场营销实践中更是如此，文化环境某种程度上会决定消费者的需求，文化价值观、亚文化和社会阶层对消费者购买行为的影响尤为重要。

1. 文化价值观

文化是决定一个人的欲望和行为的基本因素，如通过家庭和其他社会机构，在中国成长的儿童能更多地接触到传统美德与习俗、团队合作精神、谦让有礼和勤俭节约等价值观。而在其他国家，如美国成长的儿童会有更多的机会接触到成就、效率、实用性、进步、物质舒适、个人主义、自由、人道主义和年轻化等价值观。营销人员必须密切关注不同国家的文化价值观，寻找新产品的推广机会。

2. 亚文化

每一种文化都由更小的亚文化组成，为其成员提供更具体的认同感和社会参与感。亚文化包括民族、宗教、种族团体和地理区域。当亚文化变得足够庞大和强大时，企业通常会设计专门的营销计划来为其服务。

某一足够庞大的亚文化之下拥有众多的子市场，并且其购买力在不断扩大。亚文化之间多元的市场规范、语言的细微差别、购买习惯和商业惯例需要被纳入营销策略的最初制定过程中。这些多元性也对营销研究有影响，需要仔细抽样，以充分了解目标市场。

3. 社会阶层

事实上，所有人类社会都表现出社会分层，最常见的形式是社会阶级。社会阶级是一个社会中具有相对同质性和持久性的群体，同一阶层之间等级制度有序，成员具有相似的价值观、利益和行为。国家统计局将全国居民收入分为5个递增的层次：低收入组、中等偏下收入组、中等收入组、中等偏上收入组和高收入组。不同社会阶层成员在许多领域表现出不同的产品和品牌偏好，包括服装、家装、休闲活动和汽车。有的消费阶层喜欢杂志和书籍，而有的消费阶层则偏好电视。不同阶层之间还有语言上的差异，因此营销活动必须符合目标社会阶层的语言习惯。

二、社会因素

除了文化因素外，社会因素如参照群体、家庭、社会角色和地位也会影响购买行为。

1. 参照群体

参照群体是对消费者的态度或行为有直接或间接影响的群体。对个人具有直接影响的群体称为成员群体。其中一些主要群体与个人的互动持续时间较长且形式多样，如家人、朋友、邻居和同事。参照群体对个人选择有相当显著的影响，并且正向影响与负向影响同时存在。人们一般对向往群体的价值取向及选择高度认可，并尽力回避隔离群体的价值观与行为方式。

参照群体至少以3种方式影响成员。它们让一个人接触到新的行为和生活方式，带来一种生活态度和自我认识，并且创造了可能影响产品和品牌选择的一致性压力。如果参照群体的影响力很强，营销人员必须决定如何接触和影响该群体的意见领袖。意见领袖是指会对某一特定产品或品牌提供非正式建议或信息的人，如几个品牌中哪一个最好，或者某一特定产品如何使用。意见领袖通常高度自信，善于社交。营销人员试图通过了解并识别他们的心理特征和经常接触的媒体，向他们传达信息。

2. 家庭

家庭是社会上最重要的消费者购买组织，家庭成员构成了最具影响力的主要参照群体。原生家庭由父母和兄弟姐妹组成。从父母那里，一个人获得了宗教、政治和经济的倾向，以及个人的抱负、自我价值和爱的感觉。即使消费者不再与父母有太多的互动，父母对其行为的影响也会很大，如几乎40%的家庭与父母有同一家企业的汽车保险。

对于昂贵的产品和服务，如住房、汽车或度假选择，绝大多数丈夫和妻子会进行共同决策。然而，男性和女性对营销信息的反应可能不同。研究表明，女性在购买决策中更加重视人与人之间的关系，如家人和朋友之间的关系，而男性则更关注企业竞争力，并将企业竞争力放在优先考虑地位。

3. 社会角色和地位

我们每个人都会加入许多群体，如家庭和俱乐部等。群体往往是重要的信息来源，有助于界定行为规范。我们可以根据职位和社会角色定义一个人在每个群体中的位置。职位由一个人应该执行的活动组成，不同的职位意味着不同的地位。市场营销高级副总裁可能被视为比销售经理更有地位，而销售经理可能被视为比办公室文员更有地位。人们选择的产品能够反映和传达他们的社会角色以及他们在社会中的实际或期望的地位。营销人员必须意识到产品和品牌的地位象征性。

三、个人因素

影响购买行为的个人特征包括年龄和生命周期阶段、职业和经济环境、个性和自我概念、生活方式和价值观。

1. 年龄和生命周期阶段

人们对食物、衣服、家具和娱乐的品位往往与年龄有关。消费也受家庭生命周期阶段以及家庭中的人数、年龄和性别的影响。中国传统的一家三口由丈夫、妻子和孩子构成。截至2018年，中国家庭平均规模为3.110。此外，个人生命周期阶段也很重要。成人在一生中经历某些重要"阶段"或"转折"，他们在经历这些阶段时的行为不一定是固定的，而是随着时间的推移而改变的，如成为父母。

2. 职业和经济环境

职业也会影响消费模式。营销人员试图找出对其产品和服务有着高于平均水平兴趣的职业群体，甚至为某些职业群体量身定制产品，如计算机软件企业为品牌经理、工程师、律师和医生设计不同的软件。

如果经济指标指向衰退，营销人员可以采取措施重新设计、定位、定价他们的产品，引入或增加对折扣品牌的重视，以便他们可以继续为目标顾客提供价值。

3. 个性和自我概念

每个人都有影响其购买行为的个性特征。个性是指一系列区别人类心理特征的集合，这些特征导致对环境刺激（包括购买行为）的相对一致和持久的反应。我们通常用自信、支配力、自主性、顺从、社交能力、防御能力和适应性等特征来描述个性。品牌也有个性，消费者很可能会选择个性与自己相匹配的品牌。我们将品牌个性定义为可以归因于某个特定品牌以人类特质归因的特定组合。

斯坦福大学研究了品牌个性并确定了以下特征：

（1）真诚（脚踏实地、诚实、健康、开朗）。
（2）刺激（大胆、充满活力、富有想象力、与时俱进）。
（3）称职（可靠、聪明、成功）。
（4）成熟（高雅、有吸引力）。
（5）粗犷（坚韧）。

一项跨文化研究探索了品牌个性在美国以外的普遍性，发现5个因素中有3个因素适用于日本和西班牙，但日本和西班牙用"和平"维度取代了"粗犷"维度，西班牙用"激情"维度代替了"称职"维度。对韩国品牌个性的研究揭示了两个特定于文化的因素——"被动喜欢"（Passive Likeableness）和"优势"（Ascendency），反映了儒家价值观在韩国社会和经济体系中的重要性。

消费者经常选择和使用品牌个性与自我概念（我们如何看待自己）一致的品牌，尽管这种匹配可能是基于消费者的理想自我概念（我们希望如何看待自己），甚至是基于其他人的自我概念（我们认为其他人如何看待自己）。相对于私人消费品，这些影响对于公共消费品更为明显。具有强烈的自我概念的消费者因对他人看法更加敏感，使得消费者更有可能选择品牌个性符合当下流行趋势的品牌。最后，消费者通常有多方面的自我，会在不同的情况下或在不同类型的人周围被唤起。一些营销人员精心策划品牌体验，以表达品牌个性。

4. 生活方式和价值观

文化、社会阶层和职业形成的价值观可能会导致人们具有截然不同的生活方式。生活方式是一个人在世界上生活的方式，表现为一个人热衷的活动类型、兴趣爱好和对待事物的观点等，它描绘了人与周围环境的互动。营销人员寻找他们的产品和消费者群体之间的关系。高端计算机制造商可能会发现，大多数计算机购买者都以成功为导向，所以制造商明确地将品牌定位为成功者的生活方式。

四、心理因素

1. 感知

感知的收益与搜索的感知成本是指是否值得花时间和精力去搜索有关产品的信息。

例如，大多数家庭在购房之前都会花大量的时间研究住房市场，因为房屋是非常昂贵且重要的物品，对安全性和娱乐性有重大影响。相对而言，他们会花更少的时间去研究为孩子买哪件玩具。

营销故事5-2

涉及消费者感知的个体差异时不得不提到控制点理论，内部控制者认为他们可以控制自己的行动结果，在这种情况下，他们通常会参与更多的搜索活动。外部控制者认为命运或其他外部因素控制着所有的结果，他们认为收集了多少信息并不重要。如果他们做了一个明智的决定，这不是他们的功劳，如果他们做了一个糟糕的决定，这不是他们的错。那些购买共同基金的人更有可能认为他们无法预测市场，而且可能更受外部控制源影响。当人们认为其可以选择自己的消费目标（内部控制源）时，他们会比目标被强加在他们身上时更努力地去实现这些目标（外部因素）。

当消费者主观上不能确定何种消费最能配合或满足其目标时，便产生了感知风险。或者是在购买行为发生后，结果不能达到预期目标，可能产生不利后果时，也会产生感知风险。感知风险越高，消费者越可能进行拓展信息搜索，会在这些信息的基础上进一步筛选，从而发展出更复杂的消费者心理活动。

2．风险导向

许多消费者在购买产品时需要考虑来自产品或与产品相关的各种风险，如产品自身的功能、维护和检验产品的成本以及身边的社会成员如何看待该产品等问题，我们将购买发生后的风险分为功能风险、金融风险、社会风险、时间风险和安全风险。

功能风险是指性能不佳的产品所固有的潜在危险，如结构设置不合理、选用材料不适当、没有设计应有的安全装置、不符合设计规范、不符合加工工艺要求、没有完善的控制和检验手段，致使产品存在不安全因素等。

金融风险是指与货币支出相关的风险，包括购买的初始成本以及使用项目或服务的成本。消费者不仅担心新的服装能否提供其所期望的外观，而且还担心保养成本会不会过高。商家很清楚干洗很昂贵，而且会减少衣服的使用寿命，因此很多商家都使用易于护理的可洗织物。

社会风险是指消费者担心他人可能会消极地看待自己购买的产品而产生的风险。例如，在购买服装时，消费者会考虑他们的朋友喜欢什么；在准备面试时，消费者可能会去购买一个独特的、时尚的产品来展现自我，而不是选择一个大众的品牌。

时间风险与消费者在搜索合适的购物网站或提交订购单时可能遇到的时间损失有关，又或是其他原因造成的延迟收货问题。例如，面试者可能在网购面试着装时迟迟选不到心仪的产品或是卖家迟迟不发货、物流过慢而导致面试时依然未准备好服装。

安全风险与风险密切相关。安全风险是指如果产品运行不正常，则会产生一些实际的危害。虽然生理风险通常不是服装问题，但在购买其他产品（如汽车）时，这可能是一个重要的问题。政府或某些民间组织会通过公布汽车安全等级以帮助缓解这种风险。消费者可以通过比较各种汽车的安全性能，从而选择安全风险小的汽车。

3. 学习

学习是指个人的思维过程或行为的变化，这种变化是基于经验而产生的。消费者可以通过对外部刺激的反应（行为学习）或通过强调个人作为解决问题实体的心理过程（认知学习）来获得购买和消费信息。例如，苹果手表的广告将佩戴新手表与"健康、有趣、动力和计时"的积极感觉联系起来，目的是为了让手表成为消费者生活中不可或缺的一部分，为消费者提供信息以形成备选选项或将其存储在记忆中以备将来购买。

学习会影响态度和看法。在整个购买过程中，消费者的态度可能会转向其他品牌和商店。学习理论告诉营销人员，他们可以通过将产品与强大的驱动力相关联，使用激励线索并提供积极的支持来建立对产品的需求。新企业可以通过效仿竞争对手使用的相同驱动力并提供相似的提示以进入市场，因为购买者更有可能将忠诚度转移给与原企业相似的品牌；否则企业可能会通过设计品牌以吸引不同的市场，并提供强烈的提示诱因来吸引消费者。

当学习取决于消费者对结果的推论或解释时，一些研究人员倾向于更主动的认知方法（是由于不良产品而导致的不利的消费者体验，还是消费者未能正确遵循说明？）。当人们普遍倾向于将成功归因于自身而将失败归因于外部原因时，就会产生享乐主义偏见。因此，消费者更容易指责产品，这给营销人员施加了压力，要求他们在精心设计的包装和标签、说明性广告和网站等方面仔细说明产品功能。

最新研究洞察 5-1

如何使消费者行为更具有可持续性

市场营销在促进可持续消费中具有重要作用，如何使消费者行为更具可持续性呢？

White等人（2019）建立了一个全面的框架，概念化了可持续的消费者行为变化。该框架以首字母缩略词SHIFT为代表，当信息或语境利用以下心理因素时，消费者更倾向于形成可持续性行为：社会影响、习惯养成、个人因素、感觉和认知以及有形性。以下是SHIFT框架包含的心理因素。

社会影响（Social Influence）。社会影响是指符合当下社会要求规范的行为，如避免乱扔垃圾、节约能源、选择环保食品、绿色出行方式。计划行为理论表明，除了社会影响，态度和感知控制一起塑造了消费者行为。

习惯养成（Habit Formation）。习惯是指持续存在的行为，由于许多习惯是不可持续的，因此习惯改变是可持续行为改变的重要组成部分。鼓励重复的动作，如激励和反馈，可以增强积极的习惯。将情境变化与习惯养成相结合可以成为鼓励可持续行为的一种方式。

个人因素（Self Individual）。个人因素可以对消费行为产生强大的影响，包括自我概念、自我兴趣、自我一致性、自我效能感和个体差异。个人希望保持积极的自我概念，并可以通过消费来强调自我概念的积极性。

感觉和认知（Feelings and Cognition）。一般而言，消费者采取两种不同的行动方式：一种是由情感驱动的，另一种是由认知驱动的。

有形性（Tangibility）。大多数可持续的消费者行为会影响消费者个人利益，这些后果会造福他人并且只会在未来实现。因为结果随着时间的推移变化缓慢地出现，所以很难追踪和衡量。

SHIFT框架显示了可用于影响可持续消费者行为的不同策略，揭示了鼓励消费者可持续行为改变的5种广泛的心理学途径。该框架的许多方面也适用于其他积极的行为，如慈善捐助等。然而，有些心理因素可能是可持续消费所独有的。例如，健康行为不像可持续行为那样受到社会影响的制约。虽然健康行为总体上具有积极的经济和社会效益，但不可否认的是，健康行为改变主要具有个体效益。

资料来源：White K, Habib R, & Hardisty D J. How to SHIFT Consumer Behaviors to be More Sustainable: A Literature Review and Guiding Framework. Journal of Marketing, 2019, 83（3）：22-49.

第三节　消费者的购买决策过程

消费者购买决策通常经历5个阶段，如图5-1所示。很明显，购买过程在实际购买之前很久就开始了，并在很久以后才产生了影响。消费者并不总是完全经历这5个阶段，他们可能跳过某些步骤，或顺序有所不同。例如，购买普通牙膏时，消费者可以直接从问题识别跨越到购买决策阶段，跳过信息搜索和方案评估。

图5-1　消费者购买决策的5阶段

一、问题识别

当购买者认识到由内部或外部刺激引发的问题或需求时，购买过程就开始了。在内部刺激下，人的正常需求上升并成为购买驱动力，如人在饥饿时想要购买食品。需求也可以由外部刺激引起，如消费者可能会羡慕朋友的新车，或者看到度假广告，这都会激发消费者的购买欲望。

营销人员需要通过收集大量消费者的信息来识别触发其特定需求的环境。然后他们再去制定激发消费者兴趣的营销策略。特别是对于像奢侈品、度假套餐等的购买，营销人员可能需要增加消费者的购买动机，这样消费者的潜在购买欲望才会被激发出来。

二、信息搜索

消费者的信息搜索能力十分有限。调查显示，对于耐用品，50%的消费者只关注一家商店，只有30%的消费者会关注多个品牌的电器。信息搜索分为两个层次：中等搜索和积极搜索。当消费者开始关注某一产品的信息时，便进入了中等搜索层次。在这个层次上，人们更容易接受关于产品的信息。更深一层的则为积极搜索层次，在这一层次中，消费者会积极主动地搜索产品信息，

通过查找二手资料，如打电话给朋友、上网等了解产品。消费者主要有4组信息来源，包括个人来源，如家人、朋友、邻居和熟人；商业来源，如广告、网站、销售人员和经销商；公共来源，如大众媒体、消费者评价机构；经验来源，主要指消费者以前购买使用时的感受。

这些来源的相对数量和影响因产品种类和购买者的特点而异。一般来说，尽管消费者从商业渠道获得的产品信息最多，但最有效的信息往往来自个人或经验渠道，或独立权威的公共渠道。每个来源在影响购买决策方面有不同的作用，商业来源通常执行信息功能，而个人来源则执行评估功能。例如，医生经常从商业渠道了解新药，但会向其他医生寻求其对新药的评估。

通过收集信息，消费者了解竞争品牌及其特征。消费者在进行决策时会在一个较大的范围内不断进行筛选、排除，最终选定一个品牌，如图5-2所示。第一个框显示了所有可用的品牌。个体消费者并不熟知全部品牌，而只知道其中的部分品牌，这部分品牌集

全部可用品牌	意识集	考虑集	选择集	决定
苹果 戴尔 惠普 东芝 康柏	苹果 戴尔 惠普 东芝	苹果 戴尔 惠普	苹果 戴尔	?

图5-2 消费者决策的集合

合称为意识集。但意识集中只有一部分会满足消费者的购买标准,是消费者会考虑购买的品牌,这部分品牌集合称为考虑集。当消费者了解更多考虑集中的品牌信息时,只有少数品牌仍然具有强大的竞争力,这少数品牌集称为选择集。最终消费者将从选择集的品牌中作出最终选择。

营销人员需要识别并指导消费者决策的属性层次结构,以了解不同的竞争力量以及这些不同的集合是如何形成的。这种确定层次结构的过程称为市场划分。多年前,大多数购车者首先选定的是制造商,然后是其汽车类型(品牌主导的层次结构)。购车者可能会青睐通用汽车或雪佛兰。今天,许多购车者首先决定购买哪个国家的汽车(国家主导的层次结构)。例如,购车者可能首先决定购买德国车,然后选定奥迪品牌,最终购买 A4 车型。

属性层次结构也可以揭示顾客细分。首先决定价格的买家是价格主导型;首先决定车型的买家(商务车、混合动力车)是类型主导型;首先选择品牌的买家是品牌主导型。

如图 5-2 所示,企业必须制定战略,将其品牌纳入潜在顾客的意识、考虑和选择集。如果一个食品店老板首先按照品牌来安排酸奶,然后按照每个品牌的口味来安排,消费者往往会从同一个品牌中选择自己喜欢的口味。然而,如果所有的草莓酸奶都放在一起,然后是所有的香草酸奶,以此类推。消费者可能会先选择他们想要的口味,然后选择特定口味的品牌。

企业还必须确定消费者的选择集中的其他品牌,以便能够确定适当的竞争诉求。此外,营销人员应该识别消费者的信息来源并评估其相对重要性,询问消费者第一次是如何听说这个品牌的,后来得到了什么信息,以及不同来源的相对重要性,这个过程有助于企业针对目标市场进行有效的准备。

最新研究洞察 5-2

移动评论对消费者购买意愿的影响

移动设备的使用无处不在,超过一半的世界人口现在使用移动设备。考虑到移动技术的广泛流行,了解移动如何影响人们对在线内容的看法是一个日益重要的研究目标,然而这些信息对消费者的影响程度是未知的。那么,在互联网时代,移动设备的评论相较于非移动设备的评论是否会对消费者的购买意向产生影响呢?

Grewal 等人(2019)提出在用户生成内容的背景下,移动设备使消费者更及时地审查产品和服务。移动设备的一个常见用途是创建用户生成内容,并通过在线平台传播。这包括在社交网络上发帖,通过应用程序分享照片和视频,以及在在线评论网站上对产品和服务进行评级和评论。移动设备上生成的用户内容会影响消费者的态度和购买意愿。实践中,一些网站会指出评论是否通过移动设备发布,如 Trip Advisor 使用"通过移动设备"

标签表示来自移动设备的评论。为了解决这一差距，研究者使用 Trip Advisor 的数据和 5 个实验来研究移动设备如何影响消费者对在线评论的看法和他们的购买意愿。实验发现，知道评论是从移动设备上发布的，可以让消费者有更高的购买意愿。尽管这种类型的提示似乎无关紧要，但其可以积极地影响消费者对在线评论的评价。消费者知道评论是在移动设备上写的，与非移动设备相比可以产生更高的购买意愿。这是由于消费者认为移动评论在编写过程中更费力气，随后将这种更大的感知努力与评论的可信度等同起来。因此，与非移动用户相比，这种更大的感知可信度导致了移动用户的购买意愿上升。

通过研究和真实数据发现，消费者在阅读移动设备上发布评论时会做出重要的推论。首先，消费者认为在移动设备上写评论与在非移动设备上写评论相比需要更多的体力劳动。其次，由于这种感知努力，消费者认为移动评论更可信。最后，由于感知努力的可信度，评论在影响购买方面更有说服力。重要的是，这种结论只在评论上是积极的，并且评论围绕购买过程且没有被其他可信度指标干扰时才成立。

资料来源：Grewal L, & Stephen A T. In Mobile We Trust: The Effects of Mobile Versus Nonmobile Reviews on Consumer Purchase Intentions. Journal of Marketing Research, 2019, 56（5）：791-808.

三、方案评估

消费者是如何处理竞争品牌信息并作出最终购买选择的？没有一个固定的流程能被所有的消费者使用，也没有一个流程可以被一个消费者在每一次的购买行为中使用。消费者形成判断很大程度上是在一个有意识和理性的基础上。首先，消费者试图满足需求。其次，消费者希望从产品解决方案中获得某些利益。最后，消费者将每个产品视为具有不同属性的组合，每组属性具有不同的满足消费者需求的能力。消费者最关注的是那些能带来利益的属性。我们通常可以根据不同的属性和利益来划分产品市场。

1. 信念和态度

通过经验和学习，人们获得信念和态度，这些反过来又影响购买行为。信念是一个人对某事持有的描述性想法。态度是消费者对事物的概括性评估，是一个人对某些事物或想法持久的、有利或不利的评价、感受和倾向。人们对几乎所有事情都有态度，如宗教、政治、衣着、音乐和食物等。态度使我们喜欢或不喜欢一个物体，且很难改变。它们引导我们以一致的方式对待相似的事物。一般来说，企业最好是让自己的产品符合消费者现有的态度，而不是试图改变消费者的态度。然而，如果消费者的信念和态度变得过于消极，企业则需要采取严肃的措施来改变消费者的信念和态度。

2. 期望—价值模型

期望—价值模型，又称为补偿性模型，即一种产品的优点可以补偿其缺点，消费者通过一个属性评估程序得出对各种品牌的态度，形成一套关于每个品牌在每个属性上所处位置的信念。期望—价值模型假定消费者通过对品牌的信念来评价产品和服务。

假设王琳将她的选择范围缩小到4台计算机（A、B、C、D），假设她对计算机的4个属性感兴趣：内存容量、图形处理能力、尺寸和重量以及价格。表5-1显示了她对每个品牌在这4个属性上的评分。如果一台计算机在所有标准上都优于其他计算机，我们可以预测王琳会选择它。但是，现实中各个品牌在不同的标准上各有优势，因此她选择的品牌也可能各不相同。王琳如果想要最好的内存容量，应该买计算机C；如果想要最好的图形处理能力，应该买计算机A。

表5-1 消费者对计算机的品牌信念

	内存容量	图形处理能力	尺寸和重量	价 格
A	8	9	6	9
B	7	7	7	7
C	10	4	3	2
D	5	3	8	5

注：每个属性的级别从0到10，其中10表示该属性的级别最高。然而，价格指数是相反的，10代表最低的价格，因为消费者更喜欢低价而不是高价。

如果知道王琳对这4个属性的权重，我们就可以更可靠地预测她的选择。假设她将40%的权重分配给内存容量，30%的权重分配给图形处理能力，20%的权重分配给尺寸和重量，10%的权重分配给价格。根据期望—价值模型，找到王琳对每台计算机的感知价值，其计算结果为

计算机 A = 0.4×8 + 0.3×9+ 0.2×6+ 0.1×9 = 8.0
计算机 B = 0.4×7+ 0.3×7+ 0.2×7+ 0.1×7= 7.0
计算机 C = 0.4×10 + 0.3×4+ 0.2×3+ 0.1×2 = 6.0
计算机 D = 0.4×5+ 0.3×3+ 0.2×8+ 0.1×5= 5.0

根据期望—价值模型，预测王琳会喜欢计算机A，它有最高的感知价值（8.0）。

假设大多数计算机的购买者以同样的方式形成偏好。了解了这一点，计算机B的营销人员可以采用以下策略来激发人们对其更大的兴趣：

（1）重新设计计算机，即传统的重新定位。
（2）改变消费者对品牌的信念，即心理上的重新定位。
（3）改变消费者对竞争对手品牌的看法。这种策略在消费者错误地认为竞争对手品牌比本品牌的质量更好时是有效的。
（4）改变重要性的权重。营销人员可以试着说服买家更加重视品牌的优点。
（5）注意被忽视的属性。营销人员可以将购买者的注意力吸引到被忽视的属性上，

如样式或处理速度。

（6）改变消费者的预期。营销人员可以设法说服消费者，改变其价格预期。

四、购买决策

在选择评估阶段，消费者对经常选择的品牌形成偏好和购买意愿。在执行一个购买意向时，消费者可能会做出多达5个子决策：品牌（品牌A）、经销商（经销商2）、数量（1台计算机）、时间（周末）和支付方式（信用卡）。

消费者可能会使用期望—价值模型，即对产品的良好评价有助于克服对产品的不良评价。但消费者在决策过程中往往会走"心理捷径"，在消费者选择的非补偿模型中，正面和负面属性并不能相互抵消。单独评估属性使消费者更容易做出决策，但也有这样一种可能，即在非补偿性模型中消费者经过不同的考虑会做出不同的选择。这里我们分析3种非补偿性决策规则。

（1）连接式规则。消费者为每种属性设置一个可接受的最低水平，只有满足所有标准时才可以被选择。例如，如果王琳认为所有属性必须至少为5，那么她将选择计算机B。

（2）词典编纂式规则。根据消费者认为的最重要的品牌属性选择最佳的品牌。根据这个决策规则，如果王琳认为内存容量最重要，那么她会选择计算机C。

（3）排序排除式规则。消费者根据属性的重要性，对品牌进行逐步排除，排除不满足最低标准的品牌。如果最重要的属性是价格，最低标准为6，则先排除计算机C和D，第二重要标准的是图形处理能力，最低标准为8，则排除计算机B，选择计算机A。

我们对品牌的了解、做选择的时间压力以及社会环境都可能影响我们是否使用以及如何使用这些决策规则，消费者不一定只使用一种选择。例如，他们可能使用非补偿决策规则来将品牌选择的数量减少到一个更易于管理的数量，然后通过补偿模型评估剩余的品牌。20世纪90年代，英特尔取得巨大成功的一个原因是，英特尔成为许多消费者的第一选择。当时领先的计算机制造商如IBM、戴尔只能支持英特尔的营销。

即使消费者形成了品牌评价，在购买意愿和购买决策之间也存在2个一般的干扰因素。如图5-3所示，第一个因素是别人的态度，其影响取决于2个方面，即别人对我们选择的消极态度的强度和我们遵从他人意愿的动机。对方的消极态度越强烈，与我们越亲近，我们就越会调整自己的购买意愿，反之亦然。第二个因素是意想不到的情境因素，它可能会改变购买意愿。王琳可能会因为没有计算机而失去工作，购买意愿会变得更强烈。因此，购买偏好甚至购买意向并不能完全可靠地预测购买行为。

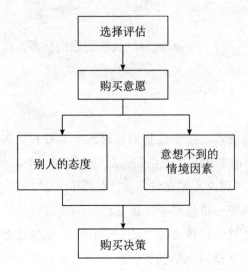

图 5-3 评估替代方案和购买决策之间的步骤

最新研究洞察 5-3

自我关注促进了消费者决策中对情感的依赖

决策环境中的各种因素可以使消费者加强自我关注。零售商场的环境中常常包含一些暗示，如镜子、个性化问候、销售人员的闲聊，让消费者签名的行为也可以启动自我关注。此外，鼓励消费者观看自传体广告可能会增加自我关注，而减少对外界环境的关注。在无数的暗示下，消费者普遍倾向于自我关注。那么，自我关注倾向是否会影响消费者的行为，并将怎样影响消费者行为呢？

Chang 等人（2018）招募了1770名参与者进行了实验。实验使用了多种自我关注手段（镜子、用第一人称写故事和自我促销信息）。实验认为自我关注是决定态度和行为的一个重要决定因素。例如，自我关注的人往往更不易被说服，他们的行为与价值观一致，并会减少当前行为与标准价值观之间的差异。这项调查研究了自我关注对消费者在作出判断和决定时对情感的相对依赖的影响。消费者的选择常常受到情感因素的驱动，无论是产品特性、决策者的长期倾向，还是营销人员的广告活动。例如，与实用主义产品相比，享乐主义产品的评价往往基于情感标准。有些消费者习惯性地更倾向于基于感性而非理性来做决定。许多广告鼓励消费者依靠自己的感觉，如可口可乐2016年的产品宣传中使用的口号"品味感觉"（Taste the Feeling）。

资料来源：Chang, Hannah H, Iris W. Mirror, Mirror on the Retail Wall: Self-Focused Attention Promotes Reliance on Feelings in Consumer Decisions. Journal of Marketing Research, 2018, 55（4）：586-599.

五、购后行为

购买之后,消费者可能会因为注意到产品的缺点或听到其他产品的优点而感到不安。营销沟通应该加强消费者对品牌的信念和态度,并帮助消费者建立对品牌的良好评价。因此,营销人员的工作并没有随着购买而结束。营销人员必须持续关注购后满意度、购后维护行为以及购后产品的使用和处置。

1. 购后满意度

购后满意度取决于产品是否能够满足消费者的期望值。如果期望值得不到满足,消费者就会失望;如果满足期望值,消费者就会比较满意;如果超出期望值,消费者就会非常满意。这些感觉决定了消费者是否会再次购买产品,是否会向他人推荐产品。

2. 购后维护行为

对产品感到满意的消费者更有可能再次购买产品,也会倾向于向别人推荐该产品。对产品感到不满意的消费者会退货,也会通过向企业、律师或其他团体(私人或政府机构)投诉来采取公开行动,或者采取私人行为,包括决定停止购买产品并建议朋友们不要购买。采购后,若卖方与买方进行积极沟通则可以使买方减少产品退货和订单取消的可能性。例如,计算机生产企业可以给新用户发送一封信,祝贺他们选择了一台好的计算机;可以投放广告,展示对计算机满意的用户;可以征求用户对计算机的改进建议,并列出可用服务的位置;可以给用户发送一本杂志,里面有介绍新的计算机应用程序的文章。此外,他们还可以提供良好的沟通渠道,迅速消除用户的不满。

3. 购后产品的使用和处置

如图 5-4 所示,营销人员还应持续关注买家如何使用和处置产品。影响销售频率的一个关键因素是产品的消费频率。消费者消费产品越快,他们就会越早回到市场重新购买。消费者可能因为高估了产品的使用寿命而无法及时更换某些产品。加速替换的一个策略是将替换产品的行为与一年中的某个节日、事件或时间联系起来。如果消费者把产品扔掉,营销人员需要知道他们如何处理它,特别是像电池、饮料容器、电子设备和一次性尿布等会破坏环境的产品。消费者永久丢弃的产品也可能继续发挥效用,如二手服装店将被丢弃的衣服再次出售。

对于本章介绍的消费者购买决策过程的 5 个阶段,营销人员可以采取 4 种方法提高消费者在进行购买决策中的参与度。首先,可以将产品与一个消费者关心的问题联系起来,如佳洁士将牙膏与预防蛀牙联系起来。其次,可以将产品与个人联系起来,如果汁生产商在饮料中添加钙等元素来强化营养。再次,可以通过广告来激发消费者的强烈情感,如通过广告宣传"谷物可以促进心血管健康"来吸引消费者。最后,可以增加产品的功能,如 GE 推出"软白色"的灯泡以保护使用者的视力。这些策略能将消费者参与度从低等水平提升到中等水平。

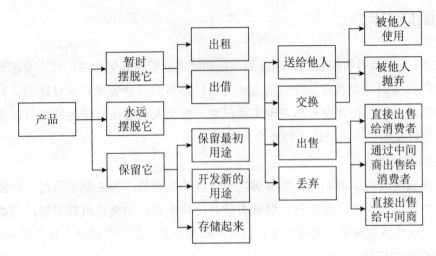

图 5-4 消费者如何使用或处置产品

如果消费者对购买决策的参与度较低，无论市场营销人员能做什么，他们都可能很消极。营销人员必须给消费者一个或多个积极的提示，以证明他们的品牌选择是正确的，如频繁的广告、参与公益活动和有力的公关以提高品牌熟悉度。其他能使品牌获得成功的因素还包括：受人喜爱的代言人、吸引人的包装和促销活动等。

本章小结

在市场营销学中，市场由购买者、购买力和购买欲望组成，三者缺一不可。市场规模和容量取决于有购买力，同时又有购买愿望的人数的多少。消费者市场是市场的重要组成部分。消费者市场是由为满足自身需要而购买的所有消费者组成的市场，也被称为最终产品市场。

消费者市场具有非营利性、多样性、分散性、易变性、伸缩性、可诱惑性、非专业性以及层次性等特点。同时，消费者市场的购买对象可根据耐久性不同分为耐用品和非耐用品；根据产品的有形性不同分为有形产品和无形产品（服务）；根据消费者的购买习惯不同分为便利品、选购品、特殊品和非渴求品。

影响消费者购买行为的因素有四大类，分别是文化因素、社会因素、个人因素和心理因素。消费者购买决策通常经历5个阶段：问题识别、信息搜索、方案评估、购买决策和购后行为。同时，在选择评估的过程中引入了期望—价值模型，即补偿性模型。营销人员可以通过期望—价值模型来激发人们对品牌的更大兴趣。但消费者在决策过程中往往会走"心理捷径"，选择非补偿性模型。营销沟通应该加强消费者对品牌的信念和态度，以强化消费者的选择，并帮助消费者建立对品牌的良好评价。因此，营销人员的工作并没有随着购买而结束。营销人员必须持续关注购后满意度、购后维护行为以及购后产品的使用和处置。

重要概念

消费者市场　消费者行为　消费者购买决策　期望—价值模型

思考与练习

1. 什么是消费者市场？根据自己的生活，简要介绍你身边的消费者市场。
2. 消费者市场有哪些特点？
3. 消费者市场的购买对象如何划分，分别有哪些？
4. 影响消费者购买行为的因素有哪些？
5. 举例说明消费者购买行为的心理因素中存在哪些风险。
6. 消费者购买决策分为几个阶段？分别是什么？
7. 什么是补偿性模型？
8. 什么是非补偿性模型？

案例分析

LV 联名 Supreme 应对千禧一代不断膨胀的购买欲望

为迎合消费市场的多元化需求，很多品牌开始寻求与其他品牌合作的机会，品牌联名策略已成为企业增加消费者购买欲望的又一重大策略。2017 年，顶级奢侈时尚品牌 Louis Vuitton（以下简称 LV）与街头潮牌 Supreme 联名引起了媒体的热议。

在市场全球化的背景下，多数品牌已经意识到了借助其他企业的品牌文化和品牌价值的力量是快速提升消费者购买欲望的有效策略。最为常见的品牌联名方式就是元素组合，其原理就是将一个知名品牌的图案元素提供给另一个知名品牌，作为新产品图案元素之一，这样品牌联合的产品就包含了合作双方的品牌元素和文化，既提升了双方的品牌知名度又分摊了宣传费用。LV & Supreme 联名系列亦是如此。

《2017 年中国奢侈品市场研究》调查结果显示，中国的消费者逐渐低龄化且购买次数较为频繁。年轻的消费者更钟情于"时尚""新潮"和"限量"产品。他们希望通过既有魅力又不失品位的着装来张扬个性，展示自己的独特之处。LV 与 Supreme 通过元素组合和功能互补的营销策略紧紧抓住了这一市场痛点，为开拓新的消费市场提供了可能。2017 年，波士顿咨询公司（Boston Consulting Group）联手意大利奢侈品行业协会（Fondazione Alta Gamma）发布最新年度奢侈品市场报告，报告数据显示，有 2/3 的奢侈品消费者已经不再将品牌主导的经典款式作为首选了，而将目光转向更加休闲、前卫的款式。调查中 83% 的人表示愿意花 2000 元以上购买一双运动鞋；78% 的人认为，这个价位上的运动鞋也属于奢侈品，对奢侈品的概念已经从"商务休闲"转向了"运动休闲"，Supreme 正是运动休闲风最具代表性的品类。这为 LV 与 Supreme 的合作成功提供了时代机遇。

资料来源：蒋星辰，宁俊. 浅析 Louis Vuitton 与 Supreme 联名合作的营销策略. 现代营销（经营版），2018（6）：94-95.

问题：

（1）LV 与 Supreme 为何要联名？请试用期望—价值模型进行解释。

（2）LV 与 Supreme 的联名迎合了怎样的消费者心理？

实践应用

2 个小组针对本章内容进行课堂展示。一组展示一个全面的案例；另一组介绍企业调研，讲述企业真实的故事。

任务5-1 案例分析　　任务5-2 企业调研

第六章 组织市场及其购买行为

本章要点

市场由组织市场与消费者市场构成。组织市场的规模和购买行为要比消费者市场大得多、复杂得多,主要体现在总交易量、交易人数、组织用户经营活动的规模与多样性、生产阶段的数量和持续时间等方面。组织市场是企业面对的重要市场,因此企业在进行组织市场的营销活动前,要充分认识组织市场的特点、购买行为、影响组织购买的因素和决策过程等。

学习目标

通过本章的学习,读者应该:

1. 理解组织市场的概念。
2. 理解组织市场与消费者市场的区别。
3. 了解组织购买的类型。
4. 了解组织购买行为的影响因素。
5. 掌握组织用户购买决策的过程。
6. 理解营利性企业的购买行为。
7. 理解政府组织的购买行为。
8. 理解事业单位的购买行为。

营销导读

我国将统一开放药品公共采购组织市场

2019年12月1日,国务院深化医药卫生体制改革领导小组公布了《关于以药品集中采购和使用为突破口进一步深化医药卫生体制改革的若干政策措施》（以下简称《措施》）。《措施》提出，依托省级药品集中采购平台，建设全国统一开放的药品公共采购市场，统一药品标准和功能规范，推进药品价格等相关信息互联互通、资源共享，促进药品价格全国联动。

为坚持市场机制和政府作用相结合，形成以带量采购等为特点的国家组织药品集中采购模式，《措施》明确，优先将价格高于周边国家和地区的原研药、与仿制药价格差距大的原研药，以及通过仿制药质量和疗效一致性评价的基本药物纳入集中采购范围。在做好药品集中采购工作的基础上，逐步探索将高值医用耗材纳入国家组织或地方集中采购范围。

对未纳入国家组织集中采购和使用范围的药品，《措施》提出，各地要依托省级药品集中采购平台，采取单独或跨区域联盟等方式，形成国家和地方相互促进的工作格局。鼓励探索集团采购、专科医院联合采购以及医疗联合体采购等方式形成合理价格，鼓励非公立医疗机构、社会药店等积极参与，共同推动建立以市场为主导的药品价格形成机制。

此外，《措施》还强调各地要在总体不增加群众负担的前提下，稳妥有序地试点探索医疗服务价格的优化。及时利用降低药品耗材费用和调整医疗服务价格等带来的医院新增可支配收入，来推进公立医院薪酬制度改革，以调动医务人员的积极性。

资料来源：吴佳佳. 我国将统一开放药品公共采购组织市场. 经济日报, 2019-12-01.

第一节　组织市场概述

一、组织市场的含义及特点

（一）组织市场的含义

组织市场是一个与消费者市场相对应的概念，是由各种正规组织机构作为购买者所形成的对企业产品或服务需求的市场。组织机构包括营利性企业（含中间商）、政府组织和事业单位。构成组织市场的主要行业有：农业、林业、渔业、矿业、制造业、建筑业、运输业、通信业、公用事业、金融业和服务业。

（二）组织市场的特点

1. 购买者比较少，购买数量比较大

组织市场营销人员通常面临的情况是：购买者比较少，但是购买数量比较大，特别是在大宗产品等行业。例如，汽车零件供应商的命运取决于能否从少数几家主要的汽车制造商那里获得较大数量的购买合同。由于采购量大，一笔交易涉及的金额可能非常大。

2. 供需双方关系密切

组织市场的顾客数量较少但是每个顾客都具有一定的重要性和影响力，因此供需双方需要保持密切的关系。供应商通常会根据单个业务顾客的需求定制其产品，企业买家也通常会选择自己的顾客作为供应商。例如，造纸厂不仅可以把产品卖给化工企业，也可以从化工企业购进用于生产纸张的原材料。

3. 专业人员采购

组织产品通常由受过培训的采购代理购买，它们遵循组织的采购政策、约束和要求。经过专业训练、具有丰富专业知识的专业买家不断学习如何更好地购买。许多企业隶属于供应管理研究所，研究所旨在提高专业买家的效率和地位。这意味着组织营销人员必须提供更多关于其产品及其竞争对手产品的信息。

4. 多人决策

购买决策过程的参与者往往不只是一个人，而是由很多人组成。大多数的组织有专门的采购委员会，由技术专家、高层管理人员和一些相关人员组成。特别在购买重要的产品时，决策往往是由采购委员会中的成员共同做出的。供应商的营销人员不得不雇用一些受过精良训练、有专业知识和人际交往能力的销售代表和销售队伍，与经过专业训练、具有丰富专业知识的采购人员打交道。

5. 派生需求

组织需求是一种派生需求，即组织市场购买行为是为了满足其消费者市场的需要。因此，营销人员必须密切关注最终消费者的购买模式。例如，位于福建省的福耀玻璃是中国汽车玻璃行业唯一的"中国驰名商标"，许多著名的高档汽车生产厂家需要它生产的玻璃，但是汽车生产厂家购买汽车玻璃的数量往往取决于消费者市场对高档汽车的需要，因此，汽车生产厂家的组织需求即为消费者购买汽车的派生需求。故而，组织必须密切关注当前和预期的影响因素对消费者需求的影响，如生产、投资、消费支出水平和利率。

6. 需求弹性小

许多企业的产品和服务的总需求是无弹性的，即受价格变化的影响不大。如果皮革价格下跌，制鞋商不会购买更多的皮革；如果皮革价格上涨，除非能够找到令人满意的

替代品，否则它们也不会购买更少的皮革。组织市场的需求在短期内尤其缺乏弹性，因为生产商无法快速改变生产方法。对于占产品总成本小部分的某些产品（如鞋带），需求也缺乏弹性。

7. 需求波动大

与对消费品的需求相比，对工业品的需求往往更加不稳定。如果消费者需求增长一定的百分比，为了生产出满足需求的产品，企业可能对厂房和设备需求会以更大的百分比增加，经济学家将此现象称为"加速效应"。有时，消费者需求仅增长10%，就可能在下一个时期导致对产品的业务需求增长多达200%；消费者需求下降10%可能会导致业务需求完全崩溃。

8. 购买者的地理位置相对集中

组织市场的购买者往往集中在某些区域，以至于这些区域的业务购买量在其整体市场中占有很大比重。生产者的地理位置集中有助于降低销售成本。与此同时，企业的营销人员需要密切关注某些行业的地区转移。

9. 直接购买

组织购买者通常直接从制造商而不是通过中介购买，尤其是技术上复杂或价格昂贵的产品，如大型精密仪器或飞机。对于使用频率不高并且价格高昂的产品，购买者也经常会采取租赁的方式取得使用权。

二、组织市场的运营

通常来讲，组织市场的购买者往往集中在某些经济发达的区域，如我国的组织市场一般都集中在政治中心、经济中心或各个省会城市，以至于这些区域的购买量在全国市场中占据相当的比重。例如，中石化的组织市场集中在北京、上海、深圳、广州、成都和武汉等地。因此，在组织市场方面，每个顾客对于供应商都是十分重要的，每一个组织市场的顾客能带来的收益都是相当可观的。

组织市场在参与交易的人数、每笔订单成交额、顾客活动组织的规模与多样性、生产阶段的数量和持续时间等方面要比消费者市场大得多、复杂得多。此外，组织市场的数量并不受其下游消费者市场数量的限制，因为有些组织不加入任何消费者市场。一些组织对消费者提供服务而不直接收取费用，如慈善机构，另外有些组织中则根本接触不到个体消费者这一角色，如生产汽车零件的企业。

组织市场供应链中的每一方需要购买许多其他产品和服务以支持其运营。消费者的需求是供应链的出发点，由其衍生出各种需求，供应商可以借此为企业提供生产设备、原料和场地以获取利润。

鉴于组织市场的高度竞争性，营销人员最大的敌人是产品化。产品化削减了利润，削弱了顾客忠诚度。只有当目标顾客确信市场上有差异化的产品存在，而且这些差异是有意义时，他们才会愿意增加预算。因此，在组织市场营销中，关键是要创造与竞争对手的差异点。

一、组织购买类型

组织用户在购买时需要做许多决定，大多数都取决于待解决问题的复杂性、购买需求的新颖性、所涉及的人数以及所需的时间。其中，组织用户购买类型可分为以下3种。

1. 直接重购

在一个直接重购流程中，采购部门对办公用品和大宗产品等用品进行重新筛选，并从曾经的供应商中进行选择。供应商们致力于保持产品质量和服务质量，并经常提出自动再订购的要求以节省时间。其他供应商们则试图提供新的产品或功能以满足组织用户对当前供应商的不满。它们的目标是先得到一个小订单，然后随着时间的推移再扩大订单。

2. 修正重购

组织用户在修正重购中希望更好地完成采购任务，主要包括修订采购方案，适当改变产品的规格、型号、价格、数量和条款，或寻求更合适的供应者。在这种情况下，采购工作比较复杂，需要进行一些新的调查，收集一些新的信息，做一些新的决策。通常，参与购买决策的人数也要增加。在这种情况下，原供应商想要保留组织用户而感受到压力，为了不失去用户，原供应商必须采取有效措施改进工作。此时，新的供应商则有了比较多的竞争机会，应抓住机会，扩大销售。组织市场上参与者众多，过程复杂。

3. 新购

新购是指组织用户首次购买产品或服务，新购是营销人员最大的机遇和挑战。这一过程中组织用户经历了5个阶段：意识、兴趣、评估、试用和采用。其中大众媒体在最初的意识阶段最为重要，销售人员在兴趣阶段往往影响最大，技术在评估阶段最为重要，产品质量在所有阶段都很关键。

在新购情况下，组织用户必须确定产品规格、价格限制、交货条款与时间、服务条款、付款条款、订单数量和可接受的供应商。不同的参与者影响着每一个决策，而这些决策制定的顺序也因此各不相同。

二、组织市场的购买对象

组织市场的购买对象通常为工业品。根据工业品的相对成本及其进入生产过程的方式不同进行分类，将它们分为原材料和零部件、资本品、供应品和服务。

1. 原材料和零部件

原材料和零部件是完全用于产品生产的基础物品。它们分为两类：原材料、加工材料和零部件。

（1）原材料主要分为两大类：农产品（如小麦、水果和蔬菜等）和天然产品（如鱼和木材等）。供应商将农产品提供给中间商，由中间商提供装配、分发、储存、运输和销售服务。天然产品通常供应有限，它们往往体积大、单位价值低，其使用价值是从生产者直接向消费者转移。

（2）加工材料和零部件主要分为两类：组件材料（如钢铁、水泥和电线等）和组件零件（如小电机、轮胎和铸件等）。大多数加工材料和零部件直接卖给工业消费者，在这一过程中，价格和服务是市场考虑的主要因素，品牌和广告变得不那么重要。

2. 资本品

资本品是指帮助开发或管理成品的一种长期产品，包括设施和设备。设施包括建筑物（如工厂和办公室）和固定设备（如发电机、钻床、计算机主机和电梯）。设备包括工具（如手动工具）和办公设备（如个人计算机和办公桌）。这些设备不构成成品的一部分。

3. 供应品和服务

供应品和服务是指帮助开发或管理成品的短期产品和服务。供应品有两种：保养和修理用品（如油漆、钉子和扫帚等）与操作用品（如润滑油、信纸和铅笔等）。供应品相当于便利产品，顾客能够轻松购买到此类产品。由于供应品单位价值低，且购买此类产品的顾客数量多、地域分布广，因此供应品通常通过中间商进行销售。同时，供应品的标准化程度高，而顾客对此类产品的品牌偏好并不高，因此价格和服务就成为他们考虑的重要指标。

商业服务包括维修服务（如窗户清洁和复印机维修等）和商业咨询服务（如法律、管理咨询和广告等）。维修服务通常由小生产者或设备制造商根据合同提供。对于商业咨询服务，消费者通常根据供应商的声誉和员工服务情况进行选择。

三、组织购买行为的影响因素

1. 环境因素

环境因素是指企业外部的宏观环境因素，包括国家经济形势、政治法律因素、市场竞争、当前技术发展和市场需求水平等。通常，组织会紧跟外界环境因素的变化，若当前国家经济形势良好或国家政策支持某一项产业的发展，相关组织会借此快速发展扩张，如增加投资、融资、库存和采购来应对扩张的生产计划。而在当前国家经济形势不好或国家政策不支持时，组织用户会停止继续扩张，甚至缩减自己的组织规模及生产水平以减少损失。

2. 组织因素

组织因素是指组织用户自身的内部因素，包括目标、战略、政策、组织结构和系统等。因此，营销人员需要把握组织用户的目标、战略以及为了实现目标和战略需要的产品、采购程序、与采购人员相关的政策和限制等。例如，营销人员应向寻求成本领先的组织用户推荐价格较低的产品，应向追求产品领先的组织用户推荐性价比高的产品，向追求技术领先的组织用户推荐高端的产品。

3. 人际因素

人际因素是指组织用户内部参与购买过程的各种角色的职务、地位、态度、利益和相互关系等。企业的采购中心通常包括使用者、影响者、采购者、决定者和信息控制者，这5类成员都参加购买决策过程，它们的人际关系影响产业购买者的购买决策和购买行为。

4. 个人因素

个人因素是指组织用户内部参与购买过程的各个参与者的年龄、受教育程度和个性等，这些个人因素会影响各个参与者对要采购的产品和供应商的看法，从而影响购买决策和购买行为。采购中心每一成员表现出不同的采购风格，有理智型、情感型和习惯型等。不管是哪一种风格的参与者，所考虑的中心问题都包括两个方面：企业需求和个人需求。

> 最新研究洞察 6-1

直接营销沟通对 B2B 市场购买行为的影响

B2B 企业花费大量的资源在直接营销管理与维持顾客的密切关系上。通常情况下，直接营销是针对明确的、具有经济利益或关系价值的顾客。为了实施满足顾客偏好的有效沟通策略，企业应该了解顾客如何评价组织营销沟通，怎么影响顾客的购买行为。那么，在 B2B 市场中，直接营销沟通对购买行为有何影响呢？

Kim 等（2018）对一家《财富》500 强 B2B 服务企业的顾客数据进行了分析。该数据包含丰富的信息，包括顾客级别的交易、直接营销沟通干预和顾客特征，观察期为4年。基于过去营销的经验，每个顾客对直接营销的反应非常不同。B2B 企业不断地向它们的 B2B 顾客发送直接营销通信或目标信息，以建立牢固的关系。由于顾客和企业之间的互动在 B2B 市场中非常频繁，因此顾客会根据他们与企业的相处不断改变对 B2B 企业的评价。基于访谈回顾，发现 B2B 顾客对 B2B 企业的整体价值的感知与 B2B 企业提供的组织营销投入的类型不同。在商业实践中，B2B企业承认直接沟通对顾客的购买决策有重大影响。特别是，企业在其沟通策略中强调企业投入的利益是经济或关系利益。因此，为了建立强大且有利可图的B2B关系，企业需要始终如一地从事与顾客推荐相适应的直接营销沟通，帮助顾客培养对企业积极的认知，影响其购买行为，并最终改善企业财务业绩。此外，为了能够根据每个顾客的偏好定制和传递营销信息，理解每个营销传播中明确的特征是很重要的，并通过所强调的价值找到营销努力的不同效果。

研究发现，直接营销传播对顾客购买行为具有很大的影响，且影响随着时间不断改变。研究提供了一种重新分配营销资源的策略，使营销人员能够定制营销沟通方式和改善企业的财务业绩。

资料来源：Kim, Kihyun, Hannah, and V Kumar. The Relative Influence of Economic and Relational Direct Marketing Communications on Buying Behavior in Business-to-business Markets. Journal of Marketing Research, 2018（55）：48-68.

四、组织用户的购买决策过程

帕特里克·罗宾逊（Patrick J. Robinson）和他的同事确定了组织用户购买决策过程的8个阶段。一般而言，这8个阶段适用于大多数的组织用户，其中营利性企业居多，政府组织和事业单位由于其组织性质的特殊性而略有差异。在修正重购和直接重购的情况下，某些阶段会被跳过。例如，组织用户通常有一个最喜欢的供应商或供应商的排名列表，并且可以跳过搜索供应商和征求供应建议书这两个阶段。组织用户的购买决策过程（见表6-1），是3种购买方式对应的8个阶段。

表 6-1 组织用户的购买决策过程

项 目	新 购	修改重购	直接重购
问题识别	是	可能	否
一般需求描述	是	可能	否
明确产品规格	是	是	是
搜索供应商	是	可能	否
征求供应建议书	是	可能	否
选择供应商	是	可能	否
签订合约	是	可能	否
绩效评价	是	是	是

1. 问题识别

当企业意识到某个问题或需求可以通过购买产品或服务来满足时，购买过程就开始了。识别可以由内部或外部刺激触发。内部刺激是企业根据自己的发展需求，为达到企业目标而受到的刺激，如企业想要寻求快速发展可能会去学习最尖端的技术。外部刺激是指企业通过外部环境或二手资料影响而受到的刺激。外部刺激有可能是买家在展会上获得了新的创意，从而发现企业还有进一步升级产品的需求等。营销人员可以通过邮件、电话营销和拜访潜在顾客来触发问题识别。

2. 一般需求描述

买方确定所需物品的一般特性和所需数量对于标准项目来说很简单，而对于复杂项目，买方将与其他工程师一起定义可靠性、耐用性或价格等特征。营销人员可以通过描述他们的产品如何满足甚至超过买家的需求来提供帮助。

3. 明确产品规格

采购组织需明确产品的技术规格。通常，企业会为项目指派一个产品价值分析工程团队。产品价值分析是一种降低成本的方法，它研究组件是否可以重新设计或标准化，或在不会对产品性能产生不利影响的情况下，通过更便宜的生产方法制造。

4. 搜索供应商

组织用户将通过网站目录、广告和展览等来寻找和确定最合适的供应商。互联网采购对供应商有着深远的影响，并将在未来几年内改变采购的形式。通过互联网采购的企业正在以多种形式利用网络市场。

营销故事6-2

（1）网站目录。网站目录是指网站为了方便浏览者或者管理者区分而做的分类，网站目录是网站的基本结构之一。企业可以通过电子采购软件发布的目录订购数千件产品，网站目录对企业采购有很大的帮助。

（2）垂直门户。垂直门户是指提供与特定行业，如卫生保健、保险、汽车或食品制造的相关信息的入口或门户的网站。购买工业产品（如塑料、钢铁或化学品）或服务（如物流或媒体）的企业可以访问专门的网站。与普通门户网站相比，行业垂直门户网站更专注于某一业务领域，这种专注带来了互联网发展的新高潮。行业垂直门户网站都是各自行业的权威、专家，通过把网站资讯做得更专业、更权威、更精彩来吸引顾客。

（3）电子现货。电子现货交易是以产品凭证为交易标的，通过网络市场统一结算，把有形市场和无形市场有机结合起来的市场交易形式。在电子现货市场上，价格每分钟都在变化。大宗产品电子交易的交收方式灵活多样，既可以提前交收，也可以即时交收，同时实物交收比重较大。

（4）私人交易。私人交易指组织用户自己运营的网络，供应商可通过网络与组织用户进行单独沟通。进行私人交易的组织用户通常规模都很巨大，有能力吸引供应商与其进行交易，并达成长期合作。惠普、IBM和沃尔玛运营私人交易网站，通过网络与特别邀请的供应商和合作伙伴建立联系。

（5）采购联盟。采购联盟是指由两家或多家实体联合起来共同采购而形成的横向联盟体。最早在公共部门如卫生和教育部门，采购联盟的应用获得了巨大的成功。随后在零售业，采购联盟的发展也比较迅速。在制造业领域，采购联盟正日益受到越来越多企业的青睐。几家购买相同产品的企业可以联合起来组成采购联盟，以获得更大的批量采购折扣。

在线商务采购的优点有：为买家和供应商节省了交易成本；缩短了订单和交货之间的时间；整合了采购系统；在合作伙伴和买家之间建立了更直接的关系。其缺点有：可能会削弱供应商和买方的忠诚度，并造成潜在的安全问题。

5. 征求供应建议书

买方邀请合格的供应商提交建议书。如果项目复杂或昂贵，将编写详细的建议书。在对方案进行评估后，买方将邀请一些供应商进行正式陈述。

市场营销人员必须善于研究、撰写和提出建议。书面建议应该是从顾客的角度来描述价值和利益的营销文件。口头陈述必须能够激发顾客信心，并使企业的能力和资源在竞争中脱颖而出。

6. 选择供应商

交货可靠性、价格和供应商信誉对常规订单的供应商选择很重要。为了克服价格压力，采购中心可能会在做出最终选择之前，尝试与首选供应商谈判以获得更好的价格和条件。尽管朝着战略采购、合作和跨职能团队的方向发展，但买家仍将大量的时间花在与供应商讨价还价上。价格导向型买家的数量因国家而异，具体取决于顾客对不同服务配置的偏好以及顾客组织的特点。

企业正日益减少其供应商的数量。这些企业希望在实现质量和性能持续改进的同时，每年还要保持或降低一定比例的成本。它们希望供应商在产品开发过程中与它们紧密合作，并且供应商将会重视它们的建议。

7. 签订合约

在选择供应商后，买方协商最终订单，列出技术规范、所需数量、预计交货时间、退货政策和保修等要求。在维护、维修和经营方面，买方倾向于签订一揽子合同，而不是定期采购订单。一揽子合同建立了一种长期关系，在这种关系中，供应商承诺在规定的时间内按商定的价格向买方提供所需的补给。由于卖方持有存货，总括合同有时被称为"无存货采购计划"。当需要库存时，买方的计算机自动向卖方发送订单。这个系统把供应商与买方的关系锁得更紧，使外部供应商很难打破这种关系，除非买方对价格、质量或服务不满意。

担心关键材料短缺的企业愿意购买并持有大量库存，它们将与供应商签订长期合同，以确保材料的稳定流动。例如，GM希望通过少量的供应商就可以满足自己的需求，且这些供应商必须愿意在GM的工厂附近生产高质量的部件。营销人员也在与重要顾客建立外联网，以促进交易和降低交易成本。在供应商管理库存系统中，有些企业更进一步，将订货责任转移到供应商身上。这些供应商了解顾客的库存水平，并负责通过持续补货计划自动补货。

8. 绩效评价

买方可以联系最终用户并要求其进行评估，使用加权评分法对供应商的几个标准进行评分，或将绩效成本加总，得出调整后的采购成本。绩效评价可能导致买方继续、修改或终止与供应商的关系。

许多企业都建立了奖励制度，给采购业绩良好的采购经理奖励，就像销售人员获得销售业绩奖金一样。这些制度督促采购经理增加对卖方的压力，以获得最有利的条件。

最新研究洞察 6-2

虚拟现实的使用价值及其对 B2B 营销的影响

人们越来越认识到虚拟现实为 B2B 营销提供的机会。然而，尽管人们认识到虚拟现实的前景和潜力，但它对 B2B 营销的具体影响仍是一个未被探索的研究领域。那么，在使用价值方面虚拟现实对 B2B 营销有什么影响呢？

Boyd 等（2019）研究表明，新媒体的发展和渗透彻底改变了我们对产品、品牌和采购关系管理的思考方式。为了应对这些趋势，许多企业开发了数字化技术以保持在市场上的相关性和竞争力。然而，如果企业想要保持竞争力，未来的成功将需要更加积极的行动和深刻的数字转型。其中一个关键的转变是利用虚拟现实带来的营销机会。供应商在展会上使用虚拟现实，让买家有机会体验它们的产品和服务，虚拟现实使体验者感受不到自己正置身于混乱的展会现场。供应商在识别购买者需求和寻找解决方案过程中所做的努力形成了它们对解决方案价值的看法。B2B 市场营销人员利用越来越多的技术，包括更传统的电话和计算机以及更多的新兴技术，如社交媒体网络。但社交媒体的低浸入式环境设置限制了交互能力。相比之下，高浸入式 3D 虚拟现实界面让用户体验真实性，从而完全屏蔽外界环境。因此，虚拟现实往往更有影响力，更沉浸于内容的意义，更令人难忘，因为它们建立的项目在记忆中有更长的痕迹。

然而研究发现，虚拟现实可能存在负面影响。根据心理应激理论，将虚拟现实的沉浸性与虚拟现实参与者所经历的工作压力水平联系起来，在虚拟现实中使用虚拟角色会引起额外的关注。实验研究表明，虚拟环境中个体的特征不仅促进而且强调了一致的个体行为，如反社会的表现。在 B2B 的环境中，不良行为的出现不利于买方与供应商的关系，如机会主义和客观性的丧失。如果不加以控制，这些负面影响可能会超过虚拟现实在 B2B 中的好处。然而，只有未来的研究才能找到这种可能性和联系。

资料来源：Boyd D E, Koles B. Virtual Reality and Its Impact on B2B Marketing: A Value-in-use Perspective. Journal of Business Research, 2019（100）: 590-598.

第三节 组织市场的分类及其行为特点

组织市场与消费者市场最本质的区别在于市场中的顾客不同。同一件产品可以出售给组织用户，也可以出售给消费者。两个市场顾客的需求不同，相应地组织市场顾客的购买行为也与消费者市场大为不同。根据市场中的顾客群体的不同，可以将组织市场分为3类，分别是：营利性企业（含生产者市场和中间商市场）、政府组织和事业单位。依据这一分类，可以很好地理解组织市场不同顾客群体之间的行为特点，从而更好地理解组织市场。

一、营利性企业

营利性企业购买的产品或服务用于生产、出售或出租给他人。营利性企业在组织市场顾客范畴内，是作为组织单元的多种形式之一，按照一定的组织规律有机构成的经济实体。营利性企业一般以营利为目的，以实现投资人、顾客、员工、社会大众的利益最大化为使命，通过提供产品或服务换取收入。营利性企业是社会发展的产物，因社会分工的发展而成长壮大。与消费者相比，更多的金钱和产品在销售中被转手给营利性企业。例如，皮革经销商必须把皮革卖给制革商，制革商卖给制鞋商，制鞋商卖给批发商，批发商卖给零售商，最后再卖给消费者。供应链中的每一方还需要购买许多其他产品和服务以支持其运营。

（一）营利性企业的采购中心

营利性企业的采购决策部门为采购中心。它包括参与采购决策过程的所有个人和团体，他们共享一些共同的目标和决策产生的风险。采购中心通常由采购代理、工程人员两类员工组成。而在不同的情况下，他们的影响力不同。采购代理在直接重购和修正重购情况下有影响力，在选择供应商方面也占主导地位，而工程人员通常对选择产品组件有重大影响。但如果以行事目的与方式分类，采购中心的所有组织成员在采购决策过程中分别扮演以下7种角色。

1. 发起者

发起者是指要求购买某物的用户或组织中的人。发起者确认需求的方式，如成本节约建议、解决问题和投资机会等，能影响过程的很多方面和具体的要求。

2. 使用者

使用者是指将使用产品或服务的人。在许多情况下，使用者发起购买建议并帮助定义产品需求，他们在决定购买是否可行方面有重要作用。在许多场合中，使用者首先提出购买建议，并协助确定产品规格。

3. 影响者

影响者是指影响购买决策的人，通过帮助定义所需产品规格和提供替代品的评估信息来影响采购决策。其中，技术人员是特别重要的影响者。

4. 决策者

决策者是指决定产品要求或供应的人，他们要做出的决定包括标准、条件和供应商等。决定者可以是高级、中级甚至是初级的管理人员，这取决于他们的职权范围。对于销售人员来说，最难确定的就是决策者的身份。

5. 批准者

批准者是指有权力授权决策者或买方提出购买行动的人。批准者要做出的决定为是否批准采购，不同金额规模的购买决策通常需要不同等级的批准者批准。

6. 购买者

购买者是指有权选择供应商并安排采购条款的人员，他们会对采购造成实际影响，在选择供应商和谈判中发挥着主要作用。在更复杂的采购中，购买者可能包括高层管理人员。

7. 控制者

控制者是指有权阻止卖家接触购买中心其他成员的人。例如，采购代理、接待员和电话接线员可能会阻止销售人员联系使用者或决策者。

几个人可以扮演一个给定的角色，如使用者或影响者；一个人同样也可以扮演多个角色，如采购经理通常同时扮演购买者、影响者和控制者的角色，他可以确定哪些销售代表可以拜访组织中的其他人、对购买施加多少预算和其他限制等。

最新研究洞察 6-3

B2B 市场中销售代表的离职和顾客的重新分配策略

当销售代表离开 B2B 企业时，他与顾客之间的重要联系就会被切断。企业将这些顾客重新分配给不同的销售代表以减少潜在的销售损失。销售代表的离开对销售额有怎样的影响呢？

Shi 等（2017）运用《财富》500 强企业的数据进行分析。研究发现销售代表的更换导致年销售额损失 13.2%～17.6%。在减少销售损失方面，新招聘销售代表不如向现有的销售代表重新分配顾客有效。因为现有的销售代表与离职的销售代表在过去的行业经验方面相似，在减少销售损失方面更有效。如果企业将没有行业经验的平均业绩代表重新分配给顾客，销售损失为 31.4%。当这些现有销售代表与离职的销售代表相似时，销售损失与 0 无显著差异，为 1.7%。然而，研究结果也证明了高绩效销售代表并没有任何显著的缓解损失效果。因此，顾客基础的相似性是减少损失的关键，而不是销售代表过去的业绩。

研究表明，行业经验和业绩都是销售代表销售效果的指标，但它们对于缓解由于销售代表转变而造成的销售损失的效果不同。行业经验比业绩能更有效地减轻损失。此外，研究发现，销售损失会随着时间的推移而减少，尤其是对新员工而言，这强调了销售代表效率的动态观点的重要性。

资料来源：Shi H, Sridhar S, Grewal R, Lilien G. Sales Representative Departures and Customer Reassignment Strategies in Business-to-business Markets. Journal of Marketing, 2017（81）: 25-44.

（二）营利性企业的购买行为

企业买家的动机、观念和偏好也会受到年龄、收入、教育程度、工作职位、性格、对风险的态度和文化的影响。购买者会表现出不同的购买风格，有"简单决策型"的买家、"完美主义型"的买家，还有"万无一失型"的买家。一些年轻的、受过高等教育的购买者是使用计算机的专家，他们在选择供应商之前会对竞争方案进行严格的分析。

韦伯斯特（Webster）说过最终个人做出购买决定，而不是组织。个人是出于自己的需求和认知，试图最大限度地提高组织提供的奖励，如薪酬、进步、认可和成就感。个人需要激励他们的行为，但企业需要合理的购买过程及其结果。因此，买家不是购买产品，而是购买两个问题的解决方案：组织的经济和战略问题，以及他们对个人成就和报酬的需求。从这个意义上说，组织购买决策既理性又感性，既服务于组织的需求也服务于个人的需求。

一家工业零部件制造商的研究发现，尽管中小型用户的高层管理人员乐于从其他企业购买产品，但他们似乎在潜意识中对购买制造商的产品存在不安全感。技术的不断变化使他们担心企业内部的影响。意识到这种不安，制造商重新调整了销售方法，以强调更多的情感诉求，并强调其产品线实际上如何能够使员工提高他们的绩效，从而减轻使用组件的复杂性和压力的管理。认识到这些外在的、人际关系的影响，越来越多的工业企业更加重视加强企业品牌管理。

二、政府组织

（一）政府组织概述

在大多数国家，政府组织也是产品或服务的主要买家。它们通常要求供应商提交投标书，并经常将合同授予最低的投标人。在某些情况下，它们会考虑到高质量或按时完成合同的声誉。各国政府还将在谈判合同的基础上进行采购，主要是在研发成本较高和风险较大的复杂项目以及几乎没有竞争的项目中进行。其中，《中华人民共和国政府采购法》就是为了规范政府采购行为，提高政府采购资金的使用效益，维护国家利益和社会公共利益，保护政府采购当事人的合法权益，促进廉政建设而制定的法律。

（二）政府采购的特点

1. 照顾本国企业

政府采购是政府对财政性资金的使用，在政府采购中优先选用本国企业的产品，是保护和支持本国工业产业市场地位、支撑本国战略性产业发展的重要手段。中国政府采购始终遵循公平、公正、公开原则，一直致力于按照现行的政府采购法律及政策建立公平竞争的政府采购制度。中国政府采购对内外资企业是一视同仁、平等对待的。中国已经启动加入世界贸易组织《政府采购协议》的谈判工作，加入这一协议后，中国的政府采购制度将与协议规则接轨。

2. 需要供应商提供大量的书面材料

政府采购的资金运作需纳入国家预算约束的范围之内，又因政府采购范围广、规模大、所涉的资金数量多，因而需要按照法定的方式方法进行运作，以防出现腐败，进而侵害广大纳税人的权利。政府机构的支出决定要经过公众审查，因此需要供应商提供大量的书面材料。2018年全国政府采购规模增幅趋缓，采购规模达35861.4亿元，较2017年增长11.7%，占全国财政支出和GDP的比重分别为10.5%和4%。货物、工程类采购规模增长平稳，分别达8065.3亿元和15714.2亿元。服务类采购规模增长迅速，达12081.9亿元。这三者占全国政府采购规模的22.5%、43.8%和33.7%，增幅分别为0.8%、3.3%和35.7%。政府已经成为组织市场上无法忽视的巨型买家。

3. 非商业性采购

采购意图一般是围绕政府政策制定的。政府采购不是以盈利为目的，不是为买而买，而是为政府部门提供必要的消费品或贯彻特定的社会经济政策，是向社会提供公共利益、扶持弱势群体、实现分配正义和实质公平的有力宏观调控手段，具有较强的福利性、政策性和公共性。

（三）政府采购的方式

政府采购的方式包括：公开招标、邀请招标、竞争性谈判和单一来源采购等不同类型的机构，如国防、民用、情报部门有不同的需求、优先次序、采购方式和时限。希望成为政府的企业承包商需要帮助政府机构了解产品的基本影响。企业的政府营销部门通过向政府展示案例，特别是其他政府组织的购买案例，会使政府相信供应商的可靠性和过去成功的业绩。优秀企业的政府营销部门会预测政府需求和项目，参与产品规范阶段，收集竞争情报，仔细准备投标，并进行强有力的沟通，以提高企业声誉，如联想、中兴和华为的政府营销部门。

为加强政府采购信息网络建设，在全国范围内建立起统一、规范的政府采购信息发布渠道，提高政府采购工作的公开性和透明度，财政部于 2000 年 12 月 31 日创办了"中国政府采购网"。为了做到网络互联互通、减少重复建设、降低网络建设和维护的费用支出和体现信息的规模优势，中国政府采购网实行"统一开发、统一管理、集中发布、分级维护"的管理体制。

三、事业单位

事业单位包括学校、医院、疗养院、监狱和其他必须向受其照料的人提供产品或服务的机构。这些组织的特点是经费来源国产化和公益性，如医院在决定给病人的食物质量上，由于事业单位的公益性，这里的购买目标不是利润，成本最小化也不是唯一的目标，因为劣质食物会导致患者投诉，损害医院的声誉。医院采购员必须寻找质量达到或超过一定标准且价格合理的食品供应商。事实上，许多食品销售商成立了一个独立的销售部门以迎合事业单位的特殊需求和特点。例如，深圳 GPO 可以看作是一种由第三方采购机构集中代理公立医院采购需求的模式，直接和生产企业谈判以换取更加优惠的价格。

（一）事业单位的特点

1. 提供公共服务

事业单位的功能实际上就是提供公共事业产品。提供公共事业产品是事业单位产生和存在的基本条件。科、教、文、卫等领域的事业单位，是保障国家政治、经济、文化生活正常进行的社会服务支持系统。

营销故事6-3

2. 属于非公共权力机构

事业单位所从事的事业多是政府职能派生出来的具体事务，但它却不属于公共行政权力机关，不具有公共行政权力，同类事业单位之间也不存在领导与被领导的关系。它对于行政区划内的其他部门或个人也不具有行政管理的职能，它只能利用自身的专业知识和专门技术向社会提供诸如教育文化、医疗卫生等方面的服务。专业性服务是事业单位基本的社会职能。

3. 属于知识密集型组织

绝大多数事业单位是以脑力劳动为主体的知识密集型组织，专业人才是事业单位的主要人员构成，利用科技文化知识为社会各方面提供服务是事业单位基本的社会职能。

4. 经费来源的国产化

我国事业单位的各项经费基本上由国家财政统一拨给，这是中国传统事业管理体制的一个基本特征。随着事业单位体制改革的深化和发展，事业单位的经费来源日趋呈现多元化的态势，但来自国家的财政拨款在事业单位的经费中仍然占主导地位。现阶段，我国事业单位经费来源主要包括财政补助和非财政补助两类。

5. 事业单位范围的广泛性

事业单位的范围涉及教育、科学、技术、文化、卫生和体育等行业部位和领域。其主体具有多元性，其规模具有宏大性。

（二）事业单位的采购方式

1. 公开招标选购

通过广告或信函，说明拟购产品以及品种、规格和数量等，邀请供应商投标。有意争取业务的企业，在规定期限内填写标书（格式通常由招标人规定），密封送交。有关部门在规定日期开标，选择报价低且符合要求的供应商成交。参与公开招标必须注意：产品能否达到招标要求，合约条件对自己是否有利，报价是否谨慎，产品能否符合买方的一些特殊需求。

2. 议价合约选购

采购部门同时和若干供应商就某一采购项目的价格和有关交易条件展开谈判，最后与符合要求的供应商签订合同，达成交易。这种方法通常用于复杂的工程项目，因为这涉及重大的研究开发费用和风险。

3. 日常性采购

日常性采购是指除生产性材料采购、工程采购、设备采购和生产相关服务采购以外的采购项目，为维持日常运转进行的采购。日常性采购与企业生产本身无直接关联，却是无法忽略的采购。日常性采购通常金额小、交款和交货方式常为即期交付。

（三）事业单位的购买行为

1. 组建采购战略联盟

采购联盟是指由两家或多家实体联合起来共同采购而形成的横向联盟体。最早在公共部门，如卫生和教育部门，采购联盟的应用获得了巨大的成功。形成采购联盟的目的是为了实现比单个企业独自采购时更高的相关总利润或更低的相关总成本，以及更好的供应服务和采购品质量。

2. 进行集中采购

集中采购是指事业单位采购中将采购目录内的货物、工程和服务集中由规定的采购机构负责进行采购。集中采购包括机构集中采购和部门集中采购。属于集中采购目录内的事业单位采购项目，应当委托采购机构代理集中采购；属于本部门、本系统有特殊要求的项目，应当实行部门集中采购。

3. 合并通用材料采购

合并通用材料采购是指一个企业将自己的需求委托给最擅长采购这种产品或服务的企业，借助其他企业的专业技能、知识、关系网络与市场捕捉能力帮助企业降低运营成本。合并通用材料的采购可以帮助企业降低成本，规范企业的采购行为，杜绝商业贿赂和采购人员的灰色收入。弥补一些企业购买性支出的资金有限、采购规模小、单位分散、采购范围窄、品目少、采购经验不足和对供应商无法形成吸引力等不足，可以有效地理顺采购关系，创造规模效益。这种合作的采购策略的特点是组织成本低，各成员带来的专业技能、知识与关系网络不同。因此它可以不断强化合作各方最具优势的功能和弱化非优势功能。

本章小结

组织购买是一个组织确定所购买产品或服务的需求，并确定、评估和选择其他可供替换的品牌和供应商的决策过程。组织市场的购买情形包括3种，分别是直接重购、修正重购和新购。不同的购买情形对应的组织购买决策过程也不完全相同。组织购买决策包括问题识别、一般需求描述、明确产品规格、搜索供应商、征求供应建议书、选择供应商、签订合约和绩效评价8个阶段。在修正重购和直接重购的情况下，某些阶段会被跳过。影响组织市场购买行为的因素有环境因素、组织因素、人际因素和个人因素。根据组织市场上顾客的基本特征，将顾客分为营利性企业、政府组织和事业单位。营利性企业、政府组织和事业单位分别具有不同的特点、购买行为和购买方式，应采取的营销策略也各不相同。

重要概念

组织市场　组织购买　营利性企业　政府组织　事业单位

思考与练习

1. 什么是组织市场？
2. 组织市场有哪些特点？
3. 组织市场与消费者市场有何不同？
4. 影响组织用户购买行为的因素有哪些？

5. 组织购买有哪些类型？购买决策过程是怎样的？
6. 营利性企业的购买行为有什么特点？
7. 政府组织的购买行为有什么特点？购买方式有哪些？
8. 事业单位的购买行为有什么特点？

案例分析

汽车的组织市场与购买行为研究

目前，汽车组织市场消费的主体是中高档车，利润远高于私人消费市场的中低端车。政府公务车采购市场的相关数据显示，政府汽车采购金额近年来呈现快速上升趋势，目前政府采购的汽车总量已占到了组织市场总量的6%左右。

环境因素是组织汽车购买行为的主要影响因素。其中，外部环境因素是影响组织汽车购买行为的最重要因素。对组织汽车购买行为的其他影响因素按影响大小排序依次是组织因素、人际因素和个人因素。环境因素不但会影响消费者的购买能力，同时也决定了组织市场的需求大小。无论组织为何购买产品，组织市场的需求都可以看成是一种衍生需求。如果没有消费者市场的需求来带动，组织市场根本没有任何需求可言。因此，在具体销售过程中，必须按照不同的环境因素，制定不同的策略，这样才可以达到最大的效果。

组织因素是组织汽车购买行为的影响因素之一。一个组织内部的资金充裕程度对于其汽车购买行为的影响是显而易见的。一个组织内部人数越多，其对应的相互关系就会越复杂，各种其他因素就会掺和到购买过程中来。企业组织的目标就是追求更高的利润，因此在汽车产品上花费的资金越少，组织的效益就会越好。由于组织购买的总价较高，所以支付方式的选择也是一个重要因素。

人际因素是组织汽车购买行为的影响因素之一。组织内部购买程序的正式化程度越规范就越能弱化人际因素对购买行为的影响。高层领导的态度对于组织购买行为的成功与否是至关重要的，因为购买行为最终是要获得高层领导的首肯才能进行的。

个人因素对本研究的组织汽车购买行为的影响最小，但这并不表示其重要性低于其他影响因素。任何组织都是由许多个人组成，个人的行动和动机与组织目标的关系相当复杂。采购人员对于产品的了解程度越高就越能做出正确的决策，继而能达成组织目标。

资料来源：徐剑力.汽车行业深度报告：40张图看懂2019年汽车行业.搜狐网.[2020-01-23].
https://finance.sina.cn/2020-01-23/detail-iihnzhha4369071.d.html.

问题：

（1）组织汽车的组织因素包含哪些内容？请举例说明。

（2）如何避免个人因素在组织汽车购买行为中带来的风险？

实践应用

2个小组针对本章内容进行课堂展示。一组展示一个全面的案例；另一组介绍企业调研，讲述企业真实的故事。

任务6-1 案例分析

任务6-2 企业调研

第七章
目标市场选择与定位

本章要点

现代企业营销战略的核心为 STP 战略，即市场细分、目标市场选择和市场定位，它们构成了目标营销的全过程。对于任何市场，消费者所处的区域、文化，乃至年龄、收入等都存在差异，这使得消费者的需求也存在差异，因此，企业需要通过 STP 战略，选择合适的目标市场，并以此制定有针对性的营销组合策略。

学习目标

通过本章的学习，读者应该：
1. 掌握市场细分的依据和方法。
2. 掌握市场细分的步骤和原则。
3. 掌握目标市场策略的类型及特点。
4. 掌握评估细分市场的方法。
5. 理解目标市场选择的 5 种模式。
6. 理解市场定位的步骤。
7. 掌握市场定位策略及其特点。

营销导读

全场景引爆 2019，苏宁踏准场景零售差异化赛道

从苏宁易购 APP 到苏宁广场，再到苏宁小店；从家电 3C 到家居家用，再到母婴、商超、百货、体育、娱乐休闲和生活服务；从物流云、金融云、营销云到供应云和用户云。一个覆盖线上和线下、一二线城市和下沉市场，涵盖各垂直零售业态，拥有完

整零售赋能能力的全品类、全客群和全场景零售生态圈浮出水面。

2019年,随着消费升级,苏宁在原有线下门店资源的基础上,持续发力线上互联网与线下全场景融合。苏宁小店通过高度融合苏宁菜场、生活帮、社区金融和苏宁有房等增值服务,全力打造餐饮、购物、休闲娱乐与便民服务互通的一站式场景。苏宁科技无人店也实现了从三代到四代的跃迁,通过数字化管理将整体运营和管理效率提升70%。

2019年,各大平台纷纷将下沉市场提到了一个前所未有的高度,县镇市场成为名副其实的兵家必争之地。而苏宁零售云作为苏宁深耕县镇市场、成就县镇创业者的核心平台,在2019年9月突破4000店。同时,苏宁零售云正式推出3.0模式,全面整合苏宁内外部品牌、供应链、运营、技术、物流、金融和服务,对县镇传统门店进行数字化改造,通过双线融合提升乡镇消费者的消费体验。"S2B2C"(S是大供货商,B指渠道商,C为顾客)的创新模式不仅释放出技术创新赋能渠道的巨大能量,更带领行业找到了深度挖掘县镇市场经济价值的正确方式。

2019年2月,苏宁收购37家万达百货门店;8月,收购广州利亚华南旗下OK便利店;9月,完成收购家乐福中国,正式将家乐福中国纳入苏宁全场景版图中。收购家乐福中国让苏宁的全品类营销战略在快消类目上实现了重大突破。

虽然苏宁的场景不断完善,而"服务是苏宁唯一的产品"的理念始终不变。以"场景零售"为战略核心,苏宁开启的1小时场景生活圈,聚焦用户需求,依托多业态部署与多层次网络布局,能够在1小时内解决消费者的购物需求。依托300个城市社区覆盖,超13000家"门店仓+前置仓"布局,苏宁的即时配送服务正在从生鲜向母婴、生活家电和手机数码等多品类拓展,让用户享受到产品更多、配送更快的极致服务。

资料来源:王璐瑶.全场景引爆2019,苏宁踏准场景零售差异化赛道.中国经济网.[2019-12-23].
http://tech.ce.cn/news/201912/23/t20191223_33957188.shtml。

第一节 市场细分

市场细分(Market Segmentation)是指企业根据消费者的需要、购买行为和购买习惯等方面的差异,把市场整体划分为若干消费者群的市场分类过程。每个细分市场由一群具有相似需求的消费者所组成。

一、市场细分的基础和作用

市场细分的基础有：①消费者需求的差异性。消费者所处的地理位置、社会环境、自身的心理和购买动机的差异，造成消费者对产品的价格、质量、包装和样式等方面的不同需求。②消费者需求的相似性。同一地理位置和社会环境下的消费者，在需求、购买态度和消费行为等方面具有大致相同的特征，容易形成偏好类似的消费者群体。③企业资源的有限性。企业无法与巨大、广泛和不同市场的所有消费者建立联系。因此，企业需要将市场划分为具有不同需求的细分市场。企业需要确定其能有效地服务于哪些细分市场。

营销故事7-1

市场细分对企业的生产、经营具有十分重要的作用：①市场细分有利于企业发掘市场机会，开拓新市场。②市场细分有利于企业针对子市场的特征，制定和调整营销策略。③市场细分有利于提高企业竞争力，提升经济效益。因此，确定并满足正确的细分市场往往是营销成功的关键。

二、消费者市场细分的依据

消费者市场细分的依据有：①通过描述性特征进行市场细分，包括地理变量、人口变量和心理变量。营销人员可以调查消费者群体对需求或产品的不同反应。②通过行为进行市场细分，如消费者对利益、使用场合或品牌的反应。营销人员可以分析消费者反应是否与其不同的特征相关。例如，消费者想要一辆"质量好"而不是"价格低"的汽车是否在地理、人口和心理上存在不同。

无论使用何种细分方案，关键是调整营销计划，以识别消费者的差异。主要的细分变量有地理变量、人口变量、心理变量和行为变量。

（一）地理变量

地理变量包括国家、地区、城市、农村和气候等。地理细分依据这些地理单元划分市场。企业可以在一个或几个甚至所有地理单元开展业务。营销人员可以通过这种方式制订营销计划，以满足不同的消费者需求。

地理细分对企业满足不同地区的需求最为有效。例如，海尔洗衣机针对江南地区推出了"玛格丽特"全自动洗衣机，针对北方开发了气泡式洗衣机，针对农村市场推出"大地瓜"洗衣机和小康系列滚筒洗衣机。

如今，许多企业使用地图软件精确定位消费者的地理位置，越来越多的研究表明大多数消费者都在商店方圆 15 千米以内。也有一些方法将地理数据与人口数据结合，更详细地描述了消费者与社区之间的联系。

随着数据库成本的下降、软件的易用性和数据集成度的提高，本地化营销在小型企业成为可能。支持本地化营销的人认为，全国性广告是浪费，无法满足当地的需求；反对的人认为，降低规模经济和放大物流问题会导致生产和营销成本上升，如果不同地区的产品和信息不同，品牌的整体形象可能会被稀释。

（二）人口变量

在人口细分中，营销人员根据年龄、家庭人口数量、家庭生命周期、性别、收入、职业、受教育程度、宗教、种族、国籍和社会阶层等变量划分市场。人口变量因为与消费者的需求相关联，同时容易被测量，广受营销人员的欢迎。例如，知名谷物早餐和零食制造商家乐氏（Kellogg's）依据年龄将早餐麦片市场进行了细分，可可力和水果谷物圈适合儿童，香脆麦米片和全麦维适合成人。性别在营销中也起着非常重要的作用。在看电视的习惯中，男性喜欢频道冲浪（从一个频道到另一个频道），并且喜欢观看黄金时段的节目；而女性更倾向于通过情节或人物来选择要观看的节目。

（三）心理变量

在心理细分中，消费者根据个性特征、生活方式或价值观被分成不同的群体。同一群体中的人可以表现出非常不同的心理特征，心理特征涉及 3 个组成部分：自我价值、自我形象和生活方式。

自我价值是人生的目标，有助于确定目标市场想从产品中获得的利益。自我形象是人们对自己的理想化形象。营销人员经常通过互动展现自我形象，表明他们的产品正被一群开心的人使用。生活方式是人们如何生活来实现目标。所有生活方式的偏好和选择都会影响到企业的市场细分、目标市场选择和市场定位策略。

基于心理测量的最流行的商用细分系统之一是战略业务洞察力（Strategic Business Insight，SBI）价值观及生活方式调查（Values and Lifestyle Survey，VALS）细分系统，如图 7-1 所示。

VALS 细分系统的主要维度是消费者动机（水平维度）和消费者资源（垂直维度）。VALS 细分系统的垂直维度显示出资源水平，包括收入、受教育程度、健康、资源水平和创新程度。上层比下层拥有更多资源，更具创新性。VALS 框架的水平维度显示出消费者动机分类，消费者受到 3 个主要动机的激励：理想、成就和自我表达。以理想为主要动机的人以知识和原则为指导，以成就为动机的人寻找能成功的产品或服务，以自我表达为动机的人渴望社会或体育活动、寻求多样性和风险。

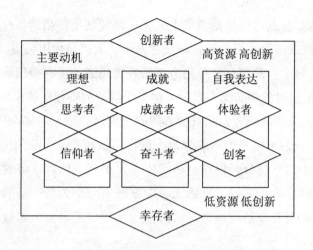

图 7-1　VALS 细分系统

VALS 细分系统能使企业确定目标群体及其潜在动机，它显示出心理与生活方式之间的相关性。VALS 细分系统还能使企业优先确定最具吸引力的产品或服务。即使相同人口统计信息的人通常也会具有截然不同的心理特征，所以心理细分通常比人口统计更利于预测消费者的行为。

（四）行为变量

在行为变量中，营销人员根据消费者对产品的知识、态度、使用或反应来细分市场。行为变量包括需求和利益、决策角色、消费者和使用状态等变量。

1. 需求和利益

不是每个购买产品的人都有相同的需求或希望从中获得相同的利益。基于需求的市场细分可以识别出具有明确营销含义的不同细分市场。利益细分基于消费者从产品或服务中获得的利益进行分组，这能有效且相对容易地展示出企业的沟通策略中产品或服务的利益。

2. 决策角色

很多产品的购买者很容易确定。但即便确定了，营销人员也必须谨慎地做出有针对性的决定。

人们在购买决策中扮演 5 个角色：发起者、影响者、决策者、购买者和使用者。例如，一位妻子（发起者）在生日时想购买一台跑步机，丈夫可以通过向他的朋友（影响者）咨询等渠道寻求跑步机的信息，在向妻子介绍了各种选择后，他（购买者）购买了她（决策者）喜欢的型号，最终全家（使用者）使用。不同的人扮演着不同的角色，但所有人在决策过程和最终满意度中都至关重要。

3. 消费者和使用状态

许多营销人员认为，考虑与消费者和使用状态相关的变量是构建细分市场的良好开始。

（1）使用场合。我们可以根据消费者购买产品或使用产品的场合细分市场，如航空旅行源于商务、度假或家庭场合。场合细分有助于扩大产品使用范围。

（2）使用者。每个产品都有非使用者、曾经使用者、潜在使用者、初次使用者和经常使用者。吸引潜在使用者和非使用者的关键是了解他们不使用的原因。根据这些原因，企业可以推出更多相关产品或者消除消费者的固有观念。

（3）使用率。我们可以将市场细分为少量、中量和大量产品的使用者。大量产品的使用者通常只占很小的一部分，但在总消费中占比很高。例如，嗜酒的人占啤酒总消费量的87%，几乎是轻饮者的7倍。营销人员宁愿吸引一个大量产品的使用者，也不愿吸引几个小量产品的使用者。然而问题是，大量产品的使用者要么忠诚于某品牌，要么总是寻找最低的价格。

（4）待购阶段。有些人不知道产品，有些人知道产品，有些人对产品感兴趣，有些人渴望拥有产品，有些人打算购买产品。不同阶段的消费者比例对营销方案的设计有很大的影响。

营销人员可以使用营销漏斗将市场细分为不同的买家准备阶段。如图7-2所示，为两个品牌的营销漏斗图。与品牌B相比，品牌A在将一次性用户转换为经常性用户方面表现不佳。

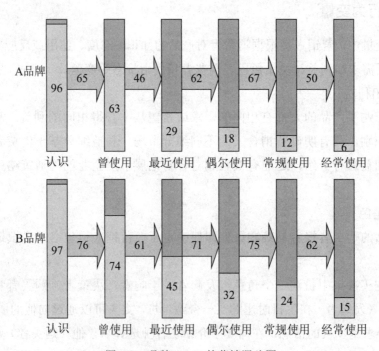

图7-2 品牌A、B的营销漏斗图

（5）品牌忠诚度。营销人员通常根据品牌忠诚度设想4个消费者群体：坚定品牌忠诚者（始终只购买一个品牌的忠实消费者）、有限品牌忠诚者（对2个或3个品牌忠诚的消费者)、游移品牌忠诚者(从对一个品牌忠诚转移到对另一个品牌忠诚的消费者)、非忠诚者(对任何品牌都不忠诚的消费者)。通过分析品牌忠诚度,企业可以了解到:品牌忠诚度有助于识别产品的优势,哪些品牌比自己的品牌更具竞争性,了解自己的营销弱点。

(6)态度。消费者对产品的 5 种态度分别是热情、积极、冷漠、消极和敌意。例如,在政治竞选中,竞选者根据选民的态度来决定与选民相处的方式。他们感谢热情的选民,提醒他们投票,强化有积极倾向的人,努力赢得冷漠选民的选票,不失时机地尝试改变消极选民和敌对选民的态度。

(7)行为组合。将不同的行为基础结合起来,可以为市场及其细分市场提供更全面、更详细的观点和看法。如图 7-3 所示,描述了通过各种行为细分基础来细分市场的一种方法。

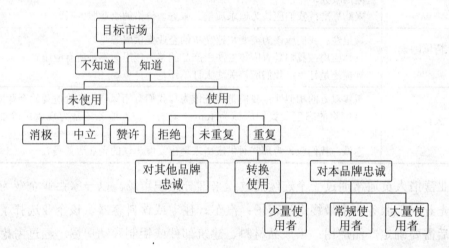

图 7-3 行为细分

三、组织市场细分的依据

我们可以使用消费者市场中的一些变量来细分组织市场,如地理位置、需求和利益或使用率,也可以使用其他变量。企业营销人员结合操作变量、采购方法和情境因素使用这些变量。

表 7-1 列出了企业营销人员在决定服务哪些细分市场和用户时应该询问的主要问题。例如,橡胶轮胎企业可以向汽车、农用拖拉机、叉车或飞机制造商等出售轮胎。在选定的目标行业内,它可以按企业规模进一步细分,并建立单独的业务,向大用户和小用户销售。细分变量首先是用户情况,其次是操作变量,最后为买方的个性特征。

表 7-1　组织市场的主要细分变量

序号	主要细分变量	细分变量内容
1	用户情况	行业：我们应该为哪些行业服务？ 企业规模：我们应该为多大规模的企业服务？ 地理位置：我们应该为哪些地区服务？
2	操作变量	技术：我们应该注重哪些消费者技术？ 用户或非用户状态：我们应该为大量用户、中量用户、少量用户还是非用户服务？ 消费者能力：我们应该为需要很多或很少服务的消费者提供服务吗？
3	采购方法	采购职能组织：我们应该为企业提供高度集中或分散的采购组织吗？ 权力结构：我们是否应该为工程主导型、财务主导型等企业服务？ 现有关系的性质：我们应该为关系牢固的企业服务还是为能给我们产生最大利益的企业服务？ 一般采购政策：我们是否应该为喜欢租赁、服务合同、系统采购、密封投标的企业提供服务？ 采购标准：我们应该为追求质量、服务、价格的企业服务吗？
4	情境因素	紧迫性：我们应该为需要快速交货的企业提供服务吗？ 具体应用：我们是否应该专注于产品的某一应用而不是所有应用？ 规模还是订单：我们应该关注大订单还是小订单？
5	个性特征	买卖双方的相似性：我们是否应该为与我们有相似员工和价值观的企业服务？ 对风险的态度：我们应该为承担风险的消费者服务还是为规避风险的消费者服务？ 忠诚：我们应该为那些对供应商表现出高度忠诚的企业服务吗？

企业营销人员通常通过一个连续的过程来细分组织市场。以一家铝业企业为例，该企业首先着眼于服务哪个最终用途市场：汽车、住宅或饮料容器。该企业选择了住宅市场，然后需要确定产品应用：半成品材料、建筑部件或铝制移动房屋。经过考虑，该企业决定将产品应用于建筑部件。在考虑最佳用户规模后，该企业选择了大用户。最后，由于这家企业在购买价格、服务或质量上有所区别且服务知名度很高，所以企业决定专注于服务驱动型市场。

有经验的企业营销专家常要求营销人员向市场提供灵活的市场供应。灵活的市场供应包括：①产品服务要素的解决方案。②自由选择权。例如，西门子电气设备部以包括免费送货和保修在内的价格向小型制造商出售金属包盒，同时也提供安装、测试和通信外围设备作为额外的成本选择。

四、市场细分的步骤

一家银行可以选择退休人员作为目标，然后根据他们当前的收入、资产、储蓄和风险偏好，将其划分为几个子市场。这使得市场研究人员倡导一种基于需求的市场细分方法。罗杰·贝斯特（Roger Best）提出了七步法，见表 7-2。

表 7-2 市场细分步骤

步　骤	内　容
1. 基于需求的细分	根据消费者在解决特定消费问题时寻求的类似需求和利益，将消费者分成不同的子市场
2. 识别细分市场	针对每个基于需求的细分市场，确定哪些人口统计变量、生活方式和使用行为使细分市场与众不同并易于识别
3. 确定市场吸引力	使用预先确定的细分市场吸引力标准（如市场增长、竞争强度和市场准入）确定各细分市场的总体吸引力
4. 确定细分市场盈利能力	评估不同要素对收入的影响，确定各细分市场的盈利能力
5. 定位细分市场	针对每个细分市场，根据该细分市场独特的消费者需求和特点，制定价值主张，取得竞争优势
6. 细分市场"酸性测试"	创建"细分市场情节串联板"，测试每个细分市场定位策略的吸引力
7. 确定营销组合	扩展细分市场定位策略，包括产品、价格、促销和渠道等营销组合的所有方面

五、市场细分的原则

并非所有的细分方案都有效。例如，我们可以将食盐的购买者分为金发和黑发的，但头发颜色无疑与食盐的购买无关。如果所有的食盐购买者每月购买相同数量的食盐，并且认同同一种定价，那么从市场营销的角度来看，这个市场就是最小分割的。为了使市场细分有效，营销人员必须注意以下 5 个关键标准。

1. 可测量

企业可以获取细分市场中消费者的相关信息，并依据这些信息测量细分市场的规模、购买力和特征。如果企业无法获得有用的信息，那么企业无法对细分市场进行准确预测。这样的市场细分是无效的。

2. 实质性

细分市场规模庞大，利润丰厚，足以提供服务。一个细分市场应该是最大的同质群体，如一家汽车制造商不应当为身高不到 1.3 米的人开发汽车。

3. 可进入

企业可以制订有效计划以进入细分市场。如果企业无法通过有效的沟通和产品分销进入细分市场，那么无论该市场的可测量性或实质性如何，进入此市场都没有意义。

4. 可区分

细分市场在概念上是可以区分的，并且对不同的营销组合和计划有不同的反应。如果已婚妇女和未婚妇女对香水的反应类似，她们就不构成单独的部分。

5. 可盈利

营销人员必须将评估重点放在当前和未来每个细分市场的潜在盈利能力上。该分析中需要一些关键因素,包括市场增长率(当前规模和预期增长率)、市场竞争力(竞争者数量、进入壁垒和替代品)和市场可进入性(易于开发或进入)。

六、市场细分的评价与选择

细分市场方法没有"最佳",企业应根据产品或服务的类型以及细分策略目标进行选择。在评估不同的细分市场时,企业必须考虑以下3个因素。

1. 细分市场的规模和发展潜力

一旦企业确定潜在的目标市场,就需要衡量其规模和发展潜力。如果市场太小或购买力极度不足,或者它的发展潜力不足,将无法产生足够的利润或支持营销组合活动。例如,中国的中产阶级汽车购买者数量不够多,不足以推动外国汽车制造商设计入门级汽车。只有当这部分消费者数量足够多时,才有必要专门为他们设计产品。

2. 结构吸引力

迈克尔·波特(Michael Porter)提出了5种力量模型,以此分析行业的竞争现状,即行业竞争者、潜在进入者、替代品、购买者和供应商。这些力量构成的威胁如下。

(1)行业竞争者的威胁。如果某个细分市场已经包含了众多强大的竞争对手,那么该细分市场就没有太大的吸引力。如果固定成本或出口壁垒高、停留在细分市场风险很大,那么它就更不具吸引力。这些条件将导致频繁的价格战、广告战和新产品的推出,并使竞争代价变得很大。

(2)潜在进入者的威胁。最具吸引力的细分市场应该具有进入壁垒高、退出壁垒低的特点。几乎没有新企业可以进入该行业,表现不佳的企业可以轻易退出。当进出壁垒都很高、利润潜力很大时,业绩不佳的企业会留下并进行斗争。当进出壁垒都很低时,企业收益稳定但不高。最坏的情况是进入壁垒低而退出壁垒高,其结果是长期产能过剩,所有企业的收入都很低。例如,航空业的进入壁垒很低,但退出壁垒很高,在经济低迷时期,所有的航空企业都在苦苦挣扎。

(3)替代品的威胁。当产品有实际或潜在的替代品时,细分市场就不具吸引力了。替代品限制了产品的价格和利润。如果这些替代产业有技术进步或竞争加剧,产品的价格和利润可能会下降。

(4)购买者的议价能力。如果购买者集中或者有组织地购买,购买者总数少、购买量大且占据销售量很大比例,卖方行业由大量规模较小的企业组成,购买者购买的是标准化产品,同时向多个卖主购买产品在经济上完全可行,或购买者获利少而对价格敏感,那么购买者的讨价还价能力会加强。销售商为了保护自己,可选择议价能力最弱或者转换销售商能力最弱的购买者。较好的防御方法是提供给购买者无法拒绝的优质产品。

(5)供应商的议价能力。当供应商有组织,可以整合下游时,可替代的供应商很少。当供应的产品是重要的投入物,转换成本很高时,供应商往往更强大。最好的防御措施是与供应商建立双赢的关系或开拓多个供应源。

3. 企业的目标和资源

此外,企业还必须考虑自身的目标和资源。有些很有吸引力的细分市场,若是无法使企业实现自己的长期目标,甚至分散企业的主营领域,企业也必须放弃;另外,即使市场符合自身的目标,还应考虑企业自身的资源是否适合在该市场中发展。只有综合考虑了两方面的因素,结合具体情况,客观地做出决策,才能使企业获得最大的利益。

> **最新研究洞察 7-1**

用分段稳定性选择细分市场

如果让你来细分市场,你会选择用什么标准呢?大多数人可能会使用传统的整体细分方法,但是实际上,一种新的细分标准能够识别到有吸引力的单个细分群体,这是传统的整体细分解决方案质量标准无法检测到的。

快餐店Subway在2009年对1453名顾客进行了采访,让他们评估食物是否美味、易胖、油腻、快速、便宜、健康、令人不适和辛辣等属性。用k均值聚类算法将受访者分为9个细分市场,代表不同的用餐的频率和稳定性。第1、2、5组细分市场的用餐频率和稳定性较低;第4、7、8组细分市场用餐频率较高,但稳定性较低;第3、6、9组细分市场用餐频率高且稳定性也较高,其中第9组最稳定,第6组其次。第6、9组都代表了目标细分市场的非常有吸引力的部分。就稳定性而言,第6、9组的表现也优于所有其他组,两者均是0.89的中值稳定性水平。从这些细分市场的概况可以发现,第9组细分市场的成员比其他细分市场更能感知到Subway的美味、快速、便宜和健康,却没有易胖、油腻、昂贵、令人不适和辛辣这些属性。第6组大致上与这种看法相同,唯一的区别是他们觉得Subway是辛辣的。第3、6组都是有吸引力的市场领域。二者都可以采取不同的营销策略进行定位。如果用传统的细分方法进行细分,那么第6组就会被忽略。

由此我们可以发现,传统的整体细分法可能在统计数据上令人满意,但无法为营销经理提供最佳的市场洞察力,而使用分段稳定性可以更详细地了解细分市场的性质,并且这样做可以指出特别有吸引力的细分市场。精确定位这些细分市场可以选择一个好的市场细分解决方案,以进一步分析和选择一个或多个目标细分市场。

资料来源:Sara Dolnicar, Friedrich Leisch, Using Segment Level Stability to Select Target Segments in Data-driven Market Segmentation Studies. Marketing Letters, 2017,28(3):423-436.

第二节 目标市场选择

在评估了不同细分市场的吸引力之后,营销人员必须正确选择目标市场(Targeting)。在市场细分基础上正确选择目标市场是营销成功的关键。企业面对不同的细分市场,需要进行恰当的分析评价,并结合自身情况选择正确的目标市场策略。因此,企业必须非常仔细地评估目标市场的吸引力以及自身的能力。

一、目标市场策略

1. 无差异性营销策略

当所有人都被认为是其产品的潜在消费者时,企业会采用无差异性营销策略,也称为大规模营销。显然,这种策略主要关注消费者需求的相似性,而不是差异性。如果认为该产品可以为大多数消费者提供相似的利益,就不需要为不同的人群制定单独的策略了。

无差异性营销策略的优点是,它创造最大的潜在市场,使用最低的成本,进而制定更低的价格,创造更高的利润率。狭窄的产品线可以降低研发、生产、库存、运输、营销研究、广告和产品管理的成本。然而,许多批评人士指出,市场日益分化、营销渠道和传播的泛滥,使得无差异性营销策略变得困难,成本也越来越高,企业越来越多地使用差异性营销策略。

2. 差异性营销策略

使用差异性营销策略的企业针对多个细分市场,每个细分市场提供不同的产品。当不同的消费者群体有不同的需求时,营销人员可以分为多个细分市场。企业通常可以更好地设计、生产、定价、传播和交付产品或服务,还可以微调营销计划和活动,以更好地反映竞争对手的市场营销。

营销故事7-2

企业使用差异性营销策略,可以帮助他们获得更大的市场份额并增加其产品的整体市场。提供能够吸引多个细分市场的产品或服务,有助于业务多元化,从而降低企业的整体风险。即使一种产品的销售下降,对企业盈利能力的影响也可以被另一种持续良好的产品的收入所抵消。但是差异性营销策略可能会使企业在运输、生产和销售等方面的成本增加。

3. 集中性营销策略

企业选择一个单一的主要目标市场并将其所有精力集中在提供满足该市场需求的产品上,这就是集中性营销策略。创业型企业通常会从集中策略中受益,这使他们能够更有效地利用有限的资源。

通过集中营销，企业对细分市场需求深入了解，获得了强大的市场占有率。如果企业获得细分市场的领导地位，就能从投资中获得高回报。但是这种策略也存在较大的风险，一旦消费者偏好发生转移或出现较强大的竞争对手，企业可能因此陷入困境。

二、选择目标市场策略所需考虑的因素

1. 企业资源

企业资源主要是指企业资金、技术设备、职业素质、竞争能力和管理水平等。如果企业规模较大、技术力量和设备能力较强、资金雄厚、原材料供应条件好，则可采用差异性或无差异性营销策略。反之，规模小、实力差、资源缺乏的一般企业宜采用集中性营销策略。

2. 产品特性

对于同质性商品，差异性较小，只要价格适宜，消费者一般无特别的选择，无过分的要求，因而可以采用无差异性营销策略。

对于异质性商品，如药品的剂量和配方等对其疗效影响很大，特别是滋补类药品，其成分、配方、含量差别很大，价格也有显著差别，消费者对产品的质量、价格、包装等，常常要反复评价比较，然后决定购买，这类产品就必须采用差异性或集中性营销策略。

3. 市场特性

当消费者对产品的需求和偏好等较为接近，购买数量和使用频率大致相同，对销售渠道或促销方式也没有大的差异时，视为同质市场，可以采用无差异性营销策略。

反之，如果各消费者群体的需求和偏好相差甚远，则必须采用差异性或集中性营销策略，使不同消费者群体的需求得到更好的满足。

4. 产品所处的生命周期

当产品处于导入期时，市场产品少，竞争者也少，可采用无差异性或集中性营销策略。在成长期和成熟期，进入市场的产品增多，竞争者亦趋增多，应采用差异性营销策略。

5. 竞争者策略

若竞争对手采用无差异性营销策略，企业应选择差异性或集中性营销策略，开拓市场，提升竞争优势；若竞争对手采用差异性营销策略，则应采取对等或更深一层的细分策略或集中性营销策略。

三、选择目标市场

在市场细分的基础上，企业需要根据自身优势，从细分市场中选择一个或者若干个

子市场作为自己的目标市场,并针对目标市场的特点展开营销活动,以期在满足消费者需求的同时,实现企业经营目标。如图7-4所示,企业有5种不同的目标市场选择模式。

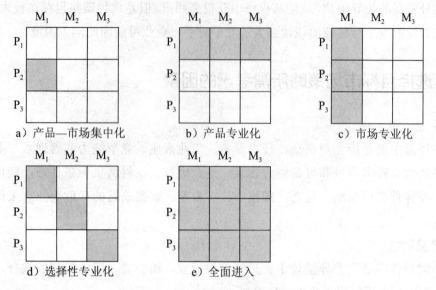

图 7-4　目标市场选择的 5 种模式

1. 产品—市场集中化

产品—市场集中化是指企业集中力量只生产或经营一种产品,供应某一类市场。这是最简单的目标市场模式。集中性营销使企业深刻了解该细分市场的需求特点,采用有针对性的产品、价格、渠道和促销策略,从而获得强有力的市场地位和良好的声誉,但同时也隐含较大的经营风险。

2. 产品专业化

产品专业化是指企业选择几个细分市场,对其消费者同时供应一种产品。这种模式的优点是企业专注于一种产品的生产,有利于形成生产和技术优势,降低成本。但也面临较大的风险,如企业在高档服装产品方面树立了很高的声誉,但一旦出现其他品牌的替代品或消费者流行的偏好转移,企业将面临巨大的威胁。

3. 市场专业化

市场专业化是指企业将所有的产品供应给一类消费者,但产品的性能有所区别,如企业专门为年轻消费者提供各种档次的服装。企业专门为某群体服务,能建立良好的声誉,但一旦这个群体的需求潜力和特点突然发生变化,企业要面临较大的风险。

4. 选择性专业化

选择性专业化是指企业有选择地专门服务于几个不同子市场的消费者群体,提供各种性能的、生命力较强的同类产品,以尽力满足不同消费者群体的各种需求。这种策略能分散企业经营风险,即使其中某个细分市场失去了吸引力,企业还能在其他细分市场盈利。

5. 全面进入

全面进入是指企业为所有消费者群体供应其所需的各种产品。一般只有实力较强的大企业才能采用这种策略。例如，可口可乐在饮料市场开发众多的产品，满足各种消费需求。

第三节 市场定位

一、定位与市场定位

1. 定位与市场定位的概念

定位的概念是由美国营销学专家阿尔·里斯和杰克·特劳特在1972年《广告时代》杂志发表的"定位时代"系列文章中提出的，在业内引起了巨大的轰动，开创了营销理论全面创新的时代。"定位"这一概念被广泛应用于营销领域后，衍生出多个专用术语，其中市场定位就是使用频率颇高的一个。

市场定位（Market Positioning）是指确定目标市场后，企业将通过采取某种营销方式，在目标市场与竞争对手相区别，体现可识别的价值差异，开拓和占领目标市场，进而获得竞争优势。从实际上来说，定位就是要设法建立一种差异优势，确定产品在顾客心目中的适当位置并留下值得购买的印象，以便吸引更多的顾客。

2. 市场定位的作用

总的来看，市场定位在2个方面为广大商家提供了制胜的法宝。

（1）市场定位有利于建立企业独特的价值差异及竞争优势，是参与现代市场竞争的有力武器。在现代社会中，许多市场都存在严重的供大于求的现象，众多生产同类产品的厂家争夺有限的消费者资源，市场竞争异常激烈。为了使自己生产经营的产品获得稳定销路，防止被其他厂家的产品所替代，企业必须从各方面树立起一定的市场形象，以期在消费者心目中形成一定的偏好。例如，最初的摩拜单车和OFO小黄车对于市场定位都是明确的，即方便大众和环保出行，而其后陆续加入的共享单车商家如小鸣单车和哈啰单车等，只看到了共享单车市场资源的庞大，却忽略了市场的饱和。资金链的断裂和高昂的维护成本，是共享单车如今面临窘困的重要原因。因此，一个成功的企业不仅要推出适合消费者需求的产品，还应考虑通过何种途径进行独特的、体现与竞争者产品有不同特色的市场定位。

（2）市场定位决策是企业制定市场营销组合策略的基础。企业的市场营销组合要受到市场定位的制约。例如，假设某企业决定生产销售优质低价的产品，那么这样的定位就形成了：产品高质量低价格的属性。广告宣传的内容要突出强调企业产品质优价廉的特点，要让目标顾客相信货真价实，低价也能买到好产品；分销、储运效率要高，保证低价出售仍能获利。也就是说，企业的市场定位决定了企业必须设计和发展与之相适应的市场营销组合。

二、市场定位的方式

1. 避强定位

避强定位是指企业力图避免与实力最强的或较强的其他企业直接发生竞争，而将自己的价值差异定位于某一市场区域内，使企业在其价值的某些特征或属性方面与最强或较强的对手有比较显著的区别。

这种市场定位方式的市场风险较小，成功率较高，因此常常被多数企业采用。避强定位能够帮助企业较快速地在市场上站稳脚跟，并能在消费者心目中树立起形象。但同样的，避强往往意味着企业必须放弃某个最佳的市场位置，很可能使企业处于最差的市场位置。

2. 迎头定位

迎头定位又称"竞争性定位""对峙性定位"和"针对式定位"，是指企业选择靠近现有竞争者或与现有竞争者完全重合的市场位置，与强者企业采用大体相同的营销策略，与其争夺同一个市场。采用这一定位策略，企业必须比竞争对手具有明显的优势，应该了解自己是否拥有比竞争者更多的资源和能力，必须提供优于对方的价值，使大多数消费者乐于接受本企业给他们带来的价值，从而使企业获得价值优势。

在迎头定位中，由于竞争对手是最强大的，因此竞争过程往往相当惹人注目，甚至会产生所谓的轰动效应，企业及其提供的价值可以较快地为消费者所了解，以达到树立市场形象的目的。但由于可能引发激烈的市场竞争，该种定位方式也具有较大的风险性。

3. 重新定位

营销故事7-3

重新定位是指企业为现有市场重新确定某种价值形象，以改变消费者原有的认识，争取有利的市场地位的活动。市场重新定位对于企业适应市场环境、调整市场营销策略是必不可少的。即使企业在市场上的定位很恰当，但在出现下列情况时也需考虑重新定位：①竞争者推出的市场定位在本企业提供的差异价值附近，侵占了本企业品牌的部分市场，使本企业品牌的市场占有率有所下降。②消费者偏好发生变化，从喜爱本企业某品牌转移到喜爱竞争对手的某品牌。

企业在重新定位前，尚需考虑2个主要因素：①企业从一个子市场转移到另一个子市场时的全部费用。②企业在新位置上的收入有多少,而收入多少又取决于该子市场上的购买者和竞争者情况,取决于在该子市场上的销售价格等。例如,随着中国家居市场的逐渐开放和发展,宜家的顾客群逐步扩大,包括那些既想要高格调又付不起高价格的年轻人。这时,宜家没有坚持原有进入中国市场时的高端定位,而是重新定位自己的目标顾客,锁定工薪阶层,并针对其消费能力对在中国销售的1000种商品进行大幅度的降价。

只有来自内心的力量才能持久,重新市场定位后的品牌要获得消费者的忠诚,就必须给顾客提供竞争者所不能提供的差异化价值。

最新研究洞察 7-2

重新定位的动态模型

消费者的喜好会随着时间而改变,企业必须调整其定位,以继续满足消费者的喜好,从而获取利益,这就是重新定位。但是,你们知道企业重新定位的一些规律吗?

消费者偏好的变化分为不可预测的和可预测的。重新定位时,企业必须意识到自己将来可能仍需要重新定位,并且消费者的偏好可能会回到现在企业所处的定位。因此,只有在自己现在的定位与消费者的偏好差距很大时,企业才会重新定位。

首先我们考虑消费者喜好没有明显规律的情况。最佳的重新定位策略涉及一个阈值,使得如果消费者偏好与企业的当前定位差距足够大,企业就会选择重新定位。而产品的折扣率越大,该阈值也越大,因为在这种情况下,重新定位的当前收益较低,企业需要通过减少重新定位来进行调整。另外,如果消费者偏好改变的方差越大,则重新定位的阈值越大,因为此时企业更加希望消费者的偏好与企业定位一致。当方差较大时,重新定位的阈值的影响越大,而消费者偏好的不确定性越大。这是因为与消费者的偏好差距太大会导致成本过高,并且企业具有更大的重新定位动机。有趣的是,我们可以发现,偏好的差异越大,重新定位之间的预期时间就越短。也就是说,企业必须更频繁地重新定位。

当消费者偏好有一定的规律时,企业具有2个不同的阈值,具体取决于消费者偏好趋势的发展方向。当消费者偏好偏移企业的定位时,企业会很快进行重新定位。若消费者偏好靠近企业定位时,企业很少会重新定位。在这种情况下,随着消费者偏好的趋势,最佳的重新定位是精准关注当前的消费者偏好。这样,消费者的偏好将趋于企业的新定位,并且企业将节省成本。

随着市场的不断升级和消费者偏好的随机改变,正确的重新定位是每一个成功企业必须经历的一部分,企业需要迎合消费者偏好并做出正确的定位决策。

资料来源:Villas-Boas, J. Miguel. A Dynamic Model of Repositioning. Marketing Science, 2018, 37(2): 279-293.

三、市场定位的步骤

1. 识别潜在的竞争优势

消费者往往会选择那些能给他们带来最大价值的产品或服务。因此，赢得和保持消费者长期消费的关键是比竞争者更准确地理解消费者的需求和购买过程，以及提供更有效的价值。通过提供比竞争者较低的价格，或者是提供更多的价值以使较高的价格显得更合理。企业可以把自己的市场定位为：向目标市场提供优越的价值，从而可赢得竞争优势。竞争优势可以体现在以下4个方面。

（1）产品差异化优势：企业可以使自己的产品区别于其他产品。

（2）服务差异化优势：除了靠实际产品区别外，企业还可以提供与竞争者不同的优质服务。

（3）人员差异化优势：企业可通过雇用和训练比竞争对手优秀的人员以取得竞争优势。

（4）形象差异化优势：即使竞争对手的产品看起来很相似，消费者也会根据企业或品牌形象观察出不同来。因此，企业通过树立形象使自己不同于竞争对手。

2. 企业核心竞争优势定位

假定企业已很幸运地发现了若干个潜在的竞争优势，接下来要做的是选择其中几个竞争优势，建立起市场定位策略。许多经销商认为企业针对目标市场只需大力促销以获得某一种利益，而其他的经销商则认为企业应基于多个因素进行定位。总的来说，企业需要避免3种主要的市场定位错误：①定位过低，即根本没有真正为企业定好位。②定位过高，即传递给顾客的企业形象太窄。③定位混乱。企业必须避免混乱定位，给顾客一个清晰、明确的企业形象。

3. 制定发挥核心竞争优势的策略

企业在市场营销方面的核心能力和竞争优势，不会自动地传达给市场和顾客，因此企业需要通过制定一系列明确的市场营销策略，准确地将自己独特的竞争优势传达给潜在顾客，在顾客心目中留下深刻的印象。

为此，企业应首先使目标顾客理解、熟悉、认同、喜欢和青睐企业的市场定位，在顾客心目中树立与该定位一致的形象。然后通过各种努力，强化目标顾客的形象、保持对目标顾客的理解、稳定目标顾客的态度、加深与目标顾客的感情，巩固企业形象并使其与市场定位一致。最后，企业应注意目标顾客对其市场定位的认识偏差或由于企业市场定位的宣传错误所造成的目标顾客的模糊、混淆和误解，及时纠正与市场定位形象不一致的情况。

四、市场定位的价值主张

市场定位可以帮助企业传达在目标市场上的价值主张,帮助顾客识别这种价值,进而提高购买意愿。产品、服务以及品牌等是实现市场定位价值主张的载体。为了使价值主张可视化,如图7-5a)所示,左下角的第一个圆圈代表顾客需求,第二个圆圈代表企业提供的价值(即其能力),最后一个圆圈代表竞争者提供的价值。最好的情况是,企业提供的价值与顾客需求重叠,但与竞争对手提供的价值没有重叠。重叠部分反映了价值主张,或顾客需要的东西与企业可以提供的东西的交集。但是,即使企业获得成功,但它可能不会长久下去,因为竞争对手将试图复制重要的价值属性,从而开始侵蚀企业的价值主张。只有在垄断情况或垄断竞争情况下,才能长期维持独特的价值主张。

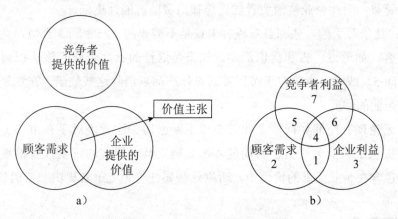

图7-5 成功价值建议图

如图7-5b)所示,顾客需求、企业利益和竞争者利益构成了价值可能位于的7个特定空间。

空间1:该空间代表了企业的价值主张,揭示了通过企业提供的利益(而不是竞争对手提供的利益)可以有效满足哪些顾客需求,即竞争者之间没有重叠。例如,临近春节,其余快递公司暂停服务,只有顺丰还在营业,此时顾客邮寄包裹只能选择顺丰。

空间2:顾客未满足的需求。这代表着重要的营销机会,因为企业可以创造价值来更好地满足这些需求,如当前未通过任何航空企业连接的两个城市之间的直达路线,企业可增加这种服务。

空间3:企业不被需要的利益,即顾客对企业的这些利益几乎没有需求。因此,企业可能会提示顾客有关此空间所提供的价值和利益,以鼓励顾客发现自己的潜在需求。或者它可以重新创造价值,以停止提供这些不必要的利益,这也可能会节省资金。例如,当航空企业发现提供的三明治飞机餐中生菜的外观对顾客满意度几乎没有影响时,它们就会选用普通生菜，从而节省了以前在挑选优质有机生菜时多花费的数百万元。

空间4：企业和竞争对手的利益正在满足这些需求。许多顾客在香港和上海等主要城市之间频繁旅行，许多航空企业每天在这些枢纽之间提供多次直航。因此，每个企业都在全力进行有效竞争，如通过提供方便的飞行时间或努力提高准时率来吸引顾客。

空间5：竞争对手的价值主张。竞争对手提供的利益满足顾客的需求，而不是企业提供的利益满足顾客的需求。例如，只有少数几家航空公司为自己的VIP顾客提供单独的休息室，廉价航空公司就无法与之竞争。但是，如果越来越多的顾客开始要求这些服务，那么该航空公司需要关注这种需求，考虑是否也提供这种服务。

空间6：尽管企业及其竞争对手都提供了这些利益，但是它们在某种程度上不能满足顾客的需求。严格的安全检查要求旨在提高乘客的安全性，但同时也给许多飞行人员与航空企业带来了极大的不便。企业花费大量的精力对顾客进行有关这些需求的教育也将使竞争对手受益，因此企业被消费者优先选择消费的可能性更低。

空间7：竞争对手的一些利益对顾客来说是不需要的。与空间3类似，竞争对手可以投资提示顾客，如通过广告和促销活动。如果是这样的话，企业应该认识到这种需求正在转移到空间5。或者，竞争对手可以重新设计产品以消除这些缺陷，在这种情况下，它不需要来自企业的回应。

但是，无论现有空间如何，企业都必须不断密切关注竞争对手在市场上的表现。如果竞争对手提供了企业无法提供的功能，那么确定其对顾客的重要性就很重要。应考虑将重要属性包含在企业提供的价值中，否则这些属性将为竞争者提供独特的价值主张。

最新研究洞察 7-3

顾客价值主张：在市场营销中的发展和应用

如果让你们为顾客价值主张（CVP）下一个定义，你们认为它是什么呢？很多人肯定会觉得CVP就是企业为吸引消费者而提前确定的价值，而实际上，CVP不该是单方面的。

矿业巨头力拓（Rio Tinto）的企业价值主张基于6个要素：世界一流的投资组合；质量增长；以卓越的商业表现和资本分配准则运作；自由现金流产生；资产负债表平衡；旨在实现可持续的股东回报。在其煤炭业务中，力拓对电厂的传统CVP是根据顾客的要求交付煤炭，通常降低利润率给予价格优惠。品牌声誉和技术支持增强了核心产品的竞争力。然而，在全球金融危机期间，对动力煤的需求急剧下降，矿业企业竭力削减成本、提高效率并寻找新的方式来区分其市场产品。传统的CVP几乎没有实质性的作用，在力求进一步差异化的推动下，力拓根据与顾客的对话以及对业务流程和法规环境的深入分析，意识到灰烬处理和二氧化硫的处理对许多顾客而言都是高昂的成本。通过将动力煤的少量石灰和硫混合，力拓可以减少顾客因燃烧煤炭产生的排放支出。其新的价值主张为顾客的运营提供了环境效益,可降低其排放量,从而在监管环境下为它们节省资金。

由此,我们可以看出,CVP应该是双向的,企业需要注重与顾客之间的互动和交流。另外,正确的CVP无论对企业还是顾客都有积极的影响。

资料来源:Payne A, Frow P, Eggert A. The Customer Value Proposition: Evolution, Development, and Application in Marketing. Journal of the Academy of Marketing Science, 2017, 45(4):467-489.

本章小结

任何一个管理规范的现代企业,都需要有一个科学的营销战略管理过程,它包括市场细分、选择目标市场和市场定位3个步骤。这个过程对于企业制定正确的营销策略、实现自己的营销目标、步入理想稳定的目标市场和争取竞争优势尤为重要。

市场细分的7个步骤包括基于需求的细分、识别细分市场、确定市场吸引力、确定细分市场盈利能力、定位细分市场、细分市场"酸性测试"和确定营销组合。目标市场策略包括无差异性营销策略、差异性营销策略和集中性营销策略3种。企业在选择目标市场策略时需考虑5个方面的因素,即企业资源、产品特性、市场特性、产品所处的生命周期和竞争者策略。而市场定位通过3个步骤实现:识别潜在的竞争优势、企业核心竞争优势定位和制定发挥核心竞争优势的策略。

重要概念

市场细分　目标市场　无差异性营销策略　差异性营销策略　集中性营销策略　市场定位

思考与练习

1. 消费者市场细分主要依据哪些变量?
2. 市场细分的主要步骤是什么?
3. 组织市场细分主要依据哪些变量?
4. 主要的目标市场策略包括哪些?
5. 企业在制定目标市场策略时应该考虑哪些因素?
6. 什么是市场定位?
7. 企业应该如何进行市场定位?
8. 市场定位的依据有哪些?

案例分析

连续 9 次降价，无印良品中国销售仍放缓

从进入中国市场受到热捧到热度趋于冷却，为迎合中国市场，无印良品在中国市场屡次实施降价。2017 年 8 月，无印良品宣布中国店铺将在秋冬季开启新定价，其中家居类降价幅度为 67%，电子类和健康美容类分别降价 21%、24%。2018 年 1 月，该品牌在中国首次正式实施有史以来最大规模降价，称为"新定价"战略。而此前该品牌在中国市场已先后 6 次下调部分商品价格。2018 年 9 月，无印良品北京一门店还因不配合工商抽检引发非议，这一插曲也为该品牌蒙上阴影。

时尚产业投资人、优意国际 CEO 杨大筠告诉《北京商报》记者，无印良品非常重视中国市场，从降价到开店都可以看出该公司想要努力扩张中国市场的企图。但随着网易、小米等中国企业学习无印良品的性价比和产品品质后，这些中国企业对本土市场的成本和价格更具话语权，并在互联网渠道比无印良品扩张更激进，对无印良品的冲击很大。

尽管进入中国多年，无印良品的市场定位依旧难以适应中国市场，因为在日本本土市场，无印良品的消费群体多为年龄较大的中老年消费者，但中国的中老年人对于价格更加敏感，到店消费的频率并不高。此外，中国市场的更新迭代速度也较快，无印良品作为日本企业在中国市场的适应程度和能力均在逐步下降。

杨大筠同时强调，无印良品在未来 5 年内可能会在中国市场遇到更大的阻碍，甚至举步维艰。从品牌发展来看，除了市场因素，竞争对手的强大也是影响品牌的一个重要因素。如今，中国商品的性价比不是简单地靠降价和降低制造成本来实现，像网易等互联网企业是通过利用电商改变供应链，降低成本，实现高性价比的。在这一点上，中国企业应对消费者需求的能力更强，服务质量提高的空间也更大，而这些都是无印良品在短时间内难以做到的。即使无印良品再进行 2～3 次降价，恐怕也依然难以，适应复杂的中国市场环境。

资料来源：韩肖. 连续 9 次降价，无印良品中国销售仍放缓. 中国经济网. [2018-10-09]. http://www.ce.cn/cysc/newmain/yc/jsxw/201810/09/t20181009_30457814.shtml.

问题：

（1）无印良品为什么不受国人欢迎？它的市场定位有哪些问题？

（2）无印良品应如何重新定位以重新获得竞争优势？

实践应用

2个小组针对本章内容进行课堂展示。一组展示一个全面的案例；另一组介绍企业调研，讲述企业真实的故事。

任务7-1 案例分析

任务7-2 企业调研

第八章 产品策略

本章要点

产品是营销组合（4P）中的基本要素之一。在某种程度上，产品策略是企业营销组合的根基，缺少了产品这一环节，企业的营销组合也就无从谈起。对于企业的目标市场，不论是国际的还是国内的；对于企业的规模，不论是国际性的大型企业，还是地方性的小型企业；对于企业生产的产品，不论是有形产品，还是无形服务，企业在制定营销策略、进行营销组合时，首要考虑的是要通过什么样的产品来满足消费者。此外，结合产品生命周期，不断开发新产品，改进和完善产品性能，是企业抢占市场份额、获得竞争优势的关键。

学习目标

通过本章的学习，读者应该：
1. 理解产品的内涵和层次。
2. 理解产品线分析和产品线决策。
3. 理解产品定位的概念及方式。
4. 掌握产品定位的策略和步骤。
5. 掌握产品生命周期以及不同阶段的营销策略。
6. 理解包装、标签、保修和承诺的含义。
7. 掌握新产品开发的方式、类型、影响因素以及必要性。
8. 理解新产品开发的流程、预算编制以及采用与分销。

营销导读

小罐茶拓展产品线，多泡装产品上市

多泡装：开启小罐茶 2.0 时代

多泡装延续了小罐茶一直以来规模性产出的标准化，并在原有基础上通过品牌多元化进行创新性改革。从产品外观上，外形设计风格简约、时尚、大气，个性鲜明，针对大罐装茶叶不易长久保鲜储存的问题，采用充氮保鲜、双重密封和食品级密封罐体，保障茶叶不受到氧化、水分等外部影响，以此满足消费者"一罐多泡""大容量""使用自由度大""茶叶长久保鲜储存"等需求。从色、香、味、形到工艺等方面，用现代研发的概念推进产品不断地升级、优化和迭代。

向中产阶级扩张

小罐茶的金罐系列产品，自上市以来就保持着高速增长，它从高端破局，纵向打通产业链，完成标准化的茶园建设后，再横向做品牌。

现有的金罐、黑罐的定位一直定位于商业精英等高端人群，提供高端商务场合的饮茶解决方案。多泡装的出现，面向中产阶级的刚需层面，更多地满足了相对大众的需求。根据价格和口感，多泡茶做出针对新的目标人群的定位设计，如价格由最初的 6250 元/千克的茶叶，到 1500 元/千克的多泡新品，更加贴近新生代消费者，打造了主流消费人群的自饮场景。

目前，多泡装系列产品包括龙井茶、滇红茶、大红袍、普洱茶（熟茶）、铁观音、茉莉花茶 6 个品类，统一价格为 150 元/罐。一罐容量为 50 克左右，与此前产品形成了鲜明差异。多泡装的优势在于：①采用充氮保鲜技术（大红袍和普洱熟茶除外）。②罐口外铝膜密封、罐盖内附密封垫的双重密封。③采用奶粉罐材质和加工工艺，达到食品级密封。这些可以有效地让剩余茶叶减少受外部潮湿、氧化等因素的影响，更持久地保持新鲜。

超市及传统烟酒店成为多泡装的渠道销售点，释放出来的空间是极其巨大的。"一罐一泡"金罐系列小罐茶，更多地满足消费者的待客用茶需求。多泡装主要针对自饮群体，为他们提供标准化的解决方案。多泡装的产品适应了新的群体，新的产品投放带来的是一连串市场的连锁反应，品牌规模快速裂变，产品观念的创新让茶行业里面的主流人群享受到它带来的价值。

资料来源：佚名.小罐茶 2.0 新品发布，看茶界大咖怎么说.搜狐网.[2019-05-24].
http://www.sohu.com/a/316175187_100071536.

第一节　产品及产品组合

一、产品的内涵

产品（Product）是企业营销组合（4P）中的关键要素，在企业为消费者创造价值的过程中起着重要作用。为了获得市场主导地位，企业必须提供优质的产品和服务，满足消费者的需求，以创造独特的消费者价值。产品是指可以通过市场自由交换来获取，且能够满足消费者某种需求的有价值的物品。许多人认为产品是有形实体，这是比较狭义的产品解释。从广义的角度来说，产品不仅可以是有形实体，还包括服务（如酒店住宿）、体验（如娱乐活动蹦极）、活动（如展览展会）、人员（如某岗位的候选人）、场所（实体的运营主体，如方特乐园）、产权（如房屋买卖）、组织（如被收购的企业）、信息（如企业竞标信息）和构思（如5G构想）等。

二、产品层次模型

企业营销人员在向市场提供产品来满足消费者需求时，应该注重产品所处的层次。如图8-1所示，产品共有5个层次结构，向外衍生的每一层次都能相应地增加为消费者提供的价值，这5个层次结构共同构成了产品层次模型。

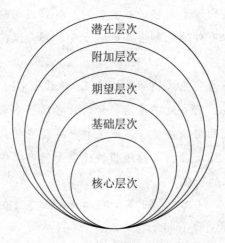

图8-1　产品价值层次模型图

1. 核心层次

核心层次，也称为核心利益，是指消费者真正购买的服务或价值。例如，顾客预订酒店房间是为了享受酒店提供的休息和睡眠服务。营销人员必须将自己视为服务或价值的提供者。

2. 基础层次

基础层次，也称为基础产品，是指营销人员必须将消费者看重的核心利益进一步转化为基本产品。基础层次是核心层次的载体，也是其核心层次的外在表现形式。基础产品通常是具有反映产品本质特征和属性的实际产品，具体包括产品的质量、特色、标识、包装和款式等，是产品核心层次的基本载体和体现。例如，酒店在满足顾客的休息和睡眠这一核心利益需求时，应该将提供的服务具体化为提供床、浴室、毛巾、桌子和梳妆台等基本用品。

3. 期望层次

期望层次，也称为期望产品，是指消费者在购买产品时，所期望的与产品一起提供的一系列属性和功能。例如，对于酒店提供的服务，顾客期望的是干净的床、洁净的毛巾以及一个相对安静的环境。

4. 附加层次

附加层次，也称为附件产品，是指提供给消费者期望之外的附加利益。例如，对于酒店提供的服务，不仅仅包括干净的床、安静的环境等顾客期望的产品，顾客还期望能够获得免打扰服务、免费叫醒服务和免费电话服务等。

5. 潜在层次

潜在层次，也称为潜在产品，是指产品在未来可能改善和更新的功能或服务。在这个层次上，企业会寻找新的方法，开发独特的产品来满足消费者不同的需求。例如，藏品丰富的博物馆可以围绕展览这一主营业务，开展国内外文物交流会和专家历史知识讲解等活动，向文化交流与知识普及方向发展，从而变静态的展览为动态的普及。

最新研究洞察 8-1

利用多市场偏好映射来设计有效的产品组合

偏好映射广泛应用于食品行业，其用途多种多样，包括理解消费者市场细分、确定消费者喜好驱动因素或确定理想的产品组合。这种方法通常针对单个市场中给定的目标人群，但很少有研究涉及多市场的复杂性，也没有人提出一项具有普适性的方法，如考虑跨市场的多市场战略。

Perrot 等（2018）学者使用以消费者为中心的内部偏好映射方法，来探究如何设计最优的多市场产品组合。研究以咖啡为对象，包括 8 种可溶性咖啡的样本。研究共涉及

405 名消费者，分别来自亚洲的 3 个主要市场（代表亚洲的 10 个市场），他们被要求用规定的水量冲泡咖啡，享用完后填写七分制的量表对喜爱程度进行打分和点评，研究中没有涉及其他问题，以免对参与者造成干扰。随后学者对数据进行分析，遵循 4 个问题的顺序：①当前的产品表现如何？消费者喜欢什么产品？②所有消费者都喜欢同样的产品吗？③为什么消费者喜欢某种产品？④最佳的产品组合策略是什么？这样最终设计出一个产品组合，虽然只包含 3 种咖啡产品，但可以满足 10 个市场消费者的需求。原本只有不到 50% 的消费者可以享受到他们最喜欢的产品，最终设计的多市场产品组合却让超过 80% 的消费者获得了满足感。

资料来源：Perrot M, Pineau N, Antille N, et al. Use of Multi-market Preference Mapping to Design Efficient Product Portfolio. Food Quality and Preference, 2018, 64: 238-244.

三、产品组合分析

产品组合是企业生产经营的所有产品线和产品项目的集合。产品组合由各种产品线组成，如华为的产品组合包括通信和计算机 2 条产品线；米其林的产品组合包括轮胎、地图和餐厅评级服务 3 条产品线。企业的产品组合要素包括宽度、长度、深度和关联度 4 种，参考表 8-1 宝洁的产品组合，可以很好地理解相关概念。

营销故事 8-1

表 8-1 宝洁的产品组合宽度和产品线长度

	产品组合宽度				
	洗涤剂	牙膏	香皂	一次性尿布	纸巾
产品线长度	象牙雪（1930 年）	格利（1952 年）	象牙（1879 年）	帮宝适（1961 年）	查敏（1928 年）
	洁拂（1933 年）	佳洁士（1955 年）	佳美（1926 年）	露肤（1976 年）	普夫（1960 年）
	汰渍（1946 年）		爵士（1952 年）		旗帜（1982 年）
	奥克多（1952 年）		舒肤佳（1963 年）		
	达士（1954 年）		玉兰油（1993 年）		
	大胆（1965 年）				
	吉恩（1966 年）				
	黎明（1972 年）				

1. 产品组合的宽度

产品组合的宽度是指企业拥有多少不同的产品线，如表 8-1 所示的产品组合宽度为 5。

（宝洁的产品线较多，此处仅举部分产品为例）

2. 产品组合的长度

产品组合的长度是指产品组合中产品项目的总数，如表 8-1 所示的产品组合总长度为 20。我们还可以进一步讨论每条产品线的平均长度，通过将总长度（此处为 20）除以产品组合宽度（此处为 5），得出每条产品线的平均长度为 4。

3. 产品组合的深度

产品组合的深度是指一个企业的每条产品线的产品项目的数量，如汰渍洗衣粉有两种气味（洁雅和常规）、两种配方（液体和粉末）以及两种添加剂（有或没有漂白剂），通过对气味、配方和添加剂进行组合，可得出汰渍产品组合的深度为 8。

4. 产品组合的关联度

产品组合的关联度描述了各条产品线在最终用途、生产要求、分销渠道或者其他方面的关联程度。宝洁的产品线是相互关联的，因为它们都是消费品，都通过相同的分销渠道，但这些产品线提供的产品功能满足了消费者不同的需求。

四、产品线分析

在建立产品线时，企业通常会开发一个基本平台和模块，通过添加新的平台和模块来降低生产成本，并且满足消费者的不同需求。产品线分析一般包括销售和利润、市场概况、产品图和产品线决策这 4 个方面。

1. 销售和利润

通过分析产品线的销售和利润报告，来了解企业产品线的经营状况和盈利情况。对于销量和利润较大的产品线，企业必须仔细监控和保护，以避免竞争对手抢占；对于销量和利润较小的产品线，企业则需要考虑放弃或者改进。

2. 市场概况

企业管理人员必须审查本企业的产品线定位，看与竞争对手相比是否具有独特性。通过分析企业在市场中的产品线定位状况，来了解企业的竞争优势所在，从而培优补长，以此来打造企业的核心竞争力。

3. 产品图

产品图显示了哪些竞争对手的产品正在与本企业的产品进行竞争。产品图也可以帮助企业识别市场细分。通过产品图分析企业可以进行有效的产品线延伸和产品组合，如图 8-2 所示。

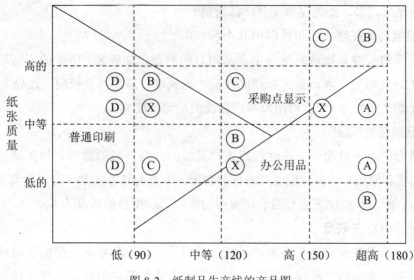

图 8-2 纸制品生产线的产品图

五、产品线分析

1. 产品线延伸

每家企业的产品线都只涵盖市场的某一部分,如梅赛德斯—奔驰公司主要做汽车市场的高端产品。当一家企业将其产品线延长到目前的经营范围之外时,无论是往低端市场或高端市场,还是两者兼而有之,都体现了产品线延伸。

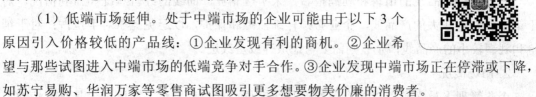
营销故事8-2

(1) 低端市场延伸。处于中端市场的企业可能由于以下3个原因引入价格较低的产品线:①企业发现有利的商机。②企业希望与那些试图进入中端市场的低端竞争对手合作。③企业发现中端市场正在停滞或下降,如苏宁易购、华润万家等零售商试图吸引更多想要物美价廉的消费者。

(2) 高端市场延伸。企业可能希望进入高端市场,以实现更大的增长,获得更高的利润率,或者将自己定位为全线制造商。市场中出现了许多精准的高端细分市场,如咖啡领域的星巴克、冰淇淋领域的哈根达斯、瓶装水领域的依云等。

(3) 双向延伸。服务于中端市场的企业可能会在两个方向上延伸它们的产品线。例如,普瑞纳公司创建了向上和向下延伸的产品线,根据狗粮产品的特色、成分和价格等进行区分。

2. 产品线的现代化、特色化和精细化

(1) 企业的产品线需要现代化。在这一改变的过程中,关键问题是选择渐进性还是一次性完成的方式。渐进性的方式可以让企业、消费者和经销商看到企业产品线的不断完善,减少企业资金的消耗,提升消费者和经销商的接受度,但这种方式可能会让竞争

对手察觉到变化，并开始重新设计自己的产品线。而一次性完成的方式，虽然在短期内耗费资金较多，风险较大，却可以出其不意，击败竞争对手。在瞬息万变的市场中，产品线的现代化是不断持续的。

（2）企业的产品线需要特色化。产品线的管理者通常选择产品线中的一个或几个产品项目作为特色，如海尔公司推出一款特殊的低价洗衣机以吸引消费者，同时也会以高端产品为特色，为产品线增添声誉。

（3）企业的产品线也需要精细化。企业可能会试图提升消费者对滞销产品的需求，以缓解产品线因需求不足而闲置的问题，但是有些企业会认为更应该推广畅销产品，而不是滞销产品。

一、产品定位的概念及作用

（一）产品定位的概念

产品定位（Product Positioning）是指企业在产品属性、功能、特征上进行区别于竞争对手的差异化设计，来满足目标消费者的需求，是目标市场与企业差异化产品相结合的过程，也可以看作是市场定位价值主张的产品化体现。

产品定位就是让消费者锁定产品的特色，其实质是取得目标市场的竞争优势，使产品在消费者的心目中占据有利的地位，留下深刻的影响。定位并不是对产品本身做什么，而是在目标消费者的心目中留下什么印象，其目标是简单明了地阐述为什么目标市场消费者会购买该产品。

（二）产品定位的作用

1. 保障企业营销成功的重要举措

一般来讲，企业应该先进行市场定位，然后才进行产品定位。产品定位是将目标市场的选择与企业产品结合的过程，也是将市场定位企业化、产品化的工作。产品是企业满足消费者需求和获得利润的重要前提。企业的产品定位直接表现为企业的市场反应、价值体现、消费者人群界定等，所以一个正确的产品定位是保障企业营销成功的重要举措。只有企业进行正确的产品定位，才能保证企业制定的营销组合和营销策略达到预期的效果。

2. 有利于凸显企业的核心竞争优势

产品定位，简单来说就是企业的产品或服务在消费者心中树立一种独特的企业形象。在每个消费者的心目中，不同企业的产品都具有不同的价值，甚至同一企业的不同产品也具有不同的价值。恰当的产品定位有利于凸显和发挥企业的核心竞争优势，其中核心竞争优势是指与主要竞争对手相比，企业的产品在属性、功能、特征上具有明显的差别优势，如李维斯突出其核心产品"牛仔裤"，又如联邦快递强调快捷可靠的"一日达"服务。

3. 帮助消费者做出购买决策

企业的产品定位通常是在目标市场选择和市场定位的基础上，根据潜在目标消费者的需求特征，结合企业特定产品的特点，对拟提供的产品应具备的基本功能和辅助功能做出具体规划的过程，其目的是为消费者提供适销对路、有较高性价比的产品。一个清晰的产品定位往往可以传递产品信号，帮助消费者有效地识别产品相关的功能和属性，同时体现了企业对消费者的承诺，有利于减少消费者的搜寻成本，从而更好地引导消费者做出购买决策。例如，农夫山泉公司强调矿泉水产品的"天然水源"成分，对于果汁饮料产品则是强调"三种水果"的复合营养配方。这些产品定位往往能直击消费者的需求，帮助消费者选择他们想要的产品。

二、产品定位的方式

1. 针对竞争者

企业可以根据特定的竞争对手来定位自己的产品或服务。例如，泰宁诺止痛药被定位为"非阿司匹林的止痛药"，凸显出药物成分与以前止痛药之间的本质区别。营销人员需要注意的是自身产品定位不要与竞争者的过于相似。

2. 关注产品的主要属性

一般而言，产品定位往往着眼于企业产品自身的重要属性。例如，沃尔沃是一家传统的汽车企业，专注于驾驶安全和车辆的环保，同时将其核心价值形象扩大到驾驶性能方面，而此次定位的调整将需要长期而聚焦的努力。当今有如此多的沃尔沃汽车仍在路上行驶，这与其鲜明的产品差异化形象密不可分。

3. 优化产品定位语

产品定位语可以帮助企业在消费者心目中建立独特地位。对于企业的产品定位来说，产品定位语是非常重要的，是塑造企业产品差异性的重要元素。产品定位强调的是产品功能、特征等方面的差异化，这些差异化能够通过企业的产品定位语为消费者所牢记，增强消费者的联想。例如，王老吉的产品定位语"怕上火喝王老吉"强调的是王老吉凉茶的"清火"功能。此外，企业的产品定位语不会覆盖所有产品，一个产品应该有一个相对应的广告语，同时广告语可以根据需要进行变化，但要对应某个产品的特征，如宝洁旗下产品"海飞丝"的产品定位语强调持久去屑，而"飘柔"的产品定位语则是强调顺发丝滑。

三、产品定位的步骤

（一）识别竞争者的产品优势

产品定位的关键是企业要确保自己的产品比竞争对手更具优势。企业要识别竞争对手的产品优势所在，即了解竞争对手的产品定位如何、在市场上的产品占有率情况以及现有消费者群体和潜在消费者群体。企业通过分析和比较竞争对手产品在特色、包装、功能和质量等方面的特性，来识别竞争对手的产品优势所在，更好地做到知己知彼。

（二）明确企业核心产品的优势

在企业的产品定位过程中，对于"共同点"和"差异点"这2个概念的理解至关重要。共同点是强调产品的共同属性、功能和特性，而差异点是强调产品不同于竞争对手的产品属性、功能和特性。企业在进行产品定位时，不仅仅要强调产品的共同点（如安全和优质），还应该强调产品的差异点（如功能和美观）。企业区别于竞争对手产品的差异点定位，可以帮助企业明确其核心产品的竞争优势，抢占消费者心智。例如，东鹏特饮的产品定位为功能性饮料，强调"累了困了，喝东鹏特饮"的属性特征，在消费者心中留下了深刻的印象。

（三）制定产品定位策略，充分利用差异化优势

一般而言，企业进行产品定位就是为了充分利用企业产品差异化的竞争优势。在激烈的市场竞争中，企业的产品差异化属性可以使它们比竞争对手的产品更好地在消费者心中占据有利地位。一般而言，为了充分利用企业的差异化优势，企业通常采取的产品定位策略有以下5种。

1. 产品情感形象定位策略

产品情感形象定位是指企业将消费者视为有情感的人，而非完全理性的"经济人"，以企业提供的产品满足消费者情感需求为出发点，打动消费者选择本企业的产品，从而获取更多的利润。例如，纳爱斯公司推出"雕牌"洗衣粉时，将该产品与亲情话题、社会现象紧密结合，强调"只要一点点,洁净幸福到你家"，深化了顾客心中的产品情感形象，引起了顾客的情感共鸣。

2. 产品消费感受定位策略

企业的产品往往具有独特的使用价值和功能特性。顾客在消费产品的过程中，往往

能够从中获得某种心理和生理上的特殊体验。产品消费感受定位策略就是通过激发顾客的消费感受，进一步在消费者心中留下深刻印象，从而增加企业销量。例如，王老吉凉茶提出"怕上火喝王老吉"，当顾客喝完这款凉茶产品后，他们会有一种清凉败火的感受。

3. 产品属性定位策略

产品属性定位策略强调企业产品的某种属性与竞争对手相比具有独特性。例如，农夫山泉强调"我们只是大自然的搬运工""从不使用城市自来水"等，以此来突出农夫山泉天然水源的独特产品属性。

4. 产品价格和质量定位策略

产品价格和质量定位策略是通过对企业产品价格和质量的不同组合，来达到突出产品差异化优势的目的。产品价格和质量的组合通常有4种：高价格和高质量、高价格和低质量、低价格和高质量、低价格和低质量。

5. 产品形式定位策略

产品形式定位策略是根据产品的外在形式和状态进行定位，从而形成企业的差异化竞争优势。例如，"白加黑"感冒药充分利用了产品的外在形式，通过白色和黑色的药片形式来对应患者服药的时间与类型，形成差异化的产品形式，并进而成为市场的竞争优势，获得了巨大成功。

第三节 产品生命周期

随着产品、市场和竞争对手在产品生命周期（Product Life Cycles，PLC）中的变化，企业的定位和差异化战略也应该随之改变。产品的生命周期其实就是阐述4个问题：①产品的寿命有限。②产品销售经历了不同的阶段，每个阶段都给企业带来了不同的挑战、机遇。③利润在产品生命周期的不同阶段有升有降。④产品在每个生命周期阶段需要不同的生产、营销、财务、采购和人力资源策略。

一、产品生命周期

产品的生命周期是指产品从进入市场到退出市场所经历的周期变化过程。产品只有经过研发、生产和试销等进入市场后，才标志着该产品生命周期的开始。产品退出市场则标志着产品生命周期的结束。一般而言，大多数产品生命周期曲线都呈现钟形的趋势（见图8-3），这条曲线通常分为引入期、成长期、成熟期和衰退期4个阶段。

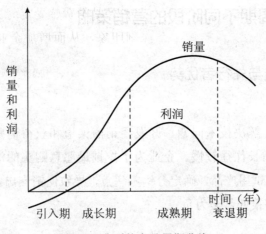

图 8-3 典型的产品周期曲线

二、常见的产品生命周期模式

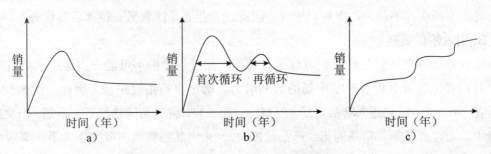

图 8-4 几种常见的生命周期曲线

如图 8-4 a）所示为"成长—衰退—成熟"模式，当产品第一次推出时，销量迅速增长，然后下降到"僵化"的水平，这是由第一次购买产品的晚期大众消费者和早期采用者更换产品所导致的。例如，手持搅拌机和面包机等小型厨房电器产品常呈现这种曲线形状。

如图 8-4 b）所示为"循环再循环"模式，当产品推向市场后，经历一段时间后销量会出现下滑，企业进入衰退期，此时企业为了延长产品的寿命，采用更具吸引力的营销手段，或引入新技术增添产品特色，来吸引和维持原有消费者，使产品进入一个新的循环周期（通常规模和持续时间都低于第一个周期）。例如，新药的销售情况通常呈现出循环的生命周期曲线。

如图 8-4 c）所示为"扇形"模式，不断开发产品新的特征、用途或消费者，使产品的销售量不断呈波浪式上升。例如，尼龙材料制品的销售就体现了这种扇形特征，原因在于尼龙材料在降落伞、袜子、衬衫、地毯、帆船以及汽车轮胎等上的新用途方面不断开发。

三、产品生命周期不同阶段的营销策略

（一）引入阶段与先行者优势

1. 引入阶段特征

由于推出新产品、解决技术问题、开发经销商渠道和获得消费者认可都需要时间，因此在引入阶段销量增长往往较慢。企业为了挖掘最愿意购买的消费者，往往需要了解潜在的消费者，引导其试用产品，确定分销零售点，导致促销支出占销售额的比例很大，成本也相应增长，利润很低甚至为负。

2. 先行者优势

先行者优势的来源：①消费者会牢记先行者的品牌名称。②先行者确立了产品类别应该具备的属性。③先行者可以吸引更多的消费者。④先行者具有生产者优势：规模经济、技术领先地位、专利和稀缺资产的所有权以及设置进入壁垒等。⑤先行者的营销资金更有效，享受更高的重复购买率。⑥先行者可以通过采用各种策略来获得长期的领导地位。先行者在市场中并不总是占据有利地位，因此，企业必须注意另一种"后发优势"。

3. 引入阶段策略

先行者必须意识到虽然它们可以进入新的产品市场，但不可能一次性进入所有的市场。开拓者应综合分析各产品市场的盈利潜力，确定市场拓展路径。因此，图8-5中的先行者：第一步，计划进入产品市场（P1M1）；第二步，将产品转移到第二市场（P1M2）；第三步，通过开发第二市场的第二产品（P2M2）来出其不意地击败竞争对手；第四步，将第二产品带回第一市场（P2M1）；第五步，为第一市场推出第三产品（P3M1）。如果这一计划奏效，先行者将在前两个细分市场占有很大的份额，并能提供多种产品。

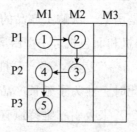

图8-5　引入阶段策略图

（二）成长阶段

1. 成长阶段的特征

成长期的特点是销售额快速攀升。早期试用者非常满意这类产品，同时更多的消费者开始购买。新的竞争对手因发现市场机遇开始进入，并且增加新的产品功能，扩大分销渠道。

2. 成长阶段的策略

为了保持目前市场份额的快速增长，企业应该：①提高产品质量，增加新功能和改进款式。②增加新的型号和侧翼产品（即不同的大小、口味等），以保护主产品。③进入新的细分市场。④扩大分销覆盖面，进入新的分销渠道。⑤从激发消费者的试用意识转变为提升消费者偏好和忠诚度。⑥降低价格，以吸引对价格敏感的消费者。

企业通过对产品改进、促销和分销上进行投资，占据市场主导地位，以牺牲当前的短期利益为代价，换取较高的市场份额，以期在下一阶段获得更大的利润。

（三）成熟阶段

营销故事8-3

1. 成熟阶段的特征

到了一定时期，产品的销售增速会放缓，产品会进入相对成熟阶段。大多数产品都处于生命周期的这个阶段，通常比前一个阶段持续的时间更长。成熟期分为以下3个阶段。

（1）增长期阶段。销售增长开始放缓，没有新的分销渠道进行填补，新的竞争力量不断涌现。

（2）稳定期阶段。由于市场饱和，人均销售额持平，大多数潜在消费者已经试用过该产品，未来的销售取决于人口增长和替代需求。

（3）衰退期阶段。销售的绝对水平开始下降，消费者开始转向其他产品。对于企业来说，这一时期最具挑战性，由于销售放缓造成行业产能过剩、竞争加剧，竞争对手退出，只有少数巨头占据主导地位。

2. 成熟阶段策略

一些企业放弃了实力较弱的产品，转而专注于新的、利润更高的产品。然而，它们可能忽略了许多成熟市场和老产品仍然具有的巨大潜力。一般来说，成长阶段的策略有以下3种。

（1）市场改进。企业可能尝试通过调整影响销售量的两大因素来扩大成熟品牌的市场份额：销售量 = 品牌顾客数 × 每个顾客的购买量，这样至少可以与竞争对手保持一致。

（2）产品改进。管理者们还试图通过改善质量、特色或风格来刺激销售。质量改进通过推出改良产品来提高产品的功能。特色改进通过更新尺寸、重量和材料等提高产品的性能。风格改进增加了产品的审美感染力。以上3个方面的改进，都能吸引消费者的注意。

（3）营销方案改进。品牌经理可能还会通过改进非产品元素来刺激销售，特别是在价格、分销和渠道方面，并且根据对新顾客和现有顾客的影响来评估方案成功的可能性。

（四）衰退阶段

1. 衰退阶段的特征

销售额下降的原因有很多，包括技术进步、消费者品味的变化以及国内外竞争的加剧。所有这些都可能导致产能过剩，降价力度加大，企业利润受到侵蚀，销售额可能在较低水平维持，甚至跌至零。不同于某些营销危机导致的短期下滑，这一阶段的销售额和利润会长期下降，一些企业将直接退出市场，剩下的企业可能会减少提供的产品数量，退出较小的细分市场和较弱的销售渠道，削减营销预算，并进一步降低价格。除非企业有非常充足的保留理由，否则维持这种产品的成本往往非常高昂。

2. 衰退阶段的策略

随着企业产品销售额和利润率的下降，产品开始进入生命周期的衰退阶段，一般情况下，企业应对产品生命周期中衰退阶段的营销策略通常有3种。

（1）维持策略。企业继续沿用之前的营销策略并把企业的资源集中在最有利的目标市场和渠道，以降低产品衰退的速度，同时为企业创造更多的利润。

（2）收缩策略。企业大幅度地削减促销费用，降低企业的营销成本，以增加当前的利润。

（3）放弃策略。对于衰退比较迅速且无法挽回颓势的产品，企业应该当机立断，放弃经营，尽快剥离，将资源逐步转移到其他优势产品中。

企业根据产品所处生命周期阶段的特征和状况，在不同的阶段对应采取不同的策略，可以有效地利用企业有限的资源，同时也有利于发挥产品的价值，提升企业的核心竞争力和良好的企业形象。产品生命周期各阶段的特征、目标和营销策略，见表8-2。

表8-2 产品生命周期特征、目标和策略

概念	阶段	引入期	成长期	成熟期	衰退期
特征	销量	低	快速增长	达到高峰	下降
	成本	顾客人均成本高	顾客人均成本适中	顾客人均成本低	顾客人均成本低
	利润	低或亏损	增加	高	下降
	顾客	创新采用者	早期采用者	中间大众	落后购买者
	竞争对手	极少	逐渐增加	稳定且开始减少	减少
营销目标		提高产品的知名度并进行试用	最大限度地提高市场份额	在保护市场份额的同时实现利润最大化	减少开支并提高产品知名度
策略	产品	提供基本产品	提供延伸产品、服务、保修	产品多样化	淘汰弱势产品
	定价	成本加成	市场渗透定价	与对手价格竞争	降价
	渠道	构建选择性渠道	构建集约化渠道	构建更密集的渠道	选择淘汰无利可图的渠道
	促销	在早期采用者和经销商中建立产品意识和产品试用	提高大众市场的意识和兴趣	突出差异与优势并鼓励产品创新	降至保持核心顾客忠诚度所需的最低水平

资料来源：Weber J A. Planning corporate growth with inverted product life cycles. Long range planning, 1976, 9（5）: 12-29; Doyle P. The realities of the product life cycle. Quarterly Review of Marketing, 1976: 1-6.

第四节　包装、标签、保修和承诺

有些产品包装非常出名，如可口可乐瓶和红牛罐装。许多营销者将包装称为营销组合（4P）的第 5 个 "P"，与产品、价格、分销和促销相提并论，也有人将包装和标签视为产品策略的一个要素。保修和承诺也是产品策略的重要部分，并且经常出现在包装上。

一、包装

1. 包装的内涵

包装是由产品设计和制作容器包裹的一系列活动来完成的。包装是消费者首先接触到的，一个好的包装能吸引消费者，从而促使他们选择产品。实际上，包装可以充当产品的"五秒广告"，当消费者在家打开包装使用产品时，包装也会影响他们之后的产品体验。

营销故事8-4

2. 包装的目标

包装的目标一般有：①识别品牌。②传达描述性的、有说服力的信息。③方便产品运输和保护。④利于家庭存放。⑤帮助消费产品。

要实现这些目标，满足消费者的需求，营销人员必须考虑包装的美学方面和功能方面。美学方面涉及包装的大小、形状、材料、颜色、文本和图案等。综合各种因素，越来越多的营销人员将包装当作一种营销工具。

二、标签

1. 标签的内涵

标签可以是一个简单的附加标签，也可以是包装中精心设计的图案。它可能包含大量的信息，也可能只包含品牌名称。标签的信息必须符合一般法规和行业特定的法律法规。在消费者识别产品和品牌时，标签也是品牌的一个重要元素，有利于促销。

2. 标签的功能

产品标签不仅是包装上的贴纸，也是一种交流工具。标签有多种功能：①标签可以识别产品或品牌，如印在水果上的品牌名 "Dole"。②标签可以对产品进行分级，如纺织品的等级 A、B、C。③标签还可以描述产品是谁制造、何时何地生产、包含什么及如何安全使用。④标签会通过富有吸引力的图案来宣传产品。

三、保修

1. 保修的内涵

所有商家在法律上都有责任满足消费者的正常或合理期望。保修是制造商对产品预期性能的正式声明。保修期内的产品可退回制造商或者在指定维修中心进行维修、更换和退款。无论是明示的还是默示的，保修均可依法强制执行。

2. 保修的作用

延长保修和服务合同对制造商和零售商来说可能会有利可图。据估计，保修销售在百思买（Best Buy）的营业利润中占有很大比例。尽管延长保修不一定会带来回报，但一些消费者看重的是保修带来的安全感。

四、承诺

1. 承诺的内涵

大多商家通常提供两种承诺：一种是一般承诺，另一种是具体承诺。例如，宝洁提供的是一般承诺，意思是如果你出于任何原因不满意，可以退货、换货或退款，但宝洁并没有提供更具体的承诺。高仕既提供了一般承诺（如保证其钢笔和铅笔可以终身使用），又提供了具体承诺（如出现任何问题可以免费维修或更换）。

2. 承诺的作用

企业承诺可以降低消费者的风险感知，使消费者认为产品质量很高，企业服务质量可靠。当企业或产品知名度不高，不为人所熟知，但产品质量优于竞争对手时，承诺会对该企业的产品销售提供巨大的帮助。

最新研究洞察 8-2

货架环境下的商品过度包装现象

都说这是一个"看脸"的时代，很多企业为了吸引消费者、提高消费者对产品的感知质量以促进消费者购买，在产品包装上下足了工夫，但是过度包装又意味着制造成本的增加、资源的浪费等，与建设环境友好型企业的呼吁背道而驰，让企业陷入道德的困境。目前，很多企业并不愿加入消除过度包装计划的行列，那些已经采取行动的企业面对这些竞争者又该如何？

Monnot等（2019）认为在考虑某产品过度包装的影响时，有必要与其他产品（即竞争者）的过度包装联系起来，并且需要考虑真实的货架环境。在研究中，以法国市场中的2个酸奶品牌为研究对象，并设计了4个实验场景：2个酸奶品牌的过度包装和非过度包装进行交叉组合,并放置在相同的货架环境中,每一个场景控制价格等其他因素不变。随后,218名消费者填写了关于购买意愿、环境意识的量表,结果显示:消除过度包装对品牌是有害的,因为它会降低消费者购买产品的意愿,但这种负面效应存在于消费者缺乏环境意识和竞争者继续使用过度包装的情况中。

这给营销管理者提供了启示,在进行宣传时注重和消费者沟通,打破消费者的"非过度包装的产品是低质量的"这一负面认知。在商品陈列方面,可以根据商品的包装情况重新设计商店的货架展示,避免将已经精简包装的品牌放在过度包装的竞争品牌旁边,这在竞争激烈的市场上显得尤其重要。

资料来源:Monnot E, Reniou F, Parguel B, et al. "Thinking Outside the Packaging Box": Should Brands Consider Store Shelf Context When Eliminating Overpackaging? Journal of Business Ethics, 2019, 154(2):355-370.

第五节 新产品开发

新产品开发(New Products Developing,NPD)塑造了企业的未来。企业要做的不仅仅是谈论创新,更多的是打破行业陈规和过去的惯例,通过开发新产品或服务来吸引消费者。新产品开发是指尝试将一个新的产品导入市场,使消费者最终产生购买行为的一系列过程。新产品开发是将市场上的机会转换为可以销售产品的过程,对消费者需求及其欲望的充分了解、完全竞争的环境以及符合市场特性是新产品成功最重要的几个要素。

一、新产品的概念、分类及产生方式

1. 新产品的概念

新产品的范围包括开发全新市场的新产品和对现有产品的细微修补或改进。大多数企业的新产品开发致力于改进现有产品。也有一些新产品开发得益于品牌延伸,如汰渍全护理系列等。从市场营销的角度看,凡是企业向市场提供过去没有生产过的产品都叫新产品。具体地说,只要是产品整体概念中的任何一部分的变革或创新,并且给消费者带来新的利益、新的满足的产品,都可以认为是一种新产品。与旧产品相比,新产品通常具有全新的功能、结构和用途,能够满足消费者更多的需求。

2. 新产品的分类

一般而言,新产品大致可以分为3类:全新产品、换代产品和改进产品。

全新产品是指应用新原理、新技术、新材料，具有新结构、新功能的产品。例如，激光照排印刷设备替代活字印刷设备和内燃机代替蒸汽机等。

换代产品是指在原有老产品的基础上采用或者部分采用新技术、新材料和新工艺等，使产品在结构、功能、品质、花色、款式及包装上具有新的特点和新的突破。例如，苹果手机的iOS 11系统相比于iOS 10，界面延续了以往扁平化的风格，只是在一些细节（如字体、标题等）方面做了一些改动。

改进产品是指企业利用新科技，在原有产品的基础上改进生产工艺或提高生产效率，以完善产品的性能、质量、结构和款式等，改进后的新产品，其结构更加合理、功能更加齐全、品质更加优质，从而能更多地满足消费者不断变化的需要。例如，材质和外观方面，相比于iPhone 11采用的铝金属搭配玻璃设计的方式，苹果手机iPhone 11 Pro则采用同样坚固的玻璃，背面以哑光质感外观呈现，并且使用了手术级的不锈钢边框的设计。

3. 新产品的产生方式

新产品的类型多种多样，创造它们的方式也多种多样。企业可以通过收购或开发来增加新产品。企业可以直接收购其他企业，也可以从其他企业购买专利、许可证或特许经营权，但企业能成功收购的数量是有限的。在某种程度上，它们需要一种有机增长——从内部开发新产品。

二、新产品开发的必要性

1. 不断变化的消费者需求

企业在完善产品、服务和流程时，新产品开发可以满足消费者不断变化的需求，防止消费者对当前产品感到厌倦而转向其他品牌，从而更有效地创造和传递价值。

2. 市场饱和

产品在市场上存在的时间越长，市场就越有可能饱和。如果不能提供新的产品或服务，企业的价值最终会下降。例如，有很多企业给咖啡馆和餐厅供应食品和饮料包装，行业竞争的空间非常有限，如果不进行新产品开发，那么这些企业的价值难以维持。

3. 多样化风险管理

通过创新，企业通常会有一个更广泛的产品组合，这有助于企业分散风险，并且能比单一的产品更好地提高企业价值。如果一个组合中的某些产品表现不佳，则其他产品可能表现良好。拥有多种产品的企业能够更好地承受外部冲击，包括消费者喜好的变化或激烈的竞争活动。在软饮料方面，可口可乐提供了许多产品，包括无泡汽水、矿泉水和苏打水等，相比只推出一种碳酸饮料，多样化使可口可乐更能享受稳定的业绩。

4. 改善商业关系

创新并不总是针对终端的消费市场。相反，它有时被用来改善与供应商和其他中间商的关系，从而提升创造的价值。例如，可口可乐和百事可乐在全球市场选择供应商和中间商，并积极和它们保持良好的关系，从而降低企业经营成本，提高企业价值。

> **最新研究洞察 8-3**
>
> 心理意象和顾客导向在新产品筛选中的不良影响
>
> 试想一下，当开发和推出一种新产品时，你作为一名管理者是否会坚持以顾客为导向，是否会考虑新产品能否满足顾客的需求？答案可能并不是你想的那样简单。
>
> DeRosia 和 Elder（2019）招募有决策经验的管理者作为被试对象来参与实验。实验情境设置了每个参与者都被设定为一家消费电子企业的经理，并且面临新产品开发决策。在实验过程中，被试者被随机分配到两种实验场景中。在"进行心理意象"的条件下，被试者被告知："在对新产品开发进行评估时，有效策略是将新产品的潜在顾客形象化，请您尝试想象顾客参与到产品开发决策过程中，并且您与他们进行互动，这样有利于满足消费者需求。在接下来进行决策时，请您尝试使用这种策略。"在"避免心理意象"的条件下，被试者被告知："在对新产品开发进行评估时，有效策略是要保持谨慎，并且有充分的理由不要受心理意象的影响，请您尝试对新产品开发方案作出合理的评估。在接下来进行决策时，请您尝试使用这种策略。"实验结果发现，相比在"避免心理意象"的条件下，在"进行心理意象"的条件下，管理者的新产品开发决策更容易产生问题。
>
> 研究结论指出，采用顾客导向的策略来满足消费者的需求，并不总是有效的，特别是在新产品开发的方案筛选阶段，这种策略可能会对管理者的认知产生不利影响。具体而言，管理者在采取这样的策略时，会经常情不自禁地进行心理意象（即认知模拟），这会使新产品开发的评估结果偏离现实、盲目乐观，使管理者无法分辨出那些不能满足顾客需求的缺陷产品。
>
> 资料来源：DeRosia E D, Elder R S. Harmful Effects of Mental Imagery and Customer Orientation During New Product Screening. Journal of Marketing Research, 2019, 56（4）：637-651.

三、新产品开发的影响因素

1. 研发能力和市场合作伙伴关系

企业通常必须组织强有力的研发团队，构建紧密的市场合作伙伴关系，才能实现彻底的创新。目前，创新需求日益增长，用以支撑的可靠技术却比较匮乏。企业可以更多地与市场合作伙伴共同开发新技术，共享新技术带来的利益，分担新技术开发过程中的高昂成本。

2. 企业文化

企业文化是另一个关键因素。企业必须鼓励营销人员改进现有产品的市场细分，克服改进过程中出现的问题和错误，洞察未来的市场导向，引导营销人员着眼于明天的存亡，而非今天的竞争。

3. 不确定性

技术和市场的不确定性，也是影响新产品开发的一个重要因素。当今企业面临高技术不确定性、高市场不确定性、竞争激烈、投资成本高、产品生命周期短、高项目风险、资金来源匮乏等问题。然而，不确定性不总是坏事，在某种程度上可能代表着机遇。

四、新产品开发的流程

新产品开发的流程从新产品理念的产生开始，以新产品的推出和成功通过评估为结束。如图 8-6 所示总结了新产品开发过程的各个阶段以及每个阶段的重要目标。

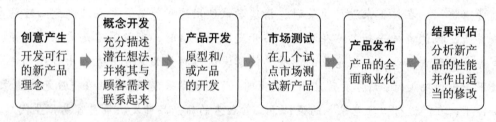

图 8-6　新产品开发的流程

1. 创意产生

新产品的创意来源有多种，企业可以利用自己的内部优势进行研发，也可以与其他企业和研究机构合作，或者研究竞争对手的产品和服务，又或者对消费者需求进行剖析等（见图 8-7）。

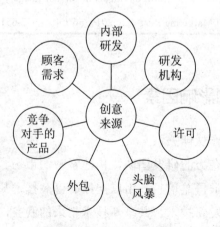

图 8-7　新产品的创意来源

2. 概念开发

概念开发主要指概念测试，是将一个概念呈现给潜在的消费者或使用者以获得反馈的过程。这些反馈使企业能够估计新产品的销售价值，同时根据反馈对概念进行改进以提高新产品价值，并确定该概念是否值得进一步开发，帮助企业避免不必要的产品开发投入。

3. 产品开发

产品开发或产品设计涉及平衡各种策划、生产、营销和经济因素，以确定新产品的形式或新服务的特性。研发团队根据"概念测试"的反馈结果以及它们自身的技术知识开发出产品原型。

4. 市场测试

在开发出新产品原型、将产品真正投入市场之前，企业要对新产品进行市场测试。测试可以采取售前测试或试销两种形式。售前测试是对少量的潜在消费者进行调查，看有多少人愿意尝试和继续使用该产品。试销也是确定新产品市场潜力的一种方法，企业可以在新产品全面上市前，尝试将该产品先行投入到有限的地理范围（通常是几个城市）进行销售。

5. 产品发布

如果市场测试的结果是乐观的，企业就可以进行新产品发布，将新产品投入整个市场。这一步骤的关键在于充足资金和营销组合等各方面资源的广泛协调。

6. 结果评估

在产品发布后，营销人员必须进行一次关键的结果评估，来确定产品发布是否成功，以及营销组合需要哪些额外的资源或需要在哪些地方做出改进。许多企业在新产品试销阶段使用综合数据来提高成功的概率。

如果新产品开发的过程合理地按照顺序进行，会有助于避免出现连锁失败的结果。

五、新产品开发的预算编制

研发结果具有较大的不确定性，因此在为新产品开发编制预算时，很难以正常标准来估量投资预算。一些企业只是简单地为项目提供尽可能多的资金，希望获得竞争优势。其他企业根据传统的销售百分比法，或者按照竞争对手的支出，制定支出预算。还有一些企业会考虑它们需要多少成功的新产品，以此来反向估计所需的投资。

六、新产品的采用与分销

如图 8-8 所示为新产品的采用和分销曲线，新产品的顾客数量在一段时间内通常以钟形曲线的形式在人群中分布。起初，一些人购买产品，然后越来越多的人购买，最后随着扩散程度的放缓，购买的人越来越少。这些购买者可以根据产品推出后的购买时间分为 5 组。

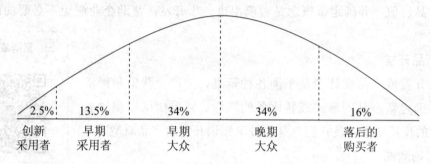

图 8-8　新产品的采用与分销曲线

1. 创新采用者

创新采用者是那些想成为第一批拥有新产品的购买者。那些喜欢冒险、知识渊博的顾客人群更有可能成为创新产品的采用者，或者是某个特定产品类别的创新采用者，如那些连夜排队以确保买到最新《超级英雄》电影首映票的人。虽然，创新采用者的人数仅占新产品总市场的 2.5% 左右，但对于新产品的成功至关重要，因为他们谈论新产品、传播新产品的积极口碑会促进新产品获得市场的认可，吸引下一个新产品的采用者类型——早期采用者。

2. 早期采用者

开始使用新产品的第二类人群是早期采用者。早期采用者通常不会像创新采用者那样冒险，他们通常在仔细考量后（或是在创新者的早期尝试后）等待购买产品。例如这类人群在购买电影票之前会等待最新电影的评论，尽管这些评论要在电影上映后才出现。这一群体约占新产品总市场的 13.5%，他们也是新产品信息的早期重要传播者。早期采用者也是吸引后续三类顾客进入市场的关键。如果早期采用者群体相对较小，最终采用新产品的人数也可能较少。

3. 早期大众

早期大众约占新产品总市场的 34%。这个群体起着决定性的作用，因为在这个大群体开始购买前，新的商品和服务很少有利润。如果这个群体一直不够庞大，新产品通常会失败。早期大众在许多方面不同于前两个群体。早期大众的成员不喜欢冒大的风险，因此倾向于等到某个特定的产品"缺陷"得到解决后再进行购买。当大多数顾客进入市场时，市场上竞争者的数量通常也达到了峰值，因此这些购买者可以选择不同价格和质量的产品。

4. 晚期大众

晚期大众约占新产品总市场的 34%，是最后一批进入新产品市场的顾客。当晚期大众开始采用新产品时,预示企业的新产品已经完全开发了市场的潜力,销售将趋于平稳或有可能下降。

5. 落后的购买者

落后的购买者约占新产品总市场的16%。这些消费者不喜欢改变,依赖传统产品,直到传统产品不再可用。在某些情况下,落后的购买者可能永远不会采用新产品。例如,当电影《加勒比海盗》在电视和网络上放映时,落后的购买者可能才开始观看。

本章小结

产品是企业营销组合(4P)中的关键要素,在企业为消费者创造价值的过程中起着重要作用。产品是指可以通过市场自由交换来获取,且能够满足消费者某种需求的有价值的东西。产品可分为5个层次结构:核心层次、基础层次、期望层次、附加层次和潜在层次,向外衍生的每一层次都能相应地增加消费者价值。

企业的产品组合要素包括宽度、长度、深度和关联度4种。大多数产品的生命周期曲线呈现钟形趋势,这条曲线通常分为4个阶段:引入期、成长期、成熟期和衰退期。许多营销者将包装称为营销组合的第5个"P",与产品、价格、渠道和促销相提并论。保修和承诺也是产品策略的重要部分,并且经常出现在包装上。

新产品开发塑造了企业的未来。企业要做的不仅仅是谈论创新,更多的是打破行业陈规和过去的惯例,通过开发新产品和服务来不断吸引消费者。

重要概念

产品　产品线　产品组合　产品定位　产品生命周期　包装　新产品开发

思考与练习

1. 根据日常生活中熟悉的产品,阐述产品层次的定义。
2. 产品线分析包括哪些内容?
3. 什么是产品定位?如何进行产品定位?
4. 请举例说明产品生命周期的常见模式种类。
5. 产品生命周期分为哪几个阶段?对应阶段的特点和营销策略分别是什么?
6. 为什么要进行新产品开发?新产品开发的影响因素是什么?
7. 新产品开发的流程是什么?
8. 新产品的采用与分销有哪些情况?

案例分析

宝洁的产品生命周期管理

产品生命周期管理（PLM）一直关注对产品和设施设备的管理和研发。不过，精明的厂商不限于此，它们将PLM视为管理多种产品信息和控制知识资本的重要商业策略。

宝洁把自己的市场延伸到全球160多个国家和地区，2003年销售额就高达430亿美元。这个生产日用消费品的行业巨头在世界上拥有潘婷、玉兰油等著名品牌。对于日用品来说，产品的包装设计几乎影响整个的商业流程，从企业的产品销售与市场营销策略的制定到企业成本控制与运作规则的制定，无一例外都会受到产品包装设计的影响。更重要的是，包装能表现和提升产品的品牌价值。

为了维护其品牌的完整性和功效性，宝洁把PLM理念应用于产品的包装设计和管理运营上。1997年，宝洁在传统的商业流程领域中采用了PLM策略，取得了显著成果。越来越多的实践经验促使宝洁重新审视产品包装设计在改善店内陈设、强化产品差异过程中的作用。因而，宝洁致力于用一流的包装、完美的图案设计来吸引顾客的注意力。

在宝洁，品牌就是上帝。因而，保持品牌在全球的一致性显得极为重要。这要求有相同类型的包装设计，用同种字体的文字说明来介绍产品等。此外，还要做到包装符合必要的规则要求。例如，用当地语言标注的搬运注意事项和相关警告提示，当然也对一些特殊的货物做出了相应调整。

宝洁的一项关键性策略就是以更快的速度提供顾客更加满意的产品。在竞争中生存、发展，这意味着企业必须快、再快。为了处理以上的各种问题，宝洁建立了一个通用平台，协调控制世界各地子企业的包装和图案设计的研发，确保品牌在不同地域和不同消费者中的一致性。PLM策略恰恰就起到了这个作用。

宝洁实际上开发了3种形式的包装图案设计。第一种是产品的图案设计，它与产品的实体本身联系密切，很多的产品在不同的地区采用不同的图案，但企业期望能采用同颜色、同字体的包装，以确保品牌在世界上的一致性。第二种和第三种形式是对箱体和包装器具的图案设计。此外，还需要为在零售店展示的标识、展示品、捆扎品设计图案。

总的来说，产品在两种场合下执行着它的使命。第一种是在商店里，企业通过对消费者测评、店内形象展示等进行考量，设计有地域特色的包装。第二种则是在顾客把产品带到家中时，包装设计保证产品能顺利、无缺损地到达顾客手中。在整个产品生命周期里，宝洁对包装设计都极为重视，采取的PLM策略确保了产品介绍、营养成分标注等包装设计环节的准确一致。当然，一流的包装设计和一流的广告不仅是宝洁的功劳，更是为它服务的全球无数家4A广告企业的创意结晶。

资料来源：佚名.为什么宝洁在产品生命周期管理中如此重视品牌和包装策略？产品生命周期宝洁品牌包装策略.IT评价网.[2019-09-08].

https://it.ping-jia.net/sd-gjgcrgjgj.html.

问题：

（1）结合产品生命周期理论分析，宝洁处于哪一阶段？其对应特征是什么？

（2）宝洁在产品生命周期管理过程中，采用了哪些产品策略？

实践应用

2个小组针对本章内容进行课堂展示。一组展示一个全面的案例；另一组介绍企业调研，讲述企业真实的故事。

任务8-1 案例分析

任务8-2 企业调研

第九章
定价策略

本章要点

价格是营销组合（4P）中产生收益的要素之一。在某种程度上，价格可能是营销策略中最容易调整的部分，因为调整产品功能、营销渠道甚至是营销传播都需要更多的时间。价格还向市场传达了企业对产品或品牌的预期价值定位。因此，对于所有类别的产品来说，价格都是至关重要的，精心设计和销售的产品可以赢得溢价，使企业获得丰厚的利润。然而，在不断变化的经济环境中，定价决策变得更具挑战性，以至于企业不得不更加慎重地考量其定价策略。

学习目标

通过本章的学习，读者应该：
1. 理解定价的基本影响因素。
2. 掌握常用的定价方法。
3. 掌握定价的基本策略。
4. 理解调整定价的原因以及应对方式。
5. 了解公共政策中不同渠道层级间的定价。

营销导读

华为的定价策略，是如何让苹果、小米坐不住的？

2019年9月26日，华为官方微信公布了一则数据："Mate30系列1分钟破5亿！"不久，再次公布了一则数据显示："Mate30系列在开卖的3个小时内，就突破了100万台。"这次我们暂且抛开品牌和产品层，单纯聊聊华为定价，是如何让苹果、小米坐不住的。

1. 华为向上狙击苹果

2019年9月19日，就在新款iPhone正式发售的前一天，华为在德国慕尼黑举行了新品发布会，正式推出华为Mate30系列产品。随后在国内的发布会上，华为将Mate30定价为3999元，与上一代产品持平。但是在Mate30 Pro的定价上，华为却选择将价格提高了400元，就意味着比iPhone 11的价格高了足足300元。这其实是向外界释放一个信号：以华为为代表的国产手机品牌，不再将iPhone产品的价格线视为"禁区"。

2. 荣耀向下压制小米

对标小米低端系列的荣耀，通过不断的产品升级，硬是将产品的价格线从1000元提升至2000～3000元。2019年5月，荣耀在伦敦发布了荣耀20系列旗舰机，其中荣耀20和荣耀20 Pro的起售价分别为2699元和3199元，甚至还高出了小米旗舰机的价格。原本应该和红米属于同一档次的荣耀，如今成为压制小米的利器。

3. 华为保时捷版本

在此之前，很多消费者都认为这款手机是华为和保时捷汽车的联名款，而且华为在宣传中也融入了跑车的元素，诱导消费者产生这种误解。不过，从宣传上说，"华为Mate30 RS保时捷设计"并没有涉嫌虚假宣传，也不存在任何的侵权行为；至于效果，保时捷版本满足了目标用户的炫耀式心理，让品牌具备了超高端的品牌形象。对华为来说，通过联名保时捷，既节省了大量的"用户教育"的成本，也让品牌具备了无与伦比的气质和内涵。尽管说销量不高，但华为已经站上了万元的价格线。"科技＋奢侈品"窗口一旦爆发，华为将成为最大的收益方！

资料来源：品牌内参.华为的定价策略，是如何让苹果、小米坐不住的？百家号．[2019-10-03]. https://baijiahao.baidu.com/s?id=1646361868246711189&wfr=spider&for=pc.

第一节 定价的理论基础与基本影响因素

一、定价的理论基础

1. 价格

价格不仅仅是标签上的数字，它以多种形式出现，有很多组成部分，执行着许多功能：租金、学费、票价、费用、费率、通行费、固定费、工资和佣金等，都是消费者为某种商品或服务支付的价格。

价格一直是消费者选择产品的主要决定因素。拥有价格信息和折扣的消费者与采购商向零售商施加降价的压力，零售商反过来向制造商施加降价的压力，这样一系列的结果可能会形成一个充斥着大量折扣和特价促销的市场。

2. 需求曲线

需求曲线表示消费者在特定时期内对不同价格产品所需要的数量。虽然我们称之为"曲线"，但需求曲线可以是曲线，也可以是直线，如图9-1所示。反映价格与需求量之间关系的需求曲线以其他一切因素保持不变为假设条件。需求曲线通常以价格为纵轴（Y轴），以需求量为横轴（X轴），是一条向右下倾斜的需求曲线。

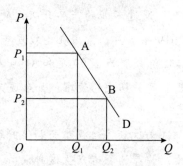

图9-1 常规需求曲线

并不是所有的产品或服务的需求曲线都遵循如图9-1所示的向右下倾斜的曲线特征。由于一些特定情况的出现，某些低值必需品的需求量会随价格的上升而增加，这类商品被称作吉芬商品，其需求曲线是一条向左上方倾斜的曲线，即如图9-2所示的吉芬商品需求曲线。而当消费者考虑产品地位、购买某些有声望的产品或服务时，商品价格越高，其地位就越高，需求量也就越大，但价格到达一定程度后，由于价格高昂，许多人逐渐消费不起，商品产生了"排他性"，需求量也就开始下降，即如图9-3所示的炫耀性商品需求曲线。

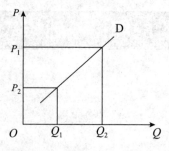

图9-2 吉芬商品需求曲线

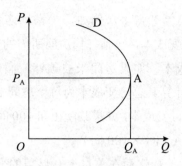

图 9-3　炫耀性商品需求曲线

3. 需求的价格弹性

营销人员需要知道需求对价格变化的反应或弹性。随着价格的变化，如果需求发生较小改变，那么我们说需求是缺乏弹性的；若是需求发生较大改变，则需求富有弹性，如图 9-4 所示。

弹性越大，降价 1% 带来的需求量增长就越大；弹性越小，降价 1% 带来的需求量增长就越小。通常产品富有弹性时，卖方会考虑适当降低价格，实现更多的获利；产品缺乏弹性时，卖方会考虑适当提高价格，实现更多的获利。

价格弹性取决于预期价格变化的幅度和方向。价格变化较小时可以忽略不计，而价格变化较大时则需要注意。降价与涨价可能会有所不同，并且可能存在一个价格无差异带，在该区域中价格变化几乎没有影响。

最后，长期价格弹性与短期价格弹性不同。提价后，消费者可能会继续从之前的商家那里购买产品，但最终会选择其他商家；当然，消费者也有可能会在价格上涨后放弃之前的商家，但一段时间后又会返回原先的商家。因此，价格变化带来的是短期弹性还是长期弹性，商家往往要过一段时间之后才会知道。

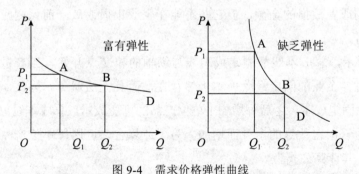

图 9-4　需求价格弹性曲线

4. 成本

（1）可变成本。可变成本主要是劳动力和材料上的花费，它会随着产量的变化而变化。一个企业提供的产品或服务时多时少，与此同时其总可变成本也会相应地增减。由于生产的每一件产品都会产生成本，营销人员通常以产品为单位来表达可变成本。

在服务行业，可变成本要复杂得多。例如，一家酒店每次租出一个房间都会产生一定的可变成本，包括打扫房间所需的劳动力成本和补充房间用品的相关成本。如果房间未被预订，酒店则不用承担这些费用。假设某酒店计算其总可变成本为每个房间100元，每租一间房就会增加100元的可变成本，如果某晚出租100间客房，总可变成本为10000元（100元/间×100间）。

营销故事9-1

可变成本往往会随着产量的变化而在总量上有显著的变化，但每单位的可变成本可能会上升，也可能会下降。一家大型酒店能够以更低的单价购买客房服务所需的用品，因为购买的数量十分庞大。然而，随着企业规模的持续增长，酒店不得不为员工增加更多的工资或福利来吸引和留住员工。这些变化将增加其整体的劳动力可变成本，也会影响打扫房间的总可变成本。

（2）固定成本。固定成本是指无论产量如何变化，费用基本上保持不变的成本。一般来说，这些成本包括租金、水电费、保险、行政人员工资以及设备的折旧。在合理的产量波动中，这些成本保持稳定。

（3）总体成本。总体成本就是可变成本和固定成本之和。例如，假设在一年内酒店产生了10万元的固定成本，另外由于酒店预订了10 000间房间，其总可变成本为100万元（10 000间×100元/间），那么酒店的总体成本就是110万元。

5. 盈亏平衡分析

盈亏平衡分析是指管理人员在不同的生产和销售水平上对成本、价格、收入和利润之间关系进行分析的一种方法。这种分析的核心是盈亏平衡点的确定，即处于盈亏平衡点时，产品销售的总收入恰好等于总成本，且此时利润为零。利润代表总收入（收入或销售总额＝每单位出售的销售价格×销售数量）和总成本的差额，它可以显示在一段时间内该企业盈利或者亏损的金额，但它并不能在企业止损或破产前预测应该生产和销售多少单位的产品。

如图9-5所示，总成本线从固定成本线与纵轴的相交点开始，当产量等于零（没有生产或销售）时，企业的固定经营成本仍然存在，而且无法避免。因此，总成本线所在的最低点等于总固定成本，之后每增加1单位产品的可变成本，总成本线也会相应上升。

销售收入随着销售数量的上升而增加。为了计算它，可用每单位产品的价格乘以卖出的单位数量，其计算公式为

$$总体可变成本 = 单位可变成本 \times 生产数量$$

$$总成本 = 固定成本 + 总体可变成本$$

$$总收入 = 单位销售价格 \times 销售数量$$

为了确定每单位的盈亏平衡点，必须引入一个新的变量，即单位边际贡献，也就是产品的单位销售价格减去单位可变成本，盈亏平衡点的计算公式为

$$\text{盈亏平衡点（每单位）} = \frac{\text{固定成本}}{\text{单位边际贡献}}$$

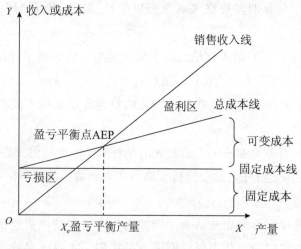

图 9-5 盈亏平衡分析

让我们对以上公式进行拓展。如果想要知道一个企业必须生产和销售多少单位产品才能实现目标利润，可以将目标利润加到固定成本中，再对盈亏平衡点进行计算，其计算公式为

$$\text{盈亏平衡点（每单位）} = \frac{\text{（固定成本+目标利润）}}{\text{单位边际贡献}}$$

盈亏平衡分析是有局限性的。首先，每个产品的售价可能不是固定的，所以它在盈亏平衡分析中使用的价格可能代表一个"平均"价格，以解决价格上的差异。其次，在一定情况下可变成本会由于采购数量的增多而下降，因此企业必须对产品进行多次盈亏平衡分析。最后，盈亏平衡分析不能确切地指出将会卖出多少产品。

二、定价的基本影响因素

（一）企业目标

每个企业会根据设立的目标进行规划，以实现自身发展。企业目标应该涉及所有职能部门，包括营销部门，具体到有效指导产品的定价策略。管理者常常需要做出决定，如他们是想通过增加利润、增加销售额、减少竞争还是建立顾客满意度来实现发展。产品或服务的定价应该支持企业实现其总体目标。这些目标并不总是相互排斥的，因为一个企业可能包含两个或更多的非竞争性目标。

1. 以利润为导向

尽管所有的企业目标最终都可能以盈利为导向，但企业会通过选择不同的导向，如目标利润定价、利润最大化或回报定价的方法来实现利润导向。

（1）目标利润定价。当企业有一个特定的利润目标时，通常会采取目标利润定价。为了达到这一目标，企业调整价格来刺激每单位产品的销售利润保持在一个固定的水平上。

（2）利润最大化。利润最大化法运用了数学模型，它包括了预测销售和利润所需的所有因素，从而确定利润最大化的价格。虽然对于营销人员来说这种方法的准确性更高，但这种方法的问题在于收集所有这些相关因素的数据并以某种方式得出一个精确的数学模型是极其困难的。

（3）回报定价。有些企业不太关心利润的绝对水平，而是更关心利润与投资的比例。这些企业通常使用回报定价法，这一定价策略旨在达到特定的投资回报率（ROI）。

2. 以销售为导向

以销售为导向进行定价的企业认为，增加销售比增加利润更能帮助企业实现目标。一些企业可能更关心它们的整体市场份额而不是销售额本身（尽管这些通常是相辅相成的），因为它们相信市场份额比销售额更能体现它们的成功。企业可以设定低价来阻止新企业进入市场，迫使现有企业退出市场，或者从竞争对手那里夺走市场份额——所有这些都是为了获得整体市场份额。

然而，设定市场份额的目标并不总是意味着设定低价。在一个特定的市场中，很少会看到主导品牌的产品价格最低。溢价定价是指企业故意将产品的价格定得高于竞争产品的价格，以抓住那些总是买最好的或者不太看重价格的消费者。因此，只要企业采取有效的沟通和分销方式，促使消费者理解高价值的理念，那么企业就可以通过设立目标市场认为公平的价格，并提供高质量的产品来获得市场份额。在以销售为导向的策略中，虽然产品价值的概念没有被明确地表达出来，但也蕴含其中，因为企业想要增加销售额，消费者必须看到产品更大的价值。

3. 以竞争对手为导向

当企业以竞争对手为导向时，它们会把自己与竞争对手相比较来制定定价策略。一些企业专注于竞争性定价，这意味着它们设定的价格会与主要竞争对手的价格相似。另一种策略是当竞争对手维持现有定价时，企业会改变自身价格以应对竞争对手威胁。在以竞争对手为导向的策略中，企业不会过多地考虑产品价值，但如果竞争对手将价值作为其定价策略的一部分，那企业复制竞争对手的策略可能会提升自身价值。

4. 以顾客为导向

顾客导向是指企业根据其产品或服务的增值程度来制定定价策略。企业可能会提供非常昂贵的、先进的产品或服务，但这些产品或服务的销售会相对有限。以顾客为导向的定价策略旨在提高企业的声誉和形象，从而增加企业在消费者心目中的价值。

> **最新研究洞察 9-1**

服务业的市场结构和定价目标

研究发现，服务型企业所遵循的定价目标的重点是维护现有顾客和吸引新顾客，以确保它们在市场中的长期生存。同时，研究显示，企业也常常追求多个定价目标，这体现了定价的复杂性和多维性。这种复杂性和多维性也反映了提供不同服务的商家在不同市场结构中可能追求不同的目标。

以顾客为导向的定价策略常用于关系营销中。关系营销旨在吸引新顾客并留住现有顾客，这样有利于企业确保其长期绩效稳定增长，从而保证企业可以更好地在市场中生存。所以，在这种情况下，如果希望实现收益，负责定价的管理人员可能会选择采用以顾客为导向的定价策略。

除了以顾客为导向的定价策略外，在竞争市场中已经具有优势的企业主要是以加价为导向，从而获得更大的利润，但企业如果缺乏竞争优势，则会被迫采取"保守"的定价策略，即为顾客制定相对合理的价格，希望能获得满意的回报。

当企业所处的市场竞争激烈，顾客价格敏感度高时，它们往往会追求多种定价目标。例如，尽管顾客对价格敏感，但企业可以通过区分非价格因素来保留现有顾客并吸引新顾客，提供高品质服务、传达声望形象，会通过价格来建立"高质量"而不是"低成本"的形象。

在竞争激烈、与竞争对手缺乏明显差异的市场中，企业并不会追求明确、清晰的定价目标。具体而言，这些市场竞争激烈，产品同质化，更容易市场饱和、利润率下降，企业调整价格的原因主要是为了弥补成本，而不是为了实现财务绩效（如利润、流动性和投资回报率）。

寡头垄断的企业主要关心它们所制定的价格，是否能稳定市场中的总销售额并维持其现有顾客？是否能保证它们在市场中的主导地位？所以，为避免价格战，这类企业之间通常会形成价格同盟，形成一个有利于当前市场中所有领导企业的外在环境，防止其他竞争企业的进入。

最后，在以高价位服务为特征的非竞争性市场中，企业似乎更加重视吸引新顾客，而不是通过制定合理的价格来稳定市场销售额和维持其现有顾客。由于这种市场环境缺乏竞争性，企业认为无须将与现有顾客建立长期关系作为定价策略的目标。

资料来源：Indounas K. Market Structure and Pricing Objectives in The Services Sector. Journal of Services Marketing, 2018, 32（1）.

（二）市场需求

影响市场需求的因素有很多，如消费者偏好、消费者收入水平、产品价格、替代品价格、互补品价格、消费者预期，以及诸如产品类型、质量、广告、地理位置、季节、国家政策等其他因素。

（三）产品成本

为了做出有效的定价决策，企业必须了解其成本结构，以便能够确定其产品或服务在不同价格下的盈利程度。一般来说，价格不应该只基于成本，因为消费者根据他们感知到的价值做出购买决定，并不关心也不知道企业生产和销售产品或提供服务的成本。消费者不会为劣质产品支付高价，他们只会依据自己必须支付的价格和可能获得的利益来判断价值。

（四）竞争因素

如图9-6所示，竞争分4个层次，即垄断、寡头垄断、垄断竞争和完全竞争。每个层次的竞争都有自己的定价挑战和机遇。

在垄断的情况下，某个特定的行业里只有一家企业提供产品，这将导致更少的价格竞争。但是，企业控制行业来限制竞争的垄断行为可能是非法的，这种行为会被政府制裁，如当一个国家的每个地区只有一个电力企业，且该企业在只有一个服务提供商的情况下有效运行时，政府会规范公共事业垄断企业的定价，以防止它们随意提高价格。

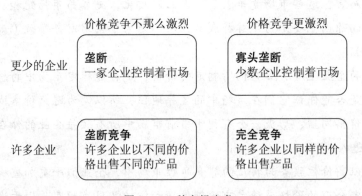

图9-6　4种市场竞争

当市场以寡头垄断为特征时，只有少数企业占主导地位。企业通常会根据竞争情况调整价格，以避免扰乱原本稳定的竞争环境。寡头垄断竞争会在软饮料和商业航空旅行等市场中出现。有时，寡头市场中的价格变化可能导致价格战，当两个或两个以上的企业主要通过降低价格来竞争时就会发生价格战，如企业A降低价格，企业B相应地与企业A的新价格保持一致或比企业A的新价格更低，然后企业A以更低的价格回应，以此类推。然而，在某些情况下，这种策略会导致掠夺性定价，即企业为一种或多种产品设定一个非常低的价格，目的是将竞争对手赶出市场。

（五）互联网

消费者转向在网上购买越来越多的产品、服务和信息，美食、书籍（包括电子书）、音乐、电影和电子产品是目前在网上几个重要的产品类别。随着网络经济的发展，消费者甚至可以在网上购买更多的新品类，如稀有的奶酪、面包、肉类、香料和糖果等产品，因此对当地超市的选择和品种要求会更高。互联网促进了价格透明度，消费者对价格也更加敏感了。

互联网对如何实施新的定价模式产生了影响，如采取免费使用或是试用期的方式，以便先与消费者接触和促成消费者的后期购买。例如，软件、游戏或网络服务免费提供低级版本，但如果消费者想要有高级功能的版本，则需要付费。共享软件、试用软件的订阅模式，消费者可以试用产品一段时间，无须支付初始费用，但试用结束后，如果想继续使用该产品，则需要付费。

消费者可以在网络上以非常优惠的价格购买电子产品，这促使实体店开始试图将消费者的注意力从价格转移到购买前的建议、专业知识、咨询服务和售后服务上来。

（六）经济因素

影响定价决策的两个相关趋势是消费者可支配收入的增加和身份意识的增强。一些消费者似乎愿意花钱购买那些在某种程度上能体现身份的产品。那些曾经被认为是象征着身份的产品，如今为更多商务人士所拥有。尽管全球经济形势持续低迷，但奢侈品制造商的销售额却出现了两位数的增长，这在一定程度上是由新兴市场的强劲需求推动的。尽管这些名牌产品仍然是针对精英阶层的，但越来越多的消费者在为购买这些产品而积累资金。

然而，与此同时，一种与之相反的趋势是消费者也会购买较低价格的产品。在这种情况下，交叉购物是一种同时购买高价和低价产品的模式，是兼顾了以身份为导向和以价格为导向的模式。商店会提供价廉物美的时尚产品，由于产品的价格如此实惠，对于消费者来说哪怕只能穿几次也是可以接受的。这些相互矛盾的趋势对价格造成影响，一些名贵物品变得更贵，而许多其他物品变得更便宜。

最后，地方、区域、国家和全球的经济环境都会影响定价。从顶层开始，全球经济的增长已经改变了全球竞争的性质。许多企业在多个国家都有业务，产品在一个国家设计，零件在另一个国家制造，最终产品在第三个国家组装，售后服务由第四个国家的服务中心处理。通过全球化的布局，企业可以采取成本效益最优化的方法为消费者提供产品或服务。

第二节　定价的方法

面对不同的市场环境，企业拥有不同的目标，以不同的方式运作。随着市场环境的变化，单个企业需要在其产品或服务上采用不同的定价策略。因此，定价策略的选择是特定于产品或服务和目标市场的。虽然企业倾向于在条件允许的情况下采用相似的策略，但每种产品都需要有自己的策略，因为就营销体系而言，没有两种产品是完全相同的。产品定价主要有以下3种不同的方法。

一、基于成本的定价方法

基于成本的定价方法依据成本来确定最终的销售价格。将相关成本（如固定成本、可变成本和管理费用）除以总需求，即可得单位成本，再按目标利润率计算成本加成价格。例如，假设生产一件产品的固定成本是 20 万元，可变成本是 10 万元，需要生产的产品数量是 3 万件，每件产品的单位成本为（100000 + 200000）÷ 30000 元 = 10 元，而如果目标利润率是 20%，我们就把 10 元乘以 120%（100% + 20% = 120%），得到成本加成价格为 12 元，即是销售价格。

基于成本的方法不关注消费者或竞争对手的价格在市场中扮演的角色。虽然这种方法相对简单，但与其他定价方法相比，基于成本的定价要求在单位成本的基础上确定和计算所有成本。此外，这个过程假定这些成本在不同的生产水平下不会有太大的差异。如果这样做，价格可能需要根据生产水平提高或降低。因此，在基于成本的定价中，价格通常是根据对平均成本的估计来确定的。

二、基于竞争对手的定价方法

有些企业根据竞争对手的价格来定价。即使它们没有严格的竞争导向，大多数企业仍然知道消费者会将它们的产品价格与竞争对手提供的不同产品价格组合进行比较。因此，通过使用基于竞争的定价方法，企业以竞争对手的产品为参照物设定价格，希望消费者理解它们的价格和产品。例如，把价格定得非常接近竞争对手的价格，向消费者表明产品是相似的；而如果把价格定得较高，则表明产品有更好的特性、更好的质量或其他有价值的好处。

营销故事9-3

三、基于价值的定价方法

基于价值的定价方法是指以消费者感知产品所提供的整体价值为重点。消费者通过比较产品带来的好处和为了购买产品而投入的费用来决定产品的价值。当然,不同的消费者对价值的认知是不同的。那么,管理者如何使用基于价值的定价方法呢?我们主要考虑两种方法。

1. 改进价值的方法

使用第一种方法,管理者必须评估新产品的改进价值。这个改进价值代表了一个估计值,即相对于其他可供比较的产品,消费者愿意为一个产品多花(或少花)多少钱。例如,一家大型电信企业开发了一种新的移动电话,营销人员开展消费者调查,让顾客评估新产品相对于现有产品的价值,并提供关于新产品改进价值的评估结果。

表 9-1 改进价值的计算

增加的好处	改进值(%)	收益比重	起作用的因素(%)
清晰度	20	0.40	8
续航里程	40	0.20	8
安全性	10	0.10	1
电池寿命	5	0.20	1
易用性	30	0.10	3
总体性		1.00	21

表 9-1 说明了如何计算改进价值。消费者会从清晰度、续航里程、安全性、电池寿命和易用性 5 个方面来评估这款新手机比现有产品好(或差)多少。接受调查的受访者表示,新款手机的清晰度比现有手机高 20%。这些消费者还通过在这 5 个属性之间分配百分比来衡量它们的重要性,以表明它们的相对重要性,比如就清晰度这一维度而言,此权重为 0.40。将清晰度的改进值乘上相对重要性的百分比,清晰度(20×0.40)的加权系数为 8%。营销人员重复这个过程,计算每个维度的加权系数,从而近似得出顾客感知的新产品的改进价值。在这个例子中,改进价值等于 21%,所以如果现有的手机产品价值为 2000 元,企业应该可以将新款手机的价格定为 2420 元(2000 元×1.21)。

2. 所有权成本法

所有权成本法确定了产品在使用寿命内的总成本。根据所有权成本法,消费者可能愿意为某一特定产品支付更高的价格,因为在该产品的生命周期中,它最终的所有权成本将低于更便宜的替代品。

例如,一个节能灯泡价值 15 元,预计可以使用 6000 个小时。而一个传统的灯泡只需要 5 元,但它的平均寿命只有 1500 个小时。节能灯泡的寿命预计是普通灯泡的 4 倍,但成本却只有普通灯泡的 3 倍。如果企业使用所有权成本的定价方法,当考虑节能灯泡每小时的成本等价于传统灯泡时，节能灯泡制造商也可以设定 20 元的价格出售每一个灯泡。但研究也表明，许多消费者不愿意花 20 元买一个灯泡，因为他们已经习惯了 5 元买一个，所以制造商选择只收取 15 元。

虽然基于价值的定价方法可能非常有效，但企业需要进行大量的消费者研究才能成功实施，同时必须知道不同细分市场的消费者如何看待它们的产品所带来的效用。企业还必须考虑到消费者态度的变化，因为消费者今天感知价值的方式可能与明天感知价值的方式不同。

第三节　定价的基本策略

一、新产品的定价策略

制定新产品的定价策略是管理者要面对的最具挑战性的任务之一。当新产品与市场上已经出现的产品相似时，这项工作就比较容易，因为产品价格的近似值已经确定，可以使用上节描述的基于价值的定价方法。但当新产品具有创新性，甚至"前所未有"时，确定消费者对其价值的看法，并且据此定价就变得更加困难。这里有两种不同的新产品定价策略：市场渗透定价策略和撇脂定价策略。

1. 市场渗透定价策略

采用市场渗透定价策略的企业为新产品的推出设定了较低的初始价格，目标是迅速增加销售量、市场份额和利润。较低的市场渗透价格是消费者立即购买该产品的动机。安全软件企业经常将它们的产品免费添加到计算机软件包中，从而可以增加它们的市场份额，同时还促使用户更有可能去付费进行软件更新。采用市场渗透定价策略的企业期望单位成本随着累计销售量的增加而显著下降，这种效应被称为经验曲线效应。在这种影响下，随着销售量的持续增长，成本也在持续下降。

营销故事9-4

除了挖掘潜在的销售量、市场份额和利润，市场渗透定价策略可以阻止竞争对手进入市场，因为新产品市场产生的利润率相对较低。此外，如果产品的生产成本因为产品的累积量而下降，那么较晚进入市场的竞争者将面临更高的单位成本，至少在产量赶上早期进入者之前是如此。市场渗透定价策略也有其缺陷：①企业必须有能力满足快速增长的需求，或者至少能够迅速提升这种能力。②低价并不意味着高质量。当然，低于预期价格会降低消费者对产品质量的感知风险。③如果某些细分市场愿意为产品支付更高的价格,企业应该避免使用市场渗透定价策略,否则就有可能让收益白白溜掉。

2. 撇脂定价策略

在许多市场上,特别是对于全新的或创新的产品或服务,热爱创新的人和早期采用者愿意支付更高的价格来获得新产品。针对这一现象,企业会使用撇脂定价策略,以吸引愿意支付高溢价来率先体验创新的这部分消费者。这种策略在科技产品市场上也很常见,这些热爱创新的人愿意支付非常高的价格,以获得代表技术进步的、令人振奋的全新产品。然而,在这个高价格的细分市场趋于饱和、销售开始放缓之后,企业通常会降低价格,以抓住(或撇去)下一个对价格最敏感的细分市场,这些细分市场中的消费者愿意支付更低的价格。对于大多数企业来说,即使在最低的价格点,降价的过程也会持续,直到产品的需求得到满足。

为了使撇脂定价策略起作用,产品必须被视为在某种程度上开辟了新领域,为消费者提供目前替代产品所没有的新收益。当企业认为这种策略会奏效时,它们会出于多种原因使用撇脂定价策略。有些企业可能会从定价相对较高开始,以此向市场表明产品的高质量。其他企业可能会决定一开始就把价格定得高一些,以限制需求,这给了它们时间来提升自己的生产能力。一些企业采用撇脂定价策略,试图迅速回流新产品的高额研发投资。此外,企业还会采用撇脂定价策略来测试消费者的价格敏感度。

二、折扣定价策略

1. 现金折扣

如果买方在折扣期结束前付款,则现金折扣可降低支付成本。现金折扣常以百分数表示,如"3/10,n/30"或"3/10,净30",这意味着买方必须在购货后30日内付清全款,如果在10天内付款,可享受总价款3%的折扣。

为什么B2B卖方会给买方现金折扣?通过鼓励提前付款,它们可以从现金的时间价值中获益,这样能让企业选择投资赚钱,或者避免借钱和支付利息,从而改善企业的财务状况。

2. 数量折扣

数量折扣是根据购买的数量提供折扣价格。买家买得越多,折扣就越大。

累计数量折扣适用于在指定时间内购买一定数量的产品,通常涉及几笔交易。这种折扣特别鼓励经销商维持现有的供应商,因为转换供应商的成本包括折扣损失。

非累积数量折扣虽然仍然是数量折扣,但仅基于在单个订单中购买的数量。因此,它使购买者可能立即购买更多的产品。这种较大、较不频繁的订单可以节省制造商的订单处理、销售和运输费用。

3. 季节性折扣

季节性折扣是为了刺激零售商在正常购买季节之前订购产品而提供的额外折扣。企业必须权衡由于折扣带来的更大利润与维持较长时间库存的额外成本。

4. 津贴

另一种降低最终成本的定价策略是为特定行为提供补贴，如广告津贴或进场费。如果零售商同意在广告和促销活动中使用制造商的产品，则制造商会提供广告津贴以实现降价优惠。广告津贴是合法的，只要它对所有的顾客都是有效的，而且不能明显地偏向一个或几个顾客。进场费是支付给零售商的费用，目的只是让新产品进入商店，或者为产品争取更多或更好的货架空间，通常是在过道的尽头。一些人认为进场费是不道德的，因为小型制造商无法承担这一费用，从而会处于竞争劣势。

5. 优惠券

购物时，优惠券提供特定产品的价格折扣。制造商和零售商通过报纸、电视、广播、货架、互联网和邮件发放优惠券。零售商通过优惠券引导顾客第一次尝试产品，把那些第一次使用优惠券的顾客变成经常使用优惠券的顾客。优惠券鼓励消费者大量购买产品，通过增加优惠券使用次数，企业可以在竞争中保护市场份额。然而，优惠券对企业盈利能力的影响还需要进一步讨论。

就像所有的临时促销一样，优惠券促销可能在未来一段时间内不会带来任何销售额的净增长。除非主要是新买家使用优惠券，否则对销售额的影响可以忽略不计，而且优惠券兑换的金额和程序成本会对利润产生负面影响。此外，一些消费者"极端"利用优惠券活动的规则，他们的购买行为反而增加了制造商和零售商的损失。

6. 退税

退税为消费者提供了另一种形式的折扣。在这种情况下，制造商会将退税的金额以现金形式退还给买家。对消费者来说，虽然退税和优惠券是相似的，但并没有那么让人兴奋。使用优惠券可以立即节省开支，而退税则是承诺节省开支，通常是在消费者仔细遵守规则的情况下，在以后的某一天将退税的款项寄给消费者。因此，退税操作上相对比较麻烦。消费者必须在规定的时间内购买商品，然后邮寄所需的文件（通常包括原始的销售收据），最后等待4~6周（或更久）才能拿到退税款项。

制造商通常喜欢退税这一策略，因为多达90%的消费者不愿意费心去兑换退税。而零售商可以从供应商那里削减批发价格，同时可以保持货架上的价格不变，以赚取差价，也可以迅速取消出口退税。由于顾客需要填写包含姓名、地址和其他数据的退税表单，供应商可以以此构建顾客数据库，从而调整库存或对竞争对手做出快速反应，并且无须降价。从零售商的角度来看，退税比优惠券更有优势，因为退税可以像优惠券一样增加需求，但没有处理成本。

三、地区定价策略

1. 统一交货定价

使用统一的交货定价策略，不管买家在哪里，交付都是按统一费率收取的，这使买卖双方的交易变得非常简单。

2. 分区定价

分区定价是指根据交货地区的地理位置确定不同的价格。通过这种方式，每个区域中的顾客收取相同的交付成本。分区定价对卖方有利，因为它比统一的交货定价更符合实际的交货费用。

四、心理定价策略

1. 参考价格

尽管消费者可能对价格范围相当了解，但令人惊讶的是很少有人能够准确地回忆起准确的价格。然而，在检查产品时，消费者经常采用参考价格的方法，将观察到的价格与记住的内部参考价格（来自消费者内心的知觉判断）或外部参考价格（来自外在情境与信息）进行比较。

卖家经常尝试操纵参考价格。例如，卖方会将其产品与竞争对手的产品摆在一起，以暗示它们属于同一档次；百货商店会按价格来区分不同档次的女士服装；营销人员通过指出制造商的建议价格偏高（表明该价格原本要高得多），或指出竞争对手的价格较高，来鼓励消费者对参考价格的思考。研究发现，当消费者唤起这些参考框架中的一个或多个参考价格时，他们的感知价格可能会与标明价格有所不同。当标明价格高于感知价格时，消费者不愉快的情绪可能会对定价产生更大的影响。消费者期望也在参考价格的策略中发挥关键作用。

参考价格包括公平价格（消费者认为的产品价格）、典型价格、最后支付价格、最高价格（保留价或大多数消费者愿意支付的最高价）、下限价格（较低的门槛价格或大多数消费者愿意支付的最低价格）、历史竞争对手价格、预期未来价格和通常的折扣价格等。

2. 价格—质量推论

价格—质量推论使许多消费者将价格作为质量的指标。形象定价对于对价格不敏感的产品（如香水、昂贵的汽车和名牌服装）特别有效，当获得有关真实质量的信息时，价格就成为质量的次要指标。当无法获得此信息时，价格就是质量的信号。

一些品牌采用排他性和稀缺性来表示产品独特性和价格合理性。手表、珠宝、香水和其他的奢侈品制造商通常在沟通信息和渠道策略中强调排他性。当商家根据需求提高奢侈品的价格时，买得起该产品的顾客就更少，从而满足了这部分顾客对独特性的需求。

3. 尾数定价

许多卖家在定价的过程中会采用奇数结尾的价格策略。消费者通常将价格为 299 元的商品归在 200 元而不是 300 元的范围内。如果消费者对价格进行四舍五入，出现心理价格跌落，则以这种方式进行价格编码非常重要。关于"9"字结尾流行的另一种解释是，这代表着打折或减价，因此，如果企业想要高价位的形象，则应该避免采用奇数结尾的策略。一项研究表明，当一件衣服的价格从 260 元上涨到 290 元时，需求实际上是增加了，但从 260 元上涨至 360 元时则没有变化。

以 0 和 5 结尾的价格也很受欢迎，那些被认为是消费者更易于处理和检索的信息。价格旁边的"甩卖"标志会刺激需求，但前提是不要过度使用，如只在销售额最高的一些商品旁边放有甩卖标志，而非全部商品，否则可能会导致这些商品的总销售额下降。

当消费者的价格知识不足、不常购买产品或购买新产品时，以及当产品设计随时间变化、价格随季节变化或质量变化时，以 9 结尾的销售标志和价格提示更具影响力，但这种方式使用越多，效果就越差。标注定价持续的有限时间（如"仅三天"）可以积极促进消费者的购买。

五、产品组合定价策略

1. 价格捆绑

价格捆绑是一种消费者定价策略，即以低于产品单独销售成本的价格出售多种产品：这样可以用来销售滞销产品，鼓励消费者囤积产品，不去购买竞争品牌的产品；鼓励消费者试用新产品，或者刺激消费者在同一种捆绑产品中购买不太合意的产品，以获得更合意的产品。

2. 引导定价

引导定价是一种试图通过对经常购买的产品进行相对低廉的定价和广告宣传来增加商店客流量的策略。这种策略背后的基本原理是，当消费者在商店里以 2 元的价格买到便宜的牛奶时，他们也可能会购买其他产品，而这些产品的销售利润率更高，并且这些产品的高利润将弥补牛奶的低利润率。然而，也有人指出引导定价有可能引发商店亏损的负面联想。

3. 价格排列定价

当营销人员为系列相似产品设定了一个价格下限和一个价格上限，然后在这两者之间设置几个其他的价格来代表质量上的明显差异时，这种做法被称为价格排列定价法。假设现在有一个重要的面试，你需要一件新衬衫，便在购物网站上找到了几件款式相似的衬衫，价格分别为 150 元（不能熨烫）、280 元（纯棉）和 500 元（豪华），那么你打算买哪件？你会冒着面试失败的风险去买一件最便宜的衬衫吗？可能不会。面试官能分辨出 280 元的经典棉衬衫和 500 元的豪华衬衫的区别吗？可能不会。最终，你可能会买中等质量的衬衫，因为你不想身上的行头看起来很便宜，但你也买不起最贵的。

第四节 价格变动

企业往往需要不断适应市场环境、销售量、竞争对手等许多因素的变化，即通过主动降价或提价来对各种变化做出适当的反应。

一、降低价格

价格下降可能是由于工厂产能过剩、市场份额下降、成本降低或经济衰退而引起的。通过降低价格来留住顾客或击败竞争对手，这样通常会鼓励顾客要求价格优惠，说服销售人员让利。降价策略可能还会导致出现其他可能的陷阱：

（1）劣质陷阱：顾客认为质量低下。

（2）脆弱的市场份额陷阱：低价获得了市场份额，但没有赢得顾客忠诚度。顾客可能会转移到随后出现的任何低价企业。

（3）浅口袋陷阱：价格较高的竞争对手由于现金储备较多，因此具有更长的持久力。

（4）价格战陷阱：竞争对手通过进一步降低价格来应对，引发了价格战。

消费者经常质疑价格变动的动机，他们可能会认为该商品即将被新产品替换、该商品有缺陷且销售不佳、企业陷入财务困境、价格将进一步下降或质量降低等，企业必须仔细辨别和应对消费者的这些负面认知。

二、提高价格

成功的提价可以大大提高利润。如果企业的利润为销售额的 3%，那么在销量不受影响的情况下，价格上涨 1% 将使利润增加 33%，见表 9-2。假设一家企业的产品定价为 10 元，并售出 100 个单位，成本为 970 元，则获利 30 元，即是销售额的 3%。假设销量不变，它将价格提高 0.1 元（价格上涨 1%），其他条件相同的情况下可以将利润提高 33%。

表 9-2 提价前后的利润对比

项目	提价前	提价后	备注
价钱/元	10.0	10.1	价格上涨 1%
售出单位/个	100	100	
收入/元	1000.0	1010.0	
费用/元	-970.0	-970.0	
利润/元	30.0	40.0	利润增加 33%

导致价格上涨的主要原因是成本上涨。生产力提高带来的成本上升挤压了利润空间，从而导致企业定期提高价格。在预期的通货膨胀或政府价格控制的情况下，企业通常会使价格提高的幅度超过成本增长幅度，这称为"预期定价"。

导致价格上涨的另一个因素是供不应求。当一家企业不能为所有消费者提供产品时，它们会提高价格或者定量供应，又或者同时提高产量和价格。企业会通过以下方式提高价格，每种方式对消费者的影响都不同。

（1）延迟报价：在产品完成或交付之前，企业不会设定最终价格。这种方式在生产交货期长的行业中很普遍（如工业建筑和重型设备）。

（2）价格自动调整条款：企业要求消费者支付交货时的价格以及交货前发生的所有或部分通货膨胀价格。该条款将基于某些指定的价格指数来进行加价，在大型工业项目（如飞机制造和桥梁制造）的合同中可以找到相应的条款。

（3）分拆：该企业维持其价格，但单独删除或重新定价先前报价中包含的一个或多个产品或服务（如免费送货或安装）。汽车企业有时会在其车辆上增加高端音频娱乐系统或 GPS 导航系统，并且对这些系统重新报价。

（4）减少折扣：该企业指示其销售人员不要提供常规的现金折扣和数量折扣。

三、消费者对价格变动的反应

尽管提价也许会给消费者带来一些积极的意义，如该商品很受欢迎并且代表了很高的价值，但消费者通常不喜欢更高的价格。企业将涨价信息告知消费者时，需要避免被消费者视作欺骗行为。企业提供的产品或服务越相似，消费者越有可能认为关于价格差异的任何解释都是不公平的。因此，对于企业来说，产品定制、差异化和消费者沟通至关重要。

通常，消费者更容易接受定期的小幅提价，而不是突然的、急剧的提价。消费者会抛弃那些被他们视为价格骗子的企业。在没有相应提高品牌价值的情况下，提价会增加品牌在竞争中的脆弱性。消费者可能会选择"折价"购买其他品牌，因为他们不相信高价购买这个品牌是值得的。

四、如何应对消费者对价格变动的反应

有几种方法可以帮助缓解消费者在价格上涨时产生的冲击感和敌意：①保持价格上涨时的公平感（如提前通知消费者以便他们可以进行长期规划或货比三家）。②用让大众理解的术语来解释价格的急剧上涨。③进行可见度低的价格变动，如消除折扣、增加最小订单量和减少低利润产品的生产。④长期项目的合同或投标应包含价格自动调整条款。

营销故事9-5

鉴于强大的消费者抵制，营销人员应尽力寻找合适的替代方法，尽量避免提高价格。以下是一些比较常用的方法。

（1）减少产品数量而不是提高价格。

（2）替代价格较低的材料或成分（如许多糖果企业用合成巧克力代替真正的巧克力，以应对可可价格的上涨）。

（3）减少或删除产品功能。

（4）减少或删除产品服务（如安装或免费送货）。

（5）使用较便宜的包装材料或较大的包装尺寸。

（6）减少提供的尺寸和型号的数量。

（7）创造新的品牌。

五、如何应对竞争对手的价格变动

企业应如何应对竞争对手的降价？最好的方法通常是随机应变。企业必须考虑产品的生命周期阶段、产品在企业产品组合中的重要性、竞争对手的意图和资源、市场对价格和质量的敏感性、成本与数量以及企业的替代机会。

在产品同质性较高的市场中，企业可以寻找改善其产品的方法。如果找不到的话，可能需要降低价格。

在非同质产品的市场中，企业拥有更大的自由度，需要考虑以下问题。

（1）竞争对手为何更改价格？是要抢占市场、利用过剩的产能或者满足不断变化的成本条件，还是要引导整个行业范围内的价格变化？

（2）竞争对手的价格变动是暂时的还是永久的？

（3）如果企业不对竞争对手的价格变动做出回应，将会对企业的市场份额和利润产生什么影响？其他企业会回应吗？

（4）竞争对手和其他企业对每种价格变动的反应是什么？

市场领导者经常面临一些小型企业想通过激进降价来抢占市场份额的情况。针对低

成本竞争对手，有以下3种应对方法。

（1）进一步区分产品或服务。

（2）收购低成本企业。

（3）重新打造为低成本参与者。这取决于企业获得更多市场需求或拥有削减成本的能力。

当受到竞争对手的攻击时，对替代方案进行长远分析不一定总是可行的。企业可能必须在数小时或数天之内做出果断的反应，尤其在价格频繁变化的情况下，强调的是要迅速应对（如肉类包装、木材或石油工业等企业）。对于竞争对手可能实施的价格变化，提前预测并做好准备会更好。

第五节 公共政策与定价

一、差异化定价

企业经常调整其基本价格，以适应消费者、产品和位置等方面的差异。当企业以两个或两个以上的价格出售产品或服务而没有反映成比例的成本差异时，就会发生价格歧视。

营销故事9-6

在一级价格歧视中，卖方根据其需求强度向每个顾客收取单独的价格。在二级价格歧视中，卖方对大批量买方的收费较低。对于某些服务（如手机服务），分层定价会导致买方在更高水平的使用情况下支付更多的费用。在三级价格歧视中，卖方向不同市场的买方收取不同的费用，定价的方式包括如下几种。

（1）顾客细分定价：不同的顾客群为相同的产品或服务支付不同的价格。

（2）产品形式定价：不同类型的产品定价不同，但与成本不成比例。

（3）形象定价：一些企业根据形象差异在两个不同的级别上对同一产品进行定价。

（4）渠道定价：商品价格不同，具体取决于消费者在何处购买该商品。

（5）位置定价：即使在每个地点的产品价格相同，同一产品在不同地点的价格也不同。

（6）时间定价：价格随季节、日期或小时而变化。

越来越多的企业为不同的消费者提供不同的定价时间表，并且动态调整价格。许多企业使用软件实时测试消费者对不同定价时间表的响应。但是，价格经常变动可能会使品牌和消费者的关系变得棘手。研究表明，当买卖双方之间没有关系连接时，差异化定价仍然是最有效的，关键在于为消费者提供独特的产品和服务，以精确地满足需求。

差异化定价策略为大多数企业带来更多的收益，同时消费者也越来越了解如何避免支付过多的费用。

二、歧视性定价

定价的现状就是价格随渠道、产品、顾客和时间而经常变化。尽管某些形式的价格歧视（卖方向同一贸易组内的不同的人提供不同的价格条款）是非法的，但如果卖方在销售不同数量或不同质量的同一产品时，能够证明其成本不同，则对不同的零售商来说，价格歧视是合法的。但是，掠夺性定价（以低于成本的价格出售以破坏竞争）是非法的。

为了使价格歧视起作用，必须存在某些条件：①市场必须是可细分的，细分市场必须显示出不同的需求强度。②低价段的企业不能将产品转售给高价段的企业。③竞争者不能在高价段中向企业抛售。④对市场进行细分和监管的成本不得超过因价格歧视而产生的额外收入。⑤这种做法不能滋生顾客的不满和厌恶。⑥特定形式的价格歧视一定不能违法。

本章小结

价格是营销组合（4P）中产生收益的要素之一。尽管非价格因素在现代营销中起着越来越重要的作用，但价格仍然是营销的关键要素。在不断变化的经济和技术环境中，定价决策变得更具挑战性。定价通常受企业目标、市场需求、产品成本、竞争因素以及宏观因素（互联网、经济因素）所影响。

定价策略有基于成本的定价方法、基于竞争对手的定价方法和基于价值的定价方法，在此基础上本书系统介绍了产品的定价策略。新产品定价策略包括市场渗透定价策略和撇脂定价策略；折扣定价策略有现金折扣、数量折扣、季节性折扣、津贴、优惠券和退税；地区定价策略包括统一支付定价和分区定价；心理定价策略包括参考价格、价格—质量推论和尾数定价；产品组合定价策略有价格捆绑、引导定价和价格排列定价。

企业经常需要调整价格。价格下降可能是由于工厂产能过剩、市场份额下降、成本降低或经济衰退而引起的。价格上涨可能是由于成本增加或需求过高导致的。企业在提高价格时必须认真考虑顾客的看法。企业必须预测竞争对手的价格变化，并准备应对措施。在维持或改变价格和质量方面，可能有许多方法。面对竞争对手的价格变动，企业必须设法了解竞争对手的意图和变动持续的时间。策略通常取决于企业是生产同质产品还是非同质产品。遭遇低价竞争对手的市场领导者可以寻求更好的自我差异化，或者收购自己的低价竞争对手，又或是更彻底的转型。

重要概念

需求的价格弹性　盈亏平衡的分析定价方法　市场渗透定价策略　撇脂定价策略　价格变动　折扣定价策略　心理定价策略　产品组合定价策略　差异化定价

思考与练习

1. 什么是需求的价格弹性？根据自己日常生活熟悉的产品，谈谈什么是价格弹性大的商品？什么是价格弹性小的商品？
2. 企业经营中的成本具体包括哪些内容？
3. 如何进行盈亏平衡分析？盈亏平衡点如何确定？
4. 举例说明企业竞争的模式。
5. 3种定价方法的内容分别是什么？
6. 折扣定价策略有哪些？
7. 如何应对消费者对于价格变动的反应？
8. 如何分析竞争者对企业价格变动的反应？
9. 试举例分析差异化定价中价格歧视的3个级别。

案例分析

VIP超前点播服务为何不可取？

针对热播剧《庆余年》，有视频网站推出VIP超前点播服务，在VIP抢先看6集的基础上，会员再交50元可在更新时多看6集。这种变更收费模式的操作，让很多用户反感，也让央视、人民日报等各大媒体点名批评。

首先，我们要承认商品经济时代，一个企业是有权为自己的商品定价的，至于定价高低、收费方式如何，那是由企业自负盈亏的。定价过高，没有人买，企业肯定会降价；定价太低，供不应求，企业肯定会涨价。所以，从企业自身发展的角度，视频网站类的服务型企业，产品涨价本来是一个正常的商业行为，那么为什么这次涨价会引起众怒呢？问题在于产品定价中企业的自主权范畴。

我们再回过头来看看当下视频网站的商业模式：采购视频产品（如电视剧、电影等），再包装、宣发内容产品，把广告产品内容销售给广告主，同时，把视频产品内容销售给观众。在这个商业模式中，成本风险最大的是平台方。

（1）视频网站的成本。内容购买费用、视频平台运营费用、内容产品广告宣发等营销费用和内容产品销售费用。一些强势的内容供应商 IP 会有其他要求及约定，这是变动成本。

（2）视频网站的收入。观众会员费和广告费。一些强势的广告主也可能会有一些类似对赌的合同条款，这是变动收入。

其实，从知识产权角度，内容 IP 的价值本来就没那么低，但大家已经习惯了低价，涨价却无法被观众认可，那只能说培养消费习惯时筛选的恰好不是能接受涨价的群体。另外一个事实是，此次涨价是否涉嫌"价格同盟"：有 VIP 会员发现，自己点播新拍的《庆余年》，结果却发现要交钱，即在 VIP 抢先看 6 集的基础上，会员再交 50 元可在更新时多看 6 集。而且，腾讯视频和爱奇艺都同时涨到了同一个价格——50 元。如果是内容方强势要求的零售价不能低于 50 元，那么，这就涉及商业契约精神的问题了——原材料涨价后，售出的会员 VIP 产品能不能同时涨价，这是两个商业契约合同。

企业管理中，产品定价有一些最基础的定价流程。

（1）定位。定位包括产品自身定位及受众定位。产品自身定位涉及每一个视频产品的调性等，确定定位的同时，要锁定受众群。对于 VIP 会员，网站是可以通过其行为大数据样本，做出用户画像的，至于是先确定受众还是服务现有的付费会员，要进入下一步——精算。

（2）精算。每一个产品的推出及价格，都应该经过精算。以视频网站为例，目前的付费会员再增加付费的可能性有多大？是否应该重新定位受众？重新定位受众有什么样的风险？重新定位的受众可以享受到什么样与价格相匹配的服务？等等。例如，整体拉高价格，像腾讯的会员月费如果从 20 元涨至 40 元，那么很多人都不会继续成为会员，其流失的损失可能远远高于拉高价格后的总收入。确定了一些精算的因素后，结合产品的成本，才能推出新的价格策略。

（3）根据市场反馈调整价格策略。价格策略一旦确定，不应轻易更改。目前，视频网站无底限地追加收费，就是在率先破坏自己制定的游戏规则，虽然在视频观看过程中，视频网站属于强势一方，但给会员造成的伤害会严重影响企业形象以及今后的市场发展。当然，价格策略也是可以更改的，如不定期地推出优惠、赠予等出乎会员意料之外的活动。

用户黏性从来不是靠勒索得来的，而是靠"产品质量+服务+超值"得来的。

资料来源：佚名. 视频网站会费涨价被痛批？给视频企业补一下企业商品定价策略课. 百家号. [2019-12-18].

https://baijiahao.baidu.com/s?id=1653237868070839286&wfr=spider&for=pc.

问题：

（1）根据所学内容，评析视频网站的超前点播。

（2）根据所学的定价策略，试为视频网站提供一份简要的定价方案。

实践应用

2个小组针对本章内容进行展示。一组展示一个全面的案例；另一组介绍企业调研，讲述企业真实的故事。

任务9-1　案例分析

任务9-2　企业调研

第十章
渠道策略

> **本章要点**

　　企业在为顾客创造价值、建立可获利的顾客关系时，通常与供应链和渠道系统中的其他成员密切配合共同完成。

　　在营销实践中，制造商与消费者之间在时间、地点、数量、品种、信息、产品估价和所有权等多个方面存在差异和矛盾。企业生产出来的产品，只有通过一定的渠道，才能在适当的时间、地点，以适当的价格供应给广大消费者，从而减少制造商与消费者之间的差异和矛盾，满足市场需要，实现企业的营销目标。一个企业的成功不仅取决于自身的表现，还取决于整个渠道系统与竞争者相比是否更具综合优势。

> **学习目标**

通过本章学习，我们将解决以下问题：
1. 理解渠道的含义、职能和流程。
2. 理解渠道的层次和结构。
3. 掌握渠道的设计与管理过程。
4. 了解批发商和零售商的概念与类型。
5. 了解物流的含义、系统、目标与决策。
6. 了解供应链管理的含义与流程。

> **营销导读**

华致酒行全渠道布局显成效

　　华致酒行发布2019年业绩快报。2019年，华致酒行实现营业收入37.38亿元，较 2018 年增长 37.38%；归属于上市公司股东的净利润 3.18 亿元，较 2018 年增长 41.23%。公司 2019 年末总资产为 41.40 亿元，较 2018 年增加 54.90%；归属于上市公司股东的所有者权益为 25.06 亿元，较 2018 年增加 85.80%。

华致酒行表示，公司业绩增长主要在于：①公司加大华致名酒库开发力度、品牌门店的数量增加、产品品类和全渠道布局进一步完善以及盘活了巨大的存量市场。②丰富产品结构，上线了"华致优选"微信小程序。③加强了精细化营销，华致酒行、华致名酒库以及终端网点的单店销售额大幅提升。④毛利率较高的主销产品随着销售收入的增长，其利润贡献也大幅增长。

近年来，随着科技的创新以及顾客需求的转变，酒类流通领域也在随着市场不断调整，新零售赋能酒类行业，为酒类流通提供了新的渠道，增加了多样化的销售形式。为应对新市场形势，华致酒行持续发力新零售，在数据、技术、物流等方面不断提升，为顾客提供更加便利的服务。

资料来源：高屹.华致酒行业绩快报：净利润同比增长四成.上海证券报.[2020-02-03]. http://finance.sina.com.cn/roll/2020-02-03/doc-iimxyqvz0038074.shtml.

第一节 渠道概述

一、渠道的含义、职能及流程

1. 渠道的含义

市场营销渠道（Marketing Channel），是指配合生产、分销和消费某一制造商的产品或服务的所有企业和个人。渠道包括参与产品供、产、销过程的所有有关的企业和个人，如各类供应商、渠道起点的制造商、取得产品或服务所有权的中间商和帮助转移所有权的代理中间商、终点的消费者以及一些支持分销的辅助机构，如物流公司、仓储公司、金融机构、市场调研公司和广告公司等。

2. 渠道的职能

渠道减少了产品与需求者之间在时间、地点和所有权的差异，起到将产品从制造商转移到消费者手中的作用。渠道具有以下 9 个关键职能。

（1）市场调研。收集消费者、潜在消费者、竞争对手和产品价格等信息。

（2）沟通交流。通过有说服力的语言进行沟通，促进顾客购买。

（3）谈判授权。就价格和其他条款进行谈判并达成协议，从而实现所有权的转让和获得。

（4）订购付款。向制造商下订单。

（5）融资支出。因补偿渠道成本费用而获取不同层次的融资资金与支出资金。

（6）风险管控。承担与渠道工作相关的风险。

（7）物流储存。提供实体产品后续的储存和交付。

（8）价格协商。通过银行和其他金融机构向买家提供账单。

（9）监督交易。监督所有权从一个组织或个人到另一个组织或个人的实际转移。

3. 渠道的流程

渠道流程包括前向流程、后向流程和双向流程。一些职能（调研、存储、物流和授权）构成了从企业到消费者的前向流动，一些职能（订购和付款）构成了从消费者到企业的后向流动，还有一些职能（信息交流、价格协商、融资支出和风险管控）在企业和顾客两方都会发生，属于双向流程。在渠道中，实物流、所有权流、支付流、信息流和产品升级，这些流的流程和流向各不相同，如图10-1所示。

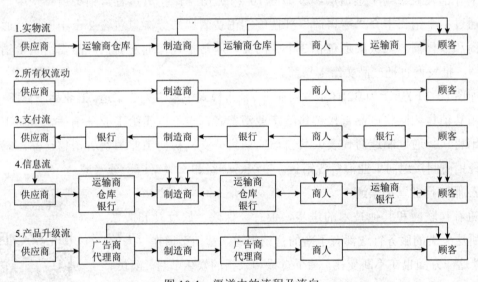

图10-1　渠道中的流程及流向

为完成产品的销售，除了要确保各种渠道和流程运行良好，更需要关注由渠道中的哪一方来执行效益更高，既能快速地向目标消费者提供产品，又能实现企业效益最大化，由此形成多样的渠道类型。

二、渠道的层次

制造商和最终消费者都是每个渠道的一部分。在产品从生产者流向最终消费者的过程中，任何一个对产品拥有所有权或负有销售责任的机构，都称为一个"层次"。渠道的长度通常以中间机构层次的数目来确定。如图10-2所示，展示了几种不同长度的营销渠道。零级渠道也称为直销渠道，由制造商直接向最终消费者销售产品。

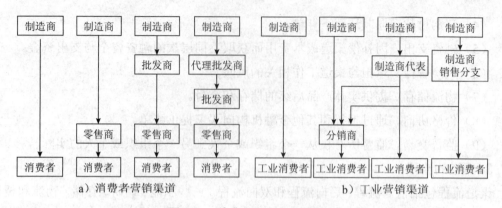

图 10-2 消费者及工业营销渠道

1. 消费者及工业营销渠道

企业可以对渠道进行设计,在将产品及所有权提供给最终购买者的过程中,每一层营销中介都代表了一个渠道层级。如图 10-2 a)所示,在消费者营销渠道系统中,一级渠道通过 1 个销售中介"零售商"到达终端消费者。二级渠道包含 2 个中间商,通常是批发商和零售商。三级渠道包含 3 个中间商,通常是代理批发商把产品卖给负责销售的批发商,批发商再把产品卖给零售商。

如图 10-2 b)所示为 B2B(企业对企业)销售模式中最常见的渠道。工业品制造商可以:①利用其销售团队将产品直接销售给工业消费者,也可以卖给工业分销商,再向工业消费者销售。②通过制造商代表或其自己的销售分支机构向工业消费者销售产品。③通过工业经销商间接地向工业消费者销售。零级、一级和二级渠道十分普遍。

2. 服务行业营销渠道

随着互联网和其他技术的进步,银行、保险、旅行社和股票交易所这一类的服务行业都有了新的营销渠道。营销渠道在"人的营销"这一方面也在不断变化。除了直播和录播的娱乐节目,演员、歌手和其他名人也可以通过各种线上渠道和粉丝联络,他们建立自己的主页,也在一些社交网站上互动,在一些第三方网站上也能看到他们的身影。政客们也利用大众媒体、网站和社交软件等多种渠道向选民传达他们的想法。非营利性服务组织也发生了变化,例如学校建立教育传播系统,医院开发医疗服务系统,这些机构也需要借助代理商来覆盖更多的人群。

三、渠道的结构

1. 垂直渠道系统

传统渠道由独立的制造商、批发商和零售商组成。每个企业都是独立的个体,其目的是不断地寻求企业利润的最大化,虽然有时候某些目标可能会降低整个行业的利润。

此外，渠道中的成员之间彼此独立，很少有成员拥有完全或实质性的控制权。

相比之下，垂直渠道系统中，制造商、批发商和零售商组成了一个统一的系统。垂直渠道系统是由于强大的渠道成员尝试控制渠道的行为产生的，并消除各个渠道成员因利益目标不同而产生的冲突。垂直渠道系统通过规模、议价能力和减少重复服务来实现经济效益。

2. 水平渠道系统

水平渠道系统由2个或2个以上不相关的企业将各自的资源或项目整合在一起，来抓住一个新兴的营销项目。由于企业普遍缺乏独自经营的资本、技术、生产或营销资源，或是它们无法独自承担风险。这些企业将会临时合作或者长久合作，甚至建立一个联营企业。例如，许多连锁超市与当地银行有协议，当地银行会提供店内金融服务。

3. 多渠道系统

随着细分市场和渠道的日益增多和多元化，越来越多的企业开始采用多渠道营销系统。当一个企业使用两个或两个以上的渠道来接触消费者时，就是多渠道营销。迪士尼通过5个主要渠道销售DVD：影碟出租店（如百视达）、迪士尼专卖店（现由Children's Place拥有和经营）、百思买等零售商店、迪士尼自营在线商店和亚马逊等在线零售商以及迪士尼目录和其他目录销售商。渠道多样性使迪士尼获得了最大化的市场占有率。

对于企业来说，增加更多的渠道可以带来3个重要的好处：①扩大市场覆盖面，不仅在于顾客可以在更多的地方购买企业的产品，而且多个购买渠道通常比单一渠道更能够赚取利润。②较低的渠道成本，在向顾客销售产品时，电话销售比人工销售花费要少。③定制化的销售，如通过增加技术销售队伍来销售复杂的产品设备。然而，增加新的渠道对企业来说，并不都是有利的。新渠道的拓展通常会伴随着人员、管理和协作等方面的矛盾，出现成本过高或需求不足的问题，两个或多个渠道最终可能会因为争夺相同的顾客而失去作用。

4. 电子商务渠道

电子商务通过网站来进行在线交易或促进产品和服务的销售。线上零售商可以通过数据分析与预测，为不同类型的消费者和企业提供方便、信息丰富和个性化的体验。线上零售商节约了零售实体店在物理空间上的成本，有利于把少量的产品卖到利基市场，从中获利。线上零售商一般在3个方面面临挑战：①消费者在网页的互动。②在线购买的产品交付。③线上的顾客问题处理能力。

增加电子商务渠道可能会引起零售商、经纪人、代理商和其他中间商的渠道冲突问题。有3种策略可以让中间商接受企业开展线上销售：①在互联网上提供与线下不同的品牌或产品。②提高线下合作伙伴的佣金以补偿线上对线下销售的负面效应。③在网站上接受订单，让零售商送货并收取货款。

第二节 渠道设计与管理

一、渠道设计

设计一个营销渠道系统，营销人员要先分析消费者的需要和愿望，确定渠道的目标，并识别和评估主要的渠道选择。

（一）分析消费者的需要和愿望

消费者可以根据价格、产品类别和便捷性来选择他们喜欢的渠道购买产品，同样也可以根据消费目标做出选择。由于产品差异和产品细分的存在，营销人员必须意识到在购买过程中不同的消费者会有不同的需求。但是，即使是同一个消费者，也可能在一次消费中选择多种渠道，以满足消费中的不同需求。

企业在制定营销决策前，必须了解目标顾客对企业营销工作的具体要求，一般涉及以下5个服务指标。

（1）批量多少。企业在购买过程中允许顾客一次性购买的产品或服务的单位数量。

（2）等待时间。消费者等待收到货物的平均时间。消费者一般更倾向于能快速交货的渠道。

（3）空间便利。渠道为顾客购买产品或服务提供便利的程度。

（4）产品多样性。渠道能够提供的产品种类。

（5）服务支持。企业在营销活动中能够提供的产品之外的附加服务，如信贷、配送、安装和维修等。渠道附加服务越多，作用就越大。

（二）确定渠道目标

营销人员应根据服务水平、相关成本和支持水平来决定渠道目标。在市场竞争激烈的环境下，渠道成员应该更加注重分工协作，在满足顾客所需的服务水平的前提下尽量降低成本。通常，营销人员可以根据顾客所需要的服务来确定细分市场，并为每一个细分市场选择最好的渠道。此外，渠道目标因产品特性而异。例如，建筑材料类体积庞大的产品，需要运输距离较短及货物处理次数较少的渠道，而定制机器类非标准产品，则由销售代表直接销售。

营销人员制定的渠道目标必须适应营销的大环境。例如，在经济萧条时，制造商使用较短的渠道运输货物，避免增加服务导致最终价格上升。此外，法律法规和条款也会影响企业的渠道设计。

（三）明确各种渠道备选方案

从销售人员到代理商、分销商和经销商等，每个渠道都有其独特的优势和劣势。例如，销售人员可以处理复杂的产品和交易，但是雇用销售人员价格昂贵。通过互联网营销需要的花费较少，但处理复杂产品的能力比较低。同样，分销商可以扩大销售，但企业失去了与消费者的直接联系。

分析了渠道的目的和优劣势之后，渠道设计的下一步就是明确不同的渠道方案，主要考虑以下3个特性因素。

1. 中间商的类型

中间商是帮助制造商完成分销任务的独立的中介企业。根据承担职能不同，可将中间商分为批发商和零售商两大类。

企业应该寻找具有创新性的渠道。发展困难、高成本或主导渠道绩效不佳时，企业可以选择一个新的或非常规的渠道。

2. 中间商的数量

渠道中间商数量是企业在确定其渠道备选方案时的重要因素，根据每一渠道层次使用的中间商的数量，可以考虑以下3种策略。

（1）独家分销。严格限制中间商的数量，需要卖方和经销商之间进行更近距离的合作。当制造商希望通过中间商控制服务水平和输出时，这一方式非常适用。在独家分销的过程中，企业双方通常需要签署独家销售协议，通过授予独家分销权，制造商希望获得更多专注的、知识丰富的销售。

（2）选择性分销。只依赖于一部分中间商，无论是已经建成的或是全新的销售点，企业都不需要担心零售店开得过多。与密集型分销相比，选择性分销使企业具有更强的控制力，也能降低成本。

（3）密集型分销。在每一个渠道层级，使用尽可能多的中间商来销售企业的产品。这种模式的优势在于市场覆盖面大以及顾客接受率高，主要适用于大量消费的日常用品，其分销的重点在于使顾客尽可能便利地购买产品。

3. 渠道成员的规范与责任

各渠道成员必须受到公平对待，并获得盈利的机会。渠道成员交易关系组合中的主要要素包括价格政策、销售条件、地域权利和由各方提供的特定服务。

（1）价格政策要求制造商罗列一份价格表、折扣及津贴计划，让中间商运作公平且高效。

（2）销售条件是指付款条件和制造商保证。大多数制造商在分销商提前付款时会给予现金折扣，它们也可能提供对于产品残次或价格下降的担保，来刺激人们购买更多的产品。

（3）分销商地域权利定义了分销商销售区域和制造商将授予其他经销商特许经营权的条款。无论是否进行销售，分销商都希望在其经销区域内的所有销售都可以获得充分的信任。

（4）相互的服务和责任也必须仔细说明，特别是在特许经营和独家代理渠道中要格外注意这一点。麦当劳为加盟商提供促销支持、记录系统、培训、一般行政和技术援助。反过来，加盟商应满足企业对实体设施的要求，并与新加盟商合作促销计划，提供企业要求的信息，并从企业指定的供应商处购买用品。

（四）评估各种可能的渠道备选方案

每个渠道备选方案需要从经济、控制和适应标准方面进行评估。

1. 经济标准

每一个渠道的选择都会产生不同水平的销售和成本。如图10-3所示为6个不同的销售渠道在每笔销售和每笔交易的成本上的累计。企业努力使消费者和渠道相连接，以最低的总成本最大化满足消费者需求。一般而言，只要每笔销售的附加值足够多，企业往往会用低成本渠道取代高成本渠道。

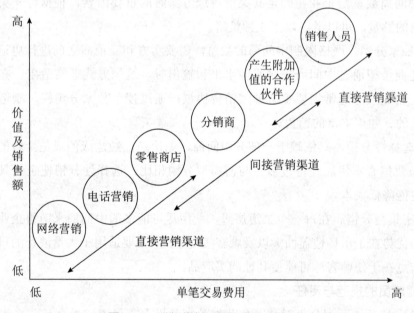

图10-3 附加值与不同渠道成本的对比

如图10-4所示，企业选择建立一个新的销售部门还是雇用一个销售代理，这2个渠道的销售成本在某一个销售水平上是一样的，即S_B处。因此，当销售水平低于这一水平时，销售代理是更好的渠道；而当销售水平高于这一水平时，企业销售部门是更优选择。因此，销售代理更多地被小企业或大企业在较小的区域使用也就不足为奇了，这些情况下交易量很低。

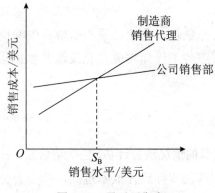

图 10-4　盈亏平衡点

2. 控制标准

使用销售代理可能会导致控制问题。代理商可能会把注意力集中在购买最多的顾客身上，而不一定是那些可能会购买产品或服务的人群。代理商也很有可能不完全了解企业产品的技术细节，因而无法及时、有效地处理企业的宣传资料。

3. 适应标准

制造商需要具有高度适应能力的渠道结构和政策。要开发一个营销渠道，渠道内各成员必须在特定的时间内相互了解。然而，这不可避免地降低了制造商应对变化和不确定性的能力。

二、渠道的管理

企业选择一个营销渠道后，必须对渠道中的中间商进行选择、培训、激励和评估，企业还必须随时修改渠道设计和安排。随着企业的发展，也可以考虑将营销渠道拓展到国际市场。

（一）选择渠道成员

对消费者来说，渠道就是企业。在进行渠道成员的选择时，制造商应充分考虑：中间商的业务年限、附加业务、利润记录、资金实力、合作精神和服务口碑等因素。如果中间商是销售代理，制造商应该评估其延伸业务以及销售队伍的规模和质量。如果中间商是想要独家分销的百货企业，那么百货企业的地理位置、未来的增长潜力以及消费者类型则是应该充分考虑的因素。

（二）培训和激励渠道成员

企业需要以看待最终顾客的方式来看待它的中间商。企业应该确定中间商的需求和愿望，认真执行培训、市场调查和其他能力建设项目能够激励和提高中间商的绩效，为这些中间商提供较高的价值。

中间商是至关重要的合作伙伴。企业必须不断地和中间商沟通以满足最终顾客的需求。例如，微软要求第三方服务工程师完成一套课程并参加认证考试，通过考试的人被正式承认为微软注册专家。

（三）评估渠道成员

制造商必须定期对中间商的情况进行评估，包括销售额、平均库存水平和配送时间等。制造商如果发现对特定中间商的实际运作成本过高，就会为分销商提供存货补偿。制造商应建立功能折扣，为贸易渠道履行每一项服务支付一定数额的费用。对于那些表现不佳的员工，则需要给予建议、重新培训、激励或解雇。

（四）渠道设计和布局的调整

在整个产品生命周期内，没有任何渠道策略是完全有效的。在竞争激烈的市场，由于进入壁垒较低，最优渠道结构必然会随着时间发生变化。这些变化可能意味着增加或减少个别市场渠道或渠道成员，或是发展一个全新的销售方式。

1. 渠道的演变

制造商在设计分销渠道时，需要在理想渠道和可利用渠道之间进行选择。新企业在刚刚开始经营时，资金和能力有限，通常利用现有的中间商在本地市场开始运作。确定最好的营销渠道不是最难的，问题往往在于如何说服现有的中间商来代理企业的产品。

本地市场一旦获得成功，企业就会通过不同的渠道开拓新的市场。在较小的市场上，企业可能直接卖给零售商；在较大的市场上，则通过分销商销售产品。在农村地区，它可能与销售大宗产品的商家合作；在市区，则与零售店合作。企业可能授予独家经营权或通过在所有愿意合作的渠道进行销售。企业在其中一个国家销售，它可能会用国际销售代理；而在另一个国家销售，它就可能与当地企业合作。

简而言之，渠道系统随着当地机会和条件的变化，如威胁和机会、企业资源和能力等因素的变化，而不断发展。

2. 渠道的调整

制造商必须定期审查和调整渠道设计和安排。分销渠道可能无法按计划运作，消费者购买模式改变、市场扩张、新的竞争出现、创新的分销渠道出现以及产品进入产品生命周期的后期阶段等，这些都是产生问题的因素所在。

添加或删除单个渠道成员需要进行增量分析。越来越多的消费者数据库和先进的分析工具可以为决策提供指导。基本的问题在于，如果没有中间商，企业的销售和利润会如何？

也许，最困难的决定在于是否修改整体渠道策略。例如，尽管 ATM、网上银行和电话呼叫中心很方便，但许多消费者仍然想要"高接触"而不是"高技术"。银行开设了更多的分支机构，并制定了交叉销售和追加销售的做法以维持银行与消费者面对面的交流。

3. 全球营销渠道的考虑

激烈的国际市场竞争为企业的渠道管理带来巨大的挑战，但同时也提供了更多的机会。有些情况下，主经销商支付巨额费用以获得某个地区或国家的特许经营权，然后出售和管理特许经销权，并收取特许权使用费。也可能会选择当地的小型经销商模式运作，因为这些本土企业更了解当地法律、风俗和顾客需求。

此外，企业在全球扩张中存在许多陷阱。全球营销渠道规划的第一步，是接近消费者，但零售商也必须在外国零售商进入本土市场时维护自己的利益。一个良好的零售策略，能够为消费者提供积极的购物体验和独特的价值。

三、渠道冲突

不管渠道的设计和管理有多好，总是会有一些冲突，因为企业的利益并不总是一致的。渠道冲突是指供应链成员之间在它们的目标、角色或奖励上不兼容的现象。

一个制造商为了实现利润最大化，建立了多个由批发商和零售商组成的营销渠道，渠道成员数量较多、结构复杂，这样一来，水平的、垂直的以及多渠道营销冲突产生了：①水平渠道冲突发生在同一级别的渠道成员之间。②垂直渠道冲突发生在不同级别的渠道成员之间。③多渠道冲突发生在制造商在向同一市场销售，建立了两个或多个渠道的情况。当渠道成员从其中一个渠道大量购买而取得了较低的价格，或者获得较低利润的时候，这种冲突更加激烈。

渠道冲突有的容易解决，有的则不易解决。冲突可能产生于：①目标不相容。②角色和权利不明确。③感知上的差异。④中间商对制造商的依赖。

一些渠道冲突是具有建设性的，能够帮助企业更好地适应变化的环境，但如果冲突太多了，也会导致企业运作失衡。企业所面临的挑战不是消除所有的冲突，而是要做好冲突管理。企业可以加强渠道管理，寻求成员都能接受的方案解决分歧与矛盾，也可以通过分享管理权，如建立契约性和垂直分销组织体系，实行有计划的专业化管理，利用组织制度规范成员内部行为来减少冲突。

第三节 批发商与零售商

一、批发与批发商

批发是指为了转卖或出于商业用途而购买产品或服务的企业和个人的所有活动,但对象不包括制造商和农民,因为它们主要从事生产,同时也不包括零售商。批发商是指那些从事批发业务的公司。

（一）批发商的主要类型

1. 商人批发商

商人批发商是指拥有自己经营产品所有权的独立企业。它们是提供全面服务和有限服务的批发商、分销商和工厂供应企业。商人批发商是批发商的主要类型,按照职能和提供的服务是否完全,可分为以下2种类型。

（1）完全服务批发商。持有存货、雇用销售队伍、提供信贷、送货、提供管理援助等。具体分为两类:①批发商,主要卖给零售商。有些经营几条产品线,有些经营一条或两条产品线,有些只经营一条产品线的一部分。②工业分销商,主要面向生产企业销售产品,并提供诸如赊购和送货等服务。

（2）有限服务批发商。这类批发商为了减少成本费用,降低批发价格,只执行一部分服务,可分为6种类型:①现购自运批发商。②承销批发商。③载货汽车批发商。④托售批发商。⑤邮购批发商。⑥农场主合作社。

2. 经纪人和代理商

经纪人和代理商是从事购买、销售或二者兼备,但不取得产品所有权的企业或个人。与商人批发商不同的是,它们对其经营的产品没有所有权,所提供的服务比有限服务批发商还少,其主要职能在于促成产品的交易,借此赚取佣金作为报酬。其功能有限,通常对产品线或者客户类型进行专业化处理。经纪人和代理商主要分为以下几种。

（1）产品经纪人。经纪人将买卖双方联系在一起并协助谈判,他们的薪水由雇用他们的一方（食品经纪人、房地产经纪人和保险经纪人）支付。它们并不持有存货,也不参与融资和承担风险。

（2）制造商代表。它们代表2个或若干个互补的产品线的制造商,分别和每个制造商签订有关定价政策、销售区域、订单处理程序、送货服务和各种保证以及佣金比例等方面的正式书面合同。代理商将长期代表买卖双方,大多数制造商代表都是小型企业,只有几个熟练的销售人员。

（3）销售代理商。销售代理商具有销售制造商全部产品的合同授权，那些没有力量自己推销产品的小制造商，通常使用销售代理商。

（4）采购代理商。采购代理商一般与顾客有长期关系，为买方进行采购，并且接收、检验、仓储和运输商品。其中一种是主要服饰市场的常驻采购员，他们为小的零售商采购适销的服饰产品。

（5）佣金商。佣金商又称佣金行，是指对产品实体具有控制力并参与产品销售协商的代理商。大多数佣金商从事农产品的代销业务，通常备有仓库，替委托人储存、保管物品。此外，佣金商还替委托人发现潜在买主、获得最好价格、分等、打包、送货、给委托人和购买者提供商业信用、提供市场信息等。

3. 制造商及零售商的分店和销售办事处

这种批发业务往往是由卖方或买方自己经营，而不是通过独立的批发商进行的批发业务。具体可分为以下 2 种类型。

（1）销售分店和销售办事处。制造商为了改进其存货控制、销售和促销业务，往往设立自己的销售分店和销售办事处。独立的分支机构和办事处专门从事销售或采购。

（2）采购办事处。许多零售商在主要市场中心设立采购办事处。这些办事处是买方组织的一个组成部分，其作用与经纪人或代理商相似。

批发商（也称为分销商）与零售商有许多不同之处：①批发商不太注意促销、氛围和地点，因为它们与商业消费者打交道，而不是与最终消费者打交道。②批发交易额通常大于零售交易额。③政府对批发商和零售商在法律法规和税收方面的处理方式不同。

（二）批发商的职能

（1）销售和推广。批发商的销售团队帮助制造商以相对较低的成本接触小企业消费者。它们有更多的人脉，并且买家对它们的信任往往超过对制造商的信任。

（2）采购和分类。批发商可以代替顾客选购产品，并根据顾客需要，将各种产品进行有效的搭配，从而使顾客节省不少时间。

（3）整买零卖。批发商可以整批地买进产品，再根据零售商的需要批发出去，从而降低零售商的进货成本。

（4）仓储。批发商拥有仓库，可以将产品储存到售出为止，从而降低供应商和消费者的存货成本和风险。

（5）交通。批发商可以提供更快的交货给买家，因为它们离买家距离更近。

（6）融资。批发商通过提供信贷来向消费者融资，而供应商则通过提前订购和按时支付账单来融资。

（7）风险的承担。批发商取得所有权并承担偷窃、损坏和过时的成本带来的一些风险。

（8）市场信息。批发商向供应商和消费者提供有关竞争对手活动、新产品和价格波动等方面的信息。

（9）服务管理和咨询。批发商通常通过培训销售人员、调整商店布局和展示、建立会计和库存控制系统来帮助零售商改善运营环境。它们会通过提供培训和技术服务来帮助工业消费者。

（三）批发商行业的趋势

近年来，批发商面临越来越大的压力，这些压力来自新的竞争对手、消费者的要求、新技术的产生以及大型工业机构和更多的零售买家的直购计划。制造商抱怨批发商没有积极推广制造商的产品线，只是接受订单；没有足够的库存，不能迅速满足消费者的订单需求；没有向制造商提供最新的市场、消费者以及竞争信息；没有能力去吸引高水平的管理者来降低自身成本；并且它们的服务收费过高。因此，精明的批发商通过调整它们的服务以满足制造商和目标消费者不断变化的需求，它们认识到必须为渠道增加价值。

二、零售与零售商

零售是指将用于个人和非商业用途的产品或服务直接出售给最终消费者的所有活动。零售商（零售商店）是指那些销售额主要来自零售活动的企业。

任何向最终消费者销售的企业，无论是制造商、批发商还是零售商，都在做零售。这和产品、服务的销售方式（直接销售、邮件电话销售、自动售货机销售或互联网销售）或销售地点（商店、街道或消费者的家）都没有关系。

（一）零售商的类型

1. 店铺零售商

店铺零售商有以下几种类型。

（1）专卖店：短产品线，如服装店、体育用品店。

（2）百货商店：有几条产品线。

（3）超级市场：大型、低成本、低利润、高容量、提供日常食品和日用品。

（4）便利店：①小商店：位于住宅区。②7天24小时营业。③售卖高利润便利产品和外卖食品。

（5）药店：①处方药店。②提供保健和美容用品、个人护理和小型耐用物品。

（6）折扣店：①贩卖标价或特价产品。②低价格、低利润和大容量。

（7）超值或硬折扣商店：比折扣商店更齐全的产品组合，更低的价格。

（8）特价零售商：贩卖低于零售价的剩余产品、超支产品和异常产品。

(9）目录商店：将产品目录和折扣原则用于品种繁多、高利润的、畅销周转快的名牌产品。

2. 无店铺零售

尽管绝大多数的产品和服务是通过店铺销售的，但无店铺销售的增长速度却比店铺零售快得多。无店铺销售主要有以下4种。

（1）网上销售。通过互联网进行买卖交易，以追求快捷的消费者为主要销售对象。

（2）邮购销售。源于直邮和目录营销，包括电话销售、电视直销和电子购物。

（3）自动售货。将自动售货机设立在工厂、办公室、大型零售店、加油站和饭店等地，它们提供24小时的销售服务、自助服务和新鲜产品。

（4）定购服务。为特定消费者提供服务（通常是大型组织的员工），消费者们有一份零售商名单，他们按照名单购买产品，这些零售商同意给予这些消费者折扣以换取会员资格。

3. 企业零售

尽管许多零售商店是独立的，但越来越多的零售商店成为企业零售组织的一部分。这样的组织可以实现规模经济、拥有更大的购买力和更大的品牌知名度，同时他们还配有训练有素的员工。而所有这些，在通常情况下，都是独立商店无法得到的。企业零售的主要类型有：企业连锁店、自愿连锁店、零售商合作组织、消费者合作组织、特许经营组织和商业集团。

（二）新零售环境

1. 新零售形式和组合

为了更好地满足消费者对便利的需求，市面上出现了各种新的零售形式：书店设有咖啡店、加油站里有食品店以及超级市场里设有健身俱乐部。除此之外，大型购物中心、公交车站和火车站的过道上都会出现手推车的身影。零售商也在尝试有限时间的"弹出式"商店，给这些商店几周的时间在热闹地段向季节性购物者推销，并制造轰动。

随着时代的发展，新零售被定义为以互联网为依托，通过运用大数据、人工智能等技术手段，对产品的生产、流通与销售过程进行升级改造，并对线上服务、线下体验以及现代物流进行深度融合。

2. 营销决策

在新零售环境下，零售商面临在目标市场、渠道、产品分类、采购、价格、服务、商店氛围、商店活动和体验、交流及位置等方面的决策。

（1）目标市场。明确定义和描述自己要服务的顾客群体，之后做出相应的产品分类、商店装潢、广告信息和媒体、价格和服务水平方面的决定。

（2）渠道。根据目标市场分析和其他考虑因素，零售商要决定采用何种渠道来接触消费者。目前越来越倾向于采用多种渠道。

（3）产品分类。零售商的产品组合必须在广度和深度上均符合目标市场的购物预期。餐厅可以提供窄而浅的种类（小的午餐柜台）、窄而深的种类（熟食店）、宽而浅的种类（自助餐厅）或宽而深的种类（大餐厅）。真正的挑战是制定产品差异化策略。

（4）采购。在决定产品组合策略后，零售商要确定采购政策、采购组织、采购资源配置等。零售商应不断提高它们在需求预测、产品选择、库存控制、空间分配和展示方面的技能。

（5）价格。零售商必须根据目标市场、产品和服务组合、市场竞争情况来确定定价策略。所有的零售商都希望高周转率、高收益，但这两者通常不能兼得。

（6）服务。零售业属于传统服务业，零售商向消费者提供的服务组合，通常包括预购服务、售后服务和辅助服务。能否给消费者带来良好的服务体验对零售商的成功至关重要。

（7）商店氛围。氛围是零售商店的另一个重要元素。零售商在塑造顾客体验时必须考虑所有的感官因素，如背景音乐的变化会影响人们在超市的平均消费时间和消费金额。

（8）商店活动和体验。电子商务的发展迫使传统的实体零售商也开始寻找自己的竞争优势。例如，强调购物者可以实际看到、触摸和测试的产品以及真实的消费者服务。

（9）交流。零售商使用广泛的通信工具来产生流量和购买。它们投放广告、开展特价销售、发放省钱优惠券、开展"常客奖励计划"、店内食品抽样、在货架或收银台上放置优惠券等。

（10）位置。位置的选择是零售业成功的关键因素之一。考虑到高客流量和高租金之间的关系，零售商必须根据客流量、消费者购物习惯调查和竞争位置分析，为其门店选择最有利的位置。

第四节　物流与供应链管理

一、物流

（一）物流的含义

物流是指通过有效地安排产品的仓储、管理和转移，使产品在需要的时间到达需要的地点的经营活动。物流现在已经扩展到更广泛的供应链管理的概念。供应链管理在物流之前就开始了，这意味着战略性地获取正确的投入（原材料、组件和资本设备），将它们有效地转化为成品，再将它们发送到最终目的地。

（二）物流系统

物流任务要求集成物流系统，包括材料管理、物流系统和物流配送，并辅以信息技术。信息系统在管理市场物流方面发挥着关键作用，特别是通过计算机、销售点终端、统一产品条码、卫星跟踪、电子数据交换和电子资金转移，这些技术的发展缩短了订单周期，减少了文书工作量和错误的发生，并改善了操作控制。

物流包括若干活动。首先是销售预测，企业在此基础上安排分销、生产和库存水平。采购部门按照生产计划订购物料运输入库，到库后进行存储，最后经过生产环节转换为产成品。产成品库存是连接消费者订单和生产活动的纽带。生产活动使库存水平上升，按照消费者订单，产成品从装配线流出，经过包装、厂内仓储、船舱加工、出境运输、现场仓储、消费者交付和服务等程序，降低产成品库存水平。

许多专家将物流称为"成本经济的最后一个前沿"，较低的物流成本将使企业获得更低的价格、产生更高的利润率优势，或两者兼而有之。即使物流成本可能很高，但通过周密的计划也可以成为有竞争的营销工具。

最新研究洞察 10-1

物流和关系的灵活性及质量

稳定的环境使组织可以轻而易举地利用丰富的经验和有力的措施来解决环境干扰问题，但是，全球化的深入和日益进步的信息技术以及消费者需求的多样化导致许多公司面对着越来越不确定的环境因素。

在这样的大背景下，Yu等（2017）依托权变理论研究了在不同的环境条件下，企业（本研究中的制造商）的物流灵活性和关系灵活性将对物流服务质量（可控的中介变量）和顾客关系满意度产生的影响。研究使用针对中国制造商的调查数据，采用结构方程模型检验环境不确定性下的主效应，并采用回归和调节路径分析等方法检验环境不确定性的伴随效应。具体来说，在灵活性、物流服务质量和满意度方面，物流灵活性和关系灵活性影响企业所提供物流服务质量水平，进而影响其关系满意度；在适应环境不确定方面，物流灵活性和关系灵活性对企业物流服务质量和顾客关系满意度的影响有所变化，在相对不确定的环境下，关系灵活性对企业的物流服务质量和顾客关系满意度的影响可能会减弱。

研究结果表明，物流灵活性和关系灵活性都对制造商提供的物流服务质量水平产生了显著的积极影响，从而提高了其重视程度以及对与顾客关系的满意程度。但是，在不确定的环境下，物流灵活性对关系满意度的直接影响较强，而在稳定的环境下，关系灵活性对关系满意度的直接和整体影响较强。

资料来源：Yu K, Cadeaux J, Song H. Flexibility and Quality in Logistics and Relationships. Industrial Marketing Management, 2017, 62（3）:211-225.

（三）物流目标

许多企业宣称其物流目标是"在正确的时间以最低的成本将正确的货物送到正确的地方"。然而，这一目标几乎没有发挥实际作用。没有一个系统可以同时做到最大化消费者服务和最小化分销成本。最大限度地满足消费者需求意味着企业要提供大量的库存和快速的运输等，而上述这些都会增加企业的物流成本。

物流活动需要强有力的均衡，管理者必须在基于整个系统的基础上做出决策。首先，他们要研究消费者的需求和竞争对手的产品。消费者在意的是供应商准时交货、满足其紧急需求、收回有缺陷的货物以及迅速重新供应的意愿程度。

之后，企业必须研究这些服务输出的重要性，还必须考虑竞争对手的服务标准。企业通常想要达到或超过竞争对手的服务水平，但企业的目标是利润最大化，而不是销售最大化。一些企业提供更少的服务，收取更低的价格；一些企业提供更多的服务，并收取溢价。

企业最终必须对市场有物流目标，企业必须设计一个系统，将实现这些目标的成本最小化。每一个可能的物流系统将导致以下成本，其计算公式为

$$M = T + FW + VW + S$$

式中，M——拟议系统的总物流成本；

T——拟议系统的总运费；

FW——拟议系统固定仓库的总成本；

VW——拟议系统的总可变仓库成本（包括库存）；

S——由于拟议系统的平均交付延迟而造成的销售损失的总成本。

选择一个物流系统需要检查与不同的拟议系统相关的总成本（M），并选择使其成本最小化的系统。如果很难衡量 S，企业应该以最小化 $T+FW+VW$ 为目标消费者服务。

（四）物流决策

企业的物流决策通常有4种：①如何处理订单？②把仓库放在哪里？③持有多少存货？④怎样运输？

1. 订单处理

大多数企业都在努力缩短从收到订单到付款的周期。这个周期有很多步骤，包括销售人员传递订单、订单录入、消费者信用检查、组织库存和生产调度、根据订单和发票发货以及收款。周期越长，顾客满意度越低，企业利润率越低。

2. 仓储

因为生产和消费周期之间很少相匹配，在产品被销售之前，每家企业都必须储存成品。更多的货位一方面意味着货物可以更快地交付给消费者，但另一方面仓储和库存成本也

更高。为了降低这些成本,企业可能会将库存集中在一个地方,并使用快速运输来完成订单。配送仓库接收来自企业各工厂和供应商的货物,并尽快将其运出。在计算机的控制下,自动化仓库采用先进的材料处理系统日益成为规范。

3. 库存

销售人员希望企业有足够的库存以便能够立即满足所有的顾客订单,然而这并不划算。随着消费者服务水平接近完美,库存成本也在加速增长。管理人员需要明白,由于库存增加和承诺更快的订单履行时间将带来销售和利润多少的增加量,然后再依此做出决定。

订单处理成本必须与库存成本进行比较。平均库存越大,库存持有成本越高。持有成本包括仓储费、资本成本、税金和保险费以及折旧和报废。通过观察订单处理成本和库存持有成本在不同订单水平下的总和来确定最优订单数量。如图10-5所示,单位订单处理成本随着订购数量的增加而降低,因为订单成本分散在更多的存货上。单位库存持有成本随订购数量的增加而增加,因为每件存货的保存时间更长。我们将两条成本曲线垂直叠加成一条总成本曲线,并将总成本曲线的最低点投影在横轴上,得到最优订货量Q。

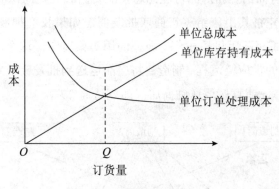

图10-5　确定最优订货量

企业通过对库存项目进行不同的处理、根据风险和机会进行定位来降低库存成本。

4. 运输

运输方式的选择会影响产品的定价、交货的准时以及货物到达时的状况。在将货物运送到仓库、经销商和消费者时,通过综合考虑诸如速度、频率、可靠性、能力、可用性、可跟踪性和成本等指标,制造商可以选择铁路、航空、陆路、水路或管道。就速度而言,航空、铁路和载货汽车是主要的竞争对手,但如果要低成本运输,那么人们往往在水路和管道之间做出选择。为了减少货物到达时的处理费用,企业将货物放入货架包装;为了减少运输中的损坏,在所用的板条箱技术、泡沫衬垫的密度等方面进行考虑,还要考虑物品的尺寸、重量和易碎性等因素。

物流战略必须源于企业战略,而不仅仅是成本方面的考量。物流系统必须是信息密集型的,并在所有重要的部门之间建立电子联系。最后,企业应该设定物流目标,以达到或超过竞争对手的服务标准,并让所有相关团队的成员都参与规划过程。

二、供应链管理

1. 供应链管理的含义

供应链管理是指企业采用高效的方法或技术整合供应商、制造商、仓库、商店和运输中介等,使它们处于一个合作密切的系统中,生产合适数量的产品,将存货分布于正确的地点,并且在正确的时间送到消费者手中。在满足消费者要求的服务水平的同时,将整个系统的成本降至最低。

2. 供应链管理的简要流程

在企业营销过程中,即使企业完美地执行了深入的市场研究、洞察消费者、细分市场、选择最佳目标市场、开发新产品和服务以及制定合适价格的方法,仍然可能会失败,除非它们能够确保在消费者希望的时候将适当数量的产品准确地放置在适当的销售点。

说服批发商和零售商销售新产品可能比想象的要困难。在简化的供应链(见图10-6)中,制造商生产产品并将其出售给零售商或批发商。如果我们把制造商的材料供应商和所有的制造商、批发商和商店包括在一个典型的销售渠道中,这个图会复杂得多。

图10-6表示典型的供应链流程:制造商将产品运送到批发商或零售商的分销中心(如制造商1和制造商3),或直接运送到商店(如制造商2)。

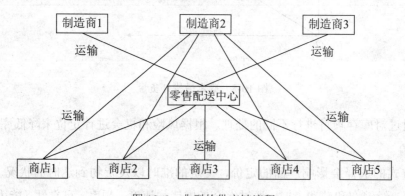

图10-6 典型的供应链流程

3. 供应链增值

最好的供应链可能遵循一条从制造商到消费者的直接路线:消费者到农场,直接从农民那里购买食品。渠道中的每个参与者都在增加产品价值,渠道的每一个步骤都增加了产品价格,同时产品对消费者来说也变得更有价值。

供应链管理影响营销的其他方面,每一个营销决策都受到供应链的影响。当设计和制造产品时,必须与生产协调关键部件如何到达以及何时到达工厂。销售部门必须与工厂或配送中心协调交货承诺，广告和促销也必须与控制库存和运输的部门协调。

供应链包括各种买方实体（如零售商和批发商）、卖方实体（如制造商或批发商）以及运输企业等处于交易中的辅助商。与人际交往类似，其关系也可以是亲密的工作伙伴关系，也可以是一次性的合作安排。然而，在一般情况下企业由于利益的驱动都会发生交易行为。

营销渠道的每个成员都扮演一个专门的角色，如分销中心是一种向企业商店或消费者收取、储存和重新分配货物的设施，可由零售商、制造商或分销人员操作。如果一个成员认为另一个成员未能正确或有效地完成其工作，则可以替换该成员。但是，虽然替换了某个渠道成员，其所执行的职能却会保留下来，需要另一个人来完成它。如果一个营销渠道要有效运行，参与的成员必须合作。

本章小结

营销渠道是指配合生产、分销和消费某一制造商的产品或服务的所有企业和个人。企业必须对中间商进行选择、激励与定期评估。渠道冲突包括水平渠道冲突和垂直渠道冲突两种。批发是指为了转卖或出于商业用途而购买产品或服务的企业和个人的所有活动。批发商主要有：商人批发商、经纪人和代理商、制造商及零售商的分店和销售办事处。零售是指将用于个人和非商业用途的产品或服务直接出售给最终消费者的所有活动。零售商的组织形式主要有：店铺零售商、无店铺零售商和企业零售。新零售是指企业以互联网为依托，通过运用大数据、人工智能等技术手段，对产品的生产、流通与销售过程进行升级改造，并对线上服务、线下体验以及现代物流进行深度融合。物流和供应链管理在企业营销管理中居于十分重要的地位。物流系统的主要职能包括仓储、库存管理、运输和物流信息管理等。

重要概念

营销渠道　垂直渠道　水平渠道　多渠道系统　渠道冲突　批发商　零售商　物流　供应链管理

思考与练习

1. 营销渠道的含义、职能和流程是什么？
2. 渠道的层次有哪些？
3. 渠道冲突的产生原因有哪些？如何解决渠道冲突问题？

4. 什么是零售商？零售商包括哪些类型？

5. 什么是批发商？批发商包括哪些类型？

6. 物流的系统、目标和决策是什么？

7. 供应链管理的流程是什么？

案例分析

全方位激励效果凸显，伊利跻身2000亿俱乐部

A股2000亿市值俱乐部又迎来新成员：2020年1月16日白马股伊利股份股价继续上涨，收于33.53元，总市值达2044亿元，成为乳企中唯一一家市值达到2000亿元的企业。

数据显示，自2019年9月通过股权激励计划后，不到4个月的时间内，伊利股份股价上涨19.39%，跑赢大盘，以绝对优势领跑亚洲乳业。与此同时，伊利的经营业绩也保持了营收、净利润高位双增长的稳健势头，距实现2020年"五强千亿"的战略目标仅一步之遥。

在"成为全球最值得信赖的健康食品提供者"的愿景引领下，伊利正在构建"全球健康生态圈"，打造资源互补、创新协同、开放共赢的高品质新乳业，加速冲刺"五强千亿"，带领中国乳业更快、更稳、更好地走向世界。

对于伊利的管理团队而言，2019年9月通过的股权激励计划设定了严格的行权条件，未来5个年度净资产收益率不低于20%、分红率不低于70%。严苛的考核标准作为一种约束机制，寄托着股东的期望，希望伊利核心管理团队凝心聚力，持续发挥出强势的渠道覆盖能力，而这一能力正是伊利收获乳品市场的撒手锏。

渠道铺设方面，伊利坚持精耕细作的渠道增长模式，推动渠道向乡镇市场下沉，提升网点数量及产品覆盖率。早在2018年，伊利直控村级网点就达60.8万家，拥有领先行业的渠道控制力，抓住了下线城市需求的红利。在拓展渠道深度的同时，伊利横向拓展渠道广度，新增加油站、学校、餐饮等空白渠道经销商。

凭借这一"深度分销"模式，伊利构建了其他乳企难以短期复制的网络化、生态化"护城河"，也由此呈现出对渠道的话语权：更多的消费者倾向伊利，据凯度数据显示，截至2019年6月，伊利常温液态类乳品市场渗透率为83.9%，其在三、四线城市的渗透率为86.2%，均为行业第一。

资料来源：佚名.全方位激励效果凸显，伊利跻身2000亿俱乐部.新华网.[2020-01-17]. http://news.cnstock.com/event,2017mzpp-202001-4479442.htm.

问题：

（1）试评析伊利的分销渠道设计。

（2）结合本章内容，谈谈伊利的成功给你的启示。

实践应用

2个小组针对本章内容进行展示。一组展示一个全面的案例；另一组介绍企业调研，讲述企业真实的故事。

任务10-1　案例分析

任务10-2　企业调研

第十一章
促销策略

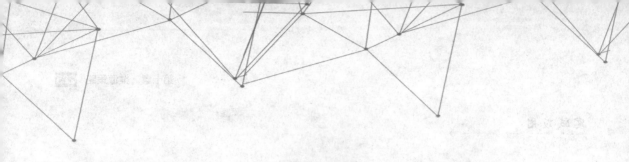

本章要点

促销是营销组合 4P 中的要素之一，包含广告、公共关系、人员推销和销售促进等，是市场营销组合的重要组成部分。成功的市场营销，不仅需要向市场提供使消费者满意的产品、制定合理的价格和选择合适的分销渠道，而且需要采取适当的方式进行促销。如今，营销领域正不断发生着改变，如市场的不断细分、消费者日益丰富的需求、传播媒介的多样化等，这需要营销人员在制定营销策略时学会综合运用多种促销手段。正确制定并合理运用促销策略是企业在市场竞争中赢得竞争优势的必要保证。

学习目标

通过本章的学习，读者应该：
1. 掌握促销的含义、促销组合包含的要素。
2. 掌握整合营销传播的内涵、过程和手段。
3. 掌握广告传播方式的概念和形式。
4. 理解公共关系的含义和手段。
5. 理解人员推销的概念和销售队伍。
6. 掌握销售促进的概念、工具和效果。
7. 理解直接营销的概念、优势和形式。

营销导读

星巴克"猫爪杯"萌宠来袭

2019 年 2 月底，一条顾客在星巴克打架的视频合集刷屏了社交网络，隔着屏幕都能感受到一种非常混乱的气氛。然而让人想不到的是，背后大打出手的原因竟是为了一个杯子——一款由星巴克推出的限量款"猫爪杯"。

真实的猫爪杯是一款淡粉色的双层玻璃杯，外层的玻璃杯上点缀有粉红色的樱花，内层是一个猫爪形状的玻璃杯，把液体倒入杯中后，就会呈现出一只粉嘟嘟的"猫爪"，看起来确实很萌。不仅如此，为了能成功抢到这个杯子，有人凌晨跑到星巴克门口排队，更有甚者还在星巴克门口支起了帐篷。网友纷纷调侃，"这不是杯子，这是圣杯战争，是败者的鲜血，是圣者的奖杯"。代购、黄牛们也纷纷坐地起价，原价199元的杯子被炒到了800多元。疯抢场面一度失控，接着，3月1日星巴克在天猫旗舰店一次性补货3000只，2秒内，"猫爪杯"就售罄下架。

在新浪微博上，关于"猫爪杯"的各类衍生话题都呈现出了不错的声量。截至12月13日，"猫爪杯"话题的阅读量已达到了1.2亿人次，讨论量达到10.2万条，"星巴克猫爪杯"话题的阅读量达1.5亿人次，讨论量达11.7万条。此外，由于"猫爪杯"带来的流量效应，星巴克的百度指数、淘宝搜索量、抖音、小红书等平台的数据都非常抢眼。

这次"猫爪杯"的走红过程，首先离不开"抖音"等社交平台的售前造势；其次，黄牛推动，引发网友"错失心理"；最后，网友和大V的加入，引爆事件高潮。"猫爪杯"为什么会火？原因在于：①星巴克自带流量效应。②重点在于满足社交分享欲，颜值爆表似乎注定为社交分享而生。③生活压力下的"安慰"作用，其实是另一种"口红效应"，买不起几千万元的房子、几百万元的车、几十万元的表，几百元的杯子还是买得起的。④吸猫文化的盛行，萌宠治愈"丧情绪"，猫狗双全的人生是当下年轻人的终身追求。

资料来源：梅花网Fiona.星巴克"猫爪杯"萌宠来袭.梅花网.[2019-12-22].
https://www.meihua.info/article/3518026005218304.

第一节 促销组合

一、促销的含义、作用及环境

1. 促销的含义

促销（Promotion）是企业通过直接或间接的方式，使消费者了解企业销售的产品和品牌，告知、激发、刺激消费者的购买欲望，从而达到购买目的的一系列活动。从某种意义上说，促销是为了企业及其品牌知名度的推广，这也成为企业与消费者开展沟通和建立关系的一种手段。

2. 促销的作用

首先，促销有利于企业对消费者的信息传递，促销活动向消费者展示产品特点、价格、服务内容、服务方式等信息，有效的信息传递是销量增长的基础。其次，企业通过促销活动可以突出本企业的产品特征，并且与其他竞争对手的产品区分开来，便于消费者购买本企业产品，从而扩大销量。最后，促销活动可以使企业将其品牌与其他人员、地点、事件、品牌、体验、感觉和事物进行联系，通过在消费者记忆中建立品牌形象来增加顾客品牌忠诚度，并促进销售。

3. 促销的环境

技术和其他因素已经深刻改变了消费者处理信息的方式。多功能智能手机、宽带和无线网络以及可跳过广告的数字录像机（DVR）的迅速普及削弱了大众媒体的传播。现在的消费者不仅可以选择更多的媒体，还可以决定是否以及如何接收广告信息。

营销故事11-1

随着一些营销人员逐渐抛弃传统媒体，企业又面临着新的挑战——广告的混乱。对于迅速兴起的营销媒介和形式，一些消费者会感到它们越来越强的侵略性。营销人员应该巧妙地进行营销传播，既能达到营销目的又不过多地干扰消费者的生活。

最新研究洞察 11-1

向右滑动：产品位置朝向对滑动反应的影响

随着平板电脑和智能手机的日益广泛使用，界面操控正从计算机鼠标转向触摸屏，创造一种在显示屏幕上与对象互动的新方式。现实生活中，我们经常会遇到这样一种情况，在一些手机APP中，如社交软件、探探等，对于平台推荐的人或者事物，我们通常有两种选择：向左滑动，代表不喜欢；向右滑动，代表喜欢。

在营销实践中，许多商家在推广其产品的过程中，也会通过在应用程序中使消费者向右或向左滑动来评估产品的市场潜力。Van 和 Pandelaere（2018）在根特（Ghent）大学招募了58名学生进行实验，这些被试者被随机分为两组，一组是"滑动模式"评价组，另一组是"按动模式"评价组，被试者会随机看到一张图片（见图11-1），被试者被询问是否选择图片中的这些玩具作为礼物。两组图片中的产品除了产品位置朝向不同，其他均相同。在"滑动模式"评价组，被试者被要求：如果喜欢这个玩具作为礼物，用手指向右滑动屏幕，如果不喜欢则选择向左滑动。在"按动模式"评价组，被试者被要求：如果喜欢这个玩具作为礼物，则按动右边的对号按钮，如果不喜欢，则按动左面的叉形按钮。

图 11-1　实验图形

注：本图形为左侧朝向，右侧朝向的图形则为本图形的镜面反转。

研究结果表明，与"按动模式"相比，在"滑动模式"下，产品位置朝向会影响消费者对产品喜好的评价。也就是说，当人们使用滑动方式来评价特定对象时，他们的评价会受到被评价对象朝向的影响，而通过按下按钮传达的评估则不会显示出方向效应。例如，如果所展示的鞋子的脚趾指向右侧，消费者可能更倾向于向右滑动，而如果同一双鞋的脚趾朝向左侧，则可能更倾向于相反的方向滑动。

资料来源：Van Kerckhove A, Pandelaere M. Why Are You Swiping Right? The Impact of Product Orientation on Swiping Responses. Journal of Consumer Research, 2018, 45（3）：633-647.

二、促销组合与营销传播

（一）促销组合方式

促销组合是对各种促销方式的适当选择和综合编配。在促销过程中，企业往往需要选择多种促销方式，主要包括以下 8 种主要的促销模式。

1. 广告

广告是指通过印刷媒体（如报纸和杂志）、广播媒体（如广播和电视）、网络媒体（如电话、有线网络、卫星和无线网络）、电子媒体（如录音带、录像带、影碟、光盘和网页）和显示媒体（如广告牌、标牌和海报），为指定赞助商提供的非个人形式的有关产品创意、产品或服务的宣传和推广。

2. 销售促进

销售促进是指鼓励试用、购买产品或服务的各种短期激励措施，包括消费者促销（如样品、优惠券和赠品）、交易促销（如广告和津贴）以及营销人员促销（如销售竞赛）。

3. 事件和体验

事件和体验是指由企业赞助、旨在与消费者建立日常或特殊的品牌相关性互动的活动，包括运动、艺术、娱乐、特殊的活动以及非正式活动。

4. 公共关系与宣传

公共关系与宣传是指针对企业内部员工或外部消费者、其他企业、政府和媒体的各种计划，以优化或保护企业形象或其产品的传播。

5. 直接营销

直接营销是指使用邮件、电话、传真、电子邮件或网络直接与特定顾客和潜在顾客沟通交流或征求他们的回应。

6. 互联网营销

互联网营销是指以吸引顾客或潜在顾客为目的，制订改善企业形象或促进销售的线上活动和计划。

7. 口碑营销

口碑营销是指借助人与人之间口头、书面或线上沟通传播与所购买、使用的产品或服务相关的优缺点及体验。

8. 人员推销

人员推销是指销售人员与一个或多个潜在消费者进行面对面互动，以便进行陈述、回答问题和采购订单。

（二）营销传播

1. 营销传播的内涵

营销传播是企业直接或间接地通知、劝说、激发和提醒消费者，使消费者了解企业出售的产品和品牌的一种有效方法。简单来说，营销传播是企业的一种促销行为，目的是在企业产品或品牌与消费者之间建立相互关系，从而实现营销目标和品牌的发展。

2. 营销传播的方式

企业的营销传播的内容不限于这些产品的款式和价格，还有包装的形状和颜色、销售人员的态度举止和着装、商店的装饰等。企业的每一次品牌宣传都会给人留下深刻的印象，这种印象会影响顾客对企业的评价。营销传播活动可通过多种方式提升品牌资产和提高销售额：通过建立品牌知名度，在消费者的记忆中塑造品牌形象，激发正面的品牌情感以及增强顾客的忠诚度。常见的营销传播方式，见表11-1。

表11-1 常见的营销传播方式

广告	印刷及投放广告、内外包装、广告影院、简装本、小册子、海报、传单、名录、广告再版、广告牌、陈列广告、销售点陈列和光盘
销售促进	比赛、游戏、抽奖、彩票、赠品、礼物、样品、交易会、展销会、演示、优惠券、退税、折价补贴和联合促销
事件和体验	运动、娱乐、节日、艺术、事件、参观工厂、企业展览馆、街区活动
公共关系与宣传	新闻、演讲、研讨会、年度报告、慈善捐款、出版物、社区关系、游说、标识媒体和企业杂志
直接营销	目录销售、邮购销售、电话营销、网络购物和电视购物
互联网营销	传真、电子邮件、语音信箱和企业官博
口碑营销	人际关系、社交软件和微博
人员推销	推销演示、销售会议、奖励节目、样品、交易会和展销会

3. 营销传播的过程

有效的营销传播通常是营销人员将企业、品牌及产品相关信息以一种恰当的方式传递给消费者的过程。例如，图11-2展示了营销传播的过程，它包含9个关键要素：发送者、编码、信息、媒介、解码、接收者、反应、反馈和噪声。

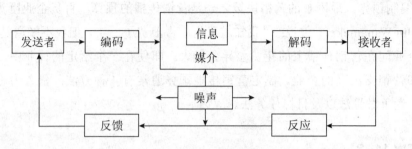

图11-2 营销传播过程

发送者和接收者是营销传播的主要参与者，信息和媒介是2个主要的传播工具，编码、解码、反应和反馈是4个主要的传播功能。系统中的最后一个要素是噪声，随机性和竞争性消息可能会干扰预期的传播。

发送者需要知道想接触哪些受众，以及想得到什么样的回应，他们要对信息进行编码，以便目标受众能够对其进行解码。他们要通过到达目标受众的媒介传递信息，并开发反馈渠道来了解目标受众的反应，还要考虑可能遭遇的各种影响信息传递有效性和影响力的信息干扰。

4. 营销传播的信息传播系统

为了提高营销传播活动的成功率，营销人员要尽可能多地提出创造性的营销方案。营销传播的成功不是一帆风顺的，需要营销人员精心设计传播方式。

图11-3展示了有效传播的8个步骤。下面重点阐述前5个步骤，后3个步骤则需要企业根据自身情况适当选择和合理安排。

图11-3 有效传播的8个步骤

（1）确定目标受众。有效的营销传播首先应该明确产品的目标受众，了解企业产品的潜在购买者和当前消费者等，然后设计对目标受众说什么、如何说、何时说、在何处说以及向谁说等。

（2）确定传播目标。营销人员根据效果层次制定营销传播目标。企业营销传播的4个目标包括：满足品类需求、提高品牌知名度、提升品牌态度和增加品牌购买意图。

（3）设计传播。制定传播方案以达到预期的反应需要解决3个问题：说什么（信息策略）、怎么说（创造性策略）和对什么人说（信息源）。

（4）选择传播渠道。随着传播渠道变得越来越分散和混乱，选择一种有效的方式来传递信息变得更加困难。传播渠道分为个人传播渠道和大众传播渠道。

（5）编制预算。最困难的营销决策之一是营销传播的预算。百货企业巨头约翰·瓦纳梅克（John Wanamaker）曾说："我知道我的广告浪费了一半，但我不知道是哪一半。"行业间和企业间在营销传播上的花费差异会很大。即使在一个给定的行业中，也会有营销支出低和营销支出高的企业。制定营销传播预算通常有4种方法：量入为出法、销售百分比法、竞争对等法以及目标任务法。

最新研究洞察 11-2

管理好你的微笑

我们每个人从小就被教育：以微笑示人，做一个有礼貌的人。现如今微笑已被广泛用作一种营销工具，在广告中无所不在，微笑成为了顾客关系管理的准则。

微笑对人际关系的判断一定是积极的吗？微笑越灿烂营销效果就越好吗？Wang、Mao和Li等（2017）认为并非如此，更灿烂的微笑有时可能反而会带来不好的后果，微笑的强度需要根据营销人员希望给消费者留下的具体印象进行调整。在他们的研究中，从亚马逊网站上招募了123名被试，首先要求被试观看两张照片（轻微的和灿烂的微笑照片），之后要求被试对于感知到的温情和能力进行打分。研究结果表明，与轻微的微笑相比，灿烂的微笑使人对温情有更高的感知，但会让人对能力的感知降低。对于营销人员来说，轻微的微笑可以展现出能力和智慧，而灿烂的微笑则展现出热情和温暖，可以根据具体情况进行精心调整。

资料来源：Wang Z, Mao H, Li Y J, et al. Smile Big or Not? Effects of Smile Intensity on Perceptions of Warmth and Competence. Journal of Consumer Research, 2017, 43（5）:787-805.

5. 营销传播的决策

企业必须将营销传播预算分配到八大营销传播方式上：广告、销售促进、公共关系与宣传、事件与体验、直接营销、互联网营销、口碑营销和人员推销。在同一行业内，企业在媒体和渠道选择上可能存在很大差异。例如，雅芳（Avon）将其促销资金集中在人员推销上，而露华浓（Revlon）则在广告上投入巨资。

第二节 整合营销传播

一、整合营销传播的含义

整合营销传播（Integrated Marketing Communication，IMC）是营销组合中促销的一部分，整合营销传播包含了广告、销售促进、人员推销、公共关系、直接营销和互联网营销（包括社交媒体）等多种传播手段，旨在提供清晰、一致和最大限度的传播效果。整合营销传播的核心是通过整合企业内外部所有资源，充分调动一切积极因素以实现企业统一的营销传播目标。

整合营销传播不是由独立的营销传播元素组成，而是将企业的每一种营销传播元素视为一个整体的一部分，每一种营销传播元素提供了不同的方式与目标受众联系。这种元素的集成为企业提供了最好的方法来获取目标受众的信息，并通过提供清晰一致的信息来增强价值故事。从本质上讲，整合营销传播嵌入在营销组合中，在目标消费者群体的头脑中创造一个独特的意义，对消费者价值感知（Value Perception）产生影响。例如，三星已经找到了一种方法来突出三星 Galaxy 手机比 iPhone 更先进的功能，这些为新产品增加了无形的价值。

二、整合营销传播的特征

1. 以整合为中心

整合营销传播以整合为中心，打破以往只关注企业自身或外部竞争的营销模式，注重企业所有资源的综合利用，实现企业营销资源的高度整合。

营销故事11-2

2. 强调系统化管理

在整合营销与传播的时代，企业面临着复杂多变的竞争环境。因此，整合营销倡导的营销管理必须是一体化管理和系统化管理。只有将企业的所有资源作为一个整体进行配置，企业的各级、各部门、各岗位以及各子公司、供应商、分销商、相关合作伙伴协调行动，才能形成竞争优势。

3. 强调协调统一

整合营销传播通常要求统一的营销和行动。这强调了企业营销活动的协调，不仅是企业内部环节和部门的协调，而且是企业与外部环境的协调，共同实现整合的营销沟通，这是整合营销传播与传统营销的重要区别。

4. 注重企业规模化与现代化经营

在当前以及未来相当长的社会经济发展过程中，对于企业来说，整合营销传播都将是一种新型的营销模式。在整合营销模式下，企业非常注重企业规模化和现代化经营。规模化经营一方面可以提高企业的规模经济，另一方面对于企业的整合营销传播提供了客观依据。

三、整合营销传播的过程

随着市场的不断细分、消费者日益丰富的需求以及传播媒介的多样化，企业也开始向整合营销传播迈进。企业对消费者采取"360度视角"分析，以充分了解不同营销方式在日常生活中对消费者行为产生的影响。由此，管理和协调整个营销传播过程则显得尤为重要，管理和协调整个传播过程需要综合营销传播，包括营销传播规划、协调媒体运用、实施整合营销传播，以获得最大的传播。

最新研究洞察 11-3

捆绑销售的"负面效应"

在日常生活中，商家常常会采用一些促销手段来增加销售量，如打折降价、买一送一、捆绑销售等。捆绑销售是指将几种相关或不相关的产品"捆绑"在一起，消费者想要购买其中一种产品时必须买走其他产品，常见的形式是将一个价格较低的补充产品和价格相对较高的重点产品进行捆绑销售。

先前 Raghubir（2004）研究发现，将捆绑销售中的补充产品设为免费后会降低消费者对该补充产品的估值。后来 Kamins、Folkes 和 Fedorikhin（2009）发现，免费的补充产品还会对整个捆绑产品和重点产品产生负面影响，降低消费者对两者的估值和支付意愿。在研究中，参与者是 eBay 上的竞拍者，他们对 180 枚硬币进行拍卖。拍卖分为 3 种类型：①拍卖由廉价币和中等币组合成的混合币（其中，一半廉价币原价、另一半廉价币免费）。②仅拍卖重点的中等币。③仅拍卖补充的廉价币。每次拍卖均包含硬币两面的照片且硬币出现的顺序是随机的，参与者的最终支付意愿由最终的拍卖价格来衡量。

结果表明，与廉价币非免费的捆绑销售相比，廉价币和中等币在廉价币是免费的捆绑销售时的拍卖价格更低，整体的硬币捆绑价格也更低。在捆绑销售的情况下，免费赠品可能会让卖家付出代价，因为捆绑销售中包含的单个物品的感知价值降低了。

资料来源：Kamins M A, Folkes V S, FedorikhinA. Promotional Bundles and Consumers' Price Judgments: When the Best Things in Life Are Not Free[J]. Journal of Consumer Research, 2009, 36（4）:660-670.

第三节 广告与公共关系

近年来，由于互联网的迅速普及，虽然个人通信技术已经被营销人员充分利用，但大众传媒依然是现代营销传播计划的重要组成部分。在过去，"制作出色的广告，销售就会增加"，在今天，为了引起消费者的兴趣和增加销量，必须对大众媒体进行补充，并将其与其他传播方式进行整合。常见的补充传播策略有两种：广告策略和公共关系策略。

一、广告策略

（一）广告的概念

广告（Advertisement）是一种以增加销售为目的，以一定的费用为代价，向消费者传递企业及产品信息的营销传播方式。广告无论是在建立品牌偏好还是引导消费者方面，都是传播消息的一种经济、有效的方式。即使在当今充满挑战的媒体环境中，优质的广告也可以带来回报。例如，宝洁通过广告宣传玉兰油焦点皙白系列抗衰老护肤产品和头肩部深层护理洗发水的功效，取得了两位数的销售额增长率。

在制订广告计划时，营销人员必须始终从确定目标市场和购买者动机开始。然后确定"5个M"：①使命（Mission），企业的广告目标是什么？②预算（Money），广告预算有多少？如何在各种媒体类型之间分配支出？③信息（Message），应该传送什么消息？④媒体（Media），应该使用哪种媒体？⑤测量评估（Measurement），应该如何评估结果？如图11-4所示。

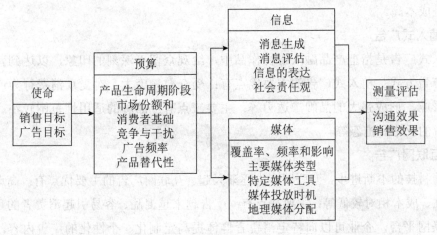

图11-4 广告中的"5个M"

（二）广告的形式

1. 电视广告

电视被公认为是功能最强大的广告媒介，它能够以较低的曝光成本吸引较广泛的消费者。电视广告的主要优点有：融合视觉、声音和动作，吸引感官，传播范围广等；主要缺点有：成本高、较为混乱、曝光短暂、观众选择性低等。

2. 印刷广告

印刷广告与广播广告形成了鲜明的对比。印刷广告的主要优点有：灵活性高、及时性强、市场覆盖率高、可信度高等；主要缺点有：寿命短、再版质量差等。印刷广告（如杂志和报纸）可以提供详细的产品信息，使得消费者可以按照自己的习惯进行阅读。

3. 广播广告

广播广告是一种非常有效的传播形式，可以使企业的营销传播覆盖本地市场以及更加广泛的区域市场，甚至全国市场。广播广告的主要优点有：灵活性强、目标明确、广告的制作和投放成本相对较低等；主要缺点有：缺乏视觉图像、消费者处理信息相对困难等。广播是一种无处不在的媒体，但随着电视媒体和替代新兴媒体的产生，广播行业也面临萎缩。

4. 户外广告

营销故事11-3

户外广告是一个非常普遍的广告形式，通常以一种创造性的、意想不到的形式来吸引消费者的注意。户外广告的主要优点有：灵活性强、可控性强等；主要缺点有：生产过剩可能导致成本增加。户外广告常见的形式多种多样，如广告牌、公共场所、销售点等。

5. 公共空间广告

广告商越来越多地在非传统的地方投放广告，如电影屏幕、飞机、健身俱乐部以及其他公共场所。公共空间的主要优点是广告牌式的海报广告随处可见，受众范围广；主要缺点是成本高。

6. 植入式广告

植入式广告是指把产品融入影视作品中，给观众留下深刻的印象，以达到营销目的的一种广告方式。植入式广告的主要优点有：受众数量庞大、对受众消费行为产生一种光晕式影响、形成强大的品牌渗透力等；主要缺点有：品牌的适用性范围较小、容易引起消费者的反感和抱怨等。

7. 互联网广告

随着科技的不断进步，互联网广告逐渐兴起。互联网广告的主要优点有：高选择性、互动性强、成本相对较低等；主要缺点有：广告越来越混乱、容易引起消费者的反感等。借助互联网平台，企业可以向特定消费者群体提高定制化、个性化的广告内容，实现与消费者的双向互动关系。

（三）广告的开发和管理步骤

1. 确定广告目标

广告目标是在特定时间段内与一群特定受众共同完成的具体传播任务和达到的成就水平，来源于对目标市场、品牌定位和营销计划的事先决策。对于不同的广告形式来说，企业的目标也是不同的，具体来讲，通知性广告的目的是创造品牌意识、介绍新产品的知识或现有产品新的特点；说服性广告的目的是创造对产品或服务的喜好、偏爱、信念和购买；提醒性广告的目的是刺激消费者对产品或服务的重复购买；强化性广告的目的是说服当前的购买者证明他们做出了正确的选择。

2. 制定广告预算

企业如何衡量其广告开支是合理的？尽管广告被视为经常性支出，但其中一部分实际上是对建立品牌资产和提高顾客忠诚度的投资。企业在设置广告预算时通常需要考虑：产品生命周期阶段、市场份额和消费者基础、竞争和干扰、广告频率、产品替代性等因素。

3. 确定媒体并评估效果

选择信息后，广告商的下一个任务是确定媒体。这里的任务有：确定所需的覆盖范围、频率和影响力，在主要媒体类型中选择特定的媒体，决定媒体时间和空间的分配。最后，由营销人员评估这些决策的效果。

二、公共关系策略

1. 公共关系的概念

公共关系（Public Relations），又称公众关系，简称"公关"，是指企业不仅必须与消费者、供应商和经销商建立、保持并加强关系，而且还必须与众多感兴趣的公众建立联系。公共关系用来宣传或树立企业形象，从而促进产品销售。

营销故事11-4

大多数企业都有一个公共关系部门，该部门负责了解公众的态度，并分发信息和通信以建立商誉。公共关系具有以下5种功能。

（1）新闻传播。以最积极的态度呈现有关企业的新闻和信息。

（2）产品宣传。赞助宣传特定产品的工作。

（3）企业传达。通过内部和外部传播增进公众对企业的了解。

（4）游说建议。对立法者或政府游说以促进或废除相关立法或法规。

（5）咨询建议。在艰难时期和不利时期就公共问题以及企业的职位和形象向管理层提供建议。

2. 公共关系的手段

许多企业试图通过营销公共关系策略促销企业产品并塑造良好的企业形象。营销公共关系是指直接支援企业营销的公共关系活动,也称为营销公关。营销公共关系的手段一般有出版物、事件、赞助、新闻、演讲和公益活动等多种方式。表 11-2 列举了营销公共关系的主要手段。

表 11-2　营销公共关系的主要手段

出版物	企业通过广泛的出版物来影响其目标市场,包括年度报告、小册子、文章、企业新闻、杂志以及视听材料等
事件	企业通过安排宣传活动来吸引人们对新产品或企业活动的关注并影响目标公众,这些活动包括新闻发布会、研讨会、产品展览、比赛和竞赛以及各类纪念日等
赞助	企业通过赞助宣传体育、文化活动以及社会关注的话题等,来提升其品牌影响力和增加企业知名度
新闻	企业寻找或制造有关企业、产品和员工的正面新闻点,进行媒体报道或举办新闻发布会
演讲	企业高层管理人员需要解答媒体的问题,或者在行业协会、销售会议上发表演讲,进行企业宣传树立企业形象
公益活动	企业可以通过捐赠金钱和付出时间在公益事业方面建立商誉
身份媒体	企业需要建立公众能够识别的视觉标识,包括企业标识、文具、小册子、标志、商业表格、名片、建筑物、制服和着装规范传达等

3. 营销公共关系的重大决策

营销公关与金融公关和社区公关一样,都为特定区域市场部提供服务。营销公关可以通过在媒体中设置故事来引起人们对产品、服务、员工或企业的关注,从而建立企业品牌意识。通过在特定设置环境中有效地传达信息,树立良好的企业信誉。通过发布新产品的故事,可以提高销售人员和经销商的热情。营销公关的费用低于直邮广告和媒体广告的费用,因此也可以降低企业的促销费用。

在考虑何时以及如何使用营销公关时,管理层必须确定营销公关目标、执行计划并评估结果。

(1) 确定营销公关目标。营销公关是为了帮助企业提升销售业绩,其营销目标包括:推出新产品、重新定位成熟产品、激发消费者对某一产品种类的兴趣、影响特定的目标群体、保护遇到公共问题的产品、建立有利于表现产品特点的企业形象等。

(2) 执行计划并评估结果。营销公关对销售量的贡献很难衡量,因为它通常与其他推广工具一起使用。最简单的评估营销公关有效性的指标是媒体的曝光次数。一般而言,曝光率越高,消费者对企业形象和产品信息越熟悉。不过,这项评估方法存在很大的弊端,它不能衡量实际阅读人数,过多地重视宣传频率,常常会忽视实际的宣传效果。更好的评估是关注营销公关活动(在考虑其他促销工具的影响之后)引起消费者对产品认识、理解或态度的转变。例如,多少人记得听到过新闻?有多少人告诉过别人(衡量口碑)?有多少人在听到之后改变了主意?

第四节 人员推销与销售促进

一、人员推销策略

（一）人员推销的概念

人员推销（Personal Selling）是指企业运用推销人员直接向消费者推销产品或服务的一种促销活动。人员推销是一种具有很强人为因素的、独特的促销手段。人员推销具有很多独特的促销特点，可完成许多其他促销手段所无法实现的目标，其效果也非常显著。相对而言，人员推销更适于推销性能复杂的产品。当销售活动需要更多地解决问题和进行说服工作时，人员推销是最佳选择方式。推销人员通过推销活动实现交易，从而增加销售量。

（二）设计销售队伍

销售人员是企业与顾客之间的纽带。在设计销售队伍时，企业必须制定销售队伍的目标、策略、结构、规模和报酬。

1. 设定销售队伍的目标

销售人员只会"卖、卖、卖"的日子已经一去不复返了。销售人员需要知道如何了解顾客的需求，并提出有助于提高盈利能力的解决方案。企业需要定义特定的销售团队目标。

2. 制定销售策略

销售策略是指综合考虑实施销售计划的各种因素，包括产品、价格、广告、渠道和促销等，是一种为了达成销售目的之各种手段的最适组合而非最佳组合。销售策略即公司产品/服务投放市场的理念。销售策略作为一种重要策略，其目的主要是提高企业营销资源的利用效率，使企业资源的利用效率最大化。面对市场的激烈竞争，企业必须顺势而为，抓住机遇，制定正确的销售策略。

3. 完善销售队伍结构

销售队伍结构直接影响到销售资源的整体使用效果，对企业的战略也有重要的影响。如果一家企业的顾客分布在许多地方，企业使用一条产品线提供产品满足顾客需求，则按地区结构组织销售队伍。如果一家企业拥有多条产品线，且产品技术性强，则按产品结构组织销售队伍。也有企业按照诸如行业、规模等将顾客分类，按顾客类别深入了解顾客需求，提高销售效率和成功率。有些企业需要更复杂的结构，会采取复合的销售队伍结构。随着市场和经济形势的变化，企业也需要及时、灵活地调整其销售队伍结构。

4. 设计销售人员薪酬方案

为了吸引高质量的销售人员，企业必须制定有吸引力的薪酬方案。销售人员希望获得稳定的收入、高于平均水平的业绩以及能获得额外奖励。企业必须量化销售人员薪酬的4个组成部分：固定工资、变动工资、补贴以及福利。固定工资满足了收入稳定的需要。变动工资，无论是佣金、奖金，还是利润分享，都是用来刺激和奖励努力的销售人员。补贴能让销售人员支付差旅费和招待费。福利，如带薪假期、养老金和保险等，能保障安全、提升工作满意度。

（三）管理销售队伍

管理销售队伍是指使用各种政策和程序指导企业招募、选择、培训、监督、激励和评估销售人员。

1. 招募和选择销售人员

任何成功的销售队伍的核心都是选择有效的销售人员。雇用不当的销售人员对于企业来讲具有巨大的风险，销售人员的流失会导致企业销售业绩损失。

管理层制定了选拔标准后，职能部门进行招聘。人力资源部门可以从现有的销售人员中进行内部的人员选拔，也可以通过雇用职业招聘机构、投放招聘广告或者进行校园招聘等外部招聘选拔人才。选拔程序可以是一次非正式的面试，也可以是长时间的测试和面试。

2. 培训和监督销售人员

随着时代的进步，顾客对于销售人员的期望越来越高，如期望销售人员高效可靠，拥有专业的产品知识。这些期望要求企业在销售培训方面投入更多的资金。以佣金形式雇用的销售人员通常较少接受监督，工资稳定且有固定账户的销售人员才有可能会受到实质性的监管。

3. 销售人员的工作效率

企业的销售人员如何管理自己的时间呢？怎样才能提高工作效率呢？一些研究表明，销售人员把太多时间花在销售利润较低的小顾客上，而不专注于大顾客。因此，如何获取潜在的消费者和有效利用销售时间变得尤为重要。

4. 激励销售人员

大多数销售人员都需要鼓励和特别的激励，特别是那些在日常工作中遇到挑战的销售人员。销售人员得到的激励越多，他们付出的努力和由此产生的业绩、回报和满足感越大，所有这些反过来又进一步增加了激励。激励的方式分为内在奖励、外在奖励和销售配额。

5. 评估销售人员

对于销售人员的合理激励要以对销售人员的合理评估为前提,管理人员要告知销售人员应该做什么,并激励他们去做。这就意味着要定期从销售人员那里获取信息来评估业绩。

(四)有效的销售过程

销售是一门古老的艺术。对于高效率的销售人员来说,需要具备的不仅仅是销售技能,还需要具备一定的分析能力和顾客管理能力,从被动的订单接受者转变为主动的订单获取者。有效销售过程的6个步骤,如图11-5所示。

图11-5 有效销售过程的6个步骤

1. 寻找和确定

销售的第一步是确定潜在顾客,更多的企业销售人员负责寻找和确定潜在顾客,利用他们珍贵的时间做最重要的事情。

2. 前期准备

销售人员需要尽可能多地了解企业(企业战略和目标)及其消费者(个人特征和购买风格)。企业的采购流程如何?采购是如何组织的?

3. 介绍和展示

销售人员可以从产品的功能、优势、好处和价值等方面向消费者讲述产品故事。产品的特性描述了市场产品的物理特性,如芯片处理速度或存储容量。

4. 克服异议

顾客通常会提出异议,其阻力通常来自两个方面:主观内在的心理阻力和客观外在的阻力。导致顾客产生内在的心理阻力的因素包括:抗干扰力差、品牌偏好度低、销售人员不恰当销售等。客观上的外在阻力包括:价格高、交货时间长、产品质量差等。销售人员要保持积极的态度,及时处理这些异议。

5. 成交

消费者通常在得到问题解决方案后会决定是否下单。销售人员可以帮助消费者下订单,如概括合同要点、帮助填写订单、询问消费者的具体产品选择、让消费者就颜色尺寸等做出一些次要的选择,并适当提出一些特殊的优惠条件,如赠送额外的服务或小礼物等以促成交易。

6. 回访和维护

为确保顾客满意和促使顾客再次购买产品,应进行回访和维护。结束后,销售人员应立即确定交付时间、采购条款和其他顾客看重的事项。

二、销售促进策略

1. 销售促进的概念

销售促进（Sales Promotion）也称营业推广，是营销活动的重要组成部分，由一系列激励工具（大部分是短期的）组成，旨在刺激消费者更快或更大量地购买特定产品或服务。

2. 销售促进的工具

销售促进的方法多种多样，营销人员在制订销售计划时可以根据营销需要合理选择适合企业的销售促进工具。销售促进的工具包括：①用于消费者促销的工具，如发放优惠券、有奖销售、发放赠品、现场演示和赠送样品。②用于中间商的工具，如降价和广告合作。③用于推销人员的工具，如销售竞赛和展览会贸易。

最新研究洞察 11-4

低价折扣不一定增加消费者购买倾向

想象一下，两种相同的产品在两家类似的商店出售，一家店的产品降价出售（10%的折扣），而另一家店的产品以原价出售（没有折扣），其中哪一个有更大的可能性被消费者购买呢？大多数人可能觉得打折产品有更大的可能性，因为它的价格更低。但事实是，这种情况并不总是成立，如对于一些低价的非必需品，折扣反而降低了消费者的购买倾向。

Cai、Bagchi 和 Gauri（2016）设计实验探讨了这一问题。在实验中，向 114 名参与者展示纸餐盘的价格。小包装条件下：5 个纸餐盘售价 2.5 美元，折后售价 2.25 美元；大包装条件下：50 个纸餐盘售价 25 美元，折后售价 22.5 美元。随后，参与者需填写一些量表来测量他们有多大的可能购买餐盘、这笔交易是有多好以及价格是否有吸引力。结果表明，在小包装条件下，提供折扣反而降低了购买餐盘的可能性，交易的吸引力也有所下降。相反，在大包装条件下，提供折扣增加了购买的可能性，并且即使折扣很小也被认为是很有吸引力的。

因此，低价折扣不一定增加消费者购买倾向，当产品是非必需品且数量很小时，提供折扣反而会降低购买倾向和价格吸引力。

资料来源：Cai F, Bagchi R, Gauri D K. Boomerang Effects of Low Price Discounts: How Low Price Discounts Affect Purchase Propensity. Journal of Consumer Research, 2016, 42（5）: 804-816.

3. 销售促进的效果

使用销售促进工具可以在短期内吸引消费者的注意力，并有效刺激消费者，引导其购买产品。销售促进工具包含一些给消费者带来附加价值的诱因，可以将一些潜在交易转变为实际交易，在短期内可能效果显著，但是经常使用销售促进的方法会降低品牌形象等无形价值，让消费者误以为产品滞销、急于抛售，对产品的质量和价格产生怀疑，从而产生信任危机。因此，要合理使用销售促进工具，通常将其作为一个辅助性和次要性的销售工具为营销人员所采用。销售促进虽然能在短期内获得显著效果，但不适合单独使用，通常需要配合其他促销方式合理搭配使用。

营销故事11-5

第五节　直接营销与互联网营销

一、直接营销

（一）直接营销的概念

直接营销（Direct Marketing）是指使用消费者直接渠道，在不使用营销中间人的情况下向顾客提供产品或服务。直销人员可以使用许多渠道来接触个人顾客、挖掘潜在个人顾客。通过这些营销渠道，可以从多个层面分析和衡量顾客信息，以达到更好的营销效果。

直接营销可以在潜在顾客有需要的时候满足他们的需求，因此会引起潜在顾客注意。直接营销可以让营销人员尝试其他媒体并且获得信息，以找到最具成本效益的方法。直接营销还使直销人员的动向和战略不易被竞争对手直观洞察。最后，直销人员可以观察消费者对营销活动的反应，以决定哪些是最具盈利性的。如今，许多营销人员与顾客建立长期关系，如给顾客发送生日贺卡、信息材料或小额赠品等。

（二）直接营销的形式

1. 直邮营销

直邮营销是指向消费者发送优惠、通知、提醒或其他产品的邮件的方式进行营销活动。使用邮件，直销人员每年可以发送数百万封邮件——信件、传单和折页纸等。直邮可以使营销人员方便地选择目标市场，满足目标消费者的需要，也可以个性化定制，并允许前期测试和效果衡量。然而，直邮营销也有很多的弊端，消费者可能因邮箱被信息堆砌而产生厌恶情绪。

2. 目录营销

在目录营销中，企业可以发送全系列产品目录、专业消费者目录和商业目录，通常是印刷形式，也可以是 DVD 或在线形式。许多直销商发现，将目录和网站结合起来是一种有效的销售方式。

3. 电话营销

电话营销是利用电话和呼叫中心来吸引潜在顾客，向现有顾客销售产品，并通过接受订单和回答问题来提供服务。它帮助企业增加收入，降低销售成本，提高顾客满意度。企业成立呼叫中心进行电话营销——接收来自顾客的电话，以及向潜在顾客和顾客发起电话。

4. 电视营销

电视营销是指营销人员通过电视节目的形式，向消费者介绍并推广产品，以达到其营销目的。此方法具有较强的趣味性和娱乐性，并且传播范围广泛，通常与电话营销相结合。

5. 网络直销

网络直销是指营销人员通过互联网向消费者推销其产品，并完成在线销售，通过物流将产品送到消费者手中，并完成网上支付和售后问题。

（三）直销中的社会与伦理问题

直销商和顾客通常保持互惠互利的关系。然而，也会出现很多的社会与伦理问题，如强行推销、硬性推销、直接推销、欺骗、欺诈以及侵犯隐私等。直销行业面临的问题，如果不加关注，这些问题将导致消费者的态度越来越消极，响应率降低。大多数直销商都希望真诚并精心设计的营销服务只针对目标受众。

二、互联网营销

互联网营销（Internet Marketing）是指利用数字化的信息和网络媒体的交互性来实现营销目标的一种新型的市场营销方式。互联网正逐渐取代传统媒体成为直接营销的重要载体，与顾客直接沟通和销售的最新和增长最快的渠道是互联网营销。

（一）互联网营销的优点和缺点

互联网能够超越时间约束和空间限制进行信息交换，使得营销脱离时空限制进行交易变成可能，企业有了更多的时间和更大的空间进行营销。互联网营销可以通过展示产品图像，提供有关的查询服务，来实现供需互动与双向沟通，还可以进行产品测试与消费者满意调查等活动。互联网上的促销是一对一的、有针对性的、消费者主导的、低成本与人性化的促销，能够与消费者建立长期良好的关系。使用互联网营销的缺点在于消费者可以有效地屏蔽大部分信息。网络营销在购买前无法提供消费者试用实体产品的机会，会造成消费者的心理落差，且营销信息很可能被黑客破坏。

总体而言，互联网营销利大于弊，互联网正吸引着各种各样的营销人员。例如，雅诗兰黛在官方网站上介绍新产品，提供特别优惠举办促销活动，并帮助顾客找到他们可以购买雅诗兰黛产品的商店。

（二）互联网营销的方式

企业选择何种形式的互联网营销将决定其是否能以经济有效的方式实现沟通和销售目标。互联网营销的方式通常包括以下几种。

1. 官网自营

官网自营是指企业设计能够体现或表达企业目标、历史、产品和愿景的官方权威网站，并在网站上发布产品信息，充分利用官网的公信力和吸引力以实现产品销售的目的。除了官网之外，企业还可以使用微型网站、单独的网页或作为主要站点补充的网页群。

2. 搜索广告

搜索广告是指潜在顾客通过浏览器搜索关键词查找所需产品时，搜索引擎根据顾客需求给出相应的结果。例如，当消费者用百度或360浏览器搜索任何一个词时，根据企业的出价和搜索引擎的算法，营销者的广告可能出现在结果的上方或旁边。

3. 展示广告

展示广告或横幅广告是包含文本和图片的小矩形框，企业付费将其放在相关网站上。浏览者越多，企业的成本越高。

4. 电子邮件

电子邮件是指营销人员用电子邮件或直邮告知消费者产品信息并与消费者进行沟通。然而，消费者被大量的电子邮件轰炸，许多人使用垃圾邮件过滤器过滤电子邮件。

5. 移动营销

移动营销是指通过消费者的移动设备递送营销信息。随着手机的普及，以及营销者能根据人口统计信息和其他消费者行为特征定制个性化信息，移动营销发展迅速。例如，2018年底全球智能手机用户数量达33亿，手机数量是个人计算机的两倍多。

本章小结

促销是营销组合4P中的重要元素，在刺激消费者购买欲望方面起着重要作用。促销的方式主要有广告、公共关系、人员推销和销售促进等。促销组合是对各种促销方式的适当选择和综合编配。整合营销传播的核心是通过整合企业内外部所有资源,充分调动一切积极因素以实现企业统一的营销传播目标。广告是一种重要的促销手段,企业要合理选择广告形式,考虑媒体的覆盖面以及传播效果。公共关系旨在促进或保护企业形象或其单个产品。销售人员是企业与顾客之间的纽带。优秀的销售人员对于营销具有重要意义。销售促进具有显著的短期效果,也是一种辅助性促销方式。直接营销是指企业不通过中间商直接向消费者提供产品或服务。直接营销的形式主要有直邮营销、目录营销和电话营销等。互联网营销成为直接营销的新模式。

重要概念

促销　促销组合　整合营销　广告　公共关系　销售促进　人员推销　直接营销
互联网营销

思考与练习

1. 什么是促销?促销的作用有哪些?
2. 促销组合应该包含哪些因素?
3. 什么是整合营销传播?它有哪些特征?
4. 什么是广告?应该如何开发广告?
5. 何谓公共关系?公共关系的手段有哪些?
6. 人员推销有哪些优缺点?应该如何设计销售队伍?
7. 什么是销售促进?其效果如何?
8. 什么是直接营销?直接营销有哪些形式?
9. 互联网营销有哪些形式?

案例分析

故宫文创:传统文化领域大 IP 的网络营销策略

随着新媒体营销时代的到来,博物馆如何有效利用线上营销方式增进其与公众的互动及关系维护,是当前各博物馆主要关注的课题。北京故宫博物院(以下简称故宫)采取的微博营销、微信营销、APP 营销等网上营销策略,收到了良好的效果,起到了示范作用。

一、新媒体渠道营销

（一）微信公众号"故宫淘宝"

"故宫淘宝"主打故宫文创产品的展示交流平台，在该平台上，顾客可以了解到故宫珍藏的历史文物，阅读有趣的故宫看点，直接购买故宫文创周边，还可以点击故宫淘宝链接进行全面浏览。该公众号可以进行粉丝管理，激发网友用微信分享消费感受，从而形成口碑效应，同时也可以兼顾精准营销和互动体验，提高品牌的知名度和美誉度。

（二）微博营销

微博作为内容营销中病毒式营销的重要载体，具有信息发布快捷、信息传播方便、提供互动平台等特点，时效性更强、互动性更大，是企业进行品牌推广、聚拢粉丝、提升影响力的重要选择。截至2019年10月28日，"故宫博物院"官方微博粉丝达822万人，而微信公众号"故宫淘宝"也拥有104万的粉丝量。

（三）APP营销

从2013年到现在，故宫已经开发了"韩熙载夜宴图""故宫陶瓷馆""紫禁城祥瑞""每日故宫"等10款APP，这些APP种类多样、功能齐全，将目标市场定位于不同年龄层次的消费者，根据其群体特征进行有针对性的设计。

二、内容营销

（一）品牌联合，实现借势营销

2018年8月，故宫文化服务中心联合农夫山泉推出了故宫贺岁瓶，瓶身设计选取了故宫博物院珍藏年画印，仔细观赏，可以看到小孩放炮仗、吹唢呐、玩游戏等充满年味的景象，也有孔雀开屏、喜鹊登枝等诗意盎然的场景。在年画的旁边还配上富有寓意的成语和打动人心的文案，让人在感受满满年味的同时，满怀对新年的憧憬和美好生活的渴望。

（二）推陈出新，多领域营销

故宫除了与各大品牌联名，自身也推出了不同类型的品牌。故宫文创产品涉足的领域还有文具、手机壳、雨伞等日常生活用品，让故宫文化深入人们的日常生活。

紫禁城已经不再是遥不可攀的红墙碧瓦，它早已将大门打开迎接新时代的到来。在文物保护利用、文化遗产保护传承、文创产品研发上不断创新，拉近了历史人物与人们的距离，寻找历史的痕迹，增强文化自信，为建设社会主义文化强国提供创新保障。

资料来源：时间荒野.故宫文创——传统文化领域大IP的网络营销策略.网易号.[2019-11-01].
http://dy.163.com/v2/article/detail/ESSQJGVI0548ALMS.html.

问题：

（1）故宫开设淘宝网店进行销售促进，用了哪些互联网营销手段？

（2）故宫淘宝采用了哪些广告形式推广文创产品？

（3）博物馆文创产品在新媒体条件下的营销推广具有什么重要的意义？

实践应用

2个小组针对本章内容进行课堂展示。一组展示一个全面的案例；另一组介绍企业调研，讲述企业真实的故事。

任务11-1 案例分析

任务11-2 企业调研

第十二章
营销组合理论的发展

本章要点

市场营销组合是指企业围绕消费者的需求，考虑企业能力、营业情况、营销环境和竞争状况等因素，对基本的营销要素（如产品、价格、渠道和促销等）进行搭配组合和合理运用，使其发挥有效作用，以帮助企业实现盈利目标，获得经济、社会双重效益。4P 是营销组合的基本框架，在此基础上衍生出 6P、7P 和 10P 等营销组合，进而又发展出 4C、4R 和 4V 等营销组合理论。

学习目标

通过本章的学习，读者应该：
1. 掌握 4P 营销组合的主要内容和特点。
2. 掌握 6P 营销组合的主要内容。
3. 理解 6P 营销组合的特点。
4. 理解 7P 和 10P 营销组合的主要内容。
5. 掌握 4C 营销理论的内容。
6. 理解 4R 和 4V 营销理论的主要内容。

营销导读

深度解读小米营销策略组合

小米利用互联网渠道推动了营销高峰，其粉丝数量和产品销售业绩都说明了其营销策略的成功。人们不禁深思，小米这一系列令人眼花缭乱的营销手段背后，到底隐藏着怎样的逻辑？小米又是如何借助营销利器席卷中国智能手机市场，并向国际市场迈进的?

小米以互联网为主要载体，以粉丝策略为核心，以全渠道为依托，打造出了"高效率、低成本"的营销模式，形成了小米的独门武功。从发展的过程来看，其经过了3个核心策略阶段，先后实现了销售产品、社群建设和品牌传播营销的目的。小米模式的核心是轻连接、活链接和心联结，小米通过三环相扣的方式，打造小米的营销模式，实现业绩超常规模提升和企业超速发展。

一、发展粉丝经济：以粉丝为核心

"无米粉，不小米"是小米公司一直以来的口号和信仰，"让每一位用户都成为小米一辈子的朋友"是小米一直以来坚持的宗旨。通过线上（小米社区、新媒体和小米商城促销）与线下（小米之家、小米家宴和米粉节）活动相结合的方式，不惜投入大量的时间和人力成本，为用户打造体验感和参与感，形成强大的粉丝群体。从一开始的"百人荣誉开发组"到后来的百万米粉，小米以一种让粉丝与小米公司"共享、共创"的精神和姿态，缩短了和粉丝之间的距离，形成了以粉丝营销为基础的粉丝策略。

二、线上线下互联：以全渠道的方式

小米没有将营销渠道局限于某一个方面，而是抓住一切能够帮助营销的手段，线上线下同时推进。一方面利用互联网，以事件营销、饥饿营销为营销手段，制造爆点、热点，保持用户黏度；另一方面在线下连接，以"新零售""线上线下优惠同享""线下体验、线上下单"等方法，让粉丝能够参与进来。

三、打造"爆品"模式：以迭代的方式

小米商城依托小米公司产品系和小米生态链产品系的天然优势，打造了一个爆品电商平台，上线的每一个产品都经过仔细打磨，以小米手机为产品主线路，覆盖各类配件产品及周边饰品。而由生态链企业供货的智能家居、生活用品等也都以小米风格为主，整体形成了简约、高质感、高性价比的产品特色。

为了提高产品品质，精准满足不同用户的需求，小米在做产品的过程中也下足了功夫，在MIUI的功能设计上，向用户开放了节点，橙色星期五实现MIUI开发版每周一更新，周二用户提交四格体验报告，反馈功能体验及新功能需求。如此一来，产品功能由用户来参与设计，再反过来满足用户需求，产品做好了，用户体验也增强了。好的产品不用销售，当每一款产品都能成为爆款，成为该领域的精品，相应的价值自然会凸显出来。

四、社会化营销

小米在社会化营销运营上布局很大，主要阵地有微博、公众号、论坛、贴吧和QQ空间，把每一个平台账号都当成一个产品来做，配备完整的团队去管理。通过

做社会化营销,提供优质内容,实现品牌传播,这一策略也带到了小米商城。例如,用户晒单评价中和客服互动的趣味内容,可以成为其他用户茶前饭后"划一划"的小料。

五、事件营销

小米擅长通过策划和组织具有新闻价值、社会影响的人物或事件,吸引媒体、社会消费者的兴趣与关注,提升企业品牌形象,促成产品销售。在小米手机青春版发布一个月前,即在微博上以"150克青春"为话题进行了一系列预热。接下来,小米公司的合伙人亲自出马,在中央美术学院拍了《150克青春》的短片。短片几乎包含了大学中的每一个经典场景。雷总打游戏,阿黎在拍照,穿着"adidos"的KK要约凤姐,林斌在看《金瓶梅》,洪峰调侃长时间没洗臭袜子,刘德在玩吉他,周博士在玩飞机。这个短片立刻为小米手机带来巨大的关注,小米手机青春版刚上线便卖掉了15万台。

小米营销可谓是中国企业营销模式升级的代表。传统企业营销注重有形资源的建设,在产品、渠道、广告投放上倾注大量的资源,而不具备这些资源条件的企业则很难壮大,小米超越了传统营销思维,超越了传统营销模式,也创造出了传统企业无法企及的商业成就。

资料来源:吴越舟,赵桐.已经发生的未来:小米启示录——深度解读小米营销策略组合.销售与市场网.[2019-2-22].

http://www.cmmo.cn/portal.php?aid=214584&mod=view.

第一节 4P 营销组合的扩展

一、营销组合的基本框架:4P

(一)营销组合的构成

4P是营销组合的基本框架,由美国营销学者麦卡锡在1960年提出,营销要素被其总结为4类,分别是产品(Product)、价格(Price)、渠道(Place)和促销(Promotion)。

（二）营销组合的特点

1. 可控性

营销组合是企业可以控制的因素。企业可以从目标市场的需求出发，自行决定产品结构、定价方式、渠道策略和促销方法等。如何运用和搭配这些营销方式，企业拥有自主决定的权利，但企业的外部环境却会对营销组合产生影响，如经济发展、人口比例和法律政治等因素，这些因素对企业而言是无法控制的。所以，企业在制定营销组合策略时，要充分了解目标市场需求的外部环境的变化，综合考虑于企业而言可控、不可控的因素，选择最优的营销要素进行组合搭配，这样有利于企业在营销市场上争得一席之地。

2. 动态性

营销组合是一个动态的组合。营销要素都是在不停地变化着的，同时它们又是相互影响着的，每一个要素都有可能会被另一个要素所替代。这是因为营销要素里存在多个变数，而只要有一个变数发生变动，整个营销要素就会被改变，从而导致新的营销组合的出现。所以，企业选定的营销组合可因一个要素的变动而不同。因此，企业应该实时关注营销市场和消费者需求的变化，并及时对营销组合的结构作出调整，让营销组合与市场环境之间存在动态的适应关系。

3. 复合性

营销组合是一个复合的系统。营销组合的4个主要要素（即4P）中各自存在着几个小要素，形成每个"P"的亚组合。因此，营销组合是一个至少包含2个层次的复合系统。企业在制定营销组合时，不仅要考虑如何搭配4个主要要素，还要安排好主要要素内部亚组合的匹配，使这些营销要素能够合理搭配、有效结合，实现功能的最大化。

4. 整体性

营销组合是企业从自身利益出发、围绕营销目标而制定的整体营销策略，企业的营销组合与市场营销的有关因素相互协调与配合，虽然这一过程是动态的、复杂的，但也能够发挥营销组合整体的作用。由于各个营销要素之间是相互独立的，所以会存在整体不够协调的问题，于是一些功能就会相互抵消，或者营销效果因受影响而变得不明显。然而，在营销组合的条件下，营销要素发挥的整体功能就会大于各个要素独立发挥的功能之和。因此，企业在选择营销要素的组合时，应该追求整体的最优，而不是各要素的最优。

二、大市场营销理论：6P

（一）大市场营销理论的来历

20世纪80年代，在经济全球化的大背景下，企业开始面临激烈的国际竞争，许多国家政府干预加强。菲利普·科特勒认为传统的营销组合不再适用于当代市场环境，由此提出了"大市场营销理论"，即 6P 营销组合，其各个要素分别为：产品（Product）、价格（Price）、渠道（Place）、促销（Promotion）、公共关系（Public Relationship）和政治权力（Political Power）。6P 营销理论指出，为了能够顺利进入市场并从事经营业务，企业在战略上采取经济、公关和政治等手段来获取各层级人士的支持与合作，从而实现企业的预期目的。

（二）大市场营销的特点

1. 目的是为了进入市场

在一般的营销活动中，市场是已经存在的，企业不需要考虑如何去开辟市场，所以了解市场对产品的需求是企业要解决的首要问题，可以帮助企业开展针对目标市场的营销活动。而在大市场营销的条件下，市场是"不存在"的，企业的首要任务是打开市场大门，而其面临的重要问题就是如何影响与改变公众和顾客等营销对象的想法、态度和习惯，让企业能够顺利地进入市场并开展营销活动。

2. 涉及范围比较广泛

在一般的营销活动中，企业的营销对象主要包含顾客、中间商、批发商和供应商等。而在大市场营销的条件下，企业的市场营销活动不仅涉及上述各方，还包括更广泛的组织和个人，如社会团体、工会和政府部门等机构，企业必须要争取到各层级人士的支持和合作来开辟市场。

3. 手段比较复杂

在一般的营销活动中，4P 营销组合是企业营销的基本手段。而在大市场营销的条件下，企业的营销手段是 6P 营销组合，与 4P 相比，增加的 2 个"P"分别是政治权力（Political Power）和公共关系（Public Relationship）。营销手段中的政治权力是指企业如果想要进入目标市场，就要找到掌握一定权力能够打开市场之门的人，这些人可能是企业高管或政府部门的官员等。要想获取这些"守门人"的支持和积极合作的态度，使企业能够得到预期目标，营销人员需要有超乎常人的游说和谈判能力。虽然有的时候，仅凭权力难以使企业进入市场并占有一席之地，但是通过各种公共关系和公关活动，企业可以逐渐在公众中打造良好的产品形象和企业形象，这往往能帮助企业达到更广泛、更理想的效果。

4. 需要投入较大的资本

企业投入的成本包括资本、人力成本和时间成本等。在大市场营销的条件下，企业要与各个层级的人打交道以减少或消除各种贸易壁垒，所以企业必须投入较多的人力和时间，花费较大的资本。

自科特勒提出"大市场营销理论"之后，越来越多的企业开始了解、重视大市场营销战略，并试图将其应用到企业的营销实践中。

三、营销理论框架:10P

由于科特勒非常重视战略营销过程,6P 被进一步发展成为 10P,并称原有的 6P 营销组合为战术性营销组合,而新提出的 4P 则被称为战略营销。科特勒认为,战略营销是战术性营销组合的基础,企业要想顺利制定战术性营销组合,首先应该完成战略营销的制定。新增加的战略营销 4P 包含以下内容。

1. 探查

探查(Probing)就是探查市场,即调查、研究和分析市场。通过市场调查,企业确定市场的组成、发现市场的需求和主要的竞争对手,以及思考如何使得竞争变得更有效。企业特别要注意确定市场需求是什么、什么需求得到了满足、什么需求还未得到满足。西方有句谚语:"哪里有未满足的需求,哪里就有商机。"因此,未得到满足的需求、现有的需求和潜在需求是把握市场机会的关键,但企业的目标和能力是决定市场机会能否进一步发展成为营销机会的关键。

2. 分割

分割(Partitioning)就是划分市场,即根据某种特征将市场分割成几个部分。每个市场都分布着不同类型的人,而不同的人会有不同的需求。例如,有些人需要买房子,有些人需要买汽车,有些人需要买证券;有些人想要质量高,有些人想要服务好,有些人想要价格低。分割的含义就是从顾客的需求特征出发,将顾客分为具有不同特征的消费者群体,这也被称为市场细分。通过市场细分,企业可以进一步明确顾客的具体需求,这就是探查市场的细分化和具体化。

3. 优先

优先(Prioritizing)就是按优先级排序,决定优先服务于哪些顾客。通过分割,市场被细分为许多需求相似的消费群体。企业的资源是有限的,而消费者的需求又是具有多样性的,企业没有办法满足所有消费者的需求,因此必须根据细分市场决定哪些消费者群体是其优先服务的对象,再最大限度地满足他们的消费需求。这样,企业就可以将资源和精力集中起来,发挥出企业的优势,把最好的服务提供给顾客。

4. 定位

定位(Positioning)就是市场定位,企业确定好目标群体的需求和服务对象后,使企业的产品在率先接受服务的顾客心目中处于一个个性鲜明且有吸引力的位置,这样能帮助企业在市场上打造良好的产品形象和企业形象,使产品在市场上占有一席之地。

为了更好地满足消费者的需求,也为了企业能够取得更佳的营销利益,营销人员应该熟悉有关企业产品、地点、价格和促销的营销策略,而为了实现这一目的,营销人员要先掌握探查、分割、优先和定位 4 种营销战略,懂得如何灵活运用公共关系和政治权利等营销技巧也是营销人员要具备的能力。这就是科特勒的 10P 理论,它是一个比较完整的营销理论框架(见图 12-1)。

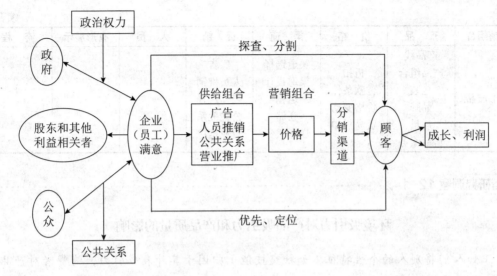

图 12-1　营销理论框架

四、服务营销组合：7P

传统的营销组合是 4P，其要素分别是产品、价格、渠道和促销。对于有形产品来说，有效管理这 4 个营销要素将有助于企业实现其产品营销的目标——获取更大的市场份额和利润。服务产品很特殊，消费者无法看到其实体，这也决定了服务产品的营销过程必然与有形产品有很大的不同。但它们之间相似的是，在选定了目标市场后，服务营销的重心也是放在选择正确的营销组合策略上，使企业能够满足目标顾客的需求，从而占领目标市场。与传统营销组合相比，服务营销组合 7P 也是具有特殊性的，它在传统 4P 的基础上增加了 3 个"P"，分别为人员（People）、流程（Process）和有形展示（Physical Evidence）。

服务产品是产品的一种类型，所以市场营销组合中的产品、价格、渠道、促销策略仍然适用于服务营销，但是关注重点发生了变化。表 12-1 对服务营销组合和有形产品营销组合进行了比较。

营销故事12-1

表 12-1　服务营销组合和有形产品营销组合的比较

营销组合	产品	价格	渠道	促销	人员	有形展示	流程
服务	服务范围 服务质量 服务水准 服务品牌 包装 保证	灵活性 区别定价 折扣 认知定价 付款条件	渠道设计 店面位置 可用的网络 仓储 运输	媒体类型 广告 宣传 公共关系 个性服务 营业推广 人员推销	员工招聘 员工培训 内部营销 顾客参与度 顾客教育 顾客行为	员工服装 设施设置 色彩 声音 招牌 招贴画	活动流程 标准化 定制化 员工授权 顾客参与

续表

营销组合	产品	价格	渠道	促销	人员	有形展示	流程
有形产品	产品线 产品组合 包装 品牌 质量 售后服务	折扣 付款条件 价格变动 贸易折扣	渠道选择 渠道设计 运输 仓储 递送服务	广告 人员推销 媒体选择 公共关系 营业推广			

最新研究洞察 12-1

环境吸引力对产品吸引力和产品质量的影响

正如人们将别人的个性特征（如社交技能）归因于其外表吸引力，消费者对产品的判断也基于产品的视觉吸引力。先前的研究已经调查了一些消费者感知产品吸引力的驱动因素，如产品的形状和颜色。但在审视消费者对产品的审美评价时，商品本身在很大程度上被忽视了。

所以，通过借鉴社会认知理论，这项研究探讨视觉环境（如网站和广告）的吸引力如何影响消费者对产品吸引力的感知。进一步，研究者探讨产品吸引力是否会影响消费者对产品质量的感知。在第一个实验中，研究者使用一些非常缺乏吸引力的网站来调查环境效应。而在第二个实验中，研究者以印刷广告作为环境来检验和扩展结论。此外，研究者还检验了产品更高的吸引力评级是否会转化为消费者更高的购买意愿。

在两项针对不同环境和不同消费者的实验中，研究者发现，不熟悉产品的消费者认为将产品放在有吸引力的环境中比放在没有吸引力的环境中更有吸引力，因此产品的质量也更高。当消费者熟悉产品时，有吸引力和没有吸引力的环境之间不存在差异。

这项研究扩展了人们关于产品美学的理论知识，并为管理者提供了关于产品吸引力的有效见解。

资料来源：SchnurrB, Brunner-Sperdin A, Stokburger-Sauer N E. The Effect of Context Attractiveness on Product Attractiveness and Product Quality: The Moderating Role of Product Familiarity. Marketing Letters, 2017, 28（2）:1-13.

第二节 4C、4R 和 4V 营销组合理论

21世纪是消费者的时代。世界经济在逐步发展，市场营销环境也在不断变化，表现为消费的个性化、人文化和多样化特征。无论是企业还是国家，谁拥有更多的消费者，

谁就拥有市场，谁就能获利。所以，企业之间竞争的本质其实是争夺消费者和市场。由于消费者在市场环境上的作用日益显著，美国营销学者罗伯特·劳特伯恩在20世纪80年代提出了4C营销组合理论。

一、4C营销组合理论

（一）4C营销组合理论的主要内容

越来越激烈的市场竞争和越来越快的信息传播速度，是经济高速发展的产物，这同时也意味着传统营销理论4P正面临越来越多的挑战。4C营销组合理论由罗伯特在1990年提出，从顾客需求出发，设置了新营销理论的4个基本要素。

1. 顾客

顾客（Customer）是指顾客的需求和欲望。企业必须首先了解、研究和分析顾客的需求和欲望，提供的产品应该要使顾客能获得满足感。与此同时，比企业提供的产品、服务更重要的是由此产生的顾客价值。4C营销组合认为企业一切的经营活动应该围绕顾客展开，顾客包括现有的和潜在的顾客。从4C营销组合理论出发，企业重视顾客的程度应该要高于产品，要以消费者为导向、以调动消费者积极性为目标。企业应该做到：①比起研发产品，企业应更注重创造顾客。②比起开发产品功能，企业应更注重满足消费者的需求和欲望。

2. 成本

成本（Cost）是指顾客愿意支付的成本。成本不仅是指企业的生产成本，还包括从生产过程到激发消费者购买欲望并使其发生购买事实的全部成本。其中，顾客发生的成本不仅包括金钱，还包括为此耗费的时间、体力和精力等。可以简单地把成本理解为生产成本加上交易成本，是产品价格的延伸。

3. 便利

便利（Convenience）是指顾客的便利性。企业考虑交易过程的便利性应该优先于渠道销售的选择和销售策略。企业应该把顾客的便利性置于重要位置，为顾客提供最大限度的、力所能及的购买便利和舒适的购物环境，并提供涵盖各个方面的质量服务，使顾客需求能够充分得到满足。与传统营销组合相比，4C营销组合更注重服务环节，强调企业既销售产品，也销售服务；消费者既可以购买商品，也可以享受便利。

4. 沟通

沟通（Communication）是指与顾客进行沟通。企业可以通过交流和互动等方式对内部、外部营销进行整合，以帮助企业和顾客的双方利益实现交融。企业应与顾客进行积极、有效的双向沟通，以便能够及时向顾客获取反馈信息。单边促销的使用不再适合企业的发展，供给方、需求方之间应该基于双方利益建立产销关系。

营销故事12-2

沟通是解决矛盾的最好办法,当企业和顾客进行双向沟通时,他们能够找到使目标得以实现的通途。

(二)4C营销组合理论的不足之处

尽管4C营销组合理论是在4P营销组合理论的基础上发展起来的,但4C营销组合理论也不是完美的。不同于4P营销组合理论只考虑企业,4C营销组合理论更关注顾客的需求,相比之下,4C营销组合理论有很大的进步和发展。但从营销环境的变化和发展趋势来看,4C营销组合理论仍存在以下不足。

1. 以顾客需求为导向,而不是以竞争为导向

企业要想赢得市场竞争,只考虑顾客是不够的,竞争对手也应引起企业的重视。以顾客为导向的企业虽然能够看到新的顾客需求,但是以竞争为导向的企业不仅看到了需求,还关注到了竞争对手,这样企业就可以理性地分析自己在市场竞争上的优势和劣势,并采取相关的措施,这样做有利于企业在竞争中谋发展。

2. 企业将面临同质化的挑战

4C营销组合理论虽然已经被运用到营销策略和行为中,但这会引起企业营销在一个新的层次上被同质化,企业难以形成营销特点和营销优势来保证顾客稳定和顾客积累。

3. 顾客需求存在合理性问题

顾客往往希望商品质量又好、价格又低,这意味着顾客们在价格方面的要求是可以没有界限。如果企业只关注到顾客需求,那么企业就会支出太多成本去满足顾客价格方面的需求,久而久之就会限制企业的发展。因此,"双赢"是企业长远发展所要遵循的原则,也是4C营销组合理论亟待解决的问题。

4. 企业过于被动地适应顾客需求

在4C营销理论里,企业被动适应顾客需求的情况比较严重。按照市场发展的要求,企业需要与顾客建立一种不同于传统的新型关系,这种关系是主动的、双赢的、互动的。

二、4R营销组合理论

与4P营销组合理论强调产品导向思维不同,4C营销组合理论以顾客为导向,但它却忽视了竞争导向,这显然不符合营销环境的变化。因此,基于日益发展的营销环境,唐•舒尔茨提出了4R营销组合理论,包含以下4个要素。

1. 关联

关联(Relevancy)即紧密联系顾客。如果想占有一个长久而又稳定的市场,企业应该竭尽所能去提高目标顾客对企业品牌的忠诚度。但是在日渐同质化的市场上,企业之间的竞争是非常激烈的,顾客的忠诚度也会发生变化,因为顾客更倾向于购买、体验不

同企业生产的产品和服务。为克服这一难题，企业应该以更有效的方式与顾客建立起联系，并形成一种双向的关系，使企业与顾客之间可以互助、互求和互需，减少顾客的流动和流失。

2. 反应

反应（Reaction）即提高市场反应速度。大多数企业倾向于将信息传递给顾客进行单项沟通，但沟通应该是双向的，倾听的重要作用往往被低估了。当代市场是相互渗透的，所以企业面临的问题不是如何制订和实施营销计划，而是考虑如何能够及时倾听顾客的内心、了解顾客需求的变化，并针对新需求迅速做出反应，从而提升顾客的满足感。

3. 关系

关系（Relationship）即重视与顾客的互动关系。当今市场环境下，竞争愈演愈烈，导致关系营销占据越来越重要的地位，如何能够与顾客之间发展长期而稳定的关系，成为占领市场的关键。因此，企业应该将交易视为一种和顾客建立互动关系的纽带，重视与顾客之间的互动关系，并将其作为营销工作的重点。

4. 回报

回报（Reward）是营销最终价值的体现，也是市场营销的源泉。对企业而言，能否给企业带来盈利是判断营销是否具有最终价值的关键。企业应该站在顾客需求的角度，为顾客提供优质的、有价值的产品和服务，追求市场带来的回报，并将市场回报视为企业向前发展的源泉。

与4C营销组合理论不同，4R营销组合理论最大的特点是以竞争为导向，基于不断发展的市场和日益激烈的竞争，它构建了一个新的营销框架，把企业与顾客之间的互动和双赢作为目标，要求企业既要满足顾客需求，还要主动为顾客创造需求。4R营销组合理论运用更加系统和优化的思想进行营销整合，强调企业需要通过关联、反应、关系和回报等方式与顾客建立独特的联系，从而形成企业的竞争优势。

三、4V营销组合理论

自20世纪80年代以来，高新技术迅速发展，与此同时，高新技术企业不断涌现，它们的产品和服务助推了市场的繁荣，使得营销理念和营销方法进一步被丰富和发展。在技术高速发展的背景下，国内学者提出了4V营销组合理论，包含以下4个要素。

1. 差异化

差异化（Variation）是指产品的质量、服务、营销等方面存在差异。一个企业为顾客提供的产品和服务不应该轻易被竞争对手替代。差异化营销的类型包括：①产品差异化：企业要想形成自有市场，那么它的产品和服务在某些方面（如品质和功能）一定要明显优于其他厂商，使之与其他产品区别开来。②形象差异化：企业在实施形象战略方面与其他企业存在差异。③市场差异化:企业之间也会因为市场营销条件和市场营销环境的不同而形成差异。

2. 功能弹性化

功能弹性化(Versatility)是指由于不同顾客的消费需求有所不同,所以企业会据此提供具有不同功能的产品供给。企业可以增加一些功能使产品变为高档品,也可以减少一些功能使产品变为中、低档消费品,这样顾客就可以根据自己的消费习惯和支付能力选择与其具有相对应功能的产品。20世纪80年代,许多企业盲目追求产品功能的多样性和全面性,使得产品功能缺乏弹性,导致了营销的失败。

3. 附加价值

附加价值(Value)是指除了产品的原价值,企业通过劳动资料等方式在产品上新增的价值。当今时代,核心产品和形式产品不再主导产品竞争,附加产品表现出了很明显的竞争优势。当代营销新理念应着眼于产品的"附加价值化",使产品具有高附加价值。为了实现营销目的,企业可以从3个方面切入:①提高技术创新的附加价值比重,变技术创新为价值创新。②通过创新性营销提升产品的附加价值。③提高产品形象或企业形象进而提升附加价值。

4. 共鸣

共鸣(Vibration)是指企业通过保持高竞争力和持续占领市场为其带来价值创新,在给顾客带来"价值最大化"的同时,实现企业的"利润最大化"。共鸣强调让企业创新能力与顾客价值相联系,实现双赢。顾客只有在实现整体价值最大化后,才愿意支付顾客整体成本的全部,企业才能实现利润最大化。

本章小结

营销组合是现代营销理论的一个重要概念,说明在某种程度上市场需求会受到营销要素的影响。为了实现营销目标,企业需要对各种营销要素进行有效的组合。营销组合中所包含的营销要素很多,迄今为止影响最大的营销组合是4P营销组合理论,它是营销组合的基本框架。此后,营销组合在多个背景下发展成6P、10P以及服务营销组合7P。此外,有些学者认为,当环境出现新的变化时,传统的4P营销组合理论出现了局限性,于是提出了4C、4R和4V等新的营销组合理论来变革4P营销组合理论。

重要概念

4P 6P 10P 7P 4C 4R 4V

思考与练习

1. 4P 营销组合理论有哪些特点?
2. 大市场营销（6P 营销组合）理论的主要内容有哪些?
3. 服务营销组合与产品营销组合有哪些异同点?
4. 4C 营销组合理论有哪些优点?
5. 4R 与 4V 营销组合理论的主要内容有哪些?
6. 营销组合理论经历了怎样的发展与演变?
7. 结合事实，选择一个企业谈谈其运用了怎样的营销组合理论。

案例分析

农夫山泉再推新品，果汁品类提速发展

农夫果园 2003 年上市 30% 混合果汁饮料系列，时隔 16 年农夫果园诚意满满升级新品，将新品的果汁含量从 30% 提升到 50%。新浓度、新口味、新包装，这位饮料巨头，也在向外界传达不一样的行业信息，续写曾经"喝前摇一摇"的神话。

目前，我国低浓度果汁（果汁含量≤25%）占据近八成的市场份额，但随着消费观念的提升，中高浓度果汁（果汁含量＞25%）迎来了广阔的市场发展空间。但在中高浓度果汁领域，行业尚未形成巨头的垄断，农夫果园此举切合时机，意图明显。

有人辞官归故里，有人星夜赶科场。近日来，一面是汇源果汁退市风波闹得沸沸扬扬，一面是农夫山泉强势升级中浓度果汁，中国果汁市场好不热闹。

其实，农夫山泉 2019 年在果汁市场动作频频，它不仅在低温 NFC 果汁领域频繁推新，构建出更完整的产品体系；还将新推出的农夫果园果汁浓度从 30% 提升到 50%，并力图实现产品系列化。

八年育橙，十年求索。农夫山泉在 2016 年成功推出了低温 NFC 果汁"17.5°"。同年，常温 NFC 果汁上新，保质期长达 120 天。

2019 年 6 月，农夫山泉推出低温 NFC 果汁系列新品，逐渐形成苹果汁、橙汁、芒果混合果汁、蓝莓葡萄混合汁四大口味。继 17.5° NFC 果汁后，努力实现 NFC 果汁产品差异化，强势收割低温果汁市场。

至此，农夫山泉在 NFC 果汁领域形成 3 款果汁产品，正着力打造快销品+农业之路。这也预示着农夫山泉的跨界之举经过 10 年的求索终于修成正果，在鲜果和冷压果汁方面进入新的发展阶段。

在中浓度果汁市场（果汁含量为 26%～99%），农夫山泉旗下代表品牌农夫果园推

新，区别于传统的果汁口味，农夫果园此次以桃子、葡萄作为主打风味，并将果汁浓度由 30% 升级为 50%。

当下，高浓度果汁和中浓度果汁呈现良好的发展态势，果汁市场正面临着一场结构性升级。农夫山泉旗下果汁产品创新升级，切合时机，有利于快速提升市场份额。农夫山泉高浓度果汁形成三大系列、多种口味的产品矩阵，中浓度果汁再创新升级，其果汁版图愈发强大。

资料来源：康思龙. 农夫山泉再推新品，果汁品类提速发展. 食品饮料招商网. [2019-12-18]. http://www.3490.cn/news/38447.html.

问题：

（1）农夫山泉多次在果汁界推出新品的原因是什么？

（2）根据本章内容，针对农夫山泉的新产品，你有什么好的营销建议？

实践应用

2 个小组针对本章内容进行展示。一组展示一个全面的案例；另一组介绍企业调研，讲述企业真实的故事。

任务12-1　案例分析

任务12-2　企业调研

第十三章 服务营销

本章要点

如今,服务营销已经在社会生产力和科学技术的推动下得到了迅速的发展。消费者收入水平的提高带来了对服务需求的提高,服务营销在市场营销领域中举足轻重。当今,企业的竞争已经逐渐表现为服务的竞争,而服务营销便是服务竞争中的一把利刃。因此,企业纷纷选择开展服务营销,并努力将有形产品与无形服务组合以提升竞争力。服务营销与传统市场营销有着相似之处,但服务营销也具有其特有的要素、特点和策略。

学习目标

通过本章的学习,读者应该:
1. 理解服务的概念、特点和分类。
2. 掌握服务营销的要素。
3. 理解服务质量的概念。
4. 理解服务质量的维度与测量。
5. 掌握服务差距模型。
6. 掌握服务营销策略的内容。

营销导读

服务业改革加速,开放程度进一步加深

提高服务业的发展质量和水平,是保障和改善民生的重要手段,是建设现代化经济体系的重要支撑,对新旧动能转换、稳增长和稳就业的贡献显得日益重要。未来服务业改革将进一步加速,进一步打破垄断,推进开放程度,优化服务业发展环境。

国家统计局数据显示,2018年第一季度,我国服务业继续保持平稳、较快发展态势,新经济、新动能加速成长,经济结构继续优化升级,服务业经济运行开局良好。第一季度,服务业增加值超过11万亿元,同比增长7.5%,增速比第一产业和第二产业分别高出4.3个和1.2个百分点,继续领跑国民经济增长。服务业增加值占全国GDP的比重由2017年同期的56.3%提高到56.6%,比第二产业高出17.6个百分点;对国民经济增长的贡献率为61.6%,比第二产业高出25.5个百分点。服务业继续发挥国民经济第一大产业和经济增长主动力作用。同时,服务业新动能快速成长,结构不断优化升级。现代新兴服务业对服务业生产增长的贡献率达到52.9%,分别高于2017年同期、2017年全年18.5个和12.7个百分点。

但与此同时,业内专家表示,目前仍然存在不少阻碍服务业发展的因素。服务行业仍然存在不小比例的行政垄断或市场垄断,这与我国市场化改革进程严重不适应,需要进一步打破服务业领域的行政垄断、行政管制和行政壁垒,放开竞争性领域非基本公共服务领域的价格管制。推进以服务业市场开放为重点,在完善市场经济体制以及推进服务业市场方面作出相应的政策和体制调整。

针对这一情况,湖北和江苏等地连续出台政策推进服务业改革。湖北省发布了进一步加快服务业发展的意见,针对发展不平衡和不充分等问题出台措施。计划到2022年,全省服务业增加值比2015年翻一番,服务业增加值占GDP的比重将由2017年的45.2%增至超过50%,现代服务业占服务业比重超过70%。

资料来源:晓宇.服务业改革加速,开放程度进一步加深.经济参考报.[2018-05-09].
http://dz.jjckb.cn/www/pages/webpage2009/html/2018-05/09/content_43230.htm.

第一节 服务营销概述

一、服务的内涵与分类

(一)服务的内涵

美国市场营销协会(American Marketing Association,AMA)认为:"服务是可以满足消费者需求的、不一定要依托有形产品,且即使借助有形产品也不涉及所有权转移问题的一种可被识别的活动。"

格鲁诺斯(Gronroos)认为:"服务是在顾客、服务人员或服务系统之间的可解决消费者问题的一种无形行为。"

菲利普·科特勒（Philip Kotler）认为："服务本质上是无形的，一方向另一方提供的不会产生所有权变化的活动或利益。"

综上所述，可将服务定义为：服务是在多方人员间发生的，可以解决顾客问题但可不依赖实物的无形活动。在这一定义中，至少包括3层含义：①服务一般是无形的，但可以与有形产品结合。②服务是在顾客、服务人员或服务系统之间发生的。③服务可以解决顾客的问题。

（二）服务的分类

1. 按照自由度划分

自由度较低的服务，具有统一的服务标准，在这种情况下服务人员和顾客通常无法选择服务的方式，如公交车服务；对于自由度高的服务，服务方式多种多样，服务人员发挥空间较大，顾客也具有多种选择，如律师服务。

2. 按照供求关系划分

对于供给和需求相对稳定的服务，顾客的需求通常都可以被满足，如银行服务；对于供给和需求并不稳定的服务，顾客的需求基本可以得到满足，如电力服务等，有时会超出供应能力，无法满足所有顾客的需求，如餐饮服务等。

3. 按照接触顾客的方式划分

可以根据服务机构是近距离还是远距离为顾客提供服务，是主动还是被动地接触顾客而划分成：①服务机构可近距离、被动地接触顾客，如电影院是被动等待顾客走进电影院观看电影。②服务机构可近距离、主动地接触顾客，如服装店的导购会主动到顾客身旁提供建议。③服务机构可远距离、被动地接触顾客，如地方电视台的节目录制是远离观众的，而是否观看节目取决于观众的意愿。④服务机构可远距离、主动地接触顾客，如电话广告通常是远距离主动给顾客打电话进行推销的。

二、服务的特点

1. 无形性

无形性，也称不可触知性。产品和服务之间最根本的区别在于服务是无形的，而产品是有形的，服务不能像实体产品那样被触摸、品尝或看到，但服务是可被感知的。例如，体检时，你可以看到医生、听到医生的声音，但这项服务本身是无形的，这对营销人员来说就极具挑战性。营销人员很难传达某项服务的好处。因此，服务提供商向顾客提供提示信息以帮助顾客更好地体验并理解服务。例如，医院可以在候诊室配备电视机、饮料和舒适的椅子，来营造一种令人舒适的氛围。

由于服务的无形性，营销人员使用的服务形象必须体现并强化服务所提供的利益或价值。专业服务提供者，如医生、律师、会计师和顾问，提供的服务是否被接受在很大程度上取决于顾客对其的信赖程度，但他们也需要通过促销活动推销产品。

2. 同步性

同步性，也称不可分割性，即服务的生产和消费是不可分割的。例如，理发时顾客不仅在场，而且可以参与服务过程，此外，顾客与服务供应商的互动可能会使顾客对服务感知的结果产生重要影响。如果发型师服务很周到，可能会对你的服务体验产生正向影响。

服务的生产和消费是不可分割的，服务购买风险相对较高，因此服务供应商有时会提供延长保修服务。例如，宜必思酒店提供 15 分钟的服务满意度保证，提升了顾客的忠诚度。

3. 异质性

异质性，也称可变性。一项服务所需的服务人员越多，服务质量就会更加具有可变性。例如，一家餐厅同时提供食品和服务，通常可以控制其食品质量，但不能控制食品配送过程中的可变性。商家可能通过更换、退货或退款解决顾客遇到的问题。很多情况下，这些问题甚至可以在产品进入顾客手中之前解决，营销人员也可以把服务多元化作为自己的竞争优势。其他服务供应商则通过用机器代替服务人员来减少服务可变性带来的问题。例如，简单现金交易服务，使用 ATM 通常比排队等候更快、更方便，可变性更低。

4. 易逝性

易逝性，也称短暂性。服务因其不能被储存以备未来使用而表现出易逝性。服务的易逝性要求市场营销人员必须匹配服务的需求与供给。只要服务的需求端和供给端紧密匹配，服务的易逝性就不太可能产生问题，然而，这种完美的匹配现实中很少存在。例如，在周末和节假日游乐场往往供不应求，而非高峰时段需求明显减少，因此游乐场通常在淡季提供较便宜的门票来刺激需求。

三、服务营销的产生和发展

在亚当·斯密时代人们就对服务有了研究，但是服务营销作为一门学科却只有几十年的历史。从产生与发展的历程来看，主要经历了以下 3 个阶段。

1. 产生阶段

拉斯梅尔（Rathmell）提出服务营销不同于有形产品营销的观点，他认为在市场营销学中服务营销也应该纳入研究范围，同时研究服务营销的方法不应与研究传统市场营销学的方法相同。20 世纪 70 年代，许多学者纷纷提出关于服务营销的经典性论述。

1979 年，美国市场营销协会首次召开的关于服务营销理论的学术会议标志着服务营销研究进入了新的阶段。这个阶段最主要的贡献是对服务无形性、同步性、异质性及易逝性的特点进行了阐述，同时证明了服务营销与传统的市场营销存在区别，应采取不同的研究方法对服务营销进行研究。

2. 探索阶段

20世纪80年代上半期是一个百家争鸣的时期，这一阶段的研究完全建立在第一阶段的研究成果基础之上，这一阶段有2种有关外部环境的倾向，引发了对服务营销的深入研究。

（1）20世纪80年代初期，激烈的价格竞争和新对手的出现使服务营销成为决定企业命运的关键。这种强烈的需求加强了实践者与理论者之间的沟通，使服务业的管理者与市场营销专家联手应对挑战。

（2）美国市场营销协会以服务营销为主题的学术会议对服务营销的发展予以肯定，极大地鼓舞了理论界对服务营销的研究热情。

3. 理论突破和实践阶段

20世纪80年代后半期，人们认可了服务营销的7种要素，即7P。随着7P的提出并得到广泛认同，学者们开始进行与7P有直接或间接相关的研究，包括对内部市场营销、服务文化、员工和顾客满意、全面质量管理、服务设计以及市场定位战略等的研究。有关服务营销的图书迅速得到发表，贝特森（Bateson）的《管理服务营销》和洛夫洛克（Lovelock）的《服务营销》是其中的经典。

四、服务营销的要素

布姆斯（Booms）和比特纳（Bitner）在1981年将市场营销中的4P增加为服务营销中的7P，即增加了人员、过程和有形展示。这些要素构成了服务营销的7P理论。

1. 产品

服务产品包括核心服务、便利服务和辅助服务。核心服务是指满足顾客最基本需求的服务，如航空企业的核心服务是交通运输服务，医院的核心服务是治疗疾病；便利服务是指为推广核心服务而为顾客提供的能为顾客带来方便的服务，如航空企业的接送机服务、医院的预约服务等；辅助服务是指增值服务或带来差异性的服务，如旅行社为游客安排的行程中，提供的其他服务都是其增值服务。

2. 渠道

服务营销在不断发展的过程中除了直销，还需要通过中介机构等渠道进行分销。中介机构主要有代理、代销、批发和零售等。例如，演唱会、展销会、博览会及篮球比赛等，往往经中介机构推销门票。分销可以迅速扩大服务营销的范围，因此服务营销的分销地点就显得尤为重要。

3. 价格

价格会受到服务人员的能力、经验或其他因素的影响。服务质量往往无法做到完全一致，因此难以界定统一的标准。顾客对于服务质量的感知是模糊的，因此服务行业往往在定价方面有很大的灵活性。例如，淡季时航空企业会降低机票价格吸引顾客；旅店在深夜时也会降低价格吸引顾客，从而不让自己的空房间浪费。

4. 促销

企业的促销活动应尽可能结合有形产品，从而增强顾客对于无形服务的感知。例如，当顾客第一次走进一家咖啡厅时，咖啡厅的品牌标志、外观在进门前就已经使顾客对于咖啡厅有了第一印象的判断。只有印象能够满足要求，顾客才会走进咖啡厅，紧接着咖啡厅的环境布置、店员的穿着会影响顾客是否真的在这家店内购买一杯咖啡。

5. 人员

由于能够直接接触顾客从而影响顾客服务体验，因此服务人员成为企业服务营销不可忽视的一个重要因素。服务人员的服务表现和服务销售往往可以最直观地表达服务质量。因此，服务企业必须将服务人员的选拔、培训和管理放在首位。

6. 过程

服务过程是指服务的传递顺序和内容，以及整个体系的运作规则和方法。服务过程应当是流畅的、易懂的。在服务过程中，顾客主要通过服务人员感受服务质量，服务过程中很多服务是在后台进行的，并通过服务人员传达给顾客，如当顾客在向客服人员进行咨询时，后台正在进行大量的数据处理并对相关文件进行分析，接着进行顾客跟踪，再将适合顾客的解决方案通过客服人员反馈给顾客。因此，服务过程管理需要同时管理好前台的服务和后台的服务，前台第一时间接触顾客，可以直接影响顾客对服务的感知，而后台往往工作量更大、技术性更强。

7. 有形展示

有形展示是指服务人员在提供服务的同时表现出的有形因素，如服务环境、服务人员着装等。在实际购买和体验服务之前，顾客基本上无法对服务进行全面的了解，因此为了增强顾客的信任感、促使顾客购买，企业应通过服务的有形展示向顾客展示服务环境、服务情况和服务透明度，将无形的服务先通过有形展示让顾客可以感知到，促使消费者作出是否要购买服务的决定。

最新研究洞察 13-1

服务人员着装对企业形象的影响

服装是非语言交际的一种形式，服务人员的穿着直接影响着顾客对服务体验的期望。员工着装不仅会影响员工的工作绩效和企业的社会认同，还会影响顾客对服务企业的价值判断以及忠诚度。Wang 等人（2019）从美国权威杂志《FSR》的列表中选择了 25 家最受欢迎的餐饮连锁店，在美国东南部的一所公立大学的一堂"商品推销"课程中，对上课的大学生进行了一项研究。研究人员要求学生们选择他们和家人一起去过或熟悉的十大餐厅。在数据收集的过程中，询问被试者一些问题以了解他们在餐厅就餐的频率，与餐厅服务人员进行互动的时间长度以及对服务人员着装的评价等。这项研究的结果证实了员工的着装对顾客感知到的企业形象具有正向影响。此外，对于那些具有时尚生活个性的顾客来说，这种正向效果更显著。具体来说，对于以时尚为导向的顾客，服务人员恰当的着装对顾客感知到的企业形象的正向影响变得更强。此外，员工独特的审美特征和愉快的互动也显著增强了顾客与员工之间的关系。

研究表明，员工着装的适当性提高了顾客对于企业形象的感知，员工独特的审美特质以及与顾客愉快的互动也增强了顾客与企业之间的关系。

资料来源：Wang Y C, Lang C. Service employee dress: Effects on Employee-customer Interactions and Customer-brand Relationship at Full-service Restaurants. Journal of Retailing and Consumer Services, 2019, 50: 1-9.

第二节　服务质量管理

一、服务质量管理的内涵

顾客会将期望的服务质量与实际体验的服务质量进行比较，这是服务质量管理的假设前提。企业能获得较高的顾客满意度的前提是顾客所期望的服务质量水平低于实际感受到的服务质量。如果顾客实际感受到的服务质量低于期望值，企业的服务质量水平会被顾客认为是比较低的。

营销学界一般认为，顾客感知到的服务质量包括结果质量和过程质量 2 个方面。结果质量就是服务的结果，是顾客在服务结束后得到的成果。由于结果质量与企业技术的有形内容相关，顾客易于客观地感知和评价。过程质量是指企业提供服务时的各方面行为，以及顾客以何种方式感受与获得服务。过程质量受到员工的服务形象、态度、方式、程序和行为等方面的影响，较为无形。因此，获得客观的评价过程质量也比较困难。所以，在过程质量评价中起着主导作用的是顾客的主观感受。

二、服务质量的维度与测量

（一）服务质量的五大维度

当今的市场营销学越来越强调营销人员了解顾客期望的重要性，这是满足顾客期望的前提。

1. 可靠性

可靠性是指可靠而准确地为顾客提供服务的能力。可靠性要求企业具有准确、可靠地为顾客服务的能力。从更广泛的意义上说，可靠性是企业履行其承诺、快速准确地响应其服务，并在指定时间内完成这些承诺的能力。

2. 响应性

响应性是指服务提供者愿意帮助顾客并提供及时服务。这个维度强调在回复与处理顾客的请求、询问和投诉的时候必须表现出热情与及时。一旦顾客的等待时间过长并感到被忽略，顾客感知会因此受损。顾客感知服务质量越来越强调服务的快速响应，快速响应也是满足顾客的一个重要方法。

3. 信任性

信任性是指员工具有传达信任和信心的能力，因为员工礼貌而知识丰富，能够解决顾客的问题。员工应该尽力为顾客服务以获取顾客的信任，让顾客有安全感。这意味着员工要真诚待人，能够利用自身的知识和技能来帮助顾客，因此，企业需要培养出有良好品质和训练有素的员工。

4. 移情性

移情性要求服务者对顾客提供个性化的服务。为每一位顾客设身处地着想，在服务过程中可以充分考虑顾客的实际情况。移情性的本质是让每一位顾客都感受到独特的服务，这就需要个性化和定制化的服务。移情性指标良好的表现包括服务者接近顾客、对他们的需求敏感以及有效理解顾客。

5. 有形性

有形性是指服务组织策略性地提供有形事物来帮助顾客识别和理解服务。顾客在服务过程中能够直接感知的有形事物是有形的服务线索，顾客可以通过线索预先判断服务质量的好坏，如高档的座椅暗示着咖啡厅可能会提供很好的服务。以有形性作为关键指标的行业，离不开设备及装饰品等实物行业的支持，如餐馆、超市和游乐场。

> **最新研究洞察 13-2**

品牌体验和服务质量影响顾客参与度

服务质量通常反映出顾客对产品或服务的看法和价值判断。那么,品牌体验和服务质量对顾客参与度有什么影响呢?

Prentice 等人(2019)收集了航空旅行乘客的数据,包括品牌体验、品牌喜好、顾客参与度等。研究表明,品牌体验对品牌喜爱度和顾客参与度具有显著的影响。品牌体验体现在与品牌的不同联系上,促进了乘客与航空企业的情感联系,从而激发乘客的参与行为。品牌体验会对顾客具有重大影响,研究表明,乘客在航空企业的经历不仅会影响乘客对所选航空企业的情感和态度,而且还会影响乘客与企业的关系以及忠诚度。

由于航空企业之间的激烈竞争,为了吸引顾客,企业不仅要关注乘客的飞行乘坐体验,还应关注如何进一步提高乘客对企业的满意度。在航空业中,企业提供的服务会影响顾客的体验,乘务员提供的优质服务会显著增强顾客的体验。此外,其他因素也会影响服务质量,如服务人员的不同特征和个性。

服务质量反映了企业提供的服务水平。从顾客的角度来看,企业应该提供优质的服务以满足顾客需求。为了吸引顾客,企业重点应该放在增强顾客体验上。此外,服务对顾客参与度有直接影响,良好的服务有助于深化顾客与企业的关系,加强顾客对于企业服务和情感上的依赖。

资料来源:Prentice C, Wang X, Loureiro S M C. The Influence of Brand Experience and Service Quality on Customer Engagement. Journal of Retailing and Consumer Services, 2019, 50: 50-59.

(二)服务质量的测量

基于以上 5 个维度,研究人员开发了 SERVQUAL 量表,即 "Service Quality"(服务质量)。研究人员指出,在顾客可忍受的最低水平和可以交付的服务水平之间,存在一个服务维度的范围。

美国营销学专家在 20 世纪 80 年代基于全面质量管理的理论在服务行业提出一种新的服务质量评价系统,它的理论基础是"服务质量差距模型",SERVQUAL 认为,顾客感知服务质量和顾客期望的服务水平之间的差异程度将最终决定服务质量,因此也称为期望—感知模型。顾客期望是优质服务发展的前提,提供优质服务的关键是超越或满足顾客的期望,其模型为

$$SERVQUAL 分数 = 实际感受分数 - 期望分数$$

因为市场营销学家假定顾客通常会使用 5 个不同的服务维度来评估总体服务质量,所以 SERVQUAL 模型直接遵循了这一研究成果将服务质量分为 5 个层面:可靠性、响

应性、信任性、移情性和有形性,每一层又进一步细分为几个问题。SERVQUAL 模型要求通过问卷调查,收集顾客对每个问题的期望值、实际感受值和最低可接受值的数据,并由其相关的 22 个具体因素来说明 5 个不同的服务维度。然后综合问卷调查、顾客评价和综合计算得到服务质量评分,见表 13-1。

表 13-1 SERVQUAL 模型

维　　度	组　成　项　目
有形性	应该有现代化的服务设施
	服务设施应该具有吸引力
	员工有整洁的服装和外套
	企业的设施与档次相匹配
可靠性	企业可以向顾客承诺提供额外的服务,而且能及时完成
	顾客遇到问题时,企业会表现出关心并帮助顾客解决问题
	企业是可靠的
	能在规定时间内提供所承诺的服务
	企业可以告诉顾客何时提供服务
响应性	员工能及时告知提供服务的时间
	企业能及时地提供服务
	员工总是愿意帮助顾客
	员工即使太忙也会满足顾客的需求
信任性	员工是值得信赖的
	顾客在交易时感到轻松自在
	员工是有礼貌的
	员工可以从企业得到适当的支持,从而提供更好的服务
移情性	企业会针对顾客提供个别的服务
	员工会给予顾客特别的关心
	员工应当了解顾客的需求
	企业提供的服务时间可以满足所有顾客的需求
	企业优先考虑顾客的利益

这种模式在过去的 10 年里,为管理者和学者所广泛接受和采用。该模型从 5 个角度评价顾客所接受的不同服务的质量。最近发现,在测量信息系统的服务质量时,SERVQUAL 模型同样适用。营销人员在评估服务质量和确定服务质量改进措施时将 SERVQUAL 模型作为主要工具。

(三)服务质量差距模型

顾客对自己从企业得到的服务有一定的期望。当顾客感受到的服务质量未能满足他们的服务质量期望时,服务差距就出现了。服务质量差距模型旨在鼓励商家系统地检查服务提供过程的所有方面,并制定最佳服务策略所需的步骤。服务质量差距模型,如图 13-1 所示。

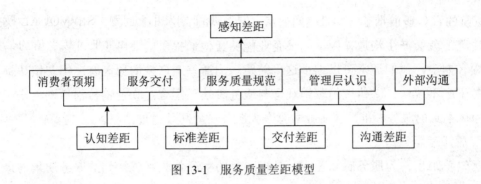

图 13-1 服务质量差距模型

1. 认知差距

认知差距反映了顾客期望和企业管理者对顾客期望的认识之间的差异。企业可以通过使用营销指标（如服务质量和可容忍差距范围）进行研究确定顾客真正想要的是什么，从而缩小这一差距。管理者对顾客期望服务质量的认识错误造成了认知差距。例如，医院管理人员可能认为患者想要更好的食物，但患者可能更关心护士的服务质量。认知差距产生的原因有：①企业掌握的顾客需求与期望信息不准确。②企业对期望的解释信息理解不准确。③企业没有进行需求分析。④企业与顾客联系的渠道反馈给管理者的信息失真。⑤企业管理层对顾客期望的认知因为过多的组织层次而受到阻碍，使认知与顾客的实际期望存在差异。

2. 标准差距

标准差距是指服务质量标准与管理者对质量期望的理解不一致而产生的差距。通过制定适当的服务标准，培训员工使其达到或超越这些标准，并衡量服务绩效，从而缩小这一差距。有时企业会因追求效率而产生标准差距，如医院管理员可能会默许护士为了节约时间而不向患者提供细心的照顾的行为，原因如下：①服务执行标准不当。②服务执行标准管理混乱。③组织没有明确的目标。④最高管理层对服务质量标准的支持力度不够。

3. 交付差距

交付差距是指企业的服务标准与其向顾客提供的实际服务之间的差距。通过授权服务供应商、给员工奖励以及在适当情况下使用技术手段，使员工在提供服务时达到或超越其服务标准，从而缩小这一差距。例如，一边需要花时间聆听顾客的要求一边又需要快速为其服务，这对员工的要求较高，员工可能无法达到服务标准。之所以存在这种差异，是因为在服务的生产和交付过程中，员工的行为没有达到规定的质量标准，这是因为：①标准太复杂或要求太高。②员工可能用自己理解的服务方式代替了服务标准。③标准与现有企业文化冲突。④服务质量管理混乱。⑤内部营销不足或根本没有开展。⑥技术和制度不利于按照标准开展工作。

4. 沟通差距

沟通差距是指企业向顾客提供的服务与企业推广计划所承诺的服务之间的差距。例如,医院的宣传册展示了一间漂亮的病房,但实际的病房却让患者觉得它既廉价又俗气,这种情况下就会产生沟通差距。如果企业能够让他们提供的服务更切实际,同时有效地管理顾客期望,他们通常可以缩小这一差距。沟通差距产生的原因有:①营销传播计划与服务生产不统一。②传统的营销观念与服务者缺乏配合。③营销传播活动承诺了企业实际中达不到的服务标准。④企业故意夸大服务质量和承诺过多服务。

5. 感知差距

感知差距也称为服务感知差距,是指顾客的实际体验和感知到的服务质量与最初期待的服务质量之间的差距。感知差距也有可能是因为服务质量超过了顾客服务质量期望而形成。上述4种服务差距所形成的总体差距就是顾客感知差距。这种差距是指期望的服务和感知及经历的服务不同,会带来以下结果:①消极的质量评价(质量差)。②口碑不好。③对企业形象的负面影响。④失去生意。

三、服务质量改进

从开始制订服务计划到顾客实际感受到服务的过程中,存在着5种服务差距,这些差距最终决定了顾客的态度。感知差距形成的原因是其他4个服务差距的结果。因此,研究重点是如何避免认知差距、标准差距、交付差距和沟通差距,提高服务质量。

1. 认知差距

了解顾客的期望是减少认知差距最重要的方式。企业要进行顾客研究,大幅增加员工和顾客之间的互动和交流。顾客根据他们的知识和经验来进行判断。如今的顾客拥有更多的知识、信息与技能,在消费选择中拥有越来越多的能动性。顾客体验过的服务越多,对服务质量的要求可能就越高。

营销故事13-2

顾客期望值有2种影响因素:①顾客期望值因服务类型而异。人们会对高端或服务质量好的企业抱有更高的期望,同时对价格低廉、经济实惠的服务企业持有更多的宽容。②顾客期望值也因情况而异。一位顾客平时最喜欢的服务商可能在特定的情况下根本不会被考虑。因此,服务者不仅要对其目标市场的顾客期望足够了解,还要对顾客的特殊情况有一定的了解。

2. 标准差距

服务差距模型的下一步是利用了解到的顾客期望制定相应的服务标准,从而指明服务人员需要提供什么样的服务。改善服务差距可以从2个方面入手:①员工需要明确管理者对他们的期望或要求,这样才能做好相应的工作。②员工还必须接受全方位的培训,他们不仅要完成份内的任务,还要学会如何服务顾客,管理者还需要树立一个高服务标准的榜样,这种服务标准将渗透到整个企业。仅仅告诉员工"对顾客友好"或"做他们想让你做的事"是不够的，明确的服务质量目标非常重要。

3. 交付差距

交付差距是服务营销中最难避免的部分，因为顾客直接与服务提供者互动。当员工有权在遇到服务问题或危机时自发地为顾客和企业的最大利益采取行动时，交付差距可以被缩小。

交付差距的缩小可以采取4个方法：①授权员工，在服务环境中，授权意味着允许员工决定如何向顾客提供服务。当一线员工被授权做出帮助顾客的决定时，服务更加个性化时，服务质量通常会提高。②支持员工，为了确保服务的正确提供，管理层需要以多种方式支持服务。③奖励员工，给提供优质服务的员工以奖励，员工会有动力保持较高的服务水准。④重视科技，利用科技促进服务可以带来许多好处，如顾客能获得范围更广的服务、顾客对服务的更大程度的控制以及提高企业获取信息的能力。

4. 沟通差距

弥合沟通差距需要管理服务承诺。营销人员和顾客之间的沟通不畅可能导致营销人员的承诺与企业实际提供的服务不匹配，这会让顾客非常失望。同时因为每个顾客感受到的服务质量是不同的，企业中不同部门之间的实际服务质量也是不一样的，因此企业很难提供完全相同的服务质量，但企业可以宣传统一的顾客服务标准以减少沟通差距。

通过部门间的沟通管理来满足顾客期望可以大幅减少沟通差距。例如，记录通话的大概时间会让打电话来询问的顾客知道等待下一个接线员还需多长时间。零售商也可以提前将可能的商品短缺情况告知顾客，建议他们提前购买。当顾客提前得知发生了某种情况，知晓提供给他的服务产品会受到影响，顾客就不会对企业的某些行为感到失望。

第三节　服务营销策略

一、服务营销策略概述

服务营销策略就是企业整合自身内部的有效资源并结合外部市场的变化作出的长期战略谋划。这种策略往往具有全面性与持续性，是为了获取更高的回报、占领更大的市场份额而设立的。同时，这种策略也是为了适应企业面对的市场条件不断变化而做出的，是一种优化资源配置的管理过程。

由于服务是一种主观的体验，企业也可以设计营销沟通和信息计划，让顾客更多地了解品牌，而不是仅仅让消费者在被提供服务时才获得信息。尽管企业已经精心设计和执行服务的计划，但一些问题的出现仍然让企业力不从心，如顾客的不理解等。对于这种问题大致有以下4种解决方式。

（1）重构流程给顾客提供更方便、简洁的服务。

（2）使用正确的技术来帮助员工和顾客。

（3）提供顾客需要的专业服务和技术，以增强顾客自身解决问题的能力。

（4）鼓励顾客的公民意识，让顾客帮助顾客。例如，在一些健身房，有的顾客会指导其他顾客如何使用相关的健身器材。

二、服务营销策略的特点

1. 布局结构分散

提供服务的企业市场布局大多是分散的。因为服务的顾客身处各行各业，需要服务的时间和地点也各不相同，因此企业在进行服务营销时也应该是分散的。例如，在家政行业中，企业不可能只在市场上设置一个企业总部为各地输送服务，那样的话运输和人力成本都非常的高。因此，服务营销的这种分散性，要求企业在制定营销策略时一定要考虑服务网点的分散布局，以提高服务效率，拉近与市场的距离。

2. 营销模式单一

服务营销中，企业提供的服务与顾客的消费是相对一体的，因此这种销售模式往往具有更为直接的特点。也就是说，中间商的影响是非常小的，而且服务营销中基本没有库存这种说法。因此，这种直接的销售模式阻碍了服务业对市场的拓展，同时也使企业失去了在其他市场中推销产品的机会，给服务营销的推销带来了困难。

3. 顾客来源广泛

服务营销市场的顾客来源非常广泛。不同的顾客往往具有不同的消费动机，而且服务营销市场的顾客不仅仅限于个人，也包括一些企事业单位、组织机构等，所以尽管有的顾客会购买相同的服务产品但是却会用于不同的目的。

4. 需求弹性大

马斯洛的需求层次理论将消费者的需求分为自发性需求与继发性需求，这种需求会随着自身所处环境的变化而发生变化，形成了较大的需求弹性。由于服务是一种无形产品，消费者对无形产品的消费增加就会导致对有形产品的消费减少，或者说这两者是相互制衡的，这也是服务需求弹性大的一个重要原因。

5. 对服务人员的要求高

服务人员的个人素质，包括对专业技能和专业知识的掌握程度都会对服务质量产生直接影响。从某种意义上来说，市场对服务的要求就是对服务人员的要求。但是，对服务人员的要求没有一定的衡量方法，所以只有通过顾客的体验来加以判断。

三、服务营销策略的形成

1. 培养服务意识

现在的服务营销更注重对顾客意见的处理，通过了解目标顾客真正的需求，利用社交媒体或线下沟通，与顾客之间建立更加密切的联系，为顾客提供建议。当下借助互联网平台更加方便快捷，企业会定期对比自己和竞争对手的服务绩效。企业通常采用互动式语音应答调研、短信沟通、社交媒体调查等方式收集顾客之声，通过这种方法可以有效地了解顾客的需求，能更高效地处理顾客的意见与反馈，从而改善企业自身存在的一些问题与不足之处。

2. 构建服务营销策略

服务质量会受到企业本身以及提供服务产品的质量的双重影响，因此，企业内部人员仅靠良好的服务技术是不能够让顾客感到满意的，归根到底，企业在构建营销策略时主要应该考虑：①外部营销。外部营销通常是通过与外部市场的联系来向消费者推广自己的产品，多数以广告的形式发布一些有关产品的信息。②内部营销。内部营销是指对企业内部的市场服务营销人员的管理，通过对服务营销人员的培训与鞭策，让他们能够为消费者提供更加令人满意的服务。③交互式营销。交互式营销强调的是服务营销的过程同时受到买方与卖方的影响，所以企业不能只限于提高内外部营销的质量，也应该注重营销人员之间的默契程度，通过员工间的合作有效地解决问题，从而提高顾客的消费体验。

3. 完善顾客服务策略

营销故事13-3

通常来讲，大部分顾客在得不到满意的服务时会抱怨，但是如果企业有投诉的途径，并且顾客投诉得到妥善处理，这种做法通常会给企业带来好处。事实证明，那些能解决顾客投诉的企业，以及那些授权员工自行补救的企业，比那些没有系统解决服务故障方法的企业能获得更高的收入和利润。例如，作为一线快餐产品的必胜客，在每个外卖包装上都打印了投诉电话，并且要求员工在接到投诉电话的两天内解决顾客的问题。

四、服务营销策略的关键因素

1. 服务的总体水平

证明一个企业能够提供高质量服务的最佳方式就是顾客的反馈情况，优秀的企业往往会吸引一大批回头客，这些反馈也是影响顾客品牌忠诚度的重要原因之一。现代企业在不断应对市场变化的同时也注重服务质量的提升。从顾客角度来说，企业制定高标准的服务很重要,有利于企业提供更优质的服务。从企业角度来说,提高对营销人员要求的同时还应该加强对员工能力的培养。通过对员工的筛选与培训,可以提高他们的专业化水平与相关的知识技能,这些都会对顾客的满意度产生积极的影响。

2. 服务效率

企业不断提高自己的服务效率是为了获取更高的利润与发展空间。企业追求的是最优化的资源配置,也就是说,投入固定的资源产出最优的收益,这种方式对买卖双方都是很有价值的。一方面,企业要不断提高内部效益,通过培养营销人员提高服务质量。另一方面,企业应该尽量满足顾客的需求,通过社交媒体向顾客发布有用的信息,从而让顾客更好地了解企业的服务。

五、服务营销策略的内容

1. 顾客至上

"顾客就是上帝"的服务标语体现的是企业的"顾客至上"的服务理念,反映了企业对目标顾客需求的清晰认识。有些大企业常常会给每个顾客准备相应的人工服务,这样做虽然成本高昂,但这有助于建立良好的客户关系,打造良好的企业品牌。

2. 差异化服务

有些企业通过顾客的消费金额把顾客分为不同的类型,对同一类型的顾客收取相同的费用并提供同类型的服务,对不同类型的顾客则采用另外一套收费标准而且提供有差别的服务。企业会针对不同利润阶层的顾客使用不同的营销手段,如高利润阶层的顾客可获得特别折扣和大量的额外服务。采取差异化服务策略的企业通常会向高利润阶层的顾客提供更优质的服务,这时受到较差待遇的低利润阶层的顾客可能就会抱怨,导致企业陷入舆论问题并损害企业声誉。提供使顾客满意服务的同时保持企业盈利能力最大化的是非常有挑战性的。

3. 初级和次级服务选项

初级服务选项是指企业在顾客首次购买时提供的最基本的服务,而次级服务选项是指除了企业提供的基本服务之外,顾客可以自主选择一些产品或服务来提高消费的体验。企业在提供初级服务选项时,应该注意服务的质量与多样性,这样才能吸引顾客今后选择次级服务选项。次级服务选项如今在各行各业都有体现,如在酒店行业中,各种连锁店都引入了次级服务功能,如出售商品、免费早餐和会员服务。这些服务选项不仅提高了顾客消费时的灵活性与满意度,还与顾客建立了更为密切的联系。

4. 高科技自动服务技术

现如今,很多顾客不愿意在消费过程中花费大量的精力,因此服务的便利性就显得尤为重要,很多人工服务正在被自动化服务取代。除了传统的自动售货机外,还增加了自动取款机、加油站自动加油、酒店自动结账以及网上的各种服务。并非所有的自助服务技术都能提高服务质量，但是大部分自助服务技术都可以使服务交易更加准确、方便和快捷，这样做还可以降低成本。

营销学者将顾客服务界面定义为处理与顾客联系的服务人员与专业技术的结合，高科技不仅能提供更快、更便捷的服务，还能提高服务人员的生产效率。例如，商家在淘宝上设定自动回复替代人工回复，这样能更高效地解决顾客所遇到的问题。但是一些企业发现，最大的障碍不是技术本身，而是说服顾客使用它，尤其是第一次使用。

5. 售后服务策略

服务质量差异几乎存在于每一个部门。在一个极端情况下，客服部门只需简单地将顾客呼叫转移给适当的人员或部门，以采取相应的措施，但是几乎没有后续行动。另一个极端是，一些部门急于接收顾客的要求、建议甚至投诉，并迅速处理它们，一些企业甚至在销售完成后主动与顾客联系以提供服务。要建立更好的售后服务系统，需要每个部门之间有更加默契的配合，并能够及时、准确地处理顾客的投诉或他们遇到的问题。

6. 提供质量保证

供应商往往从生产与提供相应的服务时开始盈利。如果供应商是唯一的，就可以收取高价赚钱。但是，许多供应商把商品价格定得很低，并通过对附加商品和服务收取高价来弥补这部分损失。由于服务的选择范围越来越广，因此顾客经常会在选择服务供应商之前向他人进行咨询以获得性价比最高的服务。基本上，所有的企业都会选择为顾客提供免费的质量担保，这样会减少顾客心理上的负担与承担风险的可能性。

最新研究洞察 13-3

游戏化服务的激励体验和业务成果

数字服务提供商越来越多地将其服务"游戏化"，即通过游戏元素丰富非游戏服务，在特定顾客体验方面提供附加的顾客价值。了解此类游戏化服务的体验如何影响业务成果至关重要。游戏化服务会为顾客带来怎样的体验？又为企业带来怎样的业务成果呢？

Wolf 等人（2020）收集了顾客使用游戏化服务体验的数据。该研究认为：对于游戏化服务提供商来说，顾客承诺、付款意愿和顾客推荐对企业是有利的。研究按照以"体验为中心"的方法，假定顾客行为是由游戏化服务和顾客之间的共同价值决定的。由于"游戏化"的核心思想是激发顾客的主动参与意愿，因此，理解顾客意愿对于理解游戏化服务至关重要。结果表明，在游戏化服务使用过程中出现的顾客体验确实促进了企业发展。培养自我发展的经验对服务使用者和提供者同样有利。当顾客希望自己的行为是独立的、隐秘的时候，他们不会邀请其他人使用该应用程序，因为他们可能会因为社交规范而担心表达自由受到限制。其次，除了社会联系和表达自由之间的相互作用之外，激发顾客之间的互动会对企业产生有利影响。

研究发现，游戏化服务并非主要是为了将个人与其他顾客绑定在一起，当游戏化服务促进其他应用程序的使用时，不会额外提高对应用程序使用的影响。此外，只有游戏化服务能够为顾客带来自我发展的体验时才能增加顾客推荐效果。但是，当自我发展很明显时，强大的社会比较并不会增加顾客的推荐。之所以会出现此结果，是因为当与其他顾客的竞争已经很激烈时，顾客感觉不需要邀请更多的顾客而感到有挑战。

资料来源：Wolf T, Weiger W H, Hammerschmidt M. Experiences That Matter? The Motivational Experiences and Business Outcomes of Gamified Services. Journal of Business Research, 2020, 106: 353-364.

本章小结

服务是在多方人员间发生的解决顾客问题但可不依赖实物的无形活动。相对于有形产品来说，服务具有无形性、同步性、异质性及易逝性的特点。

顾客会将期望的服务质量与实际体验的服务质量进行比较，这是服务质量管理的前提。顾客通常使用可靠性、响应性、信任性、移情性以及有形性的服务维度来评估总体服务质量。基于以上5个维度，研究人员开发了SERVQUAL量表以衡量服务质量。服务质量差距模型旨在鼓励商家系统地检查服务提供过程的所有方面，并制定最佳服务策略所需的步骤。

服务营销策略就是服务企业整合自身内部的有效资源并结合外部市场的变化作出的长期战略谋划。这种策略往往具有全面性与持续性，是为了获取更高的回报、占领更大的市场份额而设立的。服务营销的形成过程由培养服务意识、构建服务营销策略、完善顾客服务策略组成。服务营销以顾客至上为宗旨，并提供差异化服务、初级和次级服务、高科技自动服务、售后服务和质量保证。

重要概念

服务　服务质量　服务质量差距　服务营销　服务营销策略

思考与练习

1. 什么是服务？服务有哪些分类？其特点有哪些？
2. 服务营销的要素是什么？
3. 什么是服务质量？服务质量有哪些维度？如何测量？

4. 什么是服务差距模型?
5. 服务营销有哪些策略?

案例分析

中国服务业升级的"数智化抓手"

近年来,"消费升级"已成消费领域的高频词,但消费端的升级并非孤立存在,它离不开供给维度的升级。这里的"供给",既包括产品,也包括服务。正因如此,"服务升级"议题前不久也得到了中央经济工作会议的聚焦。会议指出,要更多地依靠市场机制和现代科技创新推动服务业发展,推动生产性服务业向专业化和价值链高端延伸,推动生活性服务业向高品质和多样化升级。

民众生活需求带来的市场风口越来越多,民众生活需求的跃升,带来的链式反应清晰可见:国潮兴起,盲盒、汉服、椰子鞋受新世代追捧,种草、带货、打卡网红店等消费方式流行,这些也被概括为"新消费"的典型表征与场景。有业内人士惊呼,"新消费的滔天巨浪真的来了"。需求的"兴趣导向"特征,正渐次凸显;需求的"千人万面"趋势,也愈发明显。

而以互联网为代表的技术,给服务业带来的影响很明显——起初的O2O将那些线下服务"入口"搬到了线上,但线上只是简单地反哺线下,两条线并未充分打通。后来有些互联网平台在线上线下深度融合方面狠下工夫,还建立了强大的中台,将支付工具与导航、娱乐、云等多种生态结合,对顾客需求进行了激活,也对商家进行了流量赋能,将生活服务的供需层次带到了更充分的阶段,外卖、快递等行业借此"更上数层楼"。值得细说的是,"新服务"实现了饿了么、口碑等数智化能力的整合、叠加了阿里生态内多种场景并打通了全平台底层数据,建立了从选址、供应链、预订、点单、配送、支付、评价在内的全链路数字化体系,帮助商户提升经营效率。

说到底,服务业的高质量发展需要依托市场机制和现代科技创新。而以"数智化"为抓手,助推中国服务业向"新服务"跃升,正是其题中之义。而在未来,"新服务"也将带动着"服务升级—消费升级—经济全方位升级"的齿轮转动。

资料来源:仲鸣,"新服务":中国服务业升级的"数智化抓手".[2019].
http://opinion.people com.cn/n1/2019/1224/c1003-31520837.html.

问题:
(1)你知道有哪些服务性企业进行了"数智化"升级?请举例说明。
(2)伴随着服务业升级,服务营销应如何升级?

实践应用

2 个小组针对本章内容进行课堂展示。一组展示一个全面的案例；另一组介绍企业调研，讲述企业真实的故事。

任务13-1 案例分析

任务13-2 企业调研

第十四章
数字营销

本章要点

随着互联网和数字化技术的发展,数字营销在市场营销中发挥的作用越来越大,其渠道也越来越多样化,包括网站、电子邮件、搜索引擎、移动技术和社交媒体等。毫无疑问,这些新的发展催生了新的消费方式和营销策略。在营销对象方面,传统消费者已经转变成数字消费者;在营销策略方面,社交媒体营销和移动营销已经占据了半壁江山;在营销组合策略方面,传统型顾客管理策略已经转变为社交型顾客管理策略。因此,对于企业而言,紧跟时代潮流,掌握数字化消费的特点,灵活运用数字营销渠道和策略,是在竞争中立于不败之地的关键。

学习目标

通过本章的学习,读者应该:
1. 理解数字营销的内涵、渠道和发展趋势。
2. 理解数字消费者的类型。
3. 了解数字消费者的特征。
4. 掌握社交媒体营销的概念及4E框架。
5. 理解移动营销的3种应用程序。
6. 掌握社交型顾客管理策略的含义及其构成。

营销导读

阿里妈妈携手OPPO玩转数字营销

作为阿里巴巴集团旗下大数据及电商营销平台,阿里妈妈从手机行业特点和

OPPO 的品牌定位入手，充分发挥深度数据挖掘能力，与 OPPO 一起定制了一套基于 Uni Marketing 的解决方案。明星产品 R11 发布，OPPO 用一场年轻时尚盛典，瞬间"俘获"了大量的年轻用户的关注和喜爱。R11 首销当天，线上开卖 40 分钟就超过 R9S 线上首销全天的销量。紧接着在 R11 热度不减时，OPPO 再发售 R11 Plus，打造了 OPPO 天猫超级品牌日，仅开卖 1 小时就成为天猫手机平台单品销售台数和销售金额双料冠军。

打造好产品的同时，也需要好的营销策略来配合。凭借着 Uni Identiy 强大的跨屏幕、跨设备、跨媒体的真人识别能力，阿里妈妈为 OPPO 量身打造了手机行业定制化标签，不仅帮助 OPPO 找回淘系购买消费者，更找回了广大的淘外购买消费者，同时通过对线上线下真实消费者的画像洞察，与 OPPO 共同探讨制定了科学、客观的投放方案。在投放中，一边召回老顾客，一边直指高潜力人群；这些在曝光后对品牌产生兴趣的人群都会通过钻展承接转化，实现从品到销的有机协同。本次投放中，OPPO 利用品销产品矩阵和 Uni Desk，接入阿里妈妈重点打造的媒体矩阵资源，实现了全网优质媒体资源的覆盖，达到了规模化的精准触达。

资料来源：玲语.2017 数字营销经典案例.互联网周刊，2018（2）:38-65.

第一节　数字营销概述

一、数字营销的内涵

数字营销（Digital Marketing）是指通过数字技术为顾客和其他利益相关者创造、沟通和传递价值的活动、机构和过程。随着时间的推移，数字营销已从描述使用数字渠道的产品和服务的营销的特定术语，演变为描述包括使用数字技术获得消费者，并建立消费者偏好、推广品牌、留住消费者和增加销售额等一系列过程的总括性的术语。

与传统营销相比，数字营销彻底改变了企业与消费者沟通、倾听和向消费者学习的方式，其产生的信息可以成为改进企业业务运营（包括产品设计、技术支持和顾客服务）的强大推动力。数字营销之所以这么强大，是因为有互联网的支撑。随着智能手机的出现，这一点变得更为关键。对大多数消费者来说，互联网以及营销人员吸引消费者的能力都在一定的范围之内。不过，随着智能手机应用程序和软件应用程序的集成，手机已经成为企业和市场营销人员了解消费者的最有利的工具。

最新研究洞察 14-1

不同时期数字媒体的特征与主题的变化

在过去的 15 年里，数字媒体平台给市场营销带来了革命性的变化，为顾客提供了接触、通知、参与、销售、了解和提供服务的新方式。Lamberton 和 Stephen（2016）分析了 2000～2015 年间在 Journal of Marketing，Journal of Marketing Research，Journal of Consumer Research，Marketing Science 和 Marketing Section of Management Science 等期刊上发表的数字媒体文章。对 3 个主要的数字、社交媒体和移动营销主题变化进行研究，发现数字媒体主题的变化可以分为 4 个阶段，见表 14-1。

表 14-1 数字媒体主题变化的 4 个阶段

阶 段	年 份	主 题
第一阶段：数字媒体塑造和促进消费者行为	2000～2004 年	互联网作为个人表达的平台，主互联网作为搜索和决策支持工具，互联网作为营销智能工具
第二阶段：消费者塑造数字媒体	2005～2010 年	网络口碑作为消费者个人表达的重要方式，对营销至关重要，信息和价值是重要的数字网络工具
第三阶段：社交媒体时代	2011～2014 年	个人自我表达作为一种重要的放大或削弱营销行为的手段，将顾客产生的内容作为营销工具，在特定的社交媒体平台上获取营销信息
第四阶段：数字媒体文化与后数字时代的兴起	2015 年之后	重新审视消费者表达和互联网作为营销工具，重新审视互联网作为市场信息来源并改进数据分析工具

资料来源：Lamberton C, Stephen A T. A Thematic Exploration of Digital, Social Media, and Mobile Marketing: Research Evolution from 2000 to 2015 and An Agenda for Future Inquiry. Journal of Marketing, 2016, 80（6）: 146-172.

二、数字营销的渠道

当前，消费者可以通过不同的接触点与企业进行互动，如图 14-1 所示为国内外流行的社交媒体软件。然而，社交媒体仍然不是营销者的全部数字渠道，其他数字渠道包括网站、搜索引擎、电子邮件和手机。这些不仅仅是对电视、广播和印刷等传统营销渠道的补充，更多的是一种交互式的实时操作。对于营销人员来说，不仅需要交流，还需要与消费者互动。消费者参与是营销的主要趋势，它使消费者在顾客服务、营销信息甚至产品（服务）创造方面具有更大的发言权利。

不同于传统的单向营销渠道，数字营销渠道也在发生变化，变得越来越具有互动性。

图 14-1 国内外社交媒体软件图

1. 网站

自 20 世纪 90 年代末互联网普及以来,网站一直是主要的数字渠道。然而,如今的网站与 21 世纪头 10 年中期出现的网站大不相同,通常更具有互动性、吸引力和社交资源等特性。

2. 搜索引擎

现在,许多消费者在计算机和手机上都将搜索引擎(如百度)设置为主页,这对消费者行为和相关营销活动具有重大影响。随着 URL 重要性的降低,出现在网站上的关键字和文字的重要性提高了。这主要是因为搜索引擎会对搜索结果进行排序,这个过程被称为搜索引擎优化(SEO),搜索引擎营销也成为当今市场营销的一个主要领域。与付费媒体不同,搜索引擎营销实际上是指市场营销人员通过百度广告或 Facebook 广告提供的点击付费营销来购买媒体空间。这种方法可能是有效的,但也会很昂贵,同时无法替代搜索引擎在网站和社交媒体上寻找大量适当内容的作用。

营销故事14-1

3. 电子邮件

电子邮件仍然是一个强大的营销工具。根据益百利(Experian)的一份报告,在电子邮件营销上每花费 1 美元,广告投资的平均回报为 44.25 美元。相关的、个性化的、及时的电子邮件是一种吸引消费者并使其轻松点击购买的强大方式。例如,当人们通过携程或去哪儿网预订机票,或在 iTunes 在线购买音乐或商品时,人们总是等待确认电子邮件,因此人们通常会不断地打开电子邮件。在这种情况下,交叉销售的机会是巨大的。例如,星巴克营销电子邮件(见图 14-2),尽管从内容的角度来看该邮件不是个性化的,但其仍然有非常明确的优惠内容。哪怕这些电子邮件并不会全部促成销售,但是根据过去的行为数据,这些电子邮件越个性化,就越有可能吸引消费者。然而,由于电子邮件的泛滥,也为营销的进行带来了不利的影响。其他研究表明,发送的电子邮件中,约有 20% 的邮件甚至没有被发送到指定的邮箱,还有相当一部分邮件被删除或保持未打开状态。

图 14-2 星巴克营销电子邮件图

4. 移动技术

移动技术是当今数字营销中增长最快的领域。移动技术的发展为消费者提供了线上购物和扫码消费的新型消费形式,这在很大程度上节省了消费者花在消费行为上的人力、物力和财力。如图 14-3 所示为 2014～2020 年中国移动支付用户规模及预测,显示了移动技术的重要地位。

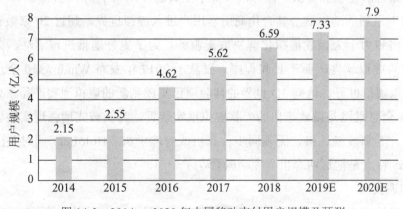

图 14-3 2014～2020 年中国移动支付用户规模及预测

数据来源:艾媒数据中心(http://data.iimedia.cn)。

5. 社交媒体

社交媒体在当今的在线环境中占主导地位,有数据显示,主流消费者平均每天花 3 个小时在微博和微信等社交媒体上,已经远远超过人们看电视和报纸等传统媒体的时间,由此可见社交媒体对营销策略的重要性。当然，社交媒体不仅仅局限于微博与微信，还包括 QQ 和支付宝等。如图 14-4 所示为当今部分主要的社交软件。

图 14-4　部分主要的社交软件

三、数字营销的发展趋势

1. 虚拟世界

虚拟世界已经存在了一段时间，如《第二人生》《模拟人生》和《vSide》。很多品牌都在研究在虚拟世界中与消费者进行更高层次互动的可能性。例如，阿迪达斯（Adidas）、耐克（Nike）、宝马（BMW）、思科（Cisco）和 IBM 一直在使用第二人生来探索 3D 体验的潜在影响以及如何在虚拟世界之外使用这种体验。

虚拟世界目前在企业提供产品方面发挥了更大的作用。例如，微软在 2016 年启动"Get Virtual Now"系列活动，欲与其合作商引领用户进入虚拟世界。超过 20 家微软合作伙伴公布计划，将致力于为微软虚拟化解决方案服务。为了更好地推进该活动，微软推出了一系列强大的虚拟软件、新工具和程序。微软于 2017 年发布 Windows10 全息界面，带领消费者进入虚拟世界。这些 3D 世界的体验现已集成到新的虚拟现实产品系列中，如微软 HoloLens 全息眼镜是微软推出的一款虚拟现实装置，为头戴式增强现实装置，可以完全独立使用，无须线缆连接、无须同步计算机或智能手机。HoloLens 同时关注现实世界和虚拟世界，特点是把这两个世界完全融合在了一起。

2. 增加现实感

这种形式的虚拟世界试图从人们通常体验的 2D 界面或平面网站界面转变为 3D 交互式交流效果体验，从而创造了一种更加接近现实的体验。因此，人们的虚拟角色对于自我实现将变得越来越重要，从而对于企业的当前和潜在顾客也将变得越来越重要。企业如何适应这些变化以适应消费者自我概念的变化，将成为他们与顾客互动的关键。此外，营销人员一直在探索增强现实感的机会，在实体产品或包装中使用智能手机，在其智能手机上提供强烈的 3D 现实感，从而为消费者创造独特的体验。

3. 可穿戴技术

可穿戴技术（Wearable Technology）最早是20世纪60年代由麻省理工学院媒体实验室提出的创新技术，该技术可以把多媒体、传感器和无线通信等技术嵌入人们的衣物中，可支持手势和眼动操作等多种交互方式，主要探索和创造可直接穿戴的智能设备。随着计算机软硬件和互联网技术的高速发展，可穿戴式智能设备的形态开始多样化，逐渐在工业、医疗健康、军事、教育、娱乐等领域表现出广阔的应用潜力。国际数据公司发布的《全球可穿戴设备季度跟踪报告》显示，2019年第三季度，全球可穿戴设备出货量总计达8450万件，同比增长94.6%，单季出货量创下新纪录。可听设备、智能手环和智能手表是最受市场欢迎的可穿戴产品，它们围绕着健康医疗监测、视听娱乐、社交通信等功能不断拓展新技术。

第二节　数字营销与消费者

互联网和数字化技术为数字营销提供了丰富的媒介和手段，促进了数字营销渠道的多样化，不过，与传统营销相同，消费者及其需求的满足依然是数字营销的着眼点。下面将重点从数字消费者的类型、数字消费者的特征入手，进一步探讨数字营销的相关问题，以帮助营销管理人员进一步提高数字营销的价值。

一、数字消费者的类型

1. 占主导地位的数字消费者

占主导地位的消费者（Dominant Digital Consumers）将数字媒体作为他们生活中的主导力量，积极寻求在每一个机会中使用互联网。

2. 混合型数字消费者

大多数消费者是混合型数字消费者（Hybrid Digital Consumers），如果数字媒体能够提供良好的技术解决方案，他们会欣然接受。这些混合型的数字消费者采取了一种功能性的方式，即他们利用互联网使生活变得更好。

3. 不情愿的数字消费者

不情愿的数字消费者（Reluctant Digital Consumers）是指那些不得不使用互联网，但并不积极寻求在日常生活中使用互联网的消费者。不到万不得已，这些消费者不会转向数字化的解决方案。

这是对消费者的一个非常粗略的细分。其他的细分，如IBM基于心理行为的细分研究,依据消费者获取信息内容的不同,将消费者分为4个与年龄无关的数字"人格"——连接大师、内容之王、效率专家和社交达人(见图14-5)。

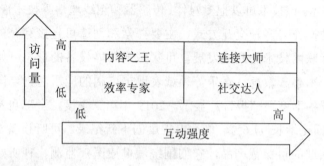

图14-5 数字消费者行为细分图

连接大师(Connected Maestros)的特点是:访问量高、互动性强,如博客发布者和视频创作者。

内容之王(Content Kings)的特点是:访问量高、互动性低,如游戏迷、新闻记者、电影爱好者、音乐爱好者和电视剧迷。

效率专家(Efficiency Experts)的特点是:访问量低、互动性低。这个占比最大的群体将数字设备和服务的采用视为使生活更轻松的一种方式。

社交达人(Social Butterflies)的特点是:访问量低、互动性高。这类消费者无法想象不能立即沟通联系到他们的任何朋友这种情况的发生。

二、数字消费者的特征

不同力量的博弈使得数字营销关注的重点已经从营销者转移到了消费者身上,以多种方式满足消费者的不同需求。

1. 信息透明

由于互联网的存在,消费者在许多情况下能够轻松地获得有关产品、价格和竞争的信息。这种信息的透明性和大量的访问权限使消费者能够拥有过去企业所拥有的在交易过程中的大部分权利。例如,以航空旅行为例,大多数消费者会选择一个旅游网站(见图14-6),网站为消费者提供了许多选择,使得消费者不必去旅行社,也不用受到旅行社的中介角色及其有限的选择或偏好的限制。

2. 产品的个性化与定制

产品价格透明度的提高引起了第二个重大变化:消费者拥有了通过在线自动服务等技术掌控交易流程的能力。尽管已有研究表明,整合个性化营销模式并不容易,但那些理解个性化效应的企业可以从提高的性能中受益。中国企业也在紧跟数字消费者个性化的

图 14-6　去哪儿网的旅游网站

消费需求，开启产品的个性化定制服务。例如，在海尔官网上，以挑选洗衣机为例，消费者可以选择波轮洗衣机、滚筒洗衣机、双筒洗衣机或迷你洗衣机等，选定一种类型后，还可以根据自身所需的洗涤容量、电机类型、外形尺寸和颜色等进一步缩小心仪洗衣机款式的范围。海尔官网通过一步步的索引功能，为消费者提供定制化的家电，满足消费者的消费需求，如图 14-7 所示。

图 14-7　海尔的定制和个性化

3. 消费者之间的互动性

现在消费者的要求越来越高，他们想要更适当、更相关、更个性化的互动。消费者不是被动的，他们在互动中发挥了更为积极的作用。

消费者的互动性是指在社交和非社交环境中，人们无时无刻不希望与自己的设备、朋友、工作或学习联系在一起。消费者的这种积极参与意味着他们在品牌互动发生的方式和地点等方面发挥着越来越重要的作用。其结果是，由于企业无法控制所有接触点的接触，因此失去了对企业在在线环境中的行为的控制。例如，企业无法控制微信、微博、QQ等网络口碑营销（eWOM）平台上的言论。此外，即使在企业的管理网站上，仍然存在企业无法控制消费者言论的互动。这应该被视为一种积极的环境，在这种环境中，消费者有能力与其他消费者进行互动，进行消费者与消费者的互动。这种企业与消费者以及消费者之间的互动关系也被称为"三方交流"，它为市场营销提供了前所未有的交流平台。由于这种三方交流是前所未有的，所以管理这些交互的方式仍需要不断发展。

营销人员可以从这些消费者与消费者的互动中了解他们的产品和品牌，这可能是他们能获得的最佳市场研究。然而，任何负面评论都应该加以管理，同时允许与消费者进行真诚和透明的接触。尽管任何负面评论对其他消费者来说都是可见的，但这些负面评论的存在表明企业愿意倾听。这对于任何想要在不可控的互联网环境中发展自己品牌的企业来说都是至关重要的。

4. 消费者与品牌间的个性化互动

互联网赋予消费者探索和表达个性的能力，这是第四个重大变化。它带来了更丰富的消费者体验和消费者对品牌控制权的更高要求。麦肯锡表示，消费者现在要求随时随地与品牌进行互动。互联网提供了实时的个性化互动，并且让后现代消费者能够拥有之前从未得到过的个性表达能力和掌控的感觉。

消费者对个性化品牌以及消费体验的渴望与对围绕消费的新型社交和授权需求之间存在矛盾。美团为消费者提供了多样的日常生活服务选择，如外卖、到店、酒店旅游服务、新业务及其他服务。有丰富的消费者生成内容（User Generated Content，UGC）数据库，为消费者提供大量在线信息点（Point of Information，POI）的详细、真实且透明的信息。在地理信息系统中，一个POI可以是一栋房子、一个商铺、一个邮筒或一个公交站等。现在许多消费者会登录美团点评平台（见图14-8），并认为该平台对许多基于服务的产品进行了可信和相关的评估，包括酒店、餐厅、航班和其他旅游产品。这对企业来说是一个挑战，因为它们无法控制消费者参与产品的交流空间。

5. 以数据满足消费者的个性化需求

消费者还希望存储的所有数据都能精确地针对他们的需求，或者用来个性化他们的体验，这是第五个主要变化。消费者想要真正创新的产品或服务，从财务账目到体育活动数据。这些数据应该得到更有效的处理，为消费者创造价值。这些数据需要与消费者个性化相关，从而满足消费者的消费需求。

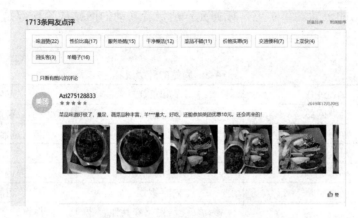

图 14-8　美团点评平台

第三节　数字营销的形式

社交、移动和在线技术的变化和进步带来了一场"完美风暴"，迫使企业改变与消费者沟通的方式。对许多企业来说，传统的销售方式，如实体店、传统大众媒体（如印刷品、电视、广播）和其他促销手段（如邮件、电话营销）等已经不能满足营销需求。相对于这些更传统的整合营销传播（Integrated Marketing Communication，IMC）形式，社交、移动和在线营销的影响力正在稳步扩大，下面将重点介绍数字营销的 2 种主要形式。

一、社交媒体营销

社交媒体正在成为任何整合营销传播策略不可或缺的组成部分。社交媒体通过网络和移动技术传播的内容，促进人与人之间的互动。

营销故事14-3

这些媒体利用各种提供服务或工具的企业来帮助消费者和企业建立联系。通过这些联系，营销人员和消费者可以分享各种形式的信息——从他们对产品或图像的想法，到营销人员上传的图片、音乐和视频。

网站的升级过程，见表 14-2。社交媒体导致了 Web1.0 向 Web2.0 的转变，在 Web2.0 中，互联网真正实现了实时互动。权力的平衡已经打破，消费者现在能够与企业和同行分享他们的观点。他们可以通过 eBay、TripAdvisor、iSelect 和 Hotels.com 等新型互动中介，要求即时服务，并比较全球各地的价格。因此，社交媒体远远超出了 Facebook 和 Twitter

等主要社交网络的范畴。事实上，任何允许消费者互动的网站或论坛都是 Web2.0 和社交媒体的一部分。

表 14-2　网站的升级过程

网站性能	Web1.0 信息网站	Web2.0 参与网站	Web3.0 智能网站
形式	静态页面	实时数据流	非浏览器，应用程序
内容	媒体出版商	+用户生成的内容	+智能数据
参与	稀薄无人	狂热的社交	强调个人数据
服务	搜索引擎	内容策划	可移植性
硬件	个人计算机+调节制动器	+移动、无线网络和其他有线设备	一切都将数字化，甚至是人的身体状况都将数字化

传统媒体、促销和零售的角色变化，再加上社交、移动和在线的新媒体，使得人们对使用社交媒体 4E 框架进行营销传播的目标有了不同的思考方式（见图 14-9）。

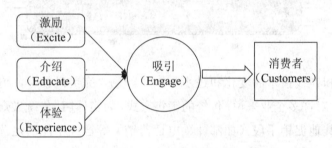

图 14-9　社交媒体的 4E 框架

1. 激励消费者

营销人员使用与社交媒体相关的多种优惠来吸引消费者，包括移动应用程序和游戏，以使消费者对某个创意、产品、品牌或企业感到兴奋。企业积极使用微博和支付宝之类的社交网络来传达可能激励消费者的交易，如消费者在使用支付宝支付的时候，支付宝会随机给予消费者红包的优惠。

为了激励消费者，报价必须与目标消费者相关。相关性可以通过提供个性化的报价来实现，这些报价是通过从顾客关系管理和忠诚度计划中获得的意见和信息来确定的。为了获得这些意见和信息，企业可能会使用诸如百度、阿里云等在线分析工具。

人们现在使用的大多数应用程序通常都含有定位功能，定位程序可以实现一系列功能。高德地图依赖于位置提供自驾导航、共享出行等服务。其他品牌，如携程，会在消费者进入新的省市时为消费者推送当地的美食与旅游产品，这是一种与社交媒体营销息息相关且令人愉悦的体验。

2. 向消费者介绍产品

精心设计的社交媒体营销方案的一个必要条件是，它们有明确的行动号召：通过计算机、平板计算机和移动设备,将消费者吸引到在线网站或传统零售商店中。当潜在顾客来到网站或商店时,营销人员就有了一个黄金机会来宣传他们的价值主张,并传达所提供的好处。有些信息可能是新的,但在某些情况下,介绍就是提醒人们他们已经知道的东西。因此,通过适当的介绍,营销人员扩大了他们所提供的利益与消费者所需要的利益之间的交集。从这个意义上说,4E框架的第二个"E"构成了一种可持续发展竞争优势的方法。博客被许多营销人员用来与消费者互动。表14-3列出了部分最受欢迎的美妆博主,营销人员应了解这些博主,并在建立和管理自己的微博时向他们学习。

表14-3 微博"2019十大美妆影响力大V"

排 名	博 主	粉 丝 数
1	@胡楚靓	642万
2	@仙女鹿娇娇	631万
3	@道上都叫我赤木刚宪	584万
4	@小猪姐姐zz	532万
5	@认真少女-颜九	531万
6	@男闺蜜尚淼	478万
7	@Benny董子初	435万
8	@Rika0-0	420万
9	@易烫YCC	261万
10	@宝剑嫂	231万

3. 产品体验

尽管YouTube上最热门的视频大多是搞笑、愚蠢或娱乐性的,但该网站最有用的贡献可能是它提供了关于企业产品和服务的生动信息——它们如何运作、如何使用以及在哪里可以获得这些信息。YouTube和类似的网站可以提供接近于模拟真实产品的体验。这些好处对于那些长期在网上销售的产品来说是非常普遍的——好处如此之多,以至于人们可能会忘记,过去在购买之前对这些产品进行评估是非常困难的。

如今,消费者在购买一本新书之前,可以先试读其中一章,也可以在购买某软件前试用一个月。在购买QQ音乐会员之前,他们通常可以试听几秒钟甚至整首歌,这类产品的传播已经扩展到拥有丰富的新渠道和媒体选择。

对于其他产品,如服务,社交媒体再次提供了基于经验的信息,除非消费者购买并试用了该产品,否则在这之前无法获得这些信息。当然,诸如淘宝、京东和苏宁易购之类的电子商务网站,其成功的关键也离不开消费者的评论。

4. 吸引消费者参与

从某种意义上说,前三个"E"为最后一个"E"奠定了基础:吸引消费者参与。参与带来行动,提高建立关系的潜力,甚至可能提高忠诚和承诺。在社交媒体上,消费者积极参与企业及其社交网络互动,这种参与可以是消极的或积极的。积极参与的消费者往往是更有利可图的消费者,他们的购买量比不参与的消费者多 20%～40%。

通过让消费者自己表达想法,可能会产生负面评论或口碑。但是,总体而言,社交媒体可以成为改善顾客服务并与消费者互动的强大工具。

二、移动营销

尽管仍有许多人继续通过计算机访问社交媒体,但现在绝大多数人都使用智能手机来访问微信、微博和 QQ 等社交网络软件。德勤公司发布的《2018 中国移动消费者调研》显示,2018 年中国用户的手机持有率及替换手机的频率均居全球第一,中国用户手机持有率高达 96%,同比增长 7%,较全球平均持有率高 6%。

营销故事14-4

移动互联网的使用带来了消费者之间的新行为以及营销人员的机会,如中国消费者使用手机支付业务高于全球平均水平。就之前提到的社交媒体 4E 框架而言,移动营销对于激发消费者的兴趣特别有用。以下将简要讨论几种应用程序。

1. 价格检查应用程序

外出购物时,智能手机用户不再需要在商店之间走动,也不必上网比较价格。使用诸如亚马逊、ShopSavvy 或时尚女孩提供的价格检查应用程序,消费者可以在商店中扫描产品并立即在线比较价格。尽管价格检查可以鼓励竞争,但企业也会根据推广应用程序的方式走入道德灰色地带。

零售商意识到在线价格检查可能会对业务造成损害,因此也作出了相应的回应。男装零售商洛斯(Lowes)确保自己始终有库存,并向员工提供智能手机,帮助他们即时搜索店内和附近的库存,如果缺货,还可以在网上下单,以确保没有顾客空手而归。此外,美国零售集团塔吉特(Target)百货正与供应商合作,为普通顾客提供店内专属商品,以匹配网上零售商的定价,并开发出一种基于订阅的网上定价策略,为普通顾客提供特殊折扣。

2. 时尚应用程序

最有可能接触到移动媒体的消费者,也有可能从科技和时尚导向的企业购买产品,无论他们是时尚还是科技零售商,或者销售时尚杂志内容或品牌信息。Style.com 提供了一个时尚应用程序,人们可以通过它访问 Style 杂志网站上提供的内容,包括博客、评论、时装秀和视频。其他应用程序则可以使消费者更深入地了解特定品牌。LV 的 Now-ness 应用结合了杂志内容和品牌推广。Pose 是一款非品牌照片共享应用程序,可共享样式、时尚观点和技巧。Pinterest 允许人们把商品、服务、食谱和想法"钉"在一个虚拟的公告栏上,如用户可以根据自己的品位来定制服装和配饰,其他人可以浏览记事板来发现新事物并发表评论。所有这些应用程序都为市场营销人员提供了越来越多的机会,让他们的产品和服务得到更多的推广。

3. 定位应用程序

智能手机上的应用程序越来越注重定位功能，使用手机的 GPS 功能来共享人们在做什么、在哪里以及何时在做。例如，高德作为一款定位应用程序，拥有自驾导航、共享出行、公共出行和信息服务四大功能。自驾导航功能实时更新动态路况，让消费者提早知道前方路况；共享出行功能为消费者提供打车和顺风车服务，大大便利了人们的出行；公共出行功能提供实时公交、共享单车和电动自行车服务，契合当今绿色出行的理念；信息服务功能提供综合数据源，多方评论和报价任消费者浏览。另一个有趣的定位应用程序是朋友手机定位，它能够直观地看到对方的地理位置信息，随时随地收发好友信息，是一款能够与好友紧密联系的定位应用程序。

企业可以使用这样的应用程序在准确的时机吸引目标消费者。在过去的 20 年里，市场营销人员开发了网站和其他方法来传达有关商品和服务的信息以及出售其商品和服务。他们寻求新的方式来改善、整合和增强这些成果，这推动了社交、移动和在线营销的融合，这些力量及其表现与社交媒体的 4E 框架保持一致。社交网络和移动应用程序以及相关的优惠是激发优惠中兴奋感的理想选择。尤其是定位移动应用程序用处很大，当它们接近零售商或服务提供商时，它们可以为顾客提供高度相关的报价，或者用来提供有竞争力的报价。例如，微博和微信这样的社交媒体软件是很好的社交媒体工具，可以为消费者提供专业人士的视觉体验。他们还为消费者提供了一个机会，通过发布他们自己的经验（如上传视频），以及分享他们的想法（如更新微博），与企业以及他们自己的社交网络进行互动。最后，思想共享网站（如微博）非常适合提供消费者教育。

最新研究洞察 14-2

数字经济下的营销方式

随着科学技术的进步，互联网和智能设备的普及，数据越来越成为经济发展的重要资源，数据也成为推动企业市场决策、运营和营销的关键要素。Chen 和 Wang（2019）通过研究发现，数据是企业营销的关键因素，数字技术提供了非凡的洞察力和匹配供应商和消费者的能力，可以有效地满足顾客的特殊需求。对于企业的营销管理人员来说，应该重视数据的重要性，分析共享服务生成的数据，以确定它们如何为不同的利益相关者（如消费者、公司和社会）创造价值，从而影响行业的整个价值链。同时，企业营销人员应该重视发达市场和新兴市场，关注数字经济、重视数据的运用、分析不同的市场制度环境下如何开发不同的商业模式，以满足消费者的需求。

资料来源：Chen Y, Wang L. Commentary: Marketing and the Sharing Economy: Digital Economy and Emerging Market Challenges. Journal of Marketing, 2019, 83（5）: 28-31.

第四节 数字时代下的顾客关系管理

数字时代下，互联网技术发展迅猛，新数字技术层出不穷，这对企业的营销人员来说，既是机会也是挑战，想抓住营销机会就需要采取恰当的数字营销策略。

一、社交型顾客关系管理策略的含义

社交媒体营销的真正成功与众不同，而且影响深远。然而，要获得长久的利益，往往需要深远的组织支持和变革。社交型 CRM（Customer Relationship Management）策略，即社交型顾客关系管理策略，是指将社交媒体整合到企业现有营销运营中的适当手段，并通过社交媒体营销深入到两个关键流程：消费者融入和消费者数据管理。图 14-10 展示了社交型 CRM 策略与传统型 CRM 策略的不同之处，传统型 CRM 策略自 20 世纪 90 年代早期就已存在，并帮助维持了许多会员卡计划和电子邮件通信，使得它们至今仍存在。

图 14-10 传统型 CRM 策略演变为社交型 CRM 策略

二、社交型顾客关系管理策略的内容

社交型 CRM 作为一种营销战略，将营销人员通过数字、社交和移动渠道进行的营销整合在一起，包括以下两部分。

（一）消费者的融入

不同于向消费者传达营销信息，消费者的融入包括倾听和响应消费者，让消费者参与进来并授予消费者权力。

1. 倾听

从市场研究的角度来看，企业可以通过倾听（并监控）消费者在社交网络、博客和评论网站等上的言论来了解他们。消费者似乎愿意就任何事情提供他们的意见，包括兴趣、购买的东西以及他们朋友的兴趣和购买的东西。写博客并通过民意调查就诸如肉毒杆菌素治疗、跑鞋和比赛中某支运动队的某场比赛等不同的话题提供意见，这些都构成了消费者相互沟通的新方式，也构成了消费者与关注这些问题的营销人员沟通的新方式。

营销故事14-5

2. 响应

许多企业在微博和哔哩哔哩上追踪与品牌相关的关键词的提及率，并立即响应查询。在微博上，消费者可以@企业微博账号，并期待立即得到回复。然而，这需要有人手动回复，因此，尽管这些工具是免费的，但对于营销人员来说却很耗时。诸如 Anturis（基于云计算的 SaaS 平台）、SeaLion（基于云计算的监控平台，只需要利用一个面板，就可以对全部服务器进行监控）之类的监控工具使营销人员可以收集有关谁在谈论、人在哪里以及有关该品牌的一般性对话的信息。

消费者在网上都是不同的。有些人只是旁观者，不创造任何内容；有些人则会对他人或品牌的内容进行打分或评论；另一些人写自己的博客，创作自己的内容。为了吸引到不同类型的人，企业拥有不同的社交媒体账户以达到不同的目的，如 @Nike、@NikeStore 和 @NikeBasketball。这都是企业为了覆盖目标市场中的不同类型的人群而设置的账号。

3. 参与

对于那些将社交媒体营销推向下一个阶段的企业来说，倾听和响应只是基本消费者服务的一部分。如何利用社交媒体的互动性让消费者积极参与营销活动？调查研究显示，大多数消费者会选择相信来自其他消费者的评论，而不是传统的企业主导的营销信息。因此，鼓励消费者发表评论对企业来说非常重要。正如前面所讨论的，并不是所有的消费者在网络上都是平等的，企业特别希望找到并接触到他们中的意见领袖，这些意见领袖可能只是写博客的"普通人"，但是他们的博客很受欢迎并且有很多粉丝。表 14-4 展示了意见领袖的分类。

表 14-4 意见领袖的分类

不同的意见领袖									
名人	权威人士	连接者	个人品牌	分析学家	激进分子	专家	局内人	煽动者	新闻记者
衡量维度									
影响范围 （观众人数）			共鸣 （参与的力量）				关联性 （合适的内容）		

续表

参与的方法									
寻找赞助的机会	为所在的社区创造价值	帮助发展个人的网络	帮助建立个人的声誉	提供新的数据和知识	提供访问权力	邀请其听取专家意见	参加有意义的辩论	用物资来推波助澜	通过独家宣传提高浏览量

在社交型CRM中，与消费者参与相关的策略在很大程度上取决于对社交媒体上消费者行为的获取和分析。如果不追踪和分析这种行为，营销人员就无法找出那些最有影响力的消费者，甚至无法知道他们的品牌在哪个论坛上被讨论。"消费者数据管理"部分将更详细地讨论如何收集和使用这些数据。现在，这里将研究一些使用社交媒体让消费者参与营销决策的例子。例如，可口可乐已经能够从全球有创造力的个人社区中产生成千上万的新想法，为其提供大量的内容以激发未来的营销活动。乐高创意是一个在线社区，其成员可以发现其他粉丝的精彩作品，并提交自己的新作品。

4. 授予消费者权力

人们都曾在网站上搜索过"帮助"部分，并被引导到一个论坛，那里满是回答其他消费者问题的消费者。当个人的手机出现问题时，最有可能得到的帮助将是其他消费者在手机论坛上发布的数千条帖子。这就是服务共创过程，在该过程中企业授予消费者权力，让消费者创建不同级别的消费者服务。这种消费者生成的内容意味着消费者正在积极地共同创造知识、经验和整体服务，即消费者积极使用企业授予消费者的权力。当然，营销人员的参与也很重要，对于任何旅游行业的企业来说，论坛都应该是其营销工具中与消费者互动的关键部分。

产品共同创造过程与服务共创过程不同。在这里，企业可以使用社交媒体授予消费者参与产品创建甚至设计阶段的权力。显然，这是为企业领域中最专业和最具影响力的消费者所保留的。苹果、微软都邀请关键用户进行beta测试，并对新产品提供反馈。食物似乎特别适合共同创造，一个著名的例子是麦当劳的"创造自己的口味"。汽车行业也同样适用于共同创造，如宝马公司运营的共同创造实验室，这是一个虚拟的聚会场所，让对汽车和相关主题感兴趣的个人能够分享他们对未来汽车世界的想法和意见。如果没有社交媒体技术和企业所授予的消费者的权力，这些产品合作创造计划都不可能实现。

最新研究洞察 14-3

数字营销分析框架

随着互联网的发展，智能手机等智能产品的普及，物联网、人工智能和深度学习等数字技术的发展，给消费者的生活带来重大变革。2015年，在线销售占美国整体零售支出的7.4%。通过移动设备进行的销售快速增长，占所有在线销售的22%～27%。企业也逐渐认识到与顾客建立"数字关系"的重要性。Kannan（2017）从企业的角度来审视数字营销中的研究问题，重点研究了 2000～2016 年 4 种期刊（International Journal of Research in Marketing、Marketing Science、Journal of Marketing Research 和 Journal of Marketing）关于数字营销的文章，探索出了一种数字营销分析的基本框架，如图 14-11 所示。

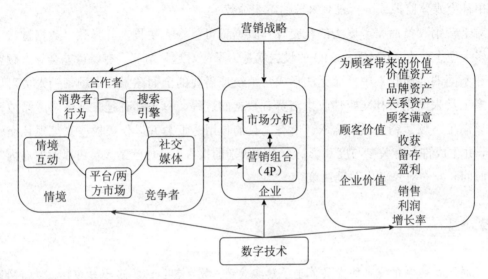

图 14-11　数字营销分析框架图

该模型将数字技术和营销战略作为关键触点，这个模型发展了传统的营销战略分析 5C（顾客、竞争者、合作者、情境和企业）理论。首先，立足于企业的角度来审视数字营销的问题，并将顾客置于环境分析的中心地位，来研究消费者行为、情境互动、平台/两方市场、社交媒体和搜索引擎环境下的企业运营环境。其次，研究数字下的营销环境对企业的市场分析和营销组合（产品/服务、价格、分销和促销）的影响。最后，研究数字技术在企业整体价值创造中的影响，包括为顾客创造价值（价值资产、品牌资产、关系资产和顾客满意）、创造顾客价值（收获、留存和盈利）以及创造企业价值（销售、利润和增长率）。

资料来源：Kannan P K. Digital Marketing: A Framework, Review and Research Agenda. International Journal of Research in Marketing, 2017, 34（1）: 22-45.

（二）消费者数据管理

数据推动了现代营销。作为社交消费者关系管理的一部分，与消费者的每次互动都会创建数据，这些数据应该被收集、分析并用于告知未来的接触策略。社交媒体上每分钟产生的海量数据催生了"大数据"这个新词。随着启用互联网的设备数量的增加以及对消费者在线行为的跟踪，企业可以创建可存储的数据，这些数据有可能推动的远不止营销决策。

例如，有小米智能手环、苹果智能手表和小天才电话手表等可穿戴设备收集消费者的行为数据。将来，衣服将能够评估个人的健康状况，冰箱将能够评估个人的饮食状况。这些数据对于想要开展社交媒体活动的市场营销人员很有帮助。特定组织的营销人员可以使用社交媒体监控或分析工具来评估组织绩效。

对于营销人员而言，庞大的社交媒体数据量可能令人生畏，并导致"数据过载"。在许多大型企业中，CMO和CIO的设立就是为了应对这种情况。有时可能会导致顾客数据卡在不同的"筒仓"中，而无法形成营销经理需要的全面图景。市场营销人员可以使用许多工具来简化从社交媒体收集消费者数据的过程。每天都有越来越多的产品被开发出来以满足市场营销人员的需求。所有工具的作用是汇总并以仪表板格式呈现社交媒体数据，并生成许多有关参与度和影响力识别级别的报告。这使营销人员可以对发布内容、发布时间和发布对象做出关键决策。

本章小结

互联网和数字化技术的发展催生了数字营销。数字营销的渠道十分多样，包括网站、电子邮件、搜索引擎、移动技术和社交媒体。数字营销的发展前景也十分广阔，特别是虚拟现实。为了区分传统消费者和数字消费者，可以将数字消费者分为3种：占主导地位的数字消费者、混合型数字消费者和不情愿的数字消费者。数字消费者要素包括信息透明、产品的个性化和定制、消费者的互动性、消费者与品牌间的个性化互动和以数据满足消费者个性需求。

数字营销的形式主要有社交媒体营销和移动营销。社交媒体营销的4E框架包括激发消费者、向消费者介绍产品、产品体验和吸引消费者参与。移动营销主要依托3类移动应用程序：价格检查应用程序、时尚应用程序和定位应用程序。

除此之外，数字时代下的营销策略也发生了变化。传统型CRM策略转变成了社交型CRM策略，社交型CRM策略与消费者的融入和消费者数据管理有关。消费者的融入又包含消费者的倾听、响应、参与和授予消费者权力。

重要概念

数字营销　数字营销渠道　数字消费者　社交媒体营销　移动营销　社交型CRM策略

思考与练习

1. 什么是数字营销？日常接触到的数字营销渠道有哪些？
2. 数字消费者有哪些类型？区分于传统消费者的标准是什么？
3. 数字消费者要素包括哪些？
4. 数字营销的主要形式是什么？
5. 社交媒体对消费会产生什么影响？社交媒体4E框架包含哪些内容？
6. 移动营销主要依托哪几类应用程序，简要说明各应用程序的作用。
7. 什么是社交型CRM策略？它与传统型CRM策略有什么区别？
8. 社交型CRM策略由哪些部分构成？

案例分析

微软联合京纬数据推出Surface产品

Surface系列平板计算机作为微软在硬件领域中的代表产品，一直备受关注。微软在中国平板计算机市场的份额仍然在持续增长，中国已经成为除美国外的第二大Surface市场，并且即将迈向第一的位置。

为了继续稳固市场增长的势头，微软希望在中国市场上加大营销力度。除了在产品层面上打造真正受消费者喜爱的产品之外，还开始建立口碑传播。同时，期望加大Surface在移动端的曝光，并有效地将这部分线上流量引流到微软线下的门店中。这是一次全国范围的营销推广，共计覆盖了54个城市，如何精准地触及Surface的目标用户成了最大的挑战。为了快速了解Surface用户的特征，京纬数据事先在北京、上海、广州等不同区域的7家门店布置了WiFi探针设备。在此基础上，京纬数据利用机器学习技术对这些用户信息进行多维度分析，并找到这些用户的画像，在京纬数据数据管理平台的后台，有针对性地对符合这些特征的用户进行广告投放。此外，京纬数据采用LBS技术在全国30余家线下微软门店附近进行了定向广告投放。

在媒介传播形式上，除了APP开屏页广告、插屏广告，京纬数据还定向对北京、上海、广州、重庆和四川5个城市的45家门店附近定点推送朋友圈原生广告，在促进转化的同时增加品牌的曝光度和社交媒体声量。在正式的投放过程中，也在DMP平台上根据实时投放反馈数据，按照广告停留时长、广告跳转率等情况，对曾经表达过意向的用户进行全网重点定向投放。在为期一个月的投放中，不仅DSP广告达到了高达4.2%的点击率，朋友圈原生广告的点击率也突破了7%。与此同时，当月线上消费总额比上月增长了11%，目标门店的到店访客更是增长了26%，远远超出了预期。

资料来源：玲语.2017数字营销经典案例.互联网周刊，2018（2）：38-65.

问题：

（1）微软在此次数字营销中用到了哪些数字营销渠道？

（2）微软用到了数字营销的哪些形式？找出对应的营销行为。

（3）京纬数据如何定位Surface消费者的特征？体现了社交型CRM策略中的哪一点？

实践应用

2个小组针对本章内容进行课堂展示。一组展示一个全面的案例；另一组介绍企业调研，讲述企业真实的故事。

任务14-1　案例分析

任务14-2　企业调研

第十五章
市场营销新领域

本章要点

随着信息技术的蓬勃发展，当今世界迎来全球经济一体化和竞争国际化的新格局，国内外的市场环境发生了巨大的变化，营销形式和实践呈现多元发展之势，与此同时，在实践中形成的营销理论也在不断更新。营销理论是企业营销决策的基础，一个适合本企业生存和发展的营销策略会给企业带来光明的前景。跟踪研究新营销、新领域的理论发展，明确其相关概念，并加以系统整合和创造性应用，不仅是社会市场环境良性发展的理论保证，也是企业生存发展和营销创新的内在动力。

学习目标

通过本章的学习，读者应该：
1. 掌握体验营销的内涵、特征、主要原则和营销策略。
2. 理解口碑营销的内涵、特征、优势、形式、实施过程以及策略。
3. 理解事件营销的内涵、特点、影响因素、模式和策略。
4. 掌握绿色营销的内涵、特点、优势、挑战以及实施策略。

营销导读

大白兔用营销保持年轻

如果说过去的旧糖纸是大白兔与一代消费者情感沟通的连接点，那么与品牌合作就是大白兔与年轻人连接情感的一张网。

2018年8月，大白兔进行了首次跨界合作，联合美加净推出限量款的大白兔奶糖味润唇膏。这款产品融入了牛奶精华，在滋润双唇的同时，保持了大白兔奶糖的经典味道。表面上看，大白兔和美加净2个品牌毫无关联，但其实有着类似的气质。2个传统国货品牌的合作，形成了一次完美的"回忆杀"，让人们觉得二者既经典又年轻。有了第一次成功的经验后，大白兔在跨界上加大了力度。2019年5月底，大白兔与气味图书馆携手，推出了快乐童年香氛系列产品，包括大白兔奶糖香水、沐浴露、身体乳、护手霜和车载香氛，还有大白兔奶糖plus版的帆布包。

2019年是大白兔的60周年庆，大白兔线下推出了两个快闪店，店内的周边产品应有尽有，包括奶糖、润唇膏、文件夹、手提袋和抱枕等。60周年的庆典，也是一个很好的营销噱头。消费者突然发现大白兔已经这么"老"了，进一步强化了怀旧的情绪。大白兔同时借此发声：60岁的我，依然年轻！

纵观大白兔的营销方式，可以看出它采用新营销形式对品牌年轻化的迫切追求。对一个传统品牌而言，年轻化只是一种手段，最终的目的是重新树立品牌。大白兔的快闪、跨界和联名，正是想重新出发，告别童年符号的简单消费，做到真正的创新，更长久、更富有美学价值地传承下去。国产品牌，就是要不断创新，才能在新时代、新潮流里砥砺前行，延续和传承国产品牌的生命力。

资料来源：华广凤凰社.中华老字号"大白兔"，如何用营销保持年轻？.搜狐网.[2019-08-16]. https://www.sohu.com/a/334281380_661878.

第一节 体验营销

一、体验营销的内涵

"体验"一般有两种含义：①过去（如知识随着时间积累）的体验。②现在（如正在进行的观察和感觉）的体验。体验营销（Experience Marketing）是指企业采取的各种形式的以顾客为中心的营销活动，通过使消费者在消费过程中获得良好的体验，与其建立更加紧密的联系。这种体验形式可以是产品、包装、沟通、店内互动、销售关系、销售活动等。传统营销以产品为导向，关注的是产品的功能特性和盈利；体验营销以顾客为导向，更多地关注顾客在消费过程中的体验。体验营销要求营销人员关注的不仅仅是狭义的产品类别（如咖啡和茶叶）及其特征，还要包括消费者的消费情境（如环境和服务）。

二、体验营销的特征

1. 围绕顾客

顾客的体验是指顾客亲身经历一些生活场景之后，其内心获得的感受。对于企业来说，注重体验营销意味着要加强与顾客的沟通和交流，积极采取各种方式了解目标顾客，以顾客为中心，从顾客的视角出发销售企业的产品和服务。例如，茶叶用作"原料"在市场上出售时，一克可以卖到几元钱；加上精致的包装成为商品时，一克可以卖到几十元；再加入贴心的"服务"后，一壶茶水可以卖到上百元。所以，对于企业来说，在销售产品的过程中加入产品的某些"体验"特性，可以为企业带来良好的经济效益和更高的知名度。

营销故事15-1

2. 情景体验

随着经济的发展和技术的进步，消费者的生活水平和生活质量也相应地提高，在这一过程中，消费者不再仅仅关注物质产品的价格和质量，而是越来越多地关注购买企业产品或服务时所带来的体验。企业在强调产品价值要满足消费者物质需求的同时，应该更多地关注消费者内心的情感体验。此外，企业也可以设置更多的情景体验，满足消费者的情感需求。

3. 关注顾客的个性特征

个性是顾客区别于其他顾客的独特需求，不同类型的顾客往往会有不同的消费个性。通常，顾客在消费企业的产品或服务时，不仅会呈现理性的选择与决策，也会表达出其内心的情感（如快乐、新奇和不满）。对于企业来说，在开展市场营销活动时，应该同时考虑顾客的理性诉求和情感诉求，关注不同类型顾客的独特个性，并尽可能地满足顾客的需求，从而增强企业与顾客之间的沟通。

4. 体验营销活动注重主题设计

企业的体验营销活动往往围绕设定的"主题"来开展，一个适合的"主题"对体验营销活动能否顺利进行至关重要。然而，体验营销活动的形式和主题并非随意而定，而是企业根据消费者的需求精心设计而成。对于"无意识"出现的营销行为，则并不能称为真正的体验营销活动。真正的体验营销活动，是由企业一系列的复杂营销活动组成，而不只是形式上的相似。

5. 关注顾客的消费过程

顾客内心的体验感受在很大程度上来自于企业的某种营销活动对其内心的触动。对于企业的营销活动而言，要更加关注顾客的消费情况和在消费中的体验感受。通过体验营销活动的桥梁，将企业与顾客有机地联系起来，提升企业形象和市场地位。

三、体验营销的主要原则

1. 适用适度

企业想要采用体验营销方式来对企业的产品或服务进行推广,那么企业的产品或服务本身应该具有相应的体验特性。这种体验特性能够使消费者在消费中真正体会到产品或服务带来的独特体验,以增加其购买欲望。虽然经过40余年的改革开放,中国经济发展迅速,但是中国消费者的消费水平和消费观念与西方发达国家相比仍具有很大的差距。大多数中国消费者的需求虽然从考虑物质追求逐渐过渡到考虑精神追求,但是还没有达到可以为了愉悦的精神追求而付出太多经济成本的地步。由此,对于不同情境下的体验营销活动,企业应该恰当地权衡消费者对于产品的物质利益和情感体验上的平衡,从而更好地达到营销活动的目标。

2. 合理合法

由于地域的差别,每个区域的消费者的消费习惯、文化环境、相应的价值观念和评判标准也不尽相同。对于企业的体验营销活动而言,是否为本地消费者所接受,往往受当地道德和法律的影响。因此,企业设计和开展体验营销活动,应该更多地考虑当地消费者的消费习惯和文化环境以及法律法规,做到合理合法。

四、体验营销策略

1. 感官式营销策略

感官式营销是指企业通过营销活动来激发消费者独特的感官感受,以此来增加消费者的购买意愿以及购买需求。企业通过感官式营销活动,可以增加消费者对品牌和产品的识别度,提升企业的品牌价值和顾客忠诚度。例如,汰渍洗衣粉在广告宣传的过程中,强调产品的"山野清新",激发消费者的清爽幽香感觉,从而增加了产品的销量。此外,在超市里购物时,人们经常会看到商品前摆放有样品供人品尝,如切成小块的水果、面包等,这正是一种味觉感官式营销方式。

营销故事15-2

2. 情感式营销策略

情感式营销是指企业以形式多样的营销活动,来激发消费者内心的独特心理感受,以带动消费者内心独特的情感体验。对于企业的营销人员来说,为了确保企业活动的顺利开展,企业的情感式营销策略应该重点关注那些真正能够激发消费者情感的因素,从而潜移默化地影响消费者,使其主动地参与到企业的营销活动中。例如,在康师傅茉莉蜜茶的广告中,一位清新淡雅的男孩和一位甜蜜纯美的女孩背靠背站立,手里各拿着一瓶康师傅茉莉蜜茶,脸上都洋溢着幸福甜蜜的笑容,此情此景让消费者也会感受到这种浪漫美好的体验。

3. 思考式营销策略

思考式营销是指激发消费者的智慧,从而使消费者能够在参与营销活动的过程中学到一些知识或者解决一些问题,以增加消费者独特的体验感。思考式营销经常采用新颖的营销活动来激发消费者产生一些想法或者进行一种行为。例如,百度开发的人工智能助手产品小度,内置对话式人工智能系统,可以让顾客与设备进行对话,通过小度,消费者可以方便、快捷地使用影音娱乐、实时路况、天气预报等功能,以此来提升生活效率。同时,小度通过百度人工智能的不断学习和优化,能够了解消费者的喜好。

4. 行动式营销策略

行动式营销是指企业的营销活动,通过明星、偶像、公众人物等来改变消费者的生活方式或者消费习惯,以此来增加企业的产品销售。例如,耐克广告词"JUST DO IT",经常伴随着众多体育明星的激情表演,以此使消费者获得直观的运动体验。

5. 关联式营销策略

关联式营销是指在企业的营销活动中综合多种因素来激发消费者的独特体验,一般适用于美妆和日常用品等领域。例如,美团是定位于吃喝玩乐的平台,而顾客在享受吃喝玩乐生活服务的同时,也往往会涉及出行场景问题。因此,美团2017年开始推出"美团打车"服务,进军网约车市场。顾客可以直接在美团APP上实时用车或预约打车,而不需要跳转至第三方应用,这一尝试为美团成熟的营销体系建设打下了基础。

最新研究洞察 15-1

将体验营销引入 B2B 品牌

体验营销工具及其提供的非凡体验是B2C中最强大的品牌推广手段之一,"品牌世界"这个术语用来概括那些作为品牌传播和体验营销工具的永久性品牌场所。作为品牌的顶峰,品牌世界采用的体验营销技术,已经从消费领域进入商业营销实践。经过对市场的研究发现,品牌世界也存在于B2B营销实践中,但受到B2B品牌视角的关注非常有限。

Österle、Kuhn 和 Henseler(2018)对在B2B中的品牌世界进行研究,探究B2B公司实施品牌世界的动机,确定B2B访问者的期望值以及他们从B2B品牌世界访问中获得的价值;理解B2B品牌世界的本质以及它是由什么组成的;调查B2B品牌世界是如何被感知的,以及体验是如何被共同创造的。他们采用了访谈法,对37名专家进行详尽的访问,包括运营公司、企业访客和展览设计师的观点。经过分析,发现B2B品牌世界与B2C品牌世界在很多方面都有很大的不同,但是它们都运用了相似的经验技术。运营公司的动机集中在提供现场产品体验,以解释复杂的产品和创造产品意识。B2B 访问者期望更多的是功能性而非享乐性的好处,并且访问必须支持他们进行自己的业务活动。体验的提供视角以及访客、品牌员工和物理环境之间的行为感知是 B2B 品牌世界体验如何共同创造的核心。

资料来源:Österle B, Kuhn M M, Henseler J. Brand Worlds: Introducing Experiential Marketing to B2B Branding. Industrial Marketing Management, 2018, 72: 71-98.

第二节 口碑营销

一、口碑营销的内涵

口碑营销(Word of Mouth Marketing),又称病毒式营销,是一种新的营销方法,使用通信工具(如邮件、微博和微信等)在众多与消费者相关的网络平台中宣传企业的产品或者传播品牌的相关信息。在现实生活中,消费者对一个产品或服务好坏的判断,很大程度上受周围信任的人提供的评论所影响,而不仅仅是企业的宣传广告。对于企业来讲,识别潜在的意见领袖可以在很大程度上提高企业口碑传播的有效性。

二、口碑营销的特征

1. 可信度高

可信度高是口碑营销的一个非常重要的特征,对于企业来说,开展口碑营销可以有效地降低消费者的风险感知,增加消费者的购买意愿。口碑传播通常出现在关系亲密的消费群体中,如朋友、家人和同事等。相对于企业的广告和促销宣传来讲,口碑的传播者与商家很少存在相关利益,口碑群体之间的口碑传播的可信度会更高一些。

2. 传播成本低

对于企业来讲,企业的营销活动不应该仅仅关注传统媒体和网络媒体,而应该更多地关注有影响力以及更适合口碑营销的社交平台(如微博、微信和小红书等)。由于激烈的市场竞争,企业的广告和宣传成本越来越高,导致企业的经营成本随之增加,利润下降。口碑传播立足于消费者的消费体验的传播,企业只需花费很少甚至不需花费成本,就可以达到理想的效果。

3. 信息传播准确度高

口碑是企业与消费者沟通交流的重要方式。使用口碑传播，传播者和接受者进行完全的沟通，有效地避免了传统的企业广告和宣传的信任度低、单向传播的缺点，有效地提高了沟通的效率，信息传播的准确度也随之增加。

三、口碑营销的作用

1. 培育和增强品牌影响力

营销人员以口碑营销的方式开展营销活动时，要尽可能多方面地去分析消费者的独特心理需求，了解消费者的需要，进行恰当的企业定位，提高企业的品牌影响力。通常，积极正面的口碑传播，可以帮助企业降低消费者消费决策过程中的风险感知，有利于企业培育和增强品牌影响力。

2. 提升顾客满意度

顾客满意度是指消费者的目标期望价值与所获得的感受获得价值的匹配程度。很多时候，口碑传播行为都发生在人们不经意间的言谈，传递相关信息主要是满足其社交的需要或者某些情感的需要。一般来说，企业进行积极正面的口碑营销，可以帮助企业在不同顾客之间建立良好的企业形象，有利于提升顾客对企业的满意度。

3. 提供周到的细节服务

细节服务是企业获得消费者认可的、重要的营销形式。在活动的过程中，企业不仅要保证产品的高质量，而且还要使宣传的形式富有表现力，从而形成独特的口碑和新闻传播。此外，细节也是企业吸引消费者情感的重要方式。例如，南方牌黑芝麻糊的广告中，描写小朋友在吃黑芝麻糊后舔碗、手、唇的细节，以一种怀旧的手法和形式，充分激发了消费者对于该产品的情感。

4. 潜在地向顾客提供各类信息

潜在地向顾客提供各类信息，一般情况下，顾客会感到更加新奇和信任，会更加愿意转述企业的产品信息。企业向顾客提供产品、企业和行业的信息，可以让顾客成为知情人，会大大增强顾客对企业产品的可信度，同时也会帮助顾客树立更强的品牌信心。

5. 营造和谐的公共关系

口碑传播能够将顾客、经销商、供应商、政府、新闻媒介等各类公众连接在一起，社会公正和良知正是产生口碑的社会心理基础，企业要想获得积极的口碑效应，就必须与公众建立起良好的公共关系。而且，这个过程是双向互利的，口碑营销有利于营造和谐的公共关系，反过来，和谐公正的公共关系也有利于产品的口碑传播。

四、口碑营销的形式

1. 经验性口碑

在生活中最常见、最有力的口碑营销形式是经验性口碑,经验式口碑来源于消费者对于企业某种产品或者服务的直接经验。一般而言,经验性口碑可分为正面和负面 2 种,正面的经验口碑会增加企业的知名度和品牌价值,反之,对企业则有负面的影响。

2. 继发性口碑

继发性口碑是消费者通过感受企业营销活动传递的信息所形成的口碑。继发性口碑所传递的信息更加直观,与消费者联系更为密切,可信度更高。

3. 有意识性口碑

有意识性口碑是指企业通过名人代言的形式来提升企业产品或者服务在市场的地位,以此来树立正面的口碑形象。由于有意识性口碑产生的效果衡量困难,所以在现实中企业很少采用这种形式。

五、口碑营销的过程

1. 鼓动消费者

赶潮流者是消费企业产品的一种非常重要的人群。一般情况下,赶潮流者是最先体验产品或者服务的人群,在体验之后会在第一时间发布关于产品的评论信息,以引发其他人随之关注企业的某个新产品或服务。例如,五粮液通过口碑营销的方式,进行营销组合,运用企业的优质资源来鼓动消费者,增加消费者的购买行为,降低企业的经营成本,扩大消费。

2. 传递产品价值

产品价值是企业产品存在的根本。企业在进行口碑营销的过程中,应该通过精心设计产品、提升产品质量、完善服务等,来提高产品价值。产品价值是企业立足于市场的通行证,也是消费者进行口碑营销的前提。如果企业的某个产品或服务,在顾客使用体验之后,为其津津乐道,那么企业的产品或服务就很有价值,也易于口碑的形成。

3. 给消费者提供回报

通过媒体和口碑的形式,消费者能够轻松获得所需要的产品信息,并可能激发相应的购买行为,如果在这一过程中企业能够让消费者感到有所收获,则消费者就有可能会顺利接受企业的产品和服务理念,并向其他消费者进行传递。

六、口碑营销的策略

1. 树立口碑营销的新理念

随着企业之间竞争日益激烈以及消费者购买决策越来越理性,企业通过广告、促销宣传和推广等方式进行传播的弊端也日益显现。为了企业的长远发展,企业必须顺应市场和消费者购买行为的特点,树立以口碑传播为主导的营销传播新理念,从而实现企业的可持续发展。此外,企业的营销活动也应该结合自身产品和服务的特点,避免负面口碑的出现。

2. 探索口碑营销的新方式

口碑营销的营销效果受多种因素的影响。一般而言,口碑营销传播的主要影响因素有3个:产品特性、意见领袖和消费者关系强度。因此,企业应该做到以下几点。

(1) 提升产品特性,丰富口碑营销传播的形式。产品特性是口碑的群体之间进行交流的重要信息内容。产品特性在一定程度上决定着企业口碑营销传播活动的成败。产品特性主要包括产品的外观、功能、质量、服务等,传播者在传播过程中通常会选择某一方面或几方面的特性向接收者进行信息传递。企业通过提升产品特性,可以丰富口碑营销的形式,从而促进企业产品的推广。

(2) 关注意见领袖,打造优质的口碑传播源。意见领袖是群体中信息和影响力的重要来源,往往对企业的产品或服务有更多的知识和经验,其言行会直接影响口碑传播的效果。因此,企业可以积极地激发意见领袖,如微博博主等,以此来提升企业品牌的知名度。

(3) 加强消费者关系强度,加大口碑传播的力度。消费者关系强度不仅会对信息传播的充分性和准确性造成影响,还会改变口碑传播的效果。对于企业的口碑营销活动,企业既要提升产品或服务来满足消费者的价值需求,增强消费者主动进行口碑传播的意愿;另一方面,企业要主动与消费者建立联系,通过设置场所或举办活动等形式,来加强企业与消费者之间的信息沟通。例如,小米设立"小米之家"会员服务中心,给广大会员提供配件自提和技术支持等服务,从而显著提升了消费者进行口碑传播的主动性和分享意愿。

3. 开发口碑营销的新平台

随着技术的进步和网络的普及,传统的口耳相传的口碑传播模式逐步被网络口碑传播的模式所取代。在网络口碑传播模式下,消费者可以通过邮箱、微信、钉钉等社交媒体形式进行信息交流,使口碑传播的成本更低,时效性更强。

4. 注重口碑营销的新体验

顾客体验是指顾客在企业的营销活动所设置的特定场景中对企业的产品或服务产生的感受和体验。体验式消费能够给顾客带来更加直观且深刻的消费体验。口碑传播者和接收者可以针对产品或服务的类型、功能等方面进行沟通,顾客与产品或服务进行体验式的交互沟通，使顾客更能够直观且全面地了解产品或服务信息，对口碑营销活动有极大的促进作用。因此，企业应该注重在口碑营销过程中的顾客体验，引导顾客进行体验式消费，为企业赢得更多的正面评价。

最新研究洞察 15-2

口碑营销的折扣策略

随着微博、Facebook、Twitter 等在线社交网络平台的流行，口碑以其低成本和快速传播的优势，成为目前很多企业采用的新的营销方式。低价往往能吸引消费者购买，因此在口碑营销中引入折扣定价似乎也是个不错的主意，有助于提高营销利润。

Zhang、Li 和 Yang 等学者提出了关于口碑营销的一种新的折扣策略——基于影响的折扣（IBD）策略，即每个顾客享有的折扣与他/她在口碑网络中的影响力成正比。与影响力较小的个体相比，在口碑网络中影响力较大的个体对其他个体的购买决策具有更强的影响力，并因此有望为供应商带来更高的利润，所以享有更大的折扣。

为了评估 IBD 策略的性能，他们建立了一个 WOM 传播模型来研究目标市场的预期状态。研究使用著名的网络分析软件 Pajek 生成 3 个小世界网络，假设目标市场中的每个个体都处于休眠、潜在和采用 3 个状态之一，从口碑力量、刚性需求、诱惑力和粘性 4 个要素出发研究 IBD 策略的性能。结果显示，可以通过提高产品的质量和用户体验来增强口碑力量；提供小礼物和优惠券等促销活动来增加诱惑力；不断推出新的折扣信息增加黏度等来改善 IBD 战略的营销效果。虽然研究中得出 IBD 策略的预期净利润会随着刚性需求的增加而增加，但在营销实践中，刚性需求不受供应商的控制。

资料来源：Zhang T, Li P, Yang L X, et al. A Discount Strategy in Word-of-mouth Marketing. Communications in Nonlinear Science and Numerical Simulation, 2019, 74: 167-179.

第三节　事件营销

一、事件营销的内涵

事件营销（Event Marketing）是企业的一种营销工具，通过让消费者参与企业的事件营销活动来宣传企业的经营理念。事件营销旨在通过特殊的现场活动吸引消费者对企业产品或品牌的关注，在现场活动（如音乐会、体育活动、游行和聚会）中，消费者与企业进行面对面的交流和互动。事件营销作为企业市场营销的一种重要营销形式，在过去的一段时间内发展越来越迅速。

事件营销是企业以创造消费者体验、推广产品或服务为目的，开展主题活动的一种营销策略。企业采用事件营销的方式进行企业的营销活动，需要利用热门的新闻事件激发消费者参与的积极性，如体育活动、音乐会、集市或节日等。

二、事件营销的特点

1. 目的性

确定目的是企业事件营销策划的首要步骤，企业应该关注何种形式的新闻能够满足新闻接受者的需求。一般情况下，不同的媒体会关注不同的领域，并进行持续的跟踪报道，其媒体受众也相对固定。所以企业应该明确其营销活动的目的，提升营销活动的效率，从而达到良好的营销目标。

2. 风险性

企业采用事件营销的方式进行营销活动，往往具有很大的风险，主要来自于媒体的不可控性以及消费者的知觉偏差。虽然高风险预示着高回报，但是企业在开展营销活动的过程中应该更加慎重，综合分析各种因素，以减少事件营销的负面影响。成功的事件营销能够提升企业的知名度，增加产品或服务的销量，失败的事件营销往往会使企业陷入困境。

3. 多样性

事件营销是企业界非常流行的营销手段（如公关和推广），事件营销具有多样性的特点，集新闻、广告、公共、传播等优点于一体。多样性已经成为事件营销的一个非常重要的特点，越来越多的企业选择事件营销模式来策划营销活动。

4. 新颖性

一般来说，消费者往往会对新奇的事物比较感兴趣，而事件营销活动往往是利用当下的社会热点信息，将企业的产品或服务展现给消费者，以获得消费者的关注，而社会热点信息往往满足了消费者对新奇事物的追求，而不会引发反感情绪，更容易激发消费者的购买动机。例如，优衣库与卡沃斯（KAWS）联名潮流服装开始发售后，消费者连夜排队抢购，甚至大打出手等新闻事件，一时间风靡网络，引来社会各界的广泛关注。

5. 真实性

信息技术的进步和互联网的发展，解决了传统传播中企业与消费者之间信息不对称的问题，消费者进入各种网络平台（如官网和官微等）可以快速地了解企业的各种相关信息。因此，企业在进行事件营销的过程中，不能恶意炒作、弄虚作假，而是要实事求是地宣传，力求保持事件原本的真实性。

6. 完美性

完美性是指企业在进行事件营销的过程中，营销人员要综合考虑企业营销活动可能存在的影响因素，既要考虑企业营销活动所要达到的目标，发挥企业策划人员的专业智慧，同时还要尊重消费者的感情和接受程度，以确保企业与消费者之间营销沟通的畅通与完整。

三、事件营销的影响因素

1. 事件的显著性

事件的显著性是指企业营销活动所采用的营销新闻事件的知名度。对于企业采用的新闻事件来说，事件的显著性越高，相应的新闻价值也越大。例如，新闻事件中的人物（如政府首脑、明星和网红）往往会成为公众关注的焦点。

2. 事件的接近性

事件的接近性是指事件本身与消费者在心理、距离和利益等方面的接近程度，事件与消费者的接近性越高，其新闻价值就越大。一般来说，出生地或居住地承载着人们的成长经历，与人们的心理接近程度高，更容易引起关注。因此，与消费者接近性越高的事件，往往更能够引起消费者的共鸣，效果也更好。

3. 事件的反差性

消费者在产生购买行为时通常会进行理性的选择，但有时也会对新颖、奇异的产品有所追求，以满足自己的独特性需求。新闻事件的设计应该巧妙地利用语言的艺术，丰富内容的情景信息，增强新闻的可读性，利用曲折新颖的事件直击消费者心灵。

4. 事件的正面性

互联网是一个不可预知的世界。一方面，积极正面的事件可以分秒之间引起高度的关注和频繁的讨论，使产品获得如潮的好评和肯定。但另一方面，如果事件当中产生了不良因素或负面作用，产品就可能立即遭遇前所未有的考验和难关。所以，事件营销并非恶意哗众取宠，而是要传递社会正能量，媒体和消费者通常会对积极正面的事件营销产生好感，并且主动进行产品的推广。这样不仅可以为企业增加经济收益，还能在消费者心中留下一个良好的企业形象。

四、事件营销的模式

1. 借力模式

借力模式是指企业利用社会热点话题的传播度和影响力，通过搭建某种联系或寻求共通点，为企业的产品或服务增加关注度。借力模式要实现好的效果，必须遵循以下原则。

营销故事15-4

（1）相关性。相关性是指营销事件的主题或价值观要与企业的营销策略相关联，事件的对象要与企业的目标消费群体相一致。例如，运动鞋本土品牌匹克赞助"神舟六号"并没有成功，其关键原因就是相关性太低，消费者不会相信宇航员好的身体素质源于匹克运动鞋，但会相信喝蒙牛牛奶有助于宇航员培育强健的体质。

（2）可控性。可控性是指营销事件的发展必须与企业的应对能力相适应。若是超出企业的控制范围或是不符合企业的风险评估方案，事件营销活动就可能失败，甚至会给企业带来很大的负面影响。

（3）系统性。系统性是指企业在进行事件营销活动时，要根据社会热点话题来选择和制定营销方案，并进行相应的营销组合。此外，企业也可以通过社会资源整合和数字技术的支持，统筹规划所涉及的社会公共关系，使企业的产品或服务得到更多消费者的关注。

2. 主动模式

主动模式是指企业依据自身发展规划，主动选取产品或服务的某方面特性，为其设计一些能够吸引消费者注意的话题和讨论热点，通过事件营销使之具有话题性和关注度，可以引起目标消费群体的广泛关注和讨论，提升企业和产品的知名度。企业在为产品创造话题时通常应该遵循以下3个原则。

（1）创新性。创新性是指企业为产品的某方面特性所设计的话题要有亮点，形式富有新意且发人深思，消费者往往会对创新奇特的事件话题更感兴趣。

（2）公共性。公共性是指企业所设计的话题要有一定数量的受众，且大多数受众都愿意关注并深入了解这些话题。

（3）互惠性。互惠性是指企业通过事件营销的方式进行的营销活动既可以使企业达到获利目的，又可以与消费者建立长期的联系，赢得消费者对企业的信赖。例如，企业可以利用区块链技术，跨越社交媒体巨头与消费者直接互动，并且对浏览广告的消费者给予奖励，一方面企业可以控制成本、赢得消费者信任；另一方面消费者可以避免广告诈骗，消费选择更加自主。

五、事件营销的策略

1. 名人策略

企业可以利用名人（如影视明星、体育健儿和文化作家等）为产品或服务进行代言：一方面，名人策略可以为产品或服务增加知名度，获得更多消费者的关注；另一方面，名人的影响力和号召力可以为产品增加额外的价值，使名人和消费者通过产品相联结，从而使消费者对产品产生情感联想和寄托，最终争相购买企业的产品。

2. 体育策略

体育策略是指企业以成为体育赛事的冠名商、赞助商等形式，参与体育活动来扩大企业的品牌影响力，为企业产品或服务赢得更多消费者的关注。在国家倡导全民健身的时代背景下，体育赛事吸引了越来越多的消费群体，也给企业带来了新的营销机遇。企业赞助或冠名体育赛事，既可以达到宣传产品或服务的目的，也在无形中增加了消费者对品牌的好感度，营造出正面、有担当的企业形象。例如，农夫山泉通过赞助马拉松、跆拳道等多项体育赛事，不仅有利于企业打造中国饮用水领导品牌，也响应了国家提倡的全面健身政策，提升了企业的知名度和国民认可度。

营销故事15-5

3. 实时策略

实时策略是指企业利用某些具有实时性、突发性的事件，为产品或服务创造营销条件并且将该事件信息进行广泛传播，从而达到企业销售产品的目的。对于可以预测其发生和走势的事件，企业往往要提前设计好营销策略，这样有利于抢占市场份额；对于不可预知的突发性事件，企业要审时度势，综合企业的资源后快速制定出相应的营销方案。根据实时发生领域的不同，可以分为政治、自然和社会3种。

4. 概念策略

概念策略是指企业根据产品或服务的价值和特性，设计出独特的"理念"或"标签"。在产品的开发过程中，企业首先要给产品界定一个概念，将概念融入产品的营销计划当中，使之成为企业或产品的独特标签，增加企业的市场辨识度和知名度。例如，仲景企业生产的六味地黄丸，主要强调其"药材好，药才好"的产品特点，展现了该企业医药产品的优势，获得了消费者对仲景企业产品的信任，从而在消费者心中产生了一种健康专业的良好品牌印象。

最新研究洞察 15-3

事件营销和广告支出对品牌价值与收入的差异效应

事件营销是指一种促销策略，在这种策略中，为了给消费者创造体验、推广产品或服务而制定了一项主题活动，如体育赛事、音乐会和展览会等。消费者倾向于认为事件营销比电视广告更有效。因此，事件营销作为一种重要的营销传播形式，在过去的几十年里变得越来越普遍。据统计，大约96%的美国公司把事件营销作为营销沟通的一部分，每年的支出约为370亿美元。

但只有少数的学术研究调查了事件营销对企业业绩的影响，研究局限于消费者参与的态度和行为意图。关于事件营销对企业品牌价值和财务业绩的贡献目前尚不清楚。

Liu、Zhang和Keh（2017）以2006～2013年中国74家房地产公司的面板数据为样本，用定性和说明性的方法研究了企业事件营销活动支出对品牌价值和企业收入的影响及其机制。结果表明，与广告的效果类似，事件营销在提高公司收入和品牌价值方面是有效的。此外，研究还加入品牌年龄作为调节变量，发现年轻品牌从事件营销中获得的收益可能大于从广告中获得的收益，因为事件营销对年轻品牌的品牌价值创造和收入具有更强、更大的影响。相比之下，更多的老牌品牌从广告中获益，而不是从事件营销中获益。从这项研究中获得的见解可以使管理者更好地分配营销沟通支出，并从中获得更高的回报。

资料来源：Liu L, Zhang J, Keh H T. Event-marketing and Advertising Expenditures: The Differential Effects on Brand Value and Company Revenue. Journal of Advertising Research, 2018, 58（4）：464-475.

第四节 绿色营销

一、绿色营销的内涵

绿色营销（Green Marketing）从广泛意义来说，可以应用于消费品、工业品甚至服务业等所有与人类生产生活息息相关的营销活动中，旨在满足消费者需求或愿望的同时，将企业所有的营销活动对自然环境的伤害降到最小。狭义的绿色营销是指对关于具有环保特征的产品或服务进行宣传，企业要在实施营销活动中融入绿色经营理念，从消费者的绿色消费需要出发来研发产品以及制订销售计划，并且适当地考虑环境成本，以实现可持续发展的经济。

企业的发展与进步，要以环境和生态的保护为前提，来制定适合企业产品的营销组合策略，通过绿色技术生产出的产品不仅可以满足消费者对绿色购买行为的需求，还可以保障企业和消费者双方的权益，使企业实现可持续发展。

二、绿色营销的特点

1. 采用绿色标志

绿色标志是绿色产品的"身份证"，象征着绿色和环保不仅有利于消费者快速分辨出绿色产品，满足其绿色消费的需求，保障其健康消费的权益，还有利于保障企业在激烈的市场竞争中占据有利的地位，无形中给非绿色产品生产企业带来了挑战，更有利于绿色市场的完善和成熟。

2. 倡导绿色消费意识

绿色消费意识是企业开展绿色营销活动的关键，只有消费者对企业生产的绿色产品或服务感兴趣，企业的绿色营销活动才有开展的意义。企业应该通过绿色营销的方式，培育消费者的绿色消费意识，并积极发布有关绿色产品的信息，采取适当的营销策略，鼓励消费者追求绿色健康的生活方式，在提升自身生活质量的同时，为经济的可持续发展做出贡献。除此之外，倡导绿色消费意识有利于推动国家绿色经济的发展，使市场环境朝着可持续的方向发展。

3. 实行绿色营销策略

为企业的营销策略注入绿色理念是企业决策的重大改变，不仅要求企业重视环境保护和生态发展，还要求企业合理配置营销资源。企业在开展营销活动时，不能以环境破坏为代价来换取短期的经济收益。企业要实现长远发展，就必须实行绿色营销策略，将环保理念融入营销计划中，科学合理地配置资源，使企业发展更加长久稳定。企业在实施绿色营销活动时，要突出绿色产品或服务的价值和优势，巩固其市场优势地位，为企业赢得更多消费者的认可和青睐。

4. 培育绿色文化

实施绿色营销策略的企业要培养以绿色环保为核心的企业文化，这样不仅有利于推动企业的绿色经营发展，还有利于推动绿色产品或服务的研发和销售。企业要营造绿色经营氛围，培养营销者的绿色理念，制定出绿色营销发展战略，使企业发展与环境保护相适应，企业经营理念与生态改善相融合，自觉承担起社会责任，打造良好的绿色品牌形象。

三、绿色营销的作用

1. 适应了绿色时代环境

当前的环境危机是全球性的，生态失衡、全球变暖、资源枯竭等问题给人类生存带来了极大的威胁，自然环境的恶化是社会进步和工业发展所带来的不可逆转的后果，人类对自然环境的态度决定了生态发展的方向和局面。环保工作已不单单是某个国家的事情，而是关乎全人类生存和发展的头等大事，各国政府、企业和消费者都必须参与进来，为环境保护贡献力量。绿色营销有利于减少生活垃圾和工业废物的排放，提高能源、矿藏等自然资源的利用率，使生态环境得到改善。另外，国民消费水平的提高，使消费者开始追求精神层面的愉悦，高质量的绿色产品或服务使消费者对健康环保生活的需求得到满足。

2. 符合社会可持续发展战略的要求

可持续发展是有利于社会持续进步的大计，关系到政治、经济、环境和文化等多个方面，倡导在保护环境的基础上进行企业的营销活动，实现社会进步和人们生活质量的提高。企业实施绿色营销策略，不仅符合社会可持续发展的战略要求，也有利于将企业的经济效益、社会效益和生态效益统一起来。企业的"绿色产品"在给消费者和市场带来生态环保效应的同时，也能增加产品的市场份额，增强企业的竞争力。

3. 可以帮助企业获得良好的经济效益

绿色经济的不断发展一方面给企业的营销理念带来了新的挑战，另一方面也为企业的发展带来了新的机会。社会对绿色产品需求的增加给企业绿色营销带来了良好前景。消费者在购买绿色产品或服务时，往往愿意为了更健康、更优质的体验而支付额外价格，这给企业增加了更多的绿色营销效益。企业应该秉持绿色营销理念，采用绿色技术开发产品或服务，提高产品或服务的价值与性能，全面增强产品或服务的竞争力。总之，实施绿色营销的企业，一方面可以突出产品的绿色优势，赢得更多绿色消费者的关注和认可，另一方面可以响应政府保护生态环境的号召，实现企业的可持续发展。

4. 可以帮助企业拓宽国际贸易渠道

当今世界呈现经济一体化格局，国际间的经济交往和贸易事务也越来越紧密频繁。国际性、区域性的环境保护法律文件所涉及的领域日趋广泛，且大多都与国际贸易相关，这使得贸易壁垒从关税壁垒逐步转向绿色壁垒。因此，绿色营销可以帮助企业拓宽国际贸易的渠道，更好地促进企业的发展。企业应该通过实施绿色营销策略，利用绿色技术开发绿色产品或服务，提高产品或服务的生命活力和市场竞争力，获得国际认可，从而在国际贸易事务中处于优势地位。

四、绿色营销面临的挑战

1. 企业缺乏绿色营销观念

在利益为先的经营理念驱使下，多数企业通常只关注与其自身利益直接相关的指标，而忽视与环保相关的指标，对其进行生产活动所造成的生态环境的破坏缺乏重视。近年来，随着绿色营销模式的兴起，很多企业虽然已经意识到了绿色发展的重要性，但是对绿色产品开发和绿色营销缺乏足够的认识和理解，对这方面的投资也相对较少，从而使企业开展绿色营销活动表现出一定的滞后性，制约了企业绿色营销战略的实施。

2. 国民的绿色消费需求不足

中国改革开放 40 余年来，经济建设取得重大成就，但是中国仍是世界上最大的发展中国家，国民总体收入和消费水平都有待提高。随着绿色经济的发展，消费者们也逐渐开始了解和关注绿色产品和企业的绿色营销，但是绿色消费观念还未在全社会范围普及。企业在开发绿色产品时,其生产成本也相应加大,随之绿色产品的售价也相应地高于普通产品。在这种情景下,消费者在做出购买决策的过程中,往往会权衡自身消费水平和绿色产品带来的效用,再决定是否购买,这样一来就限制了绿色营销活动的开展。

3. 企业绿色营销活动实施困难

企业实施绿色经营的基础是生产出绿色产品或服务,而企业的绿色营销活动也是企业可持续发展的战略要求。企业的产品或服务只有与企业的营销活动相适应,才能获得绿色发展的契机。此外,开发出适销对路的绿色产品或服务对企业来说也是一个重大的挑战。而且,若企业忽视与其他企业或者相关行业的统筹协调,也会导致资源利用率低等后果,使得开发了绿色产品的企业在成本投入和收益之间反差巨大,影响企业的长远发展。

4. 政府对企业绿色营销活动的监管不足

绿色营销活动是建立在环保基础上的,目前,我国出台了一系列有关生态环境保护的相关法律、法规,十分重视环境保护和消费者的权益。但是,在我国现实生产力和经济水平的制约下,一部分企业为了追求利润,往往漠视法律约束,宁愿支付罚款也要罔顾环境危害,违背生态文明建设的初衷。而且,法律法规在实施过程中的执法不严或是操作不当等行为,都会使政府对绿色营销活动的监管产生滞后。

五、绿色营销的实施保障

1. 资源整合

随着互联网技术的发展,移动智能设备的普及拉近了市场中企业和消费者的距离,使消费行为更加公开透明。因此,企业在开展营销活动时,处理好企业与消费者的关系则显得至关重要。日益成熟的互联网技术可以为企业提供消费者、市场环境以及相关行业的实时信息,对信息资源进行分析、整合。在产品或服务从开发到营销的整个过程中,互联网技术对信息进行规划重组,对数据进行高效整合,可以提高产品或服务的利用效率,减少对资源的浪费,从而保障企业规模化、集约化、效益化和绿色化发展。

2. 优化决策

决策对于企业来说至关重要,企业做出的决策不仅可能影响消费者的行为,甚至可能影响社会和国家的未来发展。企业在做每一个重要决策时,都应该将绿色经营理念融入其中,以环保理念优化决策,并贯彻落实到从产品研发到销售的整个过程当中。在大数据时代背景下,企业可以快捷地收集有关消费者、市场环境、政策保护等各方面的信息数据,准确、迅速地为企业制定科学的发展规划,并且随时根据信息数据的变化及时改变决策,不仅可以节约企业的成本和时间,还可以使企业的决策更加科学、合理。

3. 共享平台

当今社会倡导低碳节能、绿色共享的健康消费理念,共享经济应运而生并且蓬勃发展。共享经济是指现实中拥有闲置资源的群体,以相对合理的盈利方式使用互联网技术给消费者提供产品或服务,在提供便利的同时共享社会资源。目前,共享经济已应用到社会生活的方方面面,如共享单车、共享充电宝、共享雨伞等,在为消费者提供便利、低价产品或服务的同时,也为企业的绿色经营带来了很大的机遇,使社会经济朝着绿色可持续的方向运行。企业应该构建共享服务平台,提高现有产品或服务的资源分配效率,不仅能为企业节省营销成本、增加经济回报,也能为企业树立绿色经营的品牌形象,乘上全社会发展绿色经济的"快车"。

4. 环境监控

随着我国经济的快速发展,环境问题也愈发突出,企业的发展要秉持绿色经营理念,走可持续发展之路,这就要求企业在开展营销活动时以环境保护为基本准则,绝不能以牺牲环境来谋求短期的经济收益。面对错综复杂的环境问题,企业可以利用数字技术对生态环境状况进行实时监测,准确掌握环境变化的动态数据,及时针对变动做出积极合理的保护行动,从而实现企业的绿色发展,推动社会环境的保护和治理进程。

本章小结

进入21世纪以来,市场营销的环境不断发生新的变化,相应的营销领域也出现了新的发展,体验营销、口碑营销、事件营销、绿色营销等营销新领域的研究不断涌现,日益引起学术界的关注,并为商业界各企业营销活动的开展提供了新的营销策略。

体验营销是指企业采取的各种形式的以顾客为中心的营销活动,通过使顾客在消费过程中获得良好的体验,与其建立良好的联系。这种体验形式可以是产品、包装、沟通、店内互动、销售关系、销售活动等。

口碑营销,又称病毒式营销,是一种新的营销方法,使用通信工具(如邮件、微博和微信等)在众多与消费者相关的网络平台中宣传企业的产品或者传播品牌的相关信息。

事件营销是企业的一种营销工具,通过让消费者参与企业的事件营销活动来宣传企业的经营理念。事件营销旨在通过特殊的现场活动吸引消费者对企业产品或品牌的关注,在现场活动(如音乐会、体育活动、游行和聚会)中,使消费者与企业进行面对面的交流和互动。

绿色营销旨在满足消费者需求或愿望的同时,将企业所有的营销活动对自然环境的伤害降到最低。企业应当根据自身产品特点和市场规律,积极选择合适的营销策略和营销方式。

重要概念

体验营销　口碑营销　事件营销　绿色营销

思考与练习

1. 什么是体验营销？它有哪些特征？
2. 体验营销的策略有哪些？
3. 什么是口碑营销？它有哪些特征？
4. 口碑营销的策略有哪些？
5. 什么是事件营销？它有哪些影响因素？
6. 事件营销有哪些模式？它的策略是什么？
7. 什么是绿色营销？它有哪些特点？
8. 绿色营销面临的挑战是什么？它的实施策略有哪些？

案例分析

硬核广告《啥是佩奇》

2019年1月17日，在春节即将来临的时间节点，一部名为《啥是佩奇》的广告片在社交网络引发了刷屏之势。原来这是电影《小猪佩奇过大年》联合中国移动推出的宣传片，虽然只有5分40秒，但与以往电影市场的惯用做法不同的是，《啥是佩奇》并没有将正片中的片段剪辑在一起，而是利用电影手法拍摄了新的广告片。在2019年1月17日之前，电影《小猪佩奇过大年》并没有获得太多的关注，然而借助这支"骨骼清奇"的广告片，《小猪佩奇过大年》的票房预售在2019年1月19日达到527万元，微博指数、微信指数、百度指数排在春节档电影第一名，超过了宁浩的《疯狂的外星人》和周星驰的《新喜剧之王》。

"感情牌"在品牌营销中可以说永不过时，而春节对于中国人来说本就是一个容易产生诸多情愫的特殊日子。短片《啥是佩奇》之所以如此火爆，还在于它踩在春节这个时间点上，将大环境中人们对团圆、家人、父母的敏感情绪一触即发。短片表面上讲的是小猪佩奇，其实讲的是中国社会，特别是在三四五线城市存在的留守家庭问题。就像短片中的那句"他爹是猪，他娘是猪，儿子也是猪，一家人一窝猪"，成功地让这只来自英国的"小猪佩奇"，实现中国本土化。值得一提的是，与这两年泛滥的催泪广告不同的是，《啥是佩奇》完全没有刻意煽情的痕迹，整支短片充满喜剧的色彩。在众多网友评论中出现频率最高的词语是"感动""催泪""温情",可见,短片成功地调动了公众的情绪。影片夹杂着"土味"和"硬核",这种混搭感不仅为观众带来了新鲜感,也让本片留有余味。

资料来源:数据公园.硬核广告《啥是佩奇》是如何成为2019年第一个现象级刷屏案例的?.搜狐网.[2020-01-21].

https://www.sohu.com/a/290709046_309770.

问题:

(1)《啥是佩奇》采用了哪种营销形式?

(2)此种营销形式的原则在《啥是佩奇》中是如何体现的?

(3)《啥是佩奇》成功的原因是什么?

实践应用

2个小组针对本章内容进行课堂展示。一组展示一个全面的案例;另一组介绍企业调研,讲述企业真实的故事。

任务15-1　案例分析

任务15-2　企业调研

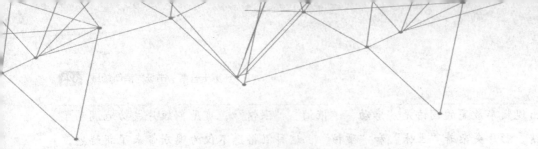

第十六章 品牌策略

本章要点

品牌是产品整体概念下的重要组成部分,随着品牌策略实践的不断发展,品牌在经济生活中发挥着越来越重要的作用。品牌的价值传播不仅要传达出产品或服务的功能、属性和利益,而且要综合协调品牌的形象、定位和口碑等,并且要着眼于创造消费者价值,设计和传递易于识别、一致的品牌形象。同时,品牌策略的选择也是企业产品品牌策略的一项重要内容。了解品牌的含义及其在市场营销中的作用、制定和实施品牌策略的方法,有利于优化营销组合及品牌发展,从而提高市场营销效率及利益。

学习目标

通过本章的学习,读者应该:
1. 理解品牌的内涵和作用。
2. 理解品牌价值的含义。
3. 理解品牌定位的含义、要求及实现方法。
4. 掌握品牌定位的差异化策略。
5. 理解品牌资产的定义和构成。
6. 理解测量品牌资产的模型。
7. 理解品牌所有权策略、品牌统分策略及品牌开发策略。

营销导读

肯德基品牌的发展

肯德基是一个人们熟知的品牌。肯德基是美国跨国的连锁餐厅,其加盟项目隶属于中国百胜餐饮集团,同时和百事可乐结成了战略联盟。针对人们想要尝试新品种的心态,它不断推出新产品,或者将以往的产品重新包装,使其重新归来,获取更多的收益。和其他加盟店不同,国内肯德基加盟采取"不从零开始"的加盟政策,将自营门店转让给符合条件的商家,并允许其继续使用肯德基的品牌经营,免去了加盟商开店的前期准备工作,使商家能够快速接手。肯德基加盟新店都是自己筹备,不接受加盟商的开店申请,只接受单店的加盟,不授予加盟区域专有的权利。肯德基的品牌发展特点如下:

1. 知名度高,加盟代理吸引力强

作为一个全球知名的快餐品牌,肯德基已经成为全球第二大的速食生产及销售的连锁型企业,在2018年全球最具有价值的餐饮排行中,肯德基排名第4位,肯德基加盟项目良好的市场发展潜力和品牌实力对加盟商而言非常有吸引力。

2. 产品美味又健康

肯德基在中国市场的出现直接或者间接地带动了中国西式快餐行业的发展。在注重市场发展的同时,肯德基也更加注重产品品质。所有的肯德基加盟店使用的原材料都由总部统一配送,这也在很大程度上提高了肯德基整体的产品品质。

3. 顺应市场发展,品牌发展空间巨大

现在的中国正向着复兴的道路进发,人们的生活朝着快节奏发展,对于快餐行业出身的肯德基来说无疑是一个比较广阔的市场。正因如此,肯德基加盟项目在进入中国30年的时间里已经在全国1000多座城市和地区先后建立了超过5300家的加盟连锁店面。肯德基在市场中加盟连锁店实行特许经营的方式,从中国市场的反应来看,肯德基的这种特许经营策略是正确并且高效的。

资料来源:宏商科技.肯德基顺应市场发展,品牌发展空间巨大.中国橱柜网.[2020-01-06].
http://www.chuguiwang.org.cn/news/desc/136691.html.

第一节 品牌综述

一、品牌的内涵

美国营销协会将品牌(Brand)定义为"一个名称、术语、标志、符号或设计,或它们的组合,旨在识别一个或者多个企业的产品或服务,并将其与竞争对手的产品或服务区分开来"。因此,品牌是一种产品或服务的特殊象征,它在某种程度上区别于其他为满足同样需求而设计的产品或服务，通常由文字、标记、符号、图案和颜色等要素或这些要素的组合构成。

几个世纪以来，品牌一直是区分不同生产商产品的手段。在欧洲，品牌出现的最早标志是中世纪行会要求手工艺者在他们的产品上贴上商标，以保护这些手工艺者和消费者免受劣质产品的侵害；在美术领域，品牌始于艺术家在作品上签名。如今，品牌在改善消费者生活和提高企业财务价值方面发挥着许多重要作用。

品牌实质上代表着企业交付给消费者产品特征、利益和服务的一贯性承诺，好的品牌代表着高质量的产品。除此之外，品牌还是一个更复杂的象征，它蕴含着丰富的市场信息。品牌的整体含义可以分为以下 6 个层次。

（1）属性是指品牌使消费者联想到产品的某种属性，如海飞丝的去屑功能。

（2）利益是指属性具体化为消费者看重的功能性或者情感性的利益，如海飞丝洗发水宣传其去屑属性的同时强调不伤头皮。

（3）价值是指品牌具有的生产者价值，如华为、苹果和三星代表着手机市场的高端、创新和安全。

（4）文化是指品牌所具有的文化烙印，如日本企业的集体主义文化和美国企业的个人主义文化。

（5）个性是指品牌所具有的独特与人相似的性格，如阿迪达斯的品牌个性为时尚、现代和够酷，而耐克品牌的个性为挑战、热情和信心。

（6）用户是指品牌暗示购买或者使用产品类型的消费者，如 vivo 旗下 X 系列产品针对年轻人和时尚消费人群，而 Xplay 系列产品针对的是注重影音体验的年轻群体。

二、品牌的作用

1. 品牌对消费者的作用

品牌可以帮助消费者识别产品的来源或制造商，使得消费者（无论是个人还是企业）可以更有效地选择和购买产品。消费者可能会根据品牌，对同一产品给予不同的评价。消费者也会通过对产品及其营销计划的体验来了解品牌，找出哪些品牌能满足需求，哪些品牌不能满足需求。随着消费者的生活变得更加多样、节奏变得更加快，品牌能够帮助消费者简化决策过程并降低风险。

2. 品牌对企业的作用

品牌对于企业来说价值巨大。品牌简化了产品的处理和售后跟踪过程，还为产品的独特性提供了有力的法律保护。品牌名称可以通过注册商标来保护，制造过程可以通过专利得到保护，包装可以通过版权和专有设计来保护。知识产权确保企业可以安全地投资于品牌，并获得有价值资产的好处。

> **最新研究洞察 16-1**

品牌标识框架影响消费者的认知

标识是品牌的视觉表现,在现实生活中,企业甚至愿意投入巨额资金来设计品牌标识。品牌标识之所以有价值,是因为品牌的标识能够影响消费者对企业的认知。标识框架是围绕品牌标识的物理边界的图形表示,品牌标识框架的存在和缺失会对消费者的不同感知产生影响。

Fajardo 等人(2016)进行一项实验,有 131 名参与者参与实验,参与者被随机分配到 2(感知风险:低 VS 高)×2(品牌标识框架:存在 VS 缺失)4 组中的一组。实验的场景设置是让参与者想象购买蜡烛,蜡烛的品牌标识有两组,一组是品牌标识框架不存在(标识由企业名和一棵棕榈树的小图片组成),另外一组是品牌标识框架存在(企业名和棕榈树的图片被一个框架包围)。在低风险条件下,参与者被告知产品保证满意,如果消费者对购买不满意,将获得全额退款。在高风险条件下,参与者被告知产品是最终销售,因此无法退货。

实验结果发现,品牌标识的框架影响消费者对品牌产品的购买意愿,这种影响是正面的还是负面的取决于消费者的风险感知。具体来说,在感知风险高的情况下,品牌标识框架存在增加了消费者的购买意愿,但在感知风险低的情况下,品牌标识框架存在降低了消费者的购买意愿。进一步来讲,消费者的感知风险影响了品牌标识框架的符号关联,在高风险下,消费者认为标识框架是具有保护性的,而在低风险下,消费者认为标识框架是具有限制性的。

资料来源:Fajardo T M, Zhang J, Tsiros M. The Contingent Nature of the Symbolic Associations of Visual Design Elements: The Case of Brand Logo Frames. Journal of Consumer Research, 2016, 43(4):549-566.

三、品牌的价值

品牌为消费者和企业增加了产品和服务的价值,超越了产品的物理特征、功能特性或提供服务而带来的价值。要想提高品牌为消费者和企业创造的价值,企业需采取一些措施,表 16-1 表明了一些能够提高品牌价值的品牌元素。

表 16-1 能够提高品牌价值的品牌元素

品牌元素	描述
品牌名称	品牌的名称可以由这些内容而命名:企业名称、人物名称、动物名称、植物名称、地名名称,如华为、香奈儿、彪马、茅台

续表

品牌元素	描述
URL（统一资源定位符）或域名	在互联网网页上的网址，通常是企业的名称，如雅虎（Yahoo）和亚马逊（Amazon）
标识和符号	标识是代表企业名称或商标的视觉品牌元素。符号是没有文字的标识，如耐克的标识
个性特征	个性特征是指人类、动物或动画的品牌符号，如花花公子、兔女郎和圣乔治龙
标语	标语是指用于描述品牌，或向消费者推销品牌某些特征的简短短语，如李宁的"一切皆有可能"
铃声/声音	由文字或独特的音乐组成的与品牌有关的音频信息，如"英特尔（其实是指英特尔装在设备里面的CPU）"的口号随附的英特尔四音符

1. 品牌促进购买

品牌通常很容易被消费者认可，因为品牌表示一定的质量水平以及消费者熟悉的东西，所以品牌可以帮助消费者快速做出决策，尤其是在购买方面。可乐市场就是一个特别有力的例子。有些消费者认为可乐就是可乐，所以一个品牌和另一个品牌没有太大的区别。但是，品牌推广使百事可乐的饮用者可以在商店的货架上轻松地找到熟悉的标识，当消费者决定改喝其他味道的饮料时，则会更有可能购买百事可乐品牌的其他产品。通过促销、曾经的购买经历或亲朋好友提供的信息，消费者甚至可以在阅读标识上的文字之前就可以识别产品，并且很可能会对品牌的质量水平、口味如何、是否物有所值以及是否喜欢并想要购买作出判断。品牌使消费者能够将一家企业或产品与另一家企业或产品区分开来。如果没有品牌，消费者如何在品尝可口可乐和百事可乐之前轻松地区分它们？

2. 品牌建立忠诚度

随着时间的推移和持续的使用，消费者学会信任某些品牌。消费者不太会考虑在某些产品上更换品牌，在某些情况下，消费者可能会对某些品牌产生强烈的亲切感。例如，亚马逊网站拥有许多忠实的追随者，因为其良好的服务名声促使许多消费者在有需要时第一时间就找上它。

3. 品牌可以使企业免受同类竞争和价格竞争的影响

强势品牌在某种程度上受其他企业的竞争和价格竞争的影响较小。这样的品牌在市场上地位更稳固而且拥有更加忠诚的消费者群体，无论是价格方面还是零售层面的竞争压力都不会对品牌企业构成威胁。例如，耐克以其球鞋而闻名。尽管有许多类似的品牌可供选择，甚至一些零售商也能提供自己品牌的球鞋，但耐克的球鞋仍被公认为质量上乘，这使得耐克在消费者中获得了一定的地位，因此它的产品可以获得高价带来的利润。

4. 品牌就是资产

对于企业而言，品牌也是可以通过商标和版权进行法律保护的资产，因此构成了一种独特的所有权形式。企业有时必须努力确保自己的品牌名称不被他人直接或间接使用。

5. 品牌影响市场价值

拥有知名品牌会给企业的利润带来直接影响。品牌价值是企业整体货币价值的体现。品牌价值是指该品牌在未来的获利潜力。在过去的10年里，全球最有价值的品牌排名中，科技企业快速占据了主导地位。这其中包括苹果、微软、IBM、三星、亚马逊以及脸书，这些科技企业替代了更传统行业的企业。

第二节　品牌定位

一、品牌定位的含义

品牌定位（Brand Positioning）是指通过系统性的品牌识别设计，从而在目标顾客的心智中占据独特的价值地位。有效的品牌定位可以阐明品牌的内涵和独特性，帮助消费者识别与竞争品牌的差异。品牌定位是一个建立与满足目标市场需要有关的独特品牌形象的过程，也是设计企业产品和形象的行为，以在目标市场中占据独特的位置。品牌定位的目标是最大化企业的潜在利益，在消费者心目中定位品牌。一个好的品牌定位有助于企业通过阐明品牌的本质来指导营销策略，帮助消费者确定实现的目标，并以独特的方式展示品牌是如何做到的。组织中的每个人都应该理解品牌定位，并将其作为决策的依据。

一个企业无论规模有多大，都不可能满足市场的所有需求，定位的真正诀窍是在品牌是什么和可能是什么之间找到恰当的平衡。定位的结果是成功地创建以消费者为中心的价值主张，这是目标市场中消费者选择购买产品的一个理由。

二、品牌定位要求

品牌定位要求企业定义并传递自己的品牌和竞争对手品牌之间的相似和不同之处。具体来说，确定定位需要做到：

（1）通过确定相关竞争者来确定参考框架。

（2）在给定参考框架的情况下，确定最佳的平衡点和不同品牌的关联点。

（3）传播品牌内涵，凸显差异性，包括观念、核心价值和文化等。

（4）创建品牌口号来彰显品牌的定位和本质。

三、建立品牌定位

品牌定位是企业建立独特品牌形象满足其目标市场相关需要的过程,也是设计企业产品和形象的行为,以在目标市场中占据独特的位置。企业建立正确的品牌定位的过程,不仅需要制定正确的品牌定位策略,还需要营销人员把它传达给组织中的每个人,这样品牌定位策略就能指导员工的言行,为品牌构建一个靶心,可以确保其在发展过程中不偏离方向。同时,在市场中建立品牌定位也需要消费者了解企业品牌提供了什么,以及是什么因素使该品牌成为一个好的选择。例如,华为、苹果几十年来一直领先于它们所在的产品类别,部分原因是持续创新。而古驰、香奈儿和路易威登等品牌则是通过了解消费者的动机和欲望,来塑造高端、时尚和奢华的品牌形象,从而在消费者心中占据独特位置。

营销故事16-2

最新研究洞察 16-2

社会拥挤影响拟人化的品牌定位战略

将品牌拟人化(即赋予品牌人性化特征)是营销管理人员的一项重要的品牌定位策略。然而,消费者接触到品牌的环境多种多样,尤其是在社会拥挤的情况下,品牌传播的影响非常明显。在现实生活中,营销人员经常在行人密集的地方(包括繁忙的城市街道交叉口和购物中心等)放置品牌广告。然而在拥挤的社会条件下,不同形式的品牌形象,会对消费者产生什么样的影响呢?

Puzakova 和 Kwak(2017)在美国一所私立大学进行了一个现场试验,有 274 名人员参加实验。实验的形式是在大学的校内自助餐厅入口处,摆放着一张小桌子。桌上展示了两种不同版本的 Aqin 运动瓶(见图 16-1),还有一张 20 英寸 ×30 英寸的海报,上面写着"不含双酚 A 的运动水瓶!做个简单的问卷调查,即可免费获得一个"。在高度社会拥挤的条件下,选择上午 11:30—12:30 和下午 14:40—15:40;相反,在低度社会拥挤的条件下,选择上午 10:30—11:30 和下午 18:00—19:00。

结果表明,社会拥挤对拟人化品牌的偏好有负面影响,而拟人化品牌表明了与消费者互动的意图,当空间拥挤时互动导向的拟人化品牌降低了消费者拥有产品的欲望。

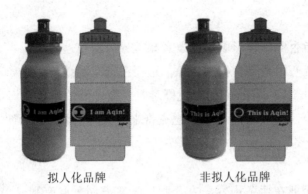

拟人化品牌　　　　　　　　非拟人化品牌

图 16-1　Aqin 运动瓶

资料来源：Puzakova M, Kwak H. Should Anthropomorphized Brands Engage Customers? The Impact of Social Crowding on Brand Preferences. Journal of Marketing, 2017, 81（6）：99-115.

四、优势定位策略

大部分营销工作都是在权衡取舍，选择更能获得利益的营销策略，定位也不例外。为了建立一个强大的品牌，首要的是让这个品牌成为独一无二的存在，这就要求企业在它们所涉及的领域中，拥有比竞争对手更大的优势。竞争优势是一家企业在一个或多个方面的表现能力，一个可利用的竞争优势是一家企业获得新优势的跳板。总的来说，一家希望持续发展的企业必须不断创造新的优势。企业需要找到与竞争者相比的差异优势，凭借这些差异来吸引消费者。一般来说，企业主要可以通过以下 4 个方面来进行差异化获得竞争优势，从而形成能在消费者心智中留下痕迹的定位点。

1. 员工差异化

员工是企业或品牌文化的外在表现形式，企业可以针对其员工行为与竞争对手进行差异化。通过独特的员工行为，展现企业品牌的内在价值，从而吸引消费者，培养众多的忠诚顾客并将其转变为品牌的拥护者或热爱者。例如，海底捞、宝洁和玫琳凯等企业员工的差异化形象，为该企业品牌价值的打造以及顾客忠诚度的提升发挥重要作用。

2. 渠道差异化

渠道差异化是指企业选择与竞争对手不同的营销渠道，以此来获得品牌的竞争优势，提升品牌知名度。渠道差异化既可以帮助企业更有效地设计渠道的覆盖范围、专业知识和性能，使购买产品更容易、更愉快、更有回报，也可以帮助企业避开强大竞争对手的渠道优势所在，避免激烈的渠道竞争，从而更利于企业的经营。例如，著名宠物食品品牌爱慕思（Iams），通过当地的兽医、饲养者和宠物店成功销售了其优质的宠物食品，获得了更多的利润。

3. 形象差异化

形象差异化是指企业品牌形象与竞争者相差异以获得差别优势。企业可以塑造独特的品牌形象在消费者心中留下良好的印象，进而占据有利地位。例如，星巴克的标志去掉了原先外沿"Starbucks coffee"的绿色圆环，保留中心的绿色女海妖形象，使整个标志变成单一的绿色。寓意是希望能够给星巴克带来更大的自由和灵活性，不再限制于咖啡，并拓展更为广阔的业务。

4. 服务差异化

服务差异化是企业在服务内容、方式和场景等方面采取有别于竞争对手的策略，目的是通过提供差异化的服务给消费者带来独特的体验，提升消费者满意度，从而形成品牌竞争优势。例如，海底捞的品牌优势在于服务差异化，提到海底捞，消费者就会联想到在海底捞等位时的免费饮料、美甲服务，用餐时提供的热毛巾和手机袋等，这无形之中就给品牌带来了积极的影响。

营销故事16-3

五、品牌定位的表现形式

品牌的核心价值和文化是企业的基因（DNA），是品牌定位的基础，品牌定位是一个企业整体核心价值文化的体现。企业可以通过品牌符号、品牌定位语体现出来。

1. 品牌符号

符号（Symbol）是一种品牌定位工具，它帮助消费者记住企业的产品或服务，帮助消费者联想到积极的属性，方便购买这些产品或服务。符号强调品牌期望、塑造企业形象。符号也是品牌资产的重要组成部分，有助于消费者区分品牌特征。符号对于消费者来说比商标名称更容易记忆，因为符号是一种独特的视觉图像。符号可以包括标志、人物、几何形状、卡通形象或者其他物体。例如，海尔的穿着泳裤的两兄弟，三只松鼠的松鼠三兄弟，肯德基的白胡子老爷爷和耐克的对号。这些鲜明且广为人知的符号帮助品牌在消费者心中树立与众不同的形象。此外，也有许多符号是注册商标，其开发企业的版权受到法律保护。如果一个企业的包裹或标识看起来和竞争对手的太相似，则可能会引发商标侵权的诉讼。例如，麦当劳起诉任何使用"Mc"前缀的企业和个人，此外，苹果和三星也在产品设计、概念和定位方面一直纠缠不休。

2. 品牌定位语

品牌定位还可以通过品牌定位语体现。品牌定位语可以向消费者传播品牌的核心价值和文化。品牌定位语通常具有长期性，一旦被提炼出来，基本不会更改，除非产业发生巨大变化，企业需要重新定位的时候。成功的品牌定位语能够在消费者心中留下烙印，有利于品牌核心价值的传播。"没有不可能（Impossible is nothing）"是阿迪达斯的品牌定位语，以其简洁、鲜明、生动、琅琅上口的特点为消费者所熟记。该定位语是阿迪达斯在过去近100年不断积累和完善的结晶。"没有不可能"逐步积淀出阿迪达斯品牌独有的内涵，显示出阿迪达斯提供的绝不仅是一种体育用品，而是在传递一种人生信念、体育精神和思想境界。

一、品牌资产的含义

品牌资产（Brand Equity）是指赋予产品和服务的附加值。它可能反映在消费者对品牌的思考、感受和行为方式上，也可能反映在品牌的价格、市场份额和盈利能力上。

营销人员和研究人员使用不同的视角来研究品牌资产。从消费者的角度（无论是个人还是组织）用基于消费者的方法来看待它，并认识到一个品牌的力量在于随着时间的推移，消费者对该品牌的所见、所读、所听、所学、所想和所感受。

二、品牌资产的构成

品牌资产是一个系统概念，由一系列因素构成，如何知道一个品牌有多"好"或它有多少资产？可以从品牌知名度、品牌感知价值、品牌联想和品牌忠诚度4个方面来判断品牌的价值，如图16-2所示。此外，合理分配营销支出可以提高品牌资产，也会增加品牌的整体价值。

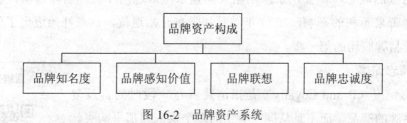

图16-2 品牌资产系统

1. 品牌知名度

品牌知名度（Brand Awareness）衡量的是市场上有多少消费者熟悉该品牌及其含义，并对其有何看法。消费者越了解或熟悉品牌，在购买决策过程中就越容易偏向该品牌，这就提高了购买概率。品牌知名度对于不需要过多考虑就可以购买的产品（如肥皂或口香糖）最为重要，对于不经常购买的产品或消费者从未购买过的产品也至关重要。如果消费者认可该品牌，那么该品牌就拥有了相关的价值属性。

对于从未购买过丰田汽车的人来说，知道这个品牌的存在可以帮助其购买。市场营销人员通过广告、宣传或其他方式，在与消费者的沟通中反复提示企业的各种品牌元素（如品牌名称、标识、符号、个性特征、外包装和标语），从而提高品牌知名度。随着时间的推移，某些品牌在特定产品市场中占据了主导地位，以至于它们成为产品本身的代名词，品牌名称开始用作通用产品类别的名称，如苹果手机。企业必须保护自己的品牌名称，如果太普遍地使用，随着时间的流逝，品牌本身可能会失去其价值。

2. 品牌感知价值

品牌感知价值（Brand Perceived Value）是指产品或服务的收益与其成本之间的关系。企业通常根据其竞争对手的价格来决定自己产品的价格。如果消费者相信一个较便宜的品牌和一个高档品牌的质量差不多，那么这种较便宜的品牌的感知价值就是较高的。

3. 品牌联想

品牌联想（Brand Association）反映了消费者在品牌与其关键产品属性之间建立的心理联系，这些品牌联想通常来自企业的广告和促销活动。例如，丰田的普锐斯（Prius）以经济实惠、价值高、时尚和对环境有益而闻名。此外，企业还尝试建立具有积极的消费者情感的特定联想，如娱乐、友谊和其他良好的情感，或者联想到家庭聚会，这些联想的集合构成了消费者意识中品牌形象的基础。例如，一汽奔腾将其品牌与消费者情感联系在一起，采用"让爱回家"的标语。另外，奔腾采用的15秒广告始终与温馨的家庭形象保持一致。

品牌联想也可能来源于相关的个人品牌。当企业创始人或领导者的个人品牌足够强大时，消费者会将企业品牌和个人品牌相互等同、相互替代，如提到阿里巴巴就会想到马云，提到董明珠就会想到格力，这种联想产生的影响比其他代言人带来的影响更大。创始人或领导者良好的个人品牌有利于推动消费者对企业品牌产生积极的联想，反之，则会产生消极的联想。例如，京东创始人刘强东，最近两年负面新闻缠身，也给京东这一企业品牌带来不利的影响，2020年4月刘强东开始退位，京东开始迈出了创始人个人品牌与企业品牌脱钩的第一步。

4. 品牌忠诚度

品牌忠诚度（Brand Loyalty）是指消费者在一段时间内反复购买同一品牌的产品，而不是从同一类别的多个供应商那里购买。因此，品牌忠诚度高的消费者是企业重要的收入来源。

营销故事16-4

（1）航空企业、酒店、信用卡企业和零售商等，通过忠诚度或 CRM 计划，激励那些忠于品牌的消费者，如消费积分可以兑换额外折扣或免费服务、企业主办的销售项目预告及特殊活动邀请函。

（2）吸引忠诚消费者的营销成本要低得多，因为企业不必花钱进行广告和促销活动来吸引这些消费者。忠诚的消费者根本不需要企业额外的劝说或推力来促使其购买企业的产品。

（3）忠诚的消费者倾向于向他人赞扬他们喜爱的产品、零售商或服务的优点。这些消费者有时被称为品牌拥护者，正面口碑和现在的"电子口碑"传播速度更快，影响更深远，这些都不需要企业付出额外代价。

（4）较高的品牌忠诚度使企业免受同业竞争的影响，因为即便竞争对手有各种激励措施，高品牌忠诚的消费者也不会转向竞争对手的品牌。

最新研究洞察 16-3

品牌标识描述影响品牌资产认知

标识通常包括多种视觉元素（如图片和文字等），这些元素通常描述了品牌下的产品或服务的种类。然而，关于品牌标识描述的多少，也可能对企业的品牌资产产生影响。

Luffarelli 等人（2019）进行了一项实验，有180名参与者参与了这项研究。参与者被随机分配到2（品牌标识描述：少VS多）×2（产品类型：篮球VS跑鞋）的4组之一（见图16-3）。参与者观看图16-3中的一种图片，然后回答一系列问题。

研究结果表明，相比于品牌标识描述更少的情况，更多的品牌标识描述可以激发消费者更强烈的感知真实性印象，进而影响消费者对品牌资产的看法。

篮球设备制造品牌

跑鞋品牌

图16-3　4组品牌标识对比

资料来源：Luffarelli J, Mukesh M, Mahmood A. Let the Logo Do the Talking: The Influence of Logo Descriptiveness on Brand Equity. Journal of Marketing Research, 2019, 56（5）：862-878.

三、品牌资产模型

1. 品牌资产标量模型

品牌表达了消费者对某种产品及其性能的认知和感受,显示出该产品在消费者心目中的价值和意义,是维系企业与消费者关系的关键要素。隐含在品牌资产之下的基本资产是消费者资产,即品牌现有和潜在消费者的终身价值之和。品牌对消费者的影响主要是指品牌所引起的消费者对企业产品及其营销策略的反应,从而提升消费者偏好和消费者忠诚。

扬·罗必凯(Young & Rubicam)开发了一种名叫品牌资产标量(Brand Asset Valuator,BAV)的品牌资产模型。基于对 51 个国家近 80 万消费者的研究,BAV 模型比较了数百个不同类别品牌的品牌资产,如图 16-4 所示。

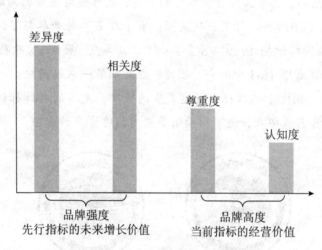

图 16-4 品牌资产标量模型

(1) 差异度(Differentiation)是指那些使得该品牌在众多品牌中突出的因素,品牌的差异度与它的利润和价值有关。

(2) 相关度(Relevance)是指消费者感知的产品满足其需要的程度。品牌相关度影响消费者对品牌适合程度的感知并影响消费者是否选择该品牌,这些通常与消费者对品牌产品的试用情况有关。

(3) 尊重度(Esteem)是指消费者关心、重视、敬重该品牌的程度。消费者如何看待品牌,与消费者对产品质量和品牌忠诚度的观点有关。

(4) 认知度(Knowledge)是指消费者对该品牌的了解程度。消费者对品牌的深入了解,与品牌的知名度和消费者的产品体验相关。

差异度和相关度共同决定了品牌强度(Brand Strength),是一个预测未来增长和价值的先行指标。尊重度和认知度共同决定了品牌高度（Brand Stature），是企业过去业绩的"成绩单"，也是经营价值的当前指标。

这些维度之间的关系，揭示了一个品牌的当前现状和未来地位。品牌强度和品牌高度结合起来形成了网络，在连续的象限中描绘了品牌发展周期的各个阶段，如图16-5所示。

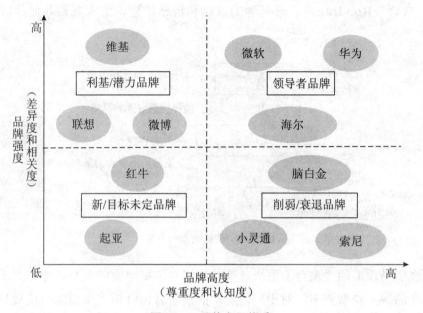

图 16-5　品牌表现体系

（1）利基/潜力品牌，品牌强度高，品牌高度低，但潜力大。这些品牌已经建立了一些差异度和相关度，但只有相对较少的受众了解，消费者对这些品牌表现出了好奇和兴趣。

（2）领导者品牌，品牌强度高，品牌高度高。这些品牌已经为消费者所广泛熟知，通常有高收益、高利润率和创造未来价值的最大潜力。

（3）新/目标未定品牌，品牌强度低，品牌高度也低。这些品牌在普通大众中并不知名，通常是新出现的品牌或者是没有具体目标的中等品牌。

（4）削弱/衰退品牌，品牌强度低，品牌高度高。这些品牌努力满足消费者已知并期望获得的需求，但是由于品牌强度不够无法成为市场的领导者。

2. BrandZ 模型

Millward Brown 和 WPP 集团开发了测量品牌强度的 BrandZ 模型，其核心是品牌动态金字塔。根据该模型，品牌建设按照一系列的等级顺序展开（见图16-6）。对于任何一个品牌，根据受访者对一系列问题的回答，每个受访者都被分配到一个金字塔等级。

（1）存在（Presence）。基于过去的尝试、知名度或对品牌承诺的了解，进行主动熟悉。

（2）相关（Relevance）。能够满足消费者需求，并且在适当的价格范围内或在消费者的考虑集当中。

（3）表现（Performance）。相信该品牌能提供可接受的产品表现，并且在消费者的入围名单中。

（4）优势（Advantage）。认为该品牌比同类别产品中的其他品牌具有情感或理性优势。

（5）黏合（Bonding）。对品牌的理性和情感依恋，而大多数其他品牌则被排除在外。

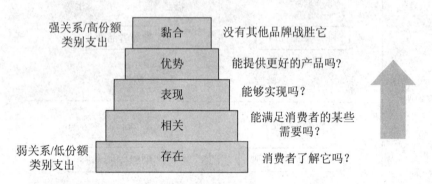

图 16-6　品牌动态金字塔

处于金字塔顶端的"黏合"消费者与品牌建立了更牢固的关系，并比处于较低层次的消费者在品牌上花费更多。对于较低层次的消费者，营销人员面临的挑战是帮助他们向上发展。

3. 品牌共鸣金字塔模型

Kevin Keller 提出了品牌共鸣金字塔模型。品牌共鸣（Brand Resonance）是指消费者对某一品牌的深层心理依恋程度，以及对该品牌的积极、支持行为的程度。品牌共鸣在品牌建设金字塔的最高层，通常表现为消费者和品牌间的情感联系和行动承诺。情感联系表达了消费者对品牌的依恋以及至爱的程度；行动承诺表现了消费者对该品牌的重复购买、推荐给他人以及自觉抵制品牌的负面信息等。

品牌共鸣金字塔将品牌建设视为从下到上的一系列提升过程，共包括以下 4 个步骤：

（1）身份，确保消费者识别品牌并将其与特定的产品类别或需求相关联。

（2）含义，通过战略联系一系列有形和无形的品牌联想，牢固树立在消费者心中的品牌含义。

（3）反应，根据与品牌相关的判断和感受，引起适当的消费者反应。

（4）关系，将消费者的品牌反应转化为强烈而积极的忠诚度。

根据此模型，执行这 4 个步骤意味着建立 6 个"品牌构建模块"的金字塔，如图 16-7 所示。该模型强调了品牌的双重性，品牌构建的理性路径在金字塔的左侧，情感路径在金字塔的右侧。

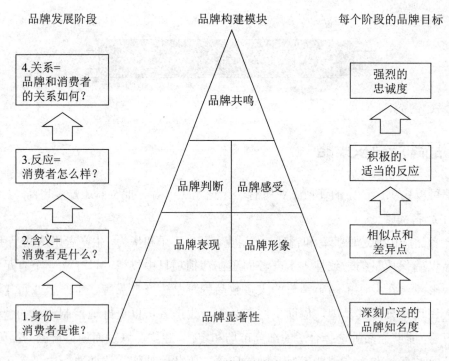

图 16-7　品牌共鸣金字塔

万事达卡（Master Card）是一个具有双重性的品牌，因为它既强调信用卡的理性优势（在全世界的机构中接受信用卡），又强调了屡获殊荣的"无价"的情感优势。"有些东西是钱买不到的，对于其他所有东西，都有万事达卡。"

要建立重要的品牌资产，就必须达到品牌金字塔的顶端，这只有在正确的构建要素到位的情况下才能实现。

（1）品牌显著性，是消费者在各种购买或消费情况下想到品牌的频率和容易程度。

（2）品牌表现，是产品或服务满足消费者功能需求的程度。

（3）品牌形象，描述了产品或服务的外在特性，包括品牌试图满足消费者的心理或社会需求的方式。

（4）品牌判断，着重于消费者自己的个人意见和评价。

（5）品牌感受，是消费者对品牌的情感和反应。

（6）品牌共鸣，描述了消费者与品牌之间的关系以及他们与品牌"同步"的程度。

共鸣是消费者与品牌之间的心理纽带及其引起的活跃水平，具有高共鸣度的品牌有华为和支付宝等。福克斯新闻发现，其节目引起的共鸣和参与度越高，人们对节目中投放广告的记忆越强。

第四节　品牌策略选择

一、品牌所有权策略

品牌可以由供应链中的任何企业所有，无论是生产者、批发商还是零售商。

1. 生产者品牌

生产者品牌由制造商拥有和管理，如耐克、可口可乐和华为。生产者用这些品牌开发、生产产品以确保质量的一致性，生产者们还在营销项目中投资，以建立一个有足够吸引力的品牌形象。在发达市场上销售的大多数品牌都是生产者品牌，生产企业每年花费数千万元人民币来推广其品牌。借助生产者品牌，生产者可以更好地控制自己的营销策略和品牌形象，能够为品牌选择合适的细分市场和定位，建立品牌进而创造自己的品牌资产。品牌定位是消费者和潜在消费者对品牌的印象。因此，他们在这些决策中投入了大量的思考、努力、研究、分析和资源，试图为产品创造最佳的品牌定位。

2. 零售商自有品牌

零售商自有品牌，也称为自有品牌，是由零售商自行开发的产品品牌。在某些情况下，零售商生产自己的产品；在其他情况下，这些零售商为自有品牌开发设计和规格，然后与生产者签订合同生产这些产品。一些生产者与零售商合作联合研发产品，供特定零售商独家销售。在过去，零售商自有品牌的销售是有限的，但近年来，随着零售企业规模的增长和整合，越来越多的零售商已经具有了规模经济，能够开发自有品牌的产品，并利用这些自有品牌的产品确立一个独特的品牌地位。此外，生产者更倾向于满足零售商的需求，并与零售商联合开发品牌产品。例如，商店自有品牌的购买量在北美的购买量中占近20%，在欧洲则接近30%。

二、品牌统分策略

品牌，无论是属于生产者还是中间商，或者双方共同拥有，都必须考虑命名问题，是全部或大部分使用一个品牌名称，还是每个部分用不同的品牌名称，都需要进行决策。品牌的统分策略可以分为以下3个方面。

1. 个别品牌

个别品牌是指一家企业的每一种产品都可以使用不同的品牌名称。例如，宝洁是个别品牌策略使用最为经典的企业，在中国洗发液市场推出三大品牌"潘婷""飘柔""海飞丝",在中国的洗发液市场的占有率曾达50%以上,宝洁因此在同行业中排名第一。

2. 单一品牌

单一品牌是指企业所有的产品都统一使用一个品牌名称。例如,格力的空调、洗衣机、热水器和手机等产品均使用单一品牌。当所有产品都以一个单一品牌销售时,各个产品都会受益于与单一品牌相关的整体品牌意识。

3. 分类品牌

分类品牌是指企业对所有产品进行分类后使用不同的品牌。例如,企业可以把自己的产品分为家庭用品类、办公用品类、婴儿用品类等,并用不同的品牌名称来命名。

三、品牌开发策略

如果企业决定其大部分或全部产品都使用自己的品牌,那么还要进一步决定其产品是分别使用不同的品牌,还是统一使用一个或几个品牌。品牌开发策略有以下5种选择。

(一)产品线扩展策略

产品线扩展是指在同一条产品线中使用相同的品牌名称,表示产品线深度增加时仍沿用的品牌。这类新产品一般都是对现有产品进行局部的改造,如增加新的功能、包装和风格等。制造商一般会在这类新产品的包装上标明不同的规格、功能特色或使用者。产品线扩展的原因是多方面的,如可以充分利用过剩的生产能力,满足新的消费者的需要;填补市场的空隙,与竞争者推出的新产品进行竞争或得到更多的利益。产品线扩展的方式有以下4种。

1. 增加产品线深度

企业在提高销量的同时(见图16-8中产品线A4的增加),还可以增加产品以应对不断变化的消费者喜好或抢占先机,服务提供商(如银行)通常以提供消费者账户作为其产品线之一,为了增加这一产品线的深度,它经常会添加新的账户类型。

2. 减少产品线深度

有时企业还需要减少产品线中的产品以重新调整企业的资源(见图16-8中产品线B5、B6的减少)。这种决定通常不会轻易做出,因为一般来说,大量的投资已经投入到产品的开发和生产中。然而,企业通常必须调整其产品线,以放弃无利可图或利润率相对低的产品线,并重新把营销重点放在更有利可图的项目上。例如,宝洁推出了基本型汰渍牌洗衣粉,作为汰渍系列的扩展产品,获得了创新而高端的品牌声誉。基本型汰渍洗衣粉的价格比普通型汰渍洗衣粉便宜20%,但在推出该产品后不到一年就撤柜了,因为宝洁担心一个便宜、低效的产品会损害其品牌,而不是给消费者提供另一个有吸引力的选择。

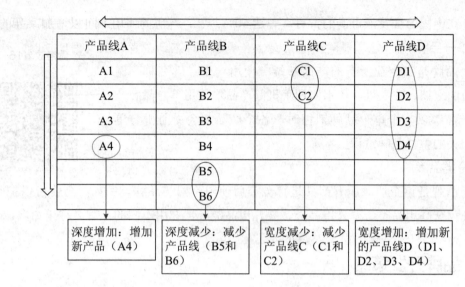

图 16-8 产品组合的更改

3. 减少产品线宽度

有时有必要删除整个产品线以应对不断变化的市场状况或满足内部战略要点（见图 16-8 中产品线 C 的减少）。因此，一家企业可能会放弃生产面包，而将注意力集中在乳制品上，即牛奶和奶酪。

4. 增加产品线宽度

企业通常会添加新的产品线以占领新的或不断发展的市场并增加销售额（见图 16-8 中的产品线 D）。一个企业可能会在其面包系列中添加一整套果酱产品作为补充产品。

（二）品牌延伸策略

品牌延伸（Brand Extension）是指在不同的产品系列中使用相同的品牌名称，这是产品组合宽度的增加。在牙齿护理卫生市场，很多品牌进行品牌延伸，如高露洁（Colgate）和佳洁士（Crest）出售牙膏、牙刷和其他牙齿护理产品，而它们最初的产品线里只有牙膏。

1. 品牌延伸策略的优点

（1）由于企业已经建立了一个很好的品牌，该企业可以在开发新产品的品牌知名度和品牌联想方面花更少的钱。例如，广药集团从 2011 年起启动"王老吉"品牌延伸之路，开始推出绿豆爽、月饼等产品，是其产品线的自然延伸。

（2）初始品牌或延伸后的品牌具有很高的消费者接受度，消费者对该品牌的接受度将延续到其他产品上。例如，在尝试使用自然堂的精粹精华液前，消费者没有接触过自然堂的其他产品，但是当消费者对自然堂的精粹精华液感到满意时，消费者就会倾向于使用自然堂的化妆水和保湿乳液等相关产品。

（3）当品牌延伸用于互补产品时，两种产品之间存在协同作用，可以增加产品的整体销售额。例如，李宁既生产羽毛球拍又生产羽毛球，当消费者购买羽毛球拍时，同时也倾向于购买同品牌的羽毛球。

2.品牌延伸策略的缺点

（1）核心品牌的产品类别与延伸的产品类别之间的契合度可能不高。如果产品类别之间的契合度较高，消费者会认为延伸品牌是可信的，品牌联想会更强，相反，则会产生不利影响。例如，星巴克推出速溶咖啡系列时，成功地吸引到了消费者。

（2）消费者对品牌特有的联想会影响品牌延伸，消费者对核心品牌属性的认知和其延伸品牌的属性可能存在差异。例如，格力手机产品的低迷。

（3）将品牌名称扩展给太多数量的产品和产品种类，可能会稀释和损害品牌资产。企业还应该考虑品牌延伸是否会使其远离核心品牌，特别是当企业想要使用一些现有的品牌联想，但不是所有的现有品牌联想时。例如，万豪集团拥有高中低档不同类型的酒店，其旗下的豪华酒店，包括丽思卡尔顿酒店、爱迪生酒店等，不用万豪这个品牌。

（三）多品牌策略

多品牌策略是指在相同产品类型中引进多个品牌的策略。一个企业实施多品牌策略，进行品牌组合，使各个品牌形象之间既相互联系又相互区别，可以更好地发挥企业竞争优势，打造核心竞争力。一般而言，多品牌策略的优点有：①可以更大限度地覆盖目标市场。②可以培育市场中顾客的需求。③可以突出和保护企业的核心品牌。其缺点有：①品牌的推广和宣传成本增加。②企业的有限资源被分散，可能导致资源利用不足。③企业品牌管理的难度加大，面临的情况更加复杂。

（四）品牌组合策略

品牌组合是指在同一个包装、促销或商店中，将两个或多个品牌一起推销的行为。品牌组合可以通过企业品牌和知名质量品牌之间的联系，向消费者传递产品质量上乘的信号，从而增强消费者对产品质量的认知。例如，耐克和苹果联手推出了在开场小插曲中介绍的耐克＋系列产品。这款鞋的Nike+传感器由耐克和苹果联名，并通过苹果手环、苹果平板电脑、苹果手机和苹果手机音乐应用程序等进行连接。这一联合品牌战略旨在吸引不同细分市场的消费者，并利用两个著名的品牌吸引消费者。然而，品牌组合也会带来风险，特别是当两个品牌的消费者群体大不相同时，如汉堡王和哈根达斯的联合品牌战略失败案例。当品牌之间存在争议或利益冲突时，联合品牌也有可能会失败。

（五）品牌授权策略

品牌授权是企业之间的一种合同安排，一家企业允许另一家企业使用其品牌名称、标识、符号或个性特征，以获得高额的费用。品牌许可通常用于玩具、服装、配件和娱乐产品，如视频游戏。提供品牌使用权的企业（许可方）通过特许使用金的形式，从获得品牌使用权的企业（被授权方）获得收益。这样的许可，为电影制片厂带来了巨大的收入。例如，中国珠海的姗拉娜化妆品有限公司与美国统一专栏联合供稿公司正式签订特许协议，取得著名卡通品牌史努比在中国区域内化妆品的唯一经营权，将史努比的形象运用于各种产品以及包装上。品牌授权是增加品牌知名度的有效形式，能够在创造额外收入的同时建立品牌资产。不过，品牌授权也存在一些风险，对于授权方来说，主要的风险是过度曝光品牌会稀释其品牌资产，特别是当品牌名称、代言人使用不当时。

四、品牌重塑策略

品牌重塑策略是指营销人员将品牌重心转移到新市场，或根据不断变化的市场偏好重新调整品牌核心重点的策略。虽然重塑策略可以提高品牌与其目标细分市场的契合度，或者提升老品牌的活力，但也具有风险。企业需要花费大量的资金来对产品和包装进行有形可见的调整，以及通过各种形式的促销对品牌形象进行潜移默化的改变。如果重塑后的品牌和产品信息让消费者无法信任，或者如果企业将短期的流行误认为是一种长期的市场趋势，这些成本可能无法收回。

营销故事16-6

本章小结

品牌策略涉及品牌定位、品牌资产、品牌策略选择等方面的内容。企业通过品牌定位寻找适合自己企业发展的营销对象及方式，采取适当的策略来实现盈利。

品牌对营销者、消费者乃至国家都有不可低估的作用。品牌资产通过为消费者和企业提供附加利益，来体现超过产品或服务本身利益以外的价值，它是品牌知名度、品牌感知价值、品牌联想、品牌忠诚度和附着在品牌上的其他资产等内容的集中反映。

企业的所有权品牌策略主要包括生产者品牌、零售商自有品牌。品牌统分策略主要包括个别品牌、单一品牌以及分类品牌。品牌开发策略主要包括产品线扩展策略、品牌延伸策略、多品牌策略、品牌组合策略和品牌授权策略。品牌重塑策略是指营销人员将品牌重心转移到新市场，或根据不断变化的市场偏好重新调整品牌核心重点的策略。实践中，无论企业采取哪种策略，品牌价值传播都是特别重要的一项任务，而采取这些策略也是企业推广品牌的重要手段。

第十六章 品牌策略

重要概念

品牌　品牌定位　品牌资产　品牌知名度　品牌感知价值　品牌联想　品牌忠诚度　品牌延伸

思考与练习

1. 如何认识品牌，它的含义是什么？
2. 简述品牌的重要作用。
3. 品牌的价值有哪些？
4. 什么是品牌定位？如何进行成功的品牌定位？
5. 结合实际，谈谈品牌资产的构成与作用。
6. 简述品牌资产模型。
7. 品牌延伸策略有哪些优势？
8. 个别品牌和单一品牌的区别是什么？
9. 简述品牌组合策略的内容和含义。

案例分析

加多宝金罐淘金活动

很多品牌管理者认为，管理一个品牌并不难，难的是管理一群品牌，目的是1+1＞2。而加多宝利用这种品牌联合，在互联网时代拥有了自己的地位。

2014年年底，加多宝红罐包装案败诉，2015年加多宝作出了战略调整，推出全新金罐包装。加多宝金罐包装上市后，该企业面对的一个最大难题便是如何快速地在市场上占领一席之地。

2015年，国务院总理李克强在政府工作报告中提出国家要制定"互联网+"战略。这一战略的提出，无疑对传统企业和互联网企业都是一个巨大的挑战。加多宝每年卖出数十亿罐，覆盖一、二、三、四级全线市场，正是看到了这一优势，金罐加多宝率先启动了"移动互联网+"战略，金罐加多宝免费开放数十亿的用户资源，以此为平台，与合作伙伴战略联合，围绕消费者美食、娱乐、运动、音乐四大主要生活场景，整合资源，为消费者提供生活福利，打造金罐加多宝的"金彩生活圈"。

金罐加多宝淘金行动微站上线加多宝凉茶公众微信平台，滴滴打车、京东、韩都衣舍和一嗨租车四大品牌成为金罐加多宝首批"金彩生活圈"的战略合作品牌，后又宣布百度外卖、当当网、本来生活、中英人寿、张小盒、微信电影票和中国民生银行成为第二批战略合作品牌。金罐加多宝正式对外公布了"全球招商"计划，宣布开放加多宝数十亿金罐的用户流量资源，面向所有品牌寻求合作。此次发布会上，加多宝对外展示了金罐加多宝淘金行动2.0版，宣布随着第四季加多宝中国好声音全球首播，推出金罐加多宝"淘金行动"好声音3.0版。海信电视和同程旅游成为第三批金罐加多宝"金彩生活圈"的战略合作品牌。又结合各时期的社会热点，与不同的合作伙伴合作，推出不同主题"金彩星期五"品牌专场活动。

随着活动的不断发展，淘金行动"金彩星期五"最高单日派发奖品价值近3000万元，加多宝成为第一个开放60亿流量的快消产品，全面覆盖全国五、六级市场。最高单日互动量近200万人次，相当于12个滴滴打车普通广告位点击估值。淘金行动"金彩星期五"最高单日派发奖品价值近3000万元。

资料来源：广告主评论.2015金罐加多宝淘金行动营销案例透析.搜狐网.[2015-11-08].
http://www.sohu.com/a/40373843_117712.

问题：

（1）加多宝金罐淘金活动采用这种品牌联合战略具有哪些优势？

（2）加多宝如何在红罐包装败诉后打造品牌？

（3）加多宝金罐淘金活动的成功有哪些关键因素？

实践应用

2个小组针对本章内容进行课堂展示。一组展示一个全面的案例；另一组介绍企业调研，讲述企业真实的故事。

任务16-1　案例分析

任务16-2　企业调研

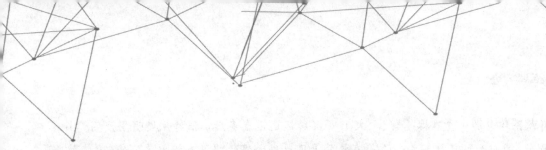

第十七章
全球市场营销

本章要点

随着通信、交通和金融行业的不断发展，各个国家的差距迅速缩小，各国之间的文化相互交织在所难免，一个国家的产品或服务也许会在其他国家非常受欢迎，市场全球化在所难免。在全球销售产品或服务的企业需要跨过国家内部和外部的界限，虽然拥有进入国际市场以及在国际市场上竞争的机会对企业而言很重要，但企业也可能面临着很大的风险。然而，在全球市场销售产品或服务的企业别无选择，只能将其业务国际化。

学习目标

通过本章的学习，读者应该：
1. 理解全球市场营销的环境要素。
2. 掌握全球目标市场的选择与进入。
3. 掌握全球目标市场营销方案的制定。
4. 理解全球传播战略与全球定价策略的涵义及相关概念。
5. 掌握营销组织的概念、类型、组成及其管理。

营销导读

雅诗兰黛的双 11 营销策略

"所有女生，听我的，这个一定要给我抢到！什么都不要想，赶紧抢！" 2019 年双 11 活动开始前半个月，伴随着李佳琦、薇娅热火朝天的直播，各品牌间的营销战斗早已打响。数百个品牌在预售中就已经超过了 2018 年双 11 的峰值。天猫榜单首日，雅诗兰黛以 5.8 亿元的销售额一骑绝尘，和排名第二的兰蔻拉开 2 亿多元的差距，更是将欧莱雅、资生堂、赫莲娜和SK-II等品牌远远甩在身后。雅诗兰黛明星产品"小棕瓶眼霜"第一天预售就超46万件,直接登上了天猫奢侈品牌眼霜榜单第一的"宝座"。雅诗兰黛的产品为什么如此受消费者喜爱?除了因为产品的高质量外,其营销活动也是功不可没。雅诗兰黛双11的营销策略主要有:大热"小鲜肉"明星代言、深耕新兴种草类平台投放、电商引流+优惠力度配合以及顶级流量收割。

对于预算足够的品牌,"热门明星+电商促销+李佳琦/薇娅直播卖货"的营销套餐已经是家常便饭了,但很多品牌都忽视了一个问题:如何将明星带来的话题热度和品牌向往感沉淀下来,最终形成对品牌的口碑和购买,这中间还缺乏一个可以触达、直接影响到目标群体的路径。雅诗兰黛找到了离目标人群最近的平台——小红书、b站和抖音。通过关键意见领袖(Key Opinion Leader,KOL)的语言和表达形式,将品牌优势、产品卖点等进行二次创作,用更通俗易懂的语言传达给消费者,占据消费者心智,最终实现了销量的爆发。

1. 大热"小鲜肉"明星代言

2019年9月,雅诗兰黛火速签约李现为品牌亚太区护肤及彩妆代言人。而就在双11预售开启前一天,雅诗兰黛官宣肖战为品牌亚太区彩妆及香氛代言人,并投资微信朋友圈广告,微博、抖音和小红书的开屏广告等,将代言人的流量效应在双11预售的时间节点成功引爆。再加上原本的雅诗兰黛全球代言人杨幂,三人形成的代言矩阵在新浪微博上覆盖了1.2亿粉丝,超过了微博2.1亿日活用户的一半。

2. 深耕新兴种草类平台投放

通过引响数据工具监测发现:在2019年9~10月,雅诗兰黛已经在以种草著称的小红书上发力,2个月狂投111个KOL,获得了接近700万人次的曝光,连续两个月进入小红书商业流量排行榜top20(除去信息流投放)。而在b站搜索"雅诗兰黛",按时间发布排序就会发现,早在2019年9月底10月初,雅诗兰黛已经陆续以"双11必买清单"为主题借助多位b站up主投放广告。这次种草营销里,雅诗兰黛并没有选择平台里那些粉丝基数和影响力较大的"头部KOL",而是选择了更具真实性、离消费者更近的"中小型KOL"。

3. 电商引流+优惠力度配合

钻展、直通车和品销宝等基础运营可以保证顾客搜索时能直接到店转化,不被分流;参与天猫双11合伙人全民开喵铺等引流活动可以增加站内的曝光。在流量和转化路径的双重保证下,雅诗兰黛还配上了前所未有的折扣力度,大手一挥,直接甩出"买一送一"这张王牌,并提前在微博、微信等平台释放和传播折扣信息,在价格上实现了真正的竞争力,吸引了大量的价格敏感型的消费者,把她们和原本的忠实消费者都牢牢抓在了手里。

4. 顶级流量收割

通过在产品种草上下了工夫——明星的铺设+长期在产品种草平台的 KOL 投放，雅诗兰黛收获了大量的好评及大批"被种草"的消费者。但不论花了多少钱，布局了多久，最终的目的都是为了促进消费者进店购买。千辛万苦给消费者"种了草"，当然不能被别人割了去。因此，最后的收割一定要"稳、准、狠"，通过同品牌不同产品的合作方式，雅诗兰黛同时拿下李佳琦、薇娅在双 11 预售第一天的直播推荐，覆盖了两人累计 7000 万+的观看量，开启预售 25 分钟交易额就已经接近 5 亿元，超过了 2018 年双 11 全天的交易额。当然，淘宝直播只是获取消费者、促成购买的途径之一，开屏跳转、抖音橱窗、淘宝资源位、小红书和 b 站评论引导到店铺等都是有效的获客途径，最终目的是将消费者吸引到店铺并下单购买。

回顾雅诗兰黛的双 11 营销策略，不难发现：产品自身是否强势、品牌长期积累的影响力以及价格是否足够优惠，都是影响消费者的硬性指标，每一个指标独立出来都足以成为消费者决策的依据。然而，在各家争鸣的情况下，消费者反而更需要意见指引，这时品牌则愈发需要 KOL 来传播推广。但由于推广时间节点、品牌定位、营销目的和销售渠道的不同，投放策略也会有相应的差别。总之，营销是套组合拳，特别是在内容营销逐渐成为主流的当下，要想获得理想的效果，不要一味地照搬照用。品牌主还是要熟悉种草类平台和工具的运作模式，提早布局，对症下药，才能实现营销效果最大化。

资料来源：引领营销研习社.双 11 预售第一，41 万套售罄，深度剖析雅诗兰黛的双 11 营销策略.简书.[2019.12.02].
https://www.jianshu.com/p/2ef24d484bc8.

第一节 21 世纪的全球市场营销

一、全球市场营销的概念

全球市场营销（Global Marketing）是指企业需要跨过国家内部和外部的界限，在全球范围内销售其产品或推广其服务，并逐渐将其业务国际化。在拥有进入全球市场以及在全球市场上竞争的机会后，企业会向全球市场扩张业务。因此，全球市场营销与企业的国际化联系得十分紧密。

二、企业的国际化过程

第一阶段,无规律的出口活动阶段。这一阶段是企业进入全球市场的第一步,也是最初的国际化进程。这一阶段是企业开始向外扩张的试探阶段,并没有明确的目标市场。

第二阶段,通过独立的代表(代理商)出口的阶段。在这一阶段大多数企业都会选择与一个独立的代理商合作,从而进入临近或相似的市场,企业会建立一个出口部门来管理其代理关系。

第三阶段,企业开始设立一个或多个销售子企业,在更大的出口市场中用销售子企业取代代理商。虽然该行为会增加投资风险,但同时也带来了潜在的收益。为了管理子企业,企业将以国际化部门或分支机构替换出口部门。

第四阶段,企业在国外建立生产设施。如果市场规模大而且稳定,或者东道国需要增加当地的生产,那么企业在那里建立生产设施将会获得更大的利益。

第二节 全球市场营销环境分析

一、政治环境

在全球市场营销中,政治体制和政治主张的差异会影响一个国家的经济政策,进而影响企业的市场营销活动。所以,企业要考虑所进入国家或地区的政治体制、行政体制和稳定状态;要考虑政府对经济的干预程度和对国际贸易的态度,并判断其政治主张下的市场性质等一系列政治因素。

二、经济环境

近年来,随着交通、金融等行业的不断发展,经济全球化的趋势已经无法逆转,世贸组织的成员国不断增加,越来越多的国家在国际舞台上崭露头角,越来越多的企业走向全球市场,跨国企业也开始蓬勃发展,产品类别的全球竞争正在加剧。许多企业几十年来一直在做全球范围内的营销,如壳牌、拜耳和东芝这样的企业多年来一直在世界各地销售产品。

三、社会环境

由于世界各国社会环境的差异,不同市场的消费者群体也不可避免地存在差异。此外,消费者行为差异以及市场历史因素导致营销人员在不同市场上对品牌的定位不同。例如,喜力啤酒在美国是高端产品,但在荷兰本土市场却处于中等水平;本田汽车在日本代表速度、活力和动力,在美国代表质量和可靠;丰田凯美瑞在美国是最典型的中产阶级汽车,但在中国却是高端车型,尽管在这2个市场上,汽车仅在外观方面有所不同。

四、文化环境

消费者行为可能反映出不同国家之间的文化差异。霍夫斯泰德(Hofstede)将国家文化划分为以下4个维度。

(1)个人主义与集体主义。在集体主义社会中,个人的自我价值更多地植根于社会制度而不是个人成就,而在个人主义的社会中则相反。例如,日本是高集体主义国家,美国是低集体主义国家。

(2)高权力差距与低权力差距。高权力差距文化往往代表着地位的不平等,如俄罗斯;低权力差距文化往往代表着地位的平等,如北欧国家。

(3)男权文化与女权文化。这一维度衡量的是国家的文化是由男性还是女性主导。例如,日本是男权文化,北欧国家是女权文化。

(4)低不确定性规避与高不确定性规避。这一维度表明了人们规避风险程度的高低。高不确定性规避,往往厌恶风险,如希腊;低不确定性规避,往往喜欢冒险,如牙买加。

五、技术环境

网络的发展、有线电视和卫星电视的普及以及全球电信网络的连接,带来了不同地区消费以及生活方式的融合。消费需求和消费意愿的趋同化为更加标准化的产品创造了全球市场,近年来中产阶级群体的不断扩大也更有力地推动了全球市场的发展。例如,2019年7—9月,阿里巴巴的技术产出百花齐放:玄铁910、含光800问世,区块链专利数实现三连冠,OceanBase创世界纪录等。技术正日益成为阿里巴巴实现持续稳健增长的基础。

> **最新研究洞察 17-1**

B2B 环境下的全球营销

随着贸易壁垒的逐渐减少、区域一体化的不断加强、国际贸易基础设施的改善以及全球新市场的出现为企业创造了不同的竞争环境,因此,许多企业日益认识到有效的国际营销活动在实现增长和繁荣方面的重要作用。

Leonidou 和 Hultman(2018)整合了 12 份关于 B2B 全球营销的文章,分析了当前 B2B 环境下全球营销工作的多样性,从资源与能力、国际关系和关系营销等角度提供了独特的见解。借鉴基于能力的观点和绩效反馈理论,研究认为管理者需要考虑那些有助于在信息收集和产品开发能力方面形成更具差异化的战略方法。从管理的角度来看,要确保产品创新能力来满足国外市场独特的需求和消费模式。

随着电子商务的普及,配置电子商务资源、开发独特和专业的电子商务营销能力是实现营销效率和最终出口业绩的关键。此外,国际交易伙伴之间感知到的差异(如文化、经济条件和政治制度)会抑制关系价值的形成,因此应该特别注意关系治理、心理距离和市场敏感度,并以此作为优先考虑国外业务关系的标准。

资料来源:Leonidou C N, Hultman M. Global Marketing in Business-to-business Contexts: Challenges, Developments, and Opportunities. Industrial Marketing Management, 2018, 78:102-107.

第三节 全球市场的进入决策

当今世界,经济全球化的趋势不可逆转,国家之间的交流越来越频繁,大型跨国企业的出现既是经济全球化的产物又是经济全球化的重要动力。在此大背景下,企业之间的竞争不再局限于狭小的区域市场和国内市场,企业不可避免地要进入国际市场参与全球化的竞争。一般来说,一个企业进入全球市场,需要进行一系列的市场进入决策。全球市场的进入决策过程,如图 17-1 所示。

图 17-1 全球市场营销的决策过程

一、决定是否进入全球市场

一个企业决定是否进入全球市场需要考虑很多因素。企业不能只考虑进入全球市场能带来多少利益,还需要考虑进入全球市场需承担何种风险。

1. 进入全球市场的好处

相比于全球市场来说,国内企业管理人员不需要学习其他国家的语言和法律,不需要考虑货币汇率的变动,不需要过多考虑国际政治和法律上的不确定性,也不需要重新设计产品以满足不同国家消费者的需求和期望,企业的经营也会更容易、更安全。然而,有一些因素可以吸引企业进入国际市场。

营销故事17-3

(1)增加盈利:企业在全球市场会比在国内市场得到更多、更好的盈利机会。

(2)扩张企业:企业可以寻找更大的消费者群体来实现规模经济。

(3)规避风险:企业可以减少对任何一个市场的依赖性。

(4)反击竞争对手:企业可以更好地反击国内市场上的国际竞争对手。

(5)满足消费者需要:企业可以走进国外市场,为国外消费者提供国际化的产品或服务。

2. 进入全球市场的风险

尽管全球市场对于诸多想进一步发展的企业有着很大的诱惑,但在做出进入全球市场的决策之前,还必须考虑进入全球市场可能给企业带来的风险。

(1)企业可能不了解外国市场消费者的偏好,以致无法提供具有竞争力和吸引力的产品。

(2)企业可能不了解外国的商业文化。

(3)企业可能低估了外国的监管制度,并承担意想不到的成本。

(4)企业可能缺少具有国际经验的管理人员。

(5)外国政府可能改变其法律,可能出现货币贬值、政治革命等情况。

二、决定要进入哪些市场

在决定进入国外市场时,企业需要确定其营销目标和策略,确定其所寻求的国际销售占总销售额的比例。大多数企业在海外创业时起步规模都较小。有些企业计划保持较小规模的海外出口,而另一些企业则有更宏伟的计划。企业在决定进入国际市场的时候,通常要考虑以下2个因素。

1. 有多少市场可以进入

企业有多少市场可以进入取决于企业采取什么样的进入策略。典型的进入策略有瀑布法和喷头法。如果采取瀑布法,则企业选择了有序进入各个国家的市场。如果采取喷头法，则企业选择了同时进入多个国家的市场，这意味着，企业同一时间可以进入的市场是不受限的，数量仅仅取决于企业自身的选择。

瀑布法对于想要大规模扩张的企业很有利。例如，近年来，随着鲁花集团的快速发展，原来孤岛式的信息化影响了集团整体运营的效率与成本。鲁花集团的信息化项目涉及的单位多、模块多、人员多，对系统的稳定性和实施质量要求很高，因此采取瀑布式策略，即 80 多个企业依次上线运行。然而在先发优势至关重要且竞争激烈程度很高时，采用喷头法效果更好。例如，OPPO 于 2019 年 4 月在瑞士成功发布了其第一部 5G 手机 OPPO Reno 5G 版，并于同年 5 月正式开售。OPPO 采用喷头法，在瑞士、英国以及澳大利亚等多个海外市场开售，经过不到半年的推广，获得了不错的人气和口碑。

2. 市场的类型

全球营销中最常见的市场区分之一是发达国家市场和发展中国家市场或新兴市场，如"金砖四国"。

发展中国家市场未被满足的主要需求，如粮食、服装、住房、电子消费产品、电器和其他货物，都代表了巨大的潜在市场。许多的市场领导者依赖发展中市场来推动自身的增长。

发达国家人口只占世界总人口的 20%，但其消费能力和生活水平却远超其他 80% 的人口。由于发达国家在生产和科技方面处于领先地位，与发展中国家相比，其需求已被充分满足。可以说，发达国家未被满足的需求很少，其市场也早被瓜分完毕，市场潜力和发展中国家相比更是小得多。

三、决定如何进入该市场

企业一旦决定以一个特定的国家为目标市场，就必须确定其最佳的进入模式，5 种进入国外市场的方式，如图 17-2 所示。每一个成功的策略都需要更多的资源投入、风险控制和盈利机会。

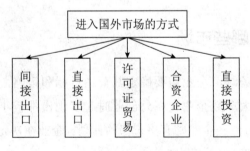

图 17-2　5 种进入国外市场的方式

1. 间接出口

间接出口是指企业通过独立的中介机构进行出口。国内的出口商购买生产商的产品，然后将其销往国外，包括贸易企业在内的国内出口代理商会寻求与国外采购商的合作，以获得更高的佣金。间接出口有 2 个好处：①投资较少，企业不需要发展出口部门、海外销售队伍或一系列国际代理人。②风险较小，因为国际营销中介机构能为双方带来更专业的知识和服务，所以企业的风险会相对减少。

2. 直接出口

直接出口是指企业将产品直接出售给国外采购商或进口商，独立完成产品出口，直接从事国际市场营销。由于间接出口要考虑的因素较多，如商业机密、保证产品质量以及降低成本等因素，企业最终可能采用直接出口的方式。虽然投资和风险稍大，但直接出口的潜在回报也很大。直接出口的方式通常有以下几种。

（1）企业在内部设置出口部或事业部。纯粹的服务职能可能演变成一个独立的出口部门，作为企业的一个利润增长口。

（2）海外销售子企业。海外销售子企业负责销售和分销，而且还负责仓储和促销，通常还是展览中心和消费者服务中心。

（3）流动的国际销售人员。企业派国内的销售人员到国外拓展业务，推销产品。

（4）外国分销商或代理商。外国分销商或代理商作为第三方可以在该国拥有代表企业的部分排他性权利。

许多企业在海外建立工厂和生产产品之前，使用直接或间接出口来"试水"。对于企业来说，如果能够有效地利用互联网来吸引新的海外消费者，维护现有的海外消费者，获得更多国际供应商的支持，并提高全球品牌知名度，就不必去参加国际贸易展览会。

成功的企业会调整它们的网站以适应其最具潜力的国际市场，并针对特定国家提供恰当的内容和服务，甚至是使用当地语言表达。一般来说，寻找关于贸易和出口的信息并不是那么容易，通常需要利用一些权威网站（见表 17-1）获取信息。

表 17-1　贸易与出口的权威网站

网站名称	网　　址
中华人民共和国商务部	http：//wms.mofcom.gov.cn
中国进出口银行	http：//www.eximbank.gov.cn/
中国小企业信息网	http：//www.sme.gov.cn
中华人民共和国工业和信息化部	http：//www.miit.gov.cn

3. 许可证贸易

许可证贸易是指许可人向外国企业颁发许可证，允许其使用制造工艺、商标、专利、商业秘密或其他有价物品，并收取许可费或专利权使用费。许可方通过许可证贸易的方式，降低了进入其他市场的风险，而对于被许可方来说，他们可以获得生产专业知识、知名产品或品牌的权利。

营销故事17-4

虽然许可证贸易的方式有很大的优势,但是与自己企业进行生产和销售相比,许可方对被许可方的控制较少。为了让被许可方获得成功,许可方相当于放弃了本属于自己的一部分利润,并将其转让给了被许可方,甚至有时被许可方可能会成为一个新的竞争对手。

为了避免这种情况的发生,许可方通常会保留一些具有核心专利的配方,而不会把所有的专利都授权出去。从长远来看,对于许可方来说,最好的策略是引导创新,这样被许可方将继续依赖许可方。此外,不同的企业对于许可证的发放各不相同,如凯悦（Hyatt）和万豪（Marriott）等企业向外国酒店业主出售管理合同,以收取管理业务的费用。

4. 合资企业

合资企业也是企业进入国际市场进行国际营销的一种方式,外国投资者可以与当地投资者共同成立合资企业,共同享有企业的所有权和控制权。企业在进行国际营销的过程中,之所以会选择合资企业的方式,原因在于:企业可能缺乏资金、物质或管理资源,无法单独承担独资经营,或者外国政府可能要求以共同所有权作为进入的条件。例如,为了进入新兴市场,分散投资和风险,GE金融集团的零售贷款部门将合资企业视为其"最有力的战略工具之一",与韩国、西班牙、土耳其和其他国家的金融机构成立了合资企业。

企业的合作伙伴之间享有共同的"品牌价值观",有助于在市场上保持品牌的一致性。例如,麦当劳在全球的零售店都严格遵守对产品和服务标准化的承诺,并且在全球范围内进行挑选,寻找合适的合作伙伴。合资企业的方式也存在缺点,合伙人可能在投资、营销或其他政策上存在分歧。例如,一方可能希望将收益再投资,另一方可能希望转换为更多股息。

5. 直接投资

外国企业的直接投资最终表现为对所有权的直接控制,外国企业可以收购当地企业的部分或全部权益,或自己建立一个新的企业。例如,中国与全球化智库（Center for China and Globalization,CCG）统计数据显示,2018年以来,中国企业在制造行业对外直接投资的数量最多,占比达49.6%;信息传输、计算机服务和软件行业占总投资案例的15.4%,其中,阿里巴巴、腾讯、网易和京东等中国互联网企业都表现良好。

在市场足够大的情况下,直接投资有明显的优势:①企业可以通过降低劳动力或原材料成本、利用政府激励措施和节省运费等,以此来降低成本和增加收益。②可以创造更多的就业机会,使企业在该国的良好形象得到加强。③企业可以加强与政府、消费者、当地供应商和经销商的关系,使其产品可以更好地适应并满足当地的需求。④企业可以保留对企业的完全控制权,从而可以制订符合企业长期国际经营目标的生产和营销计划。

但是，直接投资同样具有无法避免的缺点：①企业的投资将面临很大的风险，如货币受阻或贬值、市场恶化或被征用等。②当地政府政策影响太大，如东道国要求大量遣散雇员、减少或关闭业务等。

四、决定营销策略

国际化企业必须决定如何使其营销策略适应当地条件。一种极端情况是，全球范围内的产品标准化营销策略，使企业成本降到最低；另一种极端情况是，企业在全球范围内运用产品适应策略，在该策略中，企业依据营销理念，认定消费者的需求会不断发生变化。因此，企业需要针对每个目标群体量身定制营销策略。除产品策略之外，如何制定在全球范围内的定价、渠道和传播策略也是企业进行国际化的重点。

五、决定营销组织

国际市场营销组织是企业中的一种具体的国际化营销职能组织形式，是按照一定的宗旨和系统建立起来的从事国际市场营销活动的集合体。企业通过出口部门、国际部门和全球组织等方式来管理其国际营销活动。

最新研究洞察 17-2

市场营销与管理的全球平台

Ko（2018）整合了来自 11 个国家的 34 位作者的 23 篇研究论文，这些论文涉及 4 个主题领域：新产品创新和网上零售、奢侈品品牌和可持续性、品牌管理和广告、营销战略和管理。作者使用多种方法，如定性访谈、实验、文献综述、调查和结构方程模型等来说明如何扩展理论和实践，以顺应管理学和全球营销实践的新趋势。

关于新产品创新：有研究发现新技术、新媒体和新商业模式已经改变了全球的生活方式和趋势。在线营销主题关注于增强产品的创新设计和手机游戏的传播，考虑了重要的研究变量，如社交互动、网站互动、在线评分可靠性和电子商务环境的口碑传播。不少行业代表和学者都认识到，可持续性在时尚和奢侈品行业是至关重要的。品牌管理考虑品牌社区中的品牌忠诚、品牌依恋、品牌个性和品牌拟人化。营销策略和管理的主题集中在企业绩效如何依赖于创新、消费者购买策略、国际多元化、创新合作和信任。

资料来源：Ko E. Bridging Asia and the World: Global Platform for the Interface Between Marketing and Management. Journal of Business Research, 2019, 99（6）:350-353.

第四节 全球市场营销策略

当企业决定进入全球市场之后，采取什么样的全球市场营销策略将会是之后一段时间内企业考虑的重点。从某种程度上来说，企业营销策略的正确与否可以决定企业在激烈的市场竞争中的成败。全球市场营销策略包括产品、定价、渠道和传播策略。

一、全球市场营销产品策略

进军全球市场的企业要明确产品与企业全球市场营销策略的关系，其产品需要能体现以消费者需求为中心的现代全球市场营销观念，全球市场营销产品策略一般有以下 5 种。

（一）产品标准化策略

产品标准化是指在产品的尺寸、质量、类型和选材等方面统一标准。很多产品虽然能够跨越国界，打入国际市场，但是产品本身却缺乏适应性和柔性。尽管标准化的产品在不同的市场有不同的市场地位，但是消费者对这些标准化的认知却是相同的。对于新产品而言，产品的制作、销售流程等需要严格的标准化，否则会使得消费者对这一新产品的认知产生偏差，使得新产品的形象大打折扣。企业采取产品标准化策略，可以在全球范围内销售同样的新产品，帮助消费者形成对这一产品的印象与认知，增加产品认知度。例如，华为、小米和阿里巴巴等企业正是由于运用了产品标准化策略，从而在海外市场取得了迅速的发展。全球产品标准化营销的利与弊，如图 17-3 所示。

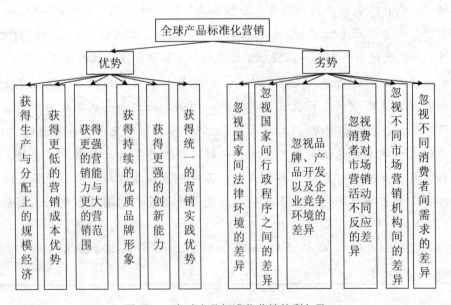

图 17-3　全球产品标准化营销的利与弊

（二）直接扩张策略

直接扩张策略是指将产品无任何变化地引入国外市场，适用于那些对产品的需求以及产品的使用条件与国内市场相同或类似的国外市场。这种策略对于企业来说很有诱惑力，因为其不需要企业花费额外的研发费用，不需要制造重组，也不需要修改促销方案，而且在一些领域，如照相机和电子消费产品等的生产方面取得了成功。例如，全球有60多个产茶国和超过195个茶饮国。茶叶的直接输出量持续攀升，2018年全球茶叶年产量接近600万吨，在产量的提升上，中国和肯尼亚是主要驱动力。茶叶产品的扩张在亚洲国家确实很受欢迎。但在有些情况下，直接扩张策略也可能会对企业产生负面影响。

（三）产品适应化策略

产品适应化策略，又称产品差异化策略，是指根据不同目标市场的需求，销售具有针对性和适应性的产品。一家企业可能会在不同的市场上强调不同的产品。例如，IBM对其服务业务采取双轨制：因为美国的消费者通常都在节约开支，所以它专注于降低成本；对于寻求现代化并企图赶上其他国家的发展中市场的消费者，IBM帮助他们开发配套技术和支撑设施。在医疗设备业务方面，飞利浦为发达国家市场保留高端优质产品，在发展中国家市场推广具有基本功能和符合市场承受能力的产品。对于产品适应策略，Warren Keegan对产品和传播适应策略进行了区分，见表17-2。

表17-2　5种全球产品与传播适应策略

传播策略＼产品策略	不改变产品	改变产品	发展新产品
不改变传播策略	直接扩张策略	产品适应化策略	产品研发策略
改变传播策略	传播适应策略	双重适应策略	

（四）产品研发策略

产品研发策略是指企业通过改良现有产品或开发新产品来扩大销售量的策略。该策略是建立在市场观念和社会观念变更的基础上，企业向现有市场提供新产品来满足消费者不断变化的需求，并达到增加销售量的一种策略。

1. 后向创新

后向创新是指重新引入能很好地适应外国消费者需要的老产品，这些被引入的产品都是经过适当改进的。例如，宝洁推出伊卡璐草本精华系列，采用全新的水活丝滑配方，平衡产品成分和功效，深层解决秀发问题，获得了国外市场消费者的青睐。

2. 前向创新

前向创新是指企业创造了一种新产品，以满足另一个国家消费者的需要。例如，欠发达国家需要低成本、高蛋白的食品，雅士利、蒙北和天喔等企业都已经研究了这些国家消费者的营养需求,研制了新的食品,并开发了广告,以获得消费者对产品的试用和接受。

(五)品牌元素适应策略

品牌元素适应策略是指当企业在全球推出产品或服务时,营销人员可能需要改变某些品牌元素。甚至同一个品牌名称也可能需要在不同的语音和语义翻译之间作出选择。例如,百事可乐在台湾地区的广告宣传语"Come Alive with Pepsi Generation"被翻译成"百事让你的祖先死而复生"。

> **最新研究洞察 17-3**
>
> **全球市场营销策略的标准化与适应性**
>
> 随着新兴市场企业(Emerging Market Firms,EMFs)在全球市场的增加,它们的跨境收购不断增多,这导致人们对其收购过程、收购后业绩和收购后整合进行了更严格的审查。为简化其全球营销策略,EMFs在收购过程中采用了标准化或适应性策略。对这些策略进行研究是很有意义的,但早期对新兴市场的研究通常着眼于发达市场企业进入新兴市场的情况,EMFs在其跨境活动中所采用的全球营销策略却很少受到关注。
>
> Rao-Nicholson和Khan(2017)分析了EMFs跨国并购中采用全球营销策略的动机,并阐明了导致EMFs跨国并购后全球营销策略采用标准化策略或适应性策略的不同因素。他们选择了印度和中国这两个大型新兴市场,通过分析来自Thomson One数据库有关印度和中国企业海外并购的数据,发现:①制度因素对全球营销策略(包括品牌)的影响比组织身份更大。②EMFs的营销策略的标准化是由收购者的私有地位、法律距离、目标国家的经济发展情况以及母国和东道国之间存在的民族关系所驱动的。③收购方决定保留目标企业的品牌特征,从而调整其全球营销策略,这与目标企业的文化距离、经济自由距离和规模有关。
>
> 因此,收购企业必须根据被收购目标的本地利益相关者的要求,决定是否采用适应性营销战略,或将目标的品牌纳入其自己的全球营销战略。
>
> 资料来源:Rao-Nicholson R, Khan Z. Standardization Versus Adaptation of Global Marketing Strategies in Emerging Market Cross-border Acquisitions. International Marketing Review, 2017, 34(1):138-158.

二、全球市场营销定价策略

在海外销售的跨国企业在制定其定价策略时,通常会遇到2个常见现象:价格上涨和转移价格（倾销费用），同时还要处理好 2 个定价难题：灰色市场和假冒伪劣产品。

（一）定价现象

1. 价格上涨现象

企业在定价过程中会将运输成本、关税、进口商利润率、批发商利润率和零售商利润率添加到成本价中。这些附加成本和货币波动风险导致的价格上涨可能使产品在另一个国家的价格上涨 2～5 倍，从而为制造商赚取同样的利润。例如，一个古驰（Gucci）手袋在意大利可能卖到 120 美元，而在美国可能卖到 240 美元。

2. 转移价格现象

跨国公司内部的母公司与子公司之间，子公司与子公司之间通过产品、劳务或技术收取转移价格时，就会出现另一个问题。企业如果向子企业收取过高的价格，尽管它可能在国外支付更低的所得税，它最终可能会支付更高的关税。该企业如果向其子企业收取的价格过低，则可能会被指控为倾销，即以收取低于其成本的费用或低于其在本国收取的费用来进入或赢得市场。各国政府都在提防企业滥用权力的行为，并且政府经常强制企业收取公平的价格，即和其他竞争对手生产的相同或相似的产品采用同等的价格。例如，我国商务部公告，自 2019 年 9 月 6 日起，对原产于美国、欧盟、韩国、日本和泰国的进口苯酚征收反倾销税。

（二）定价难题

1. 灰色市场

许多跨国企业都受到灰色市场的困扰，灰色市场将品牌产品从国内或跨国授权分销渠道转移出去。低价国家的经销商想办法在高价国家销售它们的一些产品，从而赚取更多的利润。企业经常会发现一些有野心的分销商会在自己的国家或地区购买超出其销售能力的商品，然后将产品转运到另一个国家或地区去赚取差价。

灰色市场制造了一个搭便车的问题，减少了合法分销商在支持制造商产品方面的投资成效，损害了企业与经销商的关系，降低了企业的品牌资产，破坏了分销渠道的完整性。如果消费者购买到他们认为是全新的，实际上却是遭到损坏、过时、无保修、无售后服务或者假冒的产品，那么这些产品会在消费者心中带来负面的影响。

跨国企业试图通过监管分销商、向低成本的经销商提高价格或改变不同国家的产品特性或服务保证来防止灰色市场。研究发现，制造商能够及时发现违规行为且及时实施严厉惩罚时，灰色市场活动会被有效阻止。例如，OPPO 和 vivo 成功地举报了几家生产假冒注册商标产品的黑作坊。

2. 假冒产品

假冒产品是奢侈品制造商的一大难题。任意一个受欢迎的品牌，世界上某个地方很可能就有它的假冒版本，假冒产品夺取了许多本属于正规品牌的巨额利润。此外，假冒产品也会给消费者带来安全隐患，如带有假冒电池的手机、用压缩草屑制成的假冒刹车片以及假冒航空企业零部件等。

打假是一场永无止境的斗争。悲观人士认为，新的安全系统可能才面世几个月，造假者就会开始再次销售。乐观人士认为，通过科技的进步，可以有效地打击假冒产品。网络爬虫（Web-Crawling）技术可以检测与合法品牌相似的域名和未经授权就将品牌商标和标识展示在其主页上的网站，同时也可以搜索假冒店面及其销售情况。制造商们正在用网络爬虫软件进行反击，这种软件可以检测到欺诈行为并自动向明显的违反者发出警告，而不需要任何人为干预。例如，美心市场部接到消费者举报有假冒产品出现于市场，企业成立专案组第一时间赶赴现场，经专业人员鉴定，确定其所用全系假冒，工作人员立即向公安机关报警，及时维护其合法权益。

（三）定价策略

1. 统一定价策略

统一定价策略是指企业的同一产品在全球市场上采用同一价格的策略。这种策略十分简便，但是在全球市场上显得缺乏变通，没法适应全球市场的激烈竞争和需求变化。例如，波音公司在世界各地用大体相同的价格出售飞机，无论是在美国、欧洲，还是在第三世界国家。

2. 多元定价策略

多元定价策略是指企业在不同的市场中采用不同价格的策略。在这一策略下，企业根据各国市场的实际条件、竞争状况等制定价格，体现了各国市场存在的差异，但是容易忽视各国实际成本的差异。例如，作为国内第一大手机厂商，华为2018年出货量位列全球第二，达到2亿台，但华为一直坚持将国内的产品定价低于国际定价。华为mate20在欧洲发布时，4GB+128GB版欧洲售价为799欧元（约合人民币6398元），6GB+128GB版欧洲售价为849欧元（约合人民币6799元），定价根据各国国情和市场因素进行调整。

3. 成本导向定价策略

成本导向定价策略是指在每个国家设定一个基于成本的价格，然后在成本的基础上进行适当加价以获得利润的策略，该策略对于成本高昂的市场的适应性较弱。例如，百事在所有市场都采用基于成本适当加价的策略，但这种策略可能会将其从成本高昂的市场中排挤出去。

三、全球市场营销渠道策略

很多制造商认为，一旦产品出厂，它们的工作就完成了。这是不对的，它们应该注意到产品是如何在国外移动的，即产品在分销过程中历经了哪些渠道。

（一）全球市场营销渠道的概念

全球营销渠道是指产品实体及其所有权从一国的生产者转移到国外消费者手中所经过的各种通道和中间机构的总和。这是在企业的产品从国内转移到国外消费者手中的过程中形成的，是由卖方、中间商和买方所组成的一个统一的联合体。由于各国市场的差异，其渠道也不尽相同，因而存在着许多市场营销的渠道策略，企业可根据不同市场的渠道情况，采取不同的渠道策略。

（二）全球市场营销渠道的特点

1. 全球分销渠道差异大

全球分销渠道差异大，这种差异首先就体现在各国的分销系统上，特别是批发商、零售商等渠道商的规模上。例如，要在日本销售产品，企业必须通过复杂的分销系统来运作。企业将产品销售给普通批发商，普通批发商销售给产品批发商，再销售给地区批发商，最后销售给零售商。所有这些分销活动都会使产品面向消费者的价格比出厂价格高出数倍。

2. 全球零售单位的规模和特点不同

全球零售单位的规模和特点不尽相同、各有差异，这取决于各国不同的经济环境和消费者偏好等因素。例如，在美国，大型零售连锁店占据主导地位，而在印度，零售商则经营小商店或在公开市场销售。

3. 全球市场对应的基础设施策略不同

基础设施策略是成功营销的关键因素。如果企业错误地调整了基础设施策略，极有可能会削弱品牌的竞争优势。如果企业根据市场的差异，制定恰当的基础设施策略，往往能为企业之后一系列的营销打下坚实的基础。2018年，天猫公布了该年度的海外商家赋能策略，主要包括海外基础设施的建设和重点商家扶持计划以及推出退货险等服务，从而助力商家深耕海外市场。

（三）全球市场营销渠道策略的基本流程

全球市场营销渠道策略的基本流程，如图17-4所示。

图 17-4　全球市场营销渠道策略的基本流程

第一个环节，从商家到商家的国际营销总部（如出口部门或国际部门）。国际营销总部可能是商家自己组织的，产品自商家仓库运输到该部门后，由该部门统筹接下来的渠道以及其他营销活动。

第二个环节，国家间渠道。这是指产品从营销总部，通过本国的物流系统到达国家边界进行出口，将产品运输至消费者所在国的过程。

第三个环节，消费者所在国的内部渠道。商家把产品送到消费者所在国的边境后，产品开始进入消费者所在国内部的物流系统。在这一环节中，商家需要决定中间商的类型（如代理人或贸易企业）、产品的运输类型（如空运或海运）以及应对融资和风险管理等问题。

第四个环节，从消费者所在国的内部渠道到最终消费者。通过国外渠道，产品从进口点送到最终消费者手中。

四、全球市场营销传播策略

1. 传播适应策略

传播适应策略是指在全球范围内使用相同的信息和创意主题，但要调整具体的执行方式，即对传播方式的调整。因为若不进行本土化的改造，企业的传播策略很容易失误。例如，在一则中国广告中，丰田普拉多汽车接受中国狮子的鞠躬。狮子在中国是一个强有力的象征符号，而普拉多是一款日本车，狮子向一款日本车弯腰，这难免让中国人感到反感。

2. 双重适应策略

在每个当地市场改变营销传播方式是一个传播适应的过程。如果同时改变了产品和传播，就称企业进行了双重适应的营销。由于信息的特殊含义，企业可以在不同的地方使用相似的信息，但要改变其语言、名称和颜色等，以避免某些国家的禁忌。例如，在缅甸和一些拉丁美洲国家，紫色与死亡有关；在印度，白色是哀悼色；在马来西亚，绿色意味着疾病。

第五节　全球市场营销组织

企业通过 3 种方式管理其国际营销活动。

一、出口部门

出口部门一般是指享有进出口经营权的企业或委托外贸企业代理出口的生产企业开设的部门。对于小型企业而言,它们直接把货物运到国际市场就可以进入。如果它的国际销售规模扩大,它会建立一个出口部门,由一名销售经理和几个助手组成。随着销售额的增加,出口部门延伸到多种营销服务,以便企业能够更积极地推广业务。如果该企业采用合资企业或直接投资的方式,出口部门将不再管理国际业务。

二、国际部门

国际部门是指企业设立专门的国际部来处理一切海外经营业务,负责国际经营的政策、业务规划及出口业务等。在多个国际市场进行营销和风险投资的企业或早或晚地会在企业中建立一个国际部门来处理所有进出口活动。该部门通常由一位部门经理管理,负责制定目标和预算,并负责企业的国际业务。经营单位可以是地域性组织,地区的管理人员负责管理各自区域的销售力量,包括销售团队、销售分支机构和分销商等。经营单位也可以是世界产品集团,每个集团都有一名总经理,负责每个产品集团的全球销售。最后,经营单位可以是国际子企业,每个子企业由一名总经理管理,总经理向总部高层汇报工作。

营销故事17-6

三、全球组织

全球组织是指企业设立的处理全球范围内业务的组织,负责制订设施建造、营销策略、资金流动和物流系统方面的计划。全球业务部门直接向首席执行官或执行委员会报告,而不是向国际部门主管报告。该企业在全球范围内培训高管,从许多国家招聘管理人员,在成本最低的地方购买零部件和用品,并在预期回报最大的地方进行投资。

本章小结

尽管存在政府不稳定、外汇变化和技术盗版等问题,在全球市场销售的企业仍然需要实现业务的国际化,仍需要进行全球市场营销。企业在进入全球市场时,必须始终考虑目标市场的政治、经济、社会、文化、技术等因素,综合这些因素以获得最大的优势是其进行全球市场营销的首要任务。

企业在决定进入全球市场之后,需要确定全球市场营销目标和策略。它必须决定是否进入国际市场以及进入哪几个市场。企业进入国际市场的方式有:间接出口、直接出口、许可证贸易、合资企业和直接投资5种方式。而在决定产品营销策略时,企业可以采用产品标准化策略、直接扩张策略、产品适应化策略、产品研发策略和品牌元素适应策略;在产品定价上,企业可能会遇到价格上涨、转移价格、灰色市场和假冒产品等问题;在渠道层面,企业需要从整个渠道的角度将产品分销给最终顾客;在传播层面,企业可以选择传播适应、双重适应策略。最后,根据其国际参与程度,企业以出口部门、国际部门或全球组织3种方式管理国际营销活动。

重要概念

全球市场营销　全球市场营销环境　全球市场营销策略　全球市场营销组织

思考与练习

1. 全球市场营销有哪些表现?根据日常生活经验,阐述部分全球市场营销的表现。
2. 为什么要对全球市场营销环境进行分析?全球市场营销环境分析包括哪些内容?
3. 如何决定是否要进入全球市场?如果要进入全球市场的话,如何决定目标市场,又有哪些进入方式?
4. 什么是全球市场营销策略?常见的全球市场营销策略有哪几种?
5. 什么是全球市场营销组织?全球市场营销组织有哪些分类?分类标准有何不同?

案例分析

迪士尼跨国特许经营

全球闻名遐迩的迪士尼,全称为 The Walt Disney Company,取名自其创始人华特·迪士尼,是总部设在美国伯班克的大型跨国企业,主要业务包括娱乐节目制作、主题公园、玩具、图书、电子游戏和网络传媒。皮克斯动画工作室、惊奇漫画企业、试金石电影企业、米拉麦克斯电影企业、博伟影视企业、好莱坞电影企业、ESPN 体育和美国广播企业都是其旗下的企业（品牌）。迪士尼运用多种方法扩展其国际市场：

一、许可证

迪士尼是拥有跨媒体网络、主题公园、旅游度假、影视娱乐和消费产品多项业务的大集团。迪士尼的衍生品包含迪士尼授权业务、直销市场、图书出版、游戏和零售等。

二、其他产业链

（一）面向全球的影视产业

迪士尼拍摄的影视类型繁多，包括各种电影、动画片、电视节目、录制和商演舞台剧等。迪士尼平均每年出产 50 多部故事片，其产量之多、发行销售量之大，成为影视界的传奇。其产业特点是：全球化与本土化结合，不断创新以顺应时代的潮流，精湛的制作技术以及轰炸式宣传。

（二）迪士尼乐园

迪士尼乐园是基于迪士尼动漫、影片而建成的主题游乐园。通过影片带动主题乐园的开发，从而拉动园内一系列旅游服务设施的经营运转，不断进行业务扩展，使收入如"滚雪球"般逐渐增长，是迪士尼乐园的经营思路。迪士尼乐园秉承着"体验式营销"的生存之道以及"创造欢乐"的主题，打造了一个奇幻的动画世界，将电影中虚拟的卡通人物还原到现实生活中。除了主题公园外，迪士尼乐园内还提供餐饮、旅游纪念品购物、主题度假村住宿以及园内摆渡车等旅游服务，为游客营造了一个完美的旅游体验。

（三）迪士尼的消费品

1. 特许经营

特许经营扩大了迪士尼的盈利销售渠道，如今全球有 4000 多个拥有迪士尼特许经营的商家，迪士尼每年的特许经营额达到 10 多亿美元。米老鼠当年一经问世，就有许多厂商同迪士尼联系，请求迪士尼允许它们使用米老鼠的形象。现在，以米老鼠为形象的产品遍布全球各地，深受"老鼠帮"们的喜爱。

2. 衍生消费品

衍生消费品主要是影视节目开发制作的音像带、VCD/DVD/CD 产品、旅游产品、玩具、纪念品、书籍等相关产品、影视代表场景及相应的旅游景点的开发等。2009 年 3 月，迪士尼消费品部宣布在中国推出首个中文 B2C 迪士尼授权网络购物平台，售卖 5000 多种迪士尼授权商品，准备分食网络购物这块"大蛋糕"。迪士尼同时宣称，网络销售未来将占整个迪士尼商品销量的 8%～10%。

（四）迪士尼的网络媒体

迪士尼的网络媒体主要包括迪士尼 ABC 电视集团、迪士尼广播电台和 ESPN 企业等。网络媒体目前是迪士尼最大的收入来源，占其总收入的 41.95%。迪士尼在动漫业务方面的关系企业主要集中在产业链最下游,即卡通形象授权许可、音像制品发行和游乐场业。迪士尼已经整合了整条产业链,仅有最下游需要和外界合作以获取最大的附加价值。

迪士尼全球有 3000 多家授权商,销售超过 10 万种与迪士尼卡通形象有关的产品,在中国内地也已拥有了 100 多家授权经营商,品牌授权已成为迪士尼利润的重要来源。其实,也有一些企业想要直接复制迪士尼的成功模式,试图首先打造成功的动漫形象,然后以此为原点进行品牌辐射和产业延伸,然而它们都没有取得较大的成功。

迪士尼的经营模式很难被复制,这其中有很多原因,最主要的一点是中国市场环境的特殊性。首先,在中国要打造一个成功的动漫形象十分困难,原因之一是缺乏原创能力,此外,因为播放条件的限制,要想进入央视或各省级卫视的播放平台更是难上加难;其次,即便是像《喜羊羊与灰太狼》那样有了影响力的动漫作品,当前的知识产权环境也会让衍生产品的开发与运营遭遇到盗版的大力侵蚀。

所以,不要想着照搬迪士尼的模式,借鉴迪士尼创意产业在品牌塑造上的长期规划和投入,以及品牌塑造与维护的思路,这才是其产业链运作的精髓所在。

资料来源:黄旭.迪士尼文创旅游商品开发与经营模式.知乎网.[2017-03-27].
https://zhuanlan.zhihu.com/p/26031709.

问题:
(1)迪士尼运用了哪些全球市场进入方式?
(2)迪士尼对于不同市场需求是如何反应的?
(3)迪士尼采取以上措施对拓展全球市场有什么好处?

实践应用

2 个小组针对本章内容进行课堂展示,一组展示一个全面的案例;另一组介绍企业调研,讲述企业的真实故事。

任务17-1 案例分析

任务17-2 企业调研

第十八章
营销道德和社会责任

本章要点

对于营销人员来说,进行道德、透明和公平的交易来建立和维护消费者信任至关重要。营销道德研究了特定营销领域的道德问题,道德行为对于营销成功和长期盈利来说是十分重要的。企业需要在员工中营造道德氛围,并考虑其个人行为对企业道德的影响。为了做出合乎道德的市场营销决策,企业必须深入了解自身面临的道德问题,进而提出一些行动方案。

学习目标

通过本章的学习,读者应该:
1. 理解营销道德的含义。
2. 理解营销道德问题。
3. 掌握营销实践与营销道德。
4. 理解道德决策过程。
5. 掌握提升企业道德的措施。
6. 理解公益营销、社会营销和绿色营销的含义。
7. 掌握提高社会责任营销的措施。

营销导读

搜狐集团情系湖北

突如其来的新型冠状病毒感染的肺炎疫情正肆虐蔓延,一场全国集结的无硝烟抗疫战争持续进行。疫情就是命令,抗击新型冠状肺炎,搜狐集团正全力以赴。2020

年 2 月 5 日，经过几天在各种渠道紧急寻找医疗资源，搜狐集团第一批捐赠湖北黄冈和孝感 11 家医院的一万只 FFP2 医用口罩运上了直升机，从上海运往黄冈。

早在 2020 年 1 月 29 日，为支持抗疫、防疫工作，搜狗及搜狐集团联合出资 2000 万元采购 N95（9132/1860）防护口罩、医用外科口罩、医用防护服和护目镜等医疗物资，定向捐赠给湖北武汉、黄冈和宜昌等地区的医院，为奋战在抗击疫情一线的医护人员提供保障。

除了捐赠物资外，搜狐集团充分发挥媒体传播综合优势，搜狐新闻客户端第一时间上线"抗肺炎 24 小时"专题，媒体内容中心提供全天候"战疫"资讯，让用户获取到准确、可靠的疫情信息及防控知识。同时，为了打通物资求助信息传递的"生命线"，搜狐集团与各大医院、医务人员、政务机构及各地媒体保持 24 小时紧密沟通，以便核实信息、对接服务。

搜狐各个频道还为广大用户提供了延伸服务。例如，搜狐公益在线上和多家公益组织保持密切沟通，积极协调相关援助资金的筹措和物资的准备及运输；搜狐健康对一线"战疫"医护人员进行跟踪报道，并对公众进行科普护理知识普及；搜狐科技着重报道科技企业如何助力"战疫"；搜狐财经与各大企业保持紧密联系，及时报道企业善举；搜狐教育从取消考试、推迟开学和各地政策等多个方面全方位提供教育领域第一手资讯，帮助学生及家长掌握准确的开学、考试等信息；搜狐汽车、搜狐时尚、搜狐体育和搜狐跑步等也分别报道了相关服务信息。此外，用户还可以通过搜狐旗下社交平台——"狐友"来了解"肺炎疫情"相关内容，并在线互动获得互助。

资料来源：佚名. 五狐四海，情系湖北！搜狐集团第一批捐赠物资从上海直飞黄冈. 搜狐网.[2020-02-05]. https://www.sohu.com/a/370782432_124706.

第一节　营销道德

一、营销道德的含义

商业道德是指在商业范畴内审视道德规则和原则，发现商业环境中可能出现的各种道德或伦理问题，是道德研究的一个重要分支。相比之下，营销道德（Marketing Ethics）则专门研究营销领域的道德问题。营销道德是用来判定市场营销活动正确与否的道德标准，即判断企业营销活动是否符合消费者及社会的利益，能否给广大消费者及社会带来最大的幸福感。

二、营销道德的问题

企业采用合理的道德原则必须是一个连续而动态的过程。在许多专业领域中,人们常常认为营销是产生众多道德问题的根本原因(如不道德的广告和劣质产品的促销),为了减少人们对营销的成见,营销人员必须考虑自己的行为是否符合道德。

营销中的不道德行为可能涉及社会问题,如销售可能污染环境的产品或提供类似服务;可能涉及全球问题,如使用童工;可能涉及消费者的问题,如欺骗性广告或危险产品的营销。

消费者信任是影响消费者购买决策一个重要因素。消费者对营销人员的看法会影响消费行为,所以营销人员必须遵循营销道德,对消费者负责,才能够获得消费者信任,从而进行成功的营销。

最新研究洞察 18-1

购买假冒产品的积极情绪——道德脱钩的作用

生活中,有些消费者会考虑购买高品质、高价值的奢侈品来体现自己的品位、身份和地位。但是由于奢侈品价格过于昂贵,消费者认为原产品价格不合理就会转而购买他们认为与原产品有着相同质量但价格更低的假冒产品。以往研究认为消费者会将购买假冒产品引发的情绪集中在负罪感、羞耻感以及尴尬等消极情绪上。但是 Orth、Hoffmann 和 Nickel(2019)认为道德判断与自我密切相关,消费者总是努力以积极的态度看待自我,特别是在道德标准方面。所以,消费者为了避免给自己贴上消极的标签,可能会推动可接受的不道德界限。他们提出了用"道德脱钩"作为解释,认为将道德判断和行为分离开来,可以使消费者更轻松地做出决定,刺激产生一种积极的情绪,从而增加购买意愿。

在他们的研究中,365 名被试在电子商务网站上购买产品,包括 Calvin Klein 的香水、Beats by Dre 的耳机、Nike 的跑鞋和 Ray Ban 的太阳镜,被试任意选择其中一种,然后阅读一段描述假冒品牌的文字(非欺骗性)。随后测量了被试的道德脱钩、情绪和购买意愿。结果表明,道德脱钩能够唤起积极的情绪,从而增加了消费者购买假冒产品的意愿。因此人们可能是"高高兴兴"地去买假冒产品而不是以一种"遗憾"和"难过"的情绪。

资料来源:Orth U R, Hoffmann S, Nickel K. Moral Decoupling Feels Good and Makes Buying Counterfeits Easy. Journal of Business Research, 2019, 98: 117-125.

三、营销道德的实践

尽管企业决策者从战略角度考虑其行为的营销道德问题会更加容易,但道德决策不是一个简单的过程。在营销道德实践中,每个阶段都会出现不同的问题。具体来讲,营销道德实践可分为3个阶段:计划阶段、实施阶段和控制阶段。

1. 计划阶段

在计划阶段,企业关注的问题更多的是"可以这样做吗?",企业需要决定并制定道德政策和标准。在计划阶段引入道德,还包括在企业的使命或愿景中加入一定的道德成分。企业都有自己的企业愿景和使命宣言,其中应该包括企业的道德和社会责任准则。例如,伊利的企业使命为"不断创新,追求人类健康生活",伊利立足于企业使命,生产的产品不仅使消费者受益,对于整个社会也是有利的。

在计划阶段,合乎道德的企业使命可以指导企业进行SWOT分析。例如,苹果创始人乔布斯认为,苹果的目标是站在科技与人性的交汇之处,将复杂的技术变得简单。从计划阶段开始,苹果一直坚持这个简单而伟大的目标,至今推出了数十款流行的电子科技产品。在2019年的"全球最佳品牌"报告中,苹果超过谷歌、亚马逊和微软成为世界最有价值品牌。

2. 实施阶段

在实施阶段,企业关注的问题从"可以这样做吗?"变为"应该这样做吗?",以合乎道德的、负责任的态度将企业的产品投入市场,进行特定的营销实践。当企业确定目标市场以及营销组合(4P)时,企业必须考虑相关的道德问题。企业对目标市场的选择及其进入市场的方式可能是不道德的,这种不道德行为可能会损害其在消费者心中的形象,甚至触犯国家法律。例如,脑白金的广告语曾流行在大街小巷,从最初的"送礼就送脑白金"到"脑白金里有金砖"再到"送老师、送亲友、送领导",原广电总局最后点名批评脑白金广告低俗,误导下一代的社会价值观念。

通过社交媒体进行的营销会出现一些特殊的道德问题。例如,企业更多地聘请明星担任其汽车系列的代言人。然而,消费者更想听到普通人的声音,而不是花了数百万元聘请明星来推广产品。尽管企业聘请普通人比聘请名人节省很多钱,但企业却不希望任何人都能推广自己的产品。他们想要的是明星、网红和知名博主以及他们的众多粉丝。

3. 控制阶段

控制阶段的关键任务是解决计划过程中出现的潜在道德问题,并确保企业员工的行为均符合道德规范。在控制阶段,必须从道德角度对员工的行为进行评估,必须建立控制系统来检查计划过程中提出的潜在道德问题是否都已解决。新技术和新市场的发展导致新的道德问题的出现,控制阶段使用的系统必须能应对变化。例如,社交媒体和移动营销的发展为企业营销带来了很多便利,一方面,营销人员利用微博、微信等进行营销推广;另一方面,不道德的商人也容易利用社交软件的虚拟性,泄露消费者隐私或者进行欺骗性销售。

四、道德决策过程

企业采取道德的营销行为,通常依赖于企业的道德决策,而有效的道德决策通常需要遵循一定的道德决策过程。道德决策过程所需要遵循的步骤,如图18-1所示。

图 18-1　道德决策过程

1. 找出问题

第一步是找出问题。例如,通过市场调查来研究企业对消费者数据的使用情况,找到可能涉及的道德问题。可能出现的道德问题包括:企业在收集信息的过程中是否告知消费者研究的真正目的?数据的使用是否会误导消费者或者侵犯消费者隐私?

2. 收集信息并确定利益相关者

在这一步骤中,企业着重收集与道德问题有关的重要信息,包括所有相关的法律信息。为全面了解情况,企业必须尽可能多地确定道德问题涉及的个人和团体。利益相关者通常包括企业的员工、供应商、政府、消费者群体和股东等。除此之外,许多企业还需要考虑行业发展、全球环境以及子孙后代和自然环境等利益相关者的需求。例如,阿里巴巴认为平台经济的核心是能真正地为他人创造价值,正因为能够创造价值,人们才聚集到一起,形成一个平台。平台是所有利益相关者的合集。

3. 集思广益

在找到对应问题、收集相关信息并确定利益相关者之后,相关的人员都应集思广益,共同商讨解决方法。解决方法可能包括:停止市场研究项目,对所有研究人员进行道德规范培训等。管理层需要审核并完善这些行动方案,然后进入下一步骤。

4. 选择行动方案

最后一步的目标是权衡各种选择,并以道德规范为依据选择最佳行动方案。企业管理人员按一定的标准对备选方案进行排序,从而明确每种方案的优缺点。同时,调查与每个行动方案相关的法律问题也至关重要,企业应立即舍弃非法的方案。

营销人员可以使用表18-1中的道德决策指标评估每个行动方案,并选择最适合的一个。如果分数倾向于区域1和2,那么该营销行为就是符合道德的。相反,如果分数倾向于区域 6 和 7，那么该营销行为就是不符合道德的。如果分数分散或在区域 3、4 和 5 中，则需要进一步思考该营销方案。

表 18-1 道德决策指标

测试 \ 选项	是 的		也 许			不 是	
分数	1	2	3	4	5	6	7
宣传测试 我是否想在本地报纸的首页或国家杂志上看到我将要采取的行动方案？							
道德导师测试 我最崇拜的人会参加这项活动吗？							
观察者测试 我想让我最崇拜的人看到我这样做吗？							
透明度测试 我能否为我的行为提供清晰的解释，诚实和透明地说明我的行为动机，是否满足一个公正、无偏见的道德判断？							
镜子测试 我能看着镜子里的自己并尊重他吗？							
黄金法则测试 我想成为这项行动及其所有潜在结果的接受者吗？							

五、提升企业道德的措施

1. 在工作场所营造良好的道德氛围

营造良好的道德氛围具有很高的商业价值。要营造一种道德氛围，企业需要将内部（如员工）和外部（如消费者）利益相关者都考虑进来，并把他们纳入企业的道德决策过程，从而打造一个良好的品牌形象。在工作场所营造良好的道德氛围有助于形成良好的企业价值观。例如，中兴通讯在企业内部打造出"互相尊重，精诚服务，拼搏创新，科学管理"的企业文化品牌。

2. 提升员工的道德意识和价值观

企业员工的道德意识与个人价值观都必须与企业的价值观及道德相一致。通常，道德冲突的根源是价值观的冲突。价值观的不同会引发企业员工之间的冲突，甚至引起企业的内部动荡。因此，企业必须采取积极行动提升企业员工的道德意识和价值观，促进员工的个人价值观和企业价值观相一致。

3. 建立企业的道德准则

市场营销中的每个环节（如市场调研、广告和定价）都要有良好的道德规范，企业要想获得更高的道德价值，就必须制定明确的准则，对企业所有的交易行为做出隐性和显性的要求。企业的管理层必须建立一套控制系统来帮助解决此类难题，奖励与企业价值观一致的行为，并惩处不当行为。为了统一个人和企业目标，企业需要明确交易规则，包括道德准则和奖惩体系。例如，经过长久的实践，华为在人才管理的问题上总结出了一套大道至简的"干部作风八条"，这8条细则虽然看似简单质朴，但只要触犯立刻就会被辞退。

4. 提升员工的道德素养

每个企业都是由不同的人员组成的，每个员工都有自己的需求和欲望。由于文化、经历和成长背景等因素的差异，不同个体的价值观不尽相同，看待问题的方式也千差万别，对道德的理解也不一样。为了避免这种差异带来的严重后果，每位员工的短期目标必须与企业的长期目标保持一致。例如，销售人员短期急功近利追求奖金的目标与企业追求长期和消费者保持良好顾客关系的目标相矛盾，而加强员工的道德培训、提升员工的道德素养，可以很好地预防不道德行为的发生。

最新研究洞察 18-2

为什么所有的女孩都要买粉色的东西？

如果你走进任何一家出售玩具的零售商店，你无疑会发现两个截然不同的玩具王国——粉色的货架上摆满了玩偶、家用玩具和美容用品，而蓝色的货架上则摆满了动作玩偶、建筑布景和交通工具。同样地，如果你要访问一个玩具公司的网站，你可能必须先选择孩子的性别，然后才能挑选产品。

这正是目前儿童玩具市场普遍存在的"性别玩具营销（GTM）"，儿童玩具的性别营销受到了严格的审查，这反映在无数消费者主导的活动和激烈的媒体辩论中。不少批判者认为这是一种社会危害，会助长两性不平等，进而助长"家庭暴力"和两性薪酬差距等非常严重的问题；也有人将此描述为零售商"错失的机会"，因为它们认为"中性营销"会将产品吸引力扩大到另外50%的潜在目标上。在关于经验主义的争论中存在着以下分歧：GTM是影响儿童的玩具偏好，还是仅仅反映了男孩和女孩根本不同的兴趣；GTM的影响是负面的、中性的还是有益的；转向中性营销在经济上是否可行。

Fine和Rush（2018）就这些争议展开研究，在评估了现有证据和争论背后的共同道德原则后则发现：①GTM强调并强化了性别刻板印象，这有助于形成刻板印象——一致的兴趣、自我概念和自我效能信念，以及在判断他人时有意或无意的偏见。②不能认为GTM在回应男孩和女孩根本不同的兴趣和偏好方面是有益的，因为事实上还存在相当大的可变性。③性别中立的玩具营销有助于使目前以性别类型销售的玩具更适合女孩和男孩，从而扩大此类玩具的潜在市场。

资料来源：Fine C, Rush E. "Why Does All the Girls Have to Buy Pink Stuff?" The Ethics and Science of the Gendered Toy Marketing Debate. Journal of Business Ethics, 2018, 149（4）：769-784.

第二节 企业社会责任

一、企业社会责任的内涵

企业社会责任（Corporate Social Responsibility，CSR）是指企业为解决运营过程中的道德问题、社会和环境影响以及回应利益相关者的关注而采取的自愿行动。一些经济学家和社会评论家认为，强调企业社会责任是没有必要的，因为资本主义经济中任何企业的目标都是盈利。如果企业总是担心"如何做一个好公民"这样无法量化的问题，它将如何保证企业或其股东的利益？2008年全球金融危机的出现也促使经济学家重新考虑这一观点。在最近几十年中，企业社会责任的概念迅速流行起来，社会责任成为《财富》杂志评选最受尊敬企业的关键因素之一。许多企业都制订了企业社会责任计划，如建立企业慈善基金会，支持非营利组织并与之合作，支持社区活动，遵循道德的营销、销售和生产流程。

营销故事18-3

二、企业社会责任的内容

企业积极承担社会责任，不仅会使企业的股东获益，而且会使其他的利益相关者获益，从而为企业发展营造良好的社会氛围，打造独特的品牌价值。企业社会责任的内容如图18-2所示，包括员工、消费者、社会和市场。

1. 员工

对于员工来说，最基本的企业社会责任是提供安全的工作环境，避免员工受到人身安全或健康的威胁。但是，仅仅提供安全的工作环境不足以对员工负责，企业更应该给员工提供合理的晋升体系和薪酬体系，帮助员工供养其家庭。越来越多的企业意识到，融洽的员工家庭可以使员工快乐且高效地工作。企业也可以将更多的精力集中在针对员工家庭的拓展计划上，既有利于提升员工的工作热情，又有利于员工家庭的和谐。

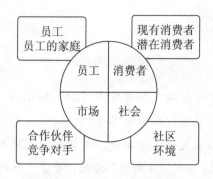

图 18-2 企业社会责任的内容

2. 消费者

随着营销环境的变化,企业必须考虑对其现有消费者和潜在消费者的影响。企业社会责任计划必须考虑到社会的变化和趋势,并迅速做出反应。例如,尊重和保护消费者隐私以及确保产品(尤其是针对儿童的产品)的质量等。此外,企业社会责任通常会提高消费者对企业的认识,从长远来看,这会促进企业销售的增长和规模的扩大。例如,上海的公益服务品牌——绿洲食物银行建立了中国本土的食物数据管理体系,绿洲食物银行与蒙牛、格力高等食品企业合作,通过向生产和流通渠道募集即将被浪费的食物,减少了由食物浪费带来的环境问题,同时也为社区中低收入的弱势家庭提供了食物。

3. 社会

社会在企业的发展过程中给予了企业很大的帮助,所以企业在获得发展的同时应该花费一定的时间和精力帮助社会改善整体社区和自然环境。随着时代的发展,社会也越来越期望企业承担社会责任。企业不能无视承担社会责任的义务,不承担社会责任的企业会损害其利益相关者及自身的利益。例如,英国石油公司未能为深海石油钻井平台的工人提供足够的保护,也无法确定是否存
在油污泄漏污染水源、危害消费者健康的问题,这使企业的声誉严重受损,企业的利润和未来发展受到冲击。相反,与当地社区积极合作的企业可能会促进长期友好关系。例如,华为顾客服务中心与呼和浩特市居民社区联合开展了"华为服务进社区,贴心关爱进万家"活动,工作人员为居民的手机免费贴膜、消毒,专业人士讲解如何使用智能手机,同时还为居民解答日常使用手机时遇到的问题,受到了辖区居民特别是老年人的欢迎。

4. 市场

当行业中的一家企业在社会责任方面处于领先地位时,其合作伙伴和竞争对手通常别无选择只能跟随,否则将面临严重的道德风险。例如,为了应对全球变暖、水资源短缺和能源紧张等问题,通用电气采取了绿色创新战略,关注"创新、可持续发展和解决问题"。当面对这样的倡议时,其他能源企业只能被迫选择跟随或采取更负责任的做法。无论哪种选择,发起者 GE 都会因为走在企业社会责任工作的最前沿而享有更高的声誉。

最新研究洞察 18-3

绿色酒店管理

由于全球气候变化、环境污染、环保需求增加、环保实施及政府保护政策等原因，企业已开始重视绿色管理。酒店业依赖自然资源，消耗大量的能源（如土地、水和不可再生资源），排放大量的温室气体（主要是二氧化碳），这对环境有很大的影响。绿色酒店也被称为"生态友好"酒店或"可持续"酒店，着重于节约能源，减少不必要的浪费，对环境造成较少的破坏。

Chung（2019）对酒店业日益增长的绿色营销导向展开研究，从企业社会责任和利益相关者的角度探究绿色营销导向对品牌形象和忠诚度的影响。他选择了台湾一家获得绿色标准的酒店，首先选取 3 名酒店管理者和 2 名在酒店有实践经验的学者进行半结构化访谈，设计出问卷，并通过在线平台向该酒店消费者发放问卷，所有测量使用的李克特量表固定在 1（"非常不同意"）和 7（"非常同意"）之间。最后通过偏最小二乘法进行分析，结果显示绿色营销导向不仅会影响企业本身承担社会责任，也会影响利益相关者，直接影响顾客感知到的企业形象和品牌忠诚度。在如今环境保护越来越受重视的情况下，企业可以通过转型绿色营销来提高企业的绿色形象和顾客忠诚度。

资料来源：Chung K C. Green Marketing Orientation: Achieving Sustainable Development in Green Hotel Management. Journal of Hospitality Marketing & Management, 2019: 1-17.

三、营销道德与社会责任

企业社会责任要求企业采取自愿的行动来解决企业运营时存在的道德问题，协调社会和环境以及利益相关者的关系。积极承担社会责任、履行营销道德有利于企业的良好运营，有利于平衡短期利润需求与社会的长期需求，从而确保企业在健康的环境中的生存和发展。企业的行为可以从 2 个维度进行划分：道德和社会责任，如图 18-3 所示。

	承担社会责任	不承担社会责任
道德	道德且积极承担社会责任	道德但不承担社会责任
不道德	不道德但积极承担社会责任	不道德且不承担社会责任

图 18-3　道德与社会责任

第一种企业行为，道德且积极承担社会责任。理想情况下，企业应积极承担社会责任，并制订详细的计划，员工应以道德负责的方式行事，遵循较高的道德标准。例如，阿里巴巴将集团年收入的 0.3% 拨作公益基金，主要用于环境保护。

第二种企业行为，道德但不承担社会责任。员工以道德负责的方式行事，但企业没有积极承担其社会责任，也没有制订详细的计划。例如，企业员工以合乎道德的方式进行业务活动，但由于其活动对利益相关者（消费者、员工和股东）几乎没有影响，因此该企业可能仍会被认为没有对社会负责。

第三种企业行为，不道德但积极承担社会责任。企业积极承担社会责任，并制订详细的计划，但是企业员工没有以道德负责的方式行事，也未遵循较高的道德标准。例如，渤海湾漏油事件发生后，有石油公司承诺捐赠数百万美元以帮助秦皇岛市渔民和修复海洋生态环境。从道德上讲，人们如何看待一个企业通过非法手段获得利润，然后将大部分利润捐赠的行为呢？

第四种企业行为，不道德且不承担社会责任。企业没有承担社会责任，也没有制订详细的计划，并且员工没有以道德负责的方式行事。例如，百弗英语在全国的各个校区突然宣布倒闭，老师向学生隐瞒实情，企业以破产为由拒绝退还学生的剩余学费，造成了恶劣的社会影响。

第三节　社会责任营销

一、社会责任营销的内涵

有效的营销必须与强烈的道德感、价值观和社会责任感相匹配。有许多力量正在推动企业承担更多的社会责任，如不断提高的消费者期望、不断提高的员工个人发展目标、严格的政府立法和监管、投资者对社会标准的关注、媒体监督以及不断变化的企业营销实践等。社会责任营销是以承担社会责任为目的的一项营销活动，不仅在产品质量和服务方面要有责任意识，而且其营销手段也要符合社会责任要求。社会责任营销建立在产品与技术的基础之上，核心是信任营销。

二、社会责任营销的内容

社会责任营销要求企业在营销实践中嵌入社会责任要素，以社会利益为核心，协调企业、消费者和社会之间的关系。目前,社会责任营销的方式有公益营销、社会营销和绿色营销等。

1. 公益营销

公益营销是企业以关心人的生存发展、社会进步为出发点,与公益组织合作,充分利用其权威性、公益性资源,搭建一个能让消费者认同的营销平台,促进市场销售的营销模式。许多企业将企业社会责任与营销活动结合起来,推动了公益营销活动的发展,促进了社会公益事业的发展。公益营销将企业对公益事业的

贡献与消费者和企业的交易直接或间接地联系起来。公益营销是企业社会营销的一部分,至少包含一个与社会福利相关的非经济目标,并利用企业或合作伙伴的资源进行营销。

成功的公益营销项目可以:①改善社会福利状况。②提升企业的公众形象,建立良好的商誉。③鼓舞员工士气,激励员工。④推动销售,增加企业的市场价值。消费者与企业之间可能会建立起一种强大而独特的关系,这种关系超越了正常的市场交易。从品牌的角度来看,公益营销可以:①打造差异化品牌定位,提升品牌形象。②提升品牌信誉,唤起品牌感知。③建立品牌社区意识,提升消费者的忠诚度。然而,在消费者质疑产品和公益事业之间的联系,或者认为企业自私自利、剥削他人时,公益营销可能会适得其反。

2. 社会营销

公益营销支持公益事业,非营利组织或政府组织的社会营销也会进一步推动公益事业,如"拒绝毒品"或"多运动,吃得好"等社会活动。社会营销是一种运用商业营销手段达到社会公益目的或者运用社会公益价值推广商业服务的营销方式。社会营销可以追溯到很多年以前。20世纪50年代,印度开始了计划生育运动。20世纪70年代,瑞典推出了社会营销活动,倡导"不吸烟、不喝酒""拒绝毒品""戒烟"和"锻炼身体"。20世纪80年代,世界银行和世界卫生组织开始使用"社会营销"一词,人们也开始注意到这种营销方式。例如,中国心血管健康联盟与其他3家单位联合发布"正确认识胆固醇"的科学声明,帮助更多的人正确认识胆固醇。不同类型的组织也会进行社会营销,如政府机构,包括中国疾病预防控制中心、卫生健康委员会和环境保护局等;此外,还有很多非营利组织进行社会营销,包括红十字会、慈善基金会等。

为社会营销项目选择正确的目标是至关重要的。计划生育运动应该注重禁欲还是节育?改善空气污染的活动应该关注拼车还是公共交通呢?社会营销活动试图改变人们的认知、价值观和行为。

3. 绿色营销

绿色营销是指企业为消费者提供环保产品所做的营销努力。消费者担心水的纯净、食物的安全,并相信每个人都能对环境产生影响。例如,上海市正式实施垃圾分类管理条例,连见面打招呼的问候语都变成了"今天你分类了吗"。伴随着垃圾分类的走红,

废物利用也被人们更多地提及。人们发挥出各自的创意，分享自己如何进行废物利用的创意，在生活中创造美。

消费者对绿色产品需求旺盛，这对生产绿色产品的企业来说是一个福音。营销人员也鼓励消费者用节水节能型洗衣机和洗碗机取代旧款洗衣机和洗碗机，并引导消费者使用无磷洗衣粉和无汞充电电池，以及更高效节能的家用电器、照明、供暖和制冷系统。例如，国内新能源汽车的标志性龙头企业——比亚迪，始终走在国内新能源汽车领域的最前沿，在上海、西安、深圳等城市建设有自己的汽车研发、生产和组装中心，独立研发新能源汽车所具备的锂电池等动力电池组。

最新研究洞察 18-4

绿色营销战略的影响

日益严峻的环境问题给企业带来了风险和损失等威胁，很多企业在生产销售过程中越来越注重对环境的保护。在过去的几十年里，研究人员越来越关注绿色营销，它现在是营销管理文献中的一个关键概念。但以往的研究主要集中在绿色营销策略与企业竞争力以外的企业绩效结果的关系上，还有一些研究考察了绿色营销战略与竞争优势之间的联系，但没有充分把握绿色营销战略的作用，存在理论和研究的缺口。

Papadas 等人（2019）另辟蹊径，通过研究竞争优势来确认绿色营销战略对企业财务绩效的中介作用。他们使用希腊盖洛普子公司数据库中的1596家公司作为抽样框架，从中选出700家公司作为样本，通过基于网络的调查程序，将问卷分发给所选公司的首席执行官、营销或企业社会责任经理，最终回收了226份有效问卷。结果表明：企业社会责任对企业绿色营销策略有正面影响；绿色营销战略对企业竞争力和财务绩效具有积极的双重作用。如果一个企业想要获得竞争优势和更好的财务业绩，那就必须在战略上强调绿色营销战略的重要性。

资料来源：Papadas K K, Avlonitis G J, Carrigan M, et al. The Interplay of Strategic and Internal Green Marketing Orientation on Competitive Advantage. Journal of Business Research, 2019, 104: 632-643.

三、提高社会责任营销水平的措施

企业提高社会责任营销的水平需要三管齐下，依靠适当的法律、道德和社会责任手段。

1. 法律手段

企业必须确保每个员工都了解并遵守相关法律和行业规则。例如，推销人员误导消费者购买产品的行为是违法的。企业的宣传必须符合法律，不得通过贿赂或商业间谍活动谋求不正当的竞争优势或窃取商业秘密,也不能贬低竞争对手及其产品。管理人员必须确保每个销售人员都了解法律和规则并采取合法的营销行为。

2. 道德手段

商业竞争通常会产生道德问题。在正常的营销行为和不道德的营销行为之间划清界限并不容易。例如,一些家长认为应该禁止非健康食品在儿童观看电视的时段投放广告,而另一些家长却不这么认为。某些商业行为是不道德甚至是违法的,如虚假和欺骗性广告、排他性交易和捆绑协议、质量或安全缺陷、虚假保证以及虚假标签等。

企业必须建立道德行为标准,制定书面的道德准则,并要求其员工遵守道德准则。过去,一个心怀不满的消费者可能会对周围的邻居朋友等曝光企业的不道德行为,这对企业的影响是有限的。今天,通过互联网,消费者可以向数以千万计的人曝光企业的不道德行为,对企业的负面影响明显增加。例如,随着微博、微信和小红书等社交网站的兴起,消费者越来越愿意在网络上分享自己的消费体验。

3. 社会责任手段

营销人员必须在与消费者和利益相关者的交易中提高社会责任意识。华润集团、中国三星、中国华电、现代汽车集团(中国)和中国石化等企业是中国社会责任评价最高的企业。人们越来越多地希望看到有关企业在社会和环境责任方面的行为,可以帮助消费者更好地做出购买决策。宣传企业的社会责任也是一个挑战,

营销故事18-6

企业可能会成为舆论关注的焦点,稍有不慎便会遭受舆论的攻击。甚至,一些良好的产品或营销计划也可能会带来无法预见的负面后果。企业可以参与一些与利益相关者有关的活动,传达企业的社会责任意识。营销人员可以通过企业回馈社会的活动,帮助企业树立良好的形象。许多知名的大企业都在努力打造公平、道德的品牌,为社会的可持续发展做出贡献。例如,为了树立良好的企业形象,深圳航空不断参与各种社区活动。

本章小结

营销道德研究了营销领域的道德问题,营销人员需要了解并知道如何解决企业可能面临的常见道德问题。企业应将营销道德纳入到营销实践中,从营销道德实践的3个阶段即计划阶段、实施阶段和控制阶段入手,在每一个阶段融入营销道德,然后根据道德决策框架,找出问题、收集信息并确定利益相关者,最后集思广益确定一个合适的行动方案。

积极承担社会责任和履行营销道德有利于企业的健康发展。我们可以从4个利益相关者即员工、消费者、市场和社会的角度出发,讨论企业社会责任,制订企业的社会责任计划,分别从企业和个人角度提升企业道德水准和社会责任意识。社会责任营销是以

社会责任为目的的营销活动，包含公益营销、社会营销和绿色营销等营销方式，依靠适当的法律、道德和社会责任手段来提高企业社会责任营销水平。

重要概念

营销道德　营销道德实践　道德决策　企业社会责任　社会责任营销

思考与练习

1. 什么是营销道德？日常生活中有哪些常见的营销道德问题？
2. 营销道德实践包括哪几个阶段？如何将道德融入营销道德实践中？
3. 道德决策的步骤有哪些？
4. 如何提升企业营销道德？
5. 什么是企业社会责任？企业社会责任的主要利益相关者有哪些？
6. 以道德和企业社会责任区分的企业行为有哪几种？
7. 什么是社会责任营销？社会责任营销包括哪几种营销方式？怎样提高社会责任营销的水平？
8. 什么是公益营销、社会营销和绿色营销？

案例分析

京东快递的社会责任

在社会高速发展的时代，创新无疑是这个时代最明显的符号之一，而作为助力社会发展和时代进步的物流企业，创新同样具有划时代的意义。京东物流就是国内物流业创新的标杆和旗帜。京东物流不仅靠不断的创新让用户的体验得到跨越式的提升，而且它的创新更是开创了中国物流的一个新时代，可以说是中国物流走向世界的新起点。

2019年1月2日，在由中国邮政快递报社主办的"风华正茂，万物生长·2020快递之夜"颁奖典礼上，京东快递一举斩获"2019中国快递开放创新奖"与"2019中国快递社会责任奖"两项大奖。

京东快递之所以获得创新奖，得益于京东物流打造的庞大的、先进的和具有国际水平的科技智能物流体系。作为京东物流的核心产品之一，京东快递为用户提供最优质服务的初心，正是通过这些科技化的基础设施网络系统与科技创新的力量实现的。此外，科技化的物流设施让不断提升服务品质落到了实处。在强大的体系支撑下，京东快递不止强调"快"这一个点，它的高品质快递服务内涵丰富，能多元化地满足用户需求，而且连续多个季度在国家邮政局快递服务满意度排名中位列第一阵营。全面、优质的服务成为京东快递最明显的标志。

让消费者寄得放心。京东快递以个性化服务持续刷新消费者的购物体验。例如，在增值服务方面，"专人专车专线"的高颜值京尊达小哥可为消费者提供私密、尊享的专属配送服务。在用户最在意的安全保障方面，京东快递的服务意识同样走在了许多同行的前面。在传统送货上门的基础上，京东快递采取微笑面单、丢一赔九等措施，多举措保护用户隐私，应用具有实时追踪功能的"鸡毛信"等创新服务，保障寄送过程中的安全，让消费者寄得放心、收得开心。

京东快递品质化的符号。给大家提供高品质服务的京东小哥，不只是代表京东快递品质化的符号，"寄快递，要找京东小哥"，在许多人的眼中，他们是学习的榜样。近年来，京东小哥见义勇为、拾金不昧等事迹常常见诸报端，在日常生活中，他们也常常因为照顾老人、捐资助学等暖心事迹爆红网络。

良好的企业文化。一个这样优秀的、高素质的团队，一定和京东物流的人性化管理和良好的企业文化密不可分。京东物流一直坚持为所有员工缴纳"五险一金"，为小哥提供更有竞争力的薪酬与福利。因此，他们也更加干劲十足，仅 2019 年，月收入超过 2 万元的京东小哥数量就同比增长 251%。在即将开始的第 8 年"春节也送货"期间，京东物流将投入近 1 亿元，为仍然坚守在一线的员工提供高于国家法定标准的补贴，支持员工将子女接到身边过团圆年。

最后，京东物流的社会责任还体现在京东斥巨资打造拥有国际级别的现代化智能物流体系的企业和不断的技术创新层面，它通过技术升级向消费者传递可持续的发展理念，在耗材生产与回收、减少汽车污染及爱心捐助等方面不断努力。春节期间，"上门回收纸箱"行动也将持续进行。在京东小哥上门送货时，消费者可将闲置的纸箱交给小哥，让全民共享一个清洁环保的"绿色春节"。很显然，京东快递斩获这两项大奖可谓实至名归。在创新路上不断的努力，会让京东物流永远都是年轻的、风华正茂的，这样的它也更有能力和实力担负起更多的社会责任，在让企业发展更好的同时，让世界更美好。

资料来源：卓越科技.果然靠谱！京东快递获 2019 中国快递社会责任奖！搜狐网.[2020-01-07]. http://www.sohu.com/a/365323368_120529041.

问题：

（1）京东快递承担社会责任的内容包括哪些？

（2）京东快递是如何承担社会责任的？

（3）京东快递积极承担社会责任对其发展有什么影响？

实践应用

2个小组针对本章内容进行课堂展示。一组展示一个全面的案例;另一组介绍企业调研,讲述企业真实的故事。

任务18-1 案例分析

任务18-2 企业调研

附 录

附录 A 案例分析的六大步骤

案例分析的六大步骤如下：

步骤 1：提出问题

提出 1～2 个与本章内容相关的问题，以便后续能够进行深入的讨论。

步骤 2：SWTO 分析

针对优势、劣势、威胁、机遇，各提 5 点。

步骤 3：提出 3 个最佳解决方案

对每个方案进行评价，各列出 3 个优点、3 个缺点；用评分表格（见附表 1）对 3 个方案进行综合比较，列出 5 个重要的评价指标，对 3 个方案在每个指标上的表现用 1～5 分进行打分，最后计算每个方案的总分（默认 5 个指标的权重是一样的，即重要性是一样的，也可以根据实际情况按重要性对 5 个指标赋予不同的权重，在计算总分时需要考虑权重）。

附表 1 3 种方案的比较

评价指标 \ 解决方案	方案 1	方案 2	方案 3
指标 1			
指标 2			
指标 3			
指标 4			
指标 5			
总分			

步骤 4：选择最优方案

根据 3 种方案的比较结果，选出最优的解决方案，并用表格内容以及本章理论做出解释。

步骤 5：提出执行计划

针对所选最优方案，列出短期计划和长期计划各 5 个，具体到每个部门做什么工作。

步骤 6：更新企业信息

前 5 个步骤是忠于案例原文做出的分析，最后要阐述该企业的现状。

附录 B　企业调研展示模板

企业调研任务是一项练习，旨在帮助学生将"现实世界"问题与课程内容和理论联系起来。本课程讨论了许多对市场营销人员非常重要的理论，如果营销人员遵循这些理论中的经验教训，很可能会取得成功；否则，则有可能会失败。

在做企业调研的课堂展示时，建议学生按照以下模板进行：

1. 参观过程

内容包括参访企业、时间、访谈人员和现场照片。

2. 企业介绍

选取与本章内容相关的部分做重点介绍。

3. 讲述故事

围绕本章内容讲述本企业一个成功的故事和一个失败的故事（或是其他企业失败的故事），要有故事情节。

4. 理论解释

用本章的理论解释该企业为什么成功和失败，用表格的形式（见附表 2）展现成功是遵循了哪些理论，用"√"标注，失败是因为没有遵循哪些理论，用"×"标注。

附表 2　理 论 解 释

	成功的故事	失败的故事
理论 1		
理论 2		
理论 3		
……		

5. 得出结论

要能得出相对明确的结论。

主要参考文献

[1] 王永贵. 市场营销学[M]. 北京：中国人民大学出版社，2019.

[2] 陈钦兰，苏朝晖，胡劲等. 市场营销学[M]. 第2版. 北京：清华大学出版社，2017.

[3] 吴健安. 市场营销学[M]. 第6版. 北京：高等教育出版社，2017.

[4] 郭国庆. 市场营销学[M]. 第6版. 北京：中国人民大学出版社，2019.

[5] Philip Kotler, Kevin Lane Keller. Marketing Management[M]. 14th ed. Englewood Cliffs: Prentice Hall, 2012.

[6] Grewal, Dhruv. Marketing[M]. 2nd ed. New York: McGraw-Hill Education, 2017.

[7] Carlson J, Rahman M, Voola R, et al. Customer Engagement Behaviours in Social Media: Capturing Innovation Opportunities[J]. Journal of Services Marketing, 2018, 32(1): 83-94.

[8] Jaworski B J. Toward a Theory of Marketing Control: Environmental Context, Control Types, and Consequences[J]. Journal of Marketing, 1988, 52(3): 23-39.

[9] Gao H, Mittal V, Zhang Y. The Differential Effect of Local–global Identity Among Males and Females: The Case of Price Sensitivity[J]. Journal of Marketing Research, 2020, 57(1): 173-191.

[10] Allman H F, Hewett K, Kaur M. Understanding Cultural Differences in Consumers' Reactions to Foreign-Market Brand Extensions: The Role of Thinking Styles[J]. Journal of International Marketing, 2019, 27(2): 1-21.

[11] Harutyunyan M, Jiang B. The Bright Side of Having An Enemy[J]. Journal of Marketing Research, 2019, 56(4): 679-690.

[12] Gneezy A. Field Experimentation in Marketing Research[J]. Journal of Marketing Research, 2017, 54(1): 140-143.

[13] Saad, Gad. On the Method of Evolutionary Psychology and Its Applicability to Consumer Research[J]. Journal of Marketing Research, 2017, 54(3): 464–477.

[14] White K, Habib R, Hardisty D J. How to SHIFT Consumer Behaviors to be More Sustainable: A Literature Review and Guiding Framework[J]. Journal of Marketing, 2019, 83(3): 22–49.

[15] Grewal L, Stephen A T. In Mobile We Trust: The Effects of Mobile Versus Nonmobile Reviews on Consumer Purchase Intentions[J]. Journal of Marketing Research, 2019, 56(5): 791–808.

[16] Chang, Hannah H, Iris W. Mirror, Mirror on the Retail Wall: Self-Focused Attention Promotes Reliance on Feelings in Consumer Decisions[J]. Journal of Marketing Research, 2018, 55(4): 586–599.

[17] Kim, Kihyun Hannah, V Kumar. The Belative Influence of Economic and Relational Direct Marketing

Communications on Buying Behavior in Business-to-business Markets. Journal of Marketing Research, 2018, 55(1): 48-68.

[18] Boyd D E, Koles B. Virtual Reality and Its Impact on B2B Marketing: A Value-in-use Perspective[J]. Journal of Business Research, 2019(100): 590–598.

[19] Shi H, Sridhar S, Grewal R, Lilien G. Sales Representative Departures and Customer Reassignment Strategies in Business-to-business Markets[J]. Journal of Marketing, 2017(81): 25-44.

[20] Sara Dolnicar, Friedrich Leisch. Using Segment Level Stability to Select Target Segments in Data-driven Market Segmentation Studies[J]. Marketing Letters, 2017, 28(3): 423-436.

[21] Villas-Boas, J. Miguel. A Dynamic Model of Repositioning[J]. Marketing Science, 2018, 37(2): 279-293.

[22] Payne A, Frow P, Eggert A. The Customer Value Proposition: Evolution, Development, and Application in Marketing[J]. Journal of the Academy of Marketing Science, 2017, 45(4): 467-489.

[23] Perrot M, Pineau N, Antille N, et al. Use of Multi-market Preference Mapping to Design Efficient Product Portfolio[J]. Food Quality and Preference, 2018, 64: 238-244.

[24] Monnot E, Reniou F, Parguel B, et al. Thinking Outside the Packaging Box: Should Brands Consider Store Shelf Context When Eliminating Overpackaging?[J]. Journal of Business Ethics, 2019, 154(2): 355-370.

[25] DeRosia E D, Elder R S. Harmful Effects of Mental Imagery and Customer Orientation During New Product Screening[J]. Journal of Marketing Research, 2019, 56(4): 637-651.

[26] Indounas K. Market Structure and Pricing Objectives in The Services Sector[J]. Journal of Services Marketing, 2018, 32(1).

[27] Yu K, Cadeaux J, Song H. Flexibility and Quality in Logistics and Relationships[J]. Industrial Marketing Management, 2017, 62(3): 211-225.

[28] Van Kerckhove A, Pandelaere M. Why Are You Swiping Right? The Impact of Product Orientation on Swiping Responses[J]. Journal of Consumer Research, 2018, 45(3): 633-647.

[29] Wang Z, Mao H, Li Y J, et al. Smile Big or Not? Effects of Smile Intensity on Perceptions of Warmth and Competence[J]. Journal of Consumer Research, 2017, 43(5): 787-805.

[30] Kamins M A, Folkes V S, Fedorikhin A. Promotional Bundles and Consumers' Price Judgments: When the Best Things in Life Are Not Free[J]. Journal of Consumer Research, 2009, 36(4): 660-670.

[31] Cai F, Bagchi R, Gauri D K. Boomerang Effects of Low Price Discounts: How Low Price Discounts Affect Purchase Propensity[J]. Journal of Consumer Research, 2016, 42(5): 804-816.

[32] Schnurr B, Brunner-Sperdin A, Stokburger-Sauer N E. The Effect of Context Attractiveness on Product Attractiveness and product Quality: The Moderating Role of Product Familiarity[J]. Marketing Letters, 2017, 28(2): 1-13.

[33] Wang Y C, Lang C. Service employee dress: Effects on Employee-customer Interactions and Customer-brand Relationship at Full-service Restaurants[J]. Journal of Retailing and Consumer Services, 2019, 50: 1-9.

[34] Prentice C, Wang X, Loureiro S M C. The Influence of Brand Experience and Service Quality on Customer Engagement[J]. Journal of Retailing and Consumer Services, 2019, 50: 50-59.

[35] Wolf T, Weiger W H, Hammerschmidt M. Experiences That Matter? The Motivational Experiences and Business Outcomes of Gamified Services[J]. Journal of Business Research, 2020, 106: 353-364.

[36] Lamberton C, Stephen A T. A Thematic Exploration of Digital, Social Media, and Mobile Marketing: Research Evolution from 2000 to 2015 and An Agenda for Future Inquiry[J]. Journal of Marketing, 2016, 80(6): 146-172.

[37] Chen Y, Wang L. Commentary: Marketing and the Sharing Economy: Digital Economy and Emerging Market Challenges[J]. Journal of Marketing, 2019, 83(5): 28-31.

[38] Kannan P K. Digital Marketing: A Framework, Review and Research Agenda[J]. International Journal of Research in Marketing, 2017, 34(1): 22-45.

[39] Österle B, Kuhn M M, Henseler J. Brand Worlds: Introducing Experiential Marketing to B2B Branding[J]. Industrial Marketing Management, 2018, 72: 71-98.

[40] Zhang T, Li P, Yang L X, et al. A Discount Strategy in Word-of-mouth Marketing[J]. Communications in Nonlinear Science and Numerical Simulation, 2019, 74: 167-179.

[41]]Liu L, Zhang J, Keh H T. Event-marketing and Advertising Expenditures: The Differential Effects on Brand Value and Company Revenue[J]. Journal of Advertising Research, 2018, 58(4): 464-475.

[42] Fajardo T M, Zhang J, Tsiros M. The Contingent Nature of The Symbolic Associations of Visual Design Elements: The Case of Brand Logo Frames[J]. Journal of Consumer Research, 2016, 43(4): 549-566.

[43] Puzakova M, Kwak H. Should Anthropomorphized Brands Engage Customers? The Impact of Social Crowding on Brand Preferences[J]. Journal of Marketing, 2017, 81(6): 99-115.

[44] Luffarelli J, Mukesh M, Mahmood A. Let the Logo Do the Talking: The Influence of Logo Descriptiveness on Brand Equity[J]. Journal of Marketing Research, 2019, 56(5): 862-878.

[45] Leonidou C N, Hultman M. Global Marketing in Business-to-business Contexts: Challenges, Developments, and Opportunities[J]. Industrial Marketing Management, 2018, 78: 102-107.

[46] Ko E. Bridging Asia and the World: Global Platform for the Interface Between Marketing and Management[J]. Journal of Business Research, 2019, 99(JUN.): 350-353.

[47] Rao-Nicholson R, Khan Z. Standardization versus Adaptation of Global Marketing Strategies in Emerging Market Cross-border Acquisitions[J]. International Marketing Review, 2017, 34(1): 138-158.

[48] Orth U R, Hoffmann S, Nickel K. Moral Decoupling Feels Good and Makes Buying Counterfeits easy[J]. Journal of Business Research, 2019, 98: 117-125.

[49] Fine C, Rush E. "Why Does All the Girls Have to Buy Pink Stuff?" The Ethics and Science Of the Gendered Toy Marketing Debate[J]. Journal of Business Ethics, 2018, 149(4): 769-784.

[50] Chung K C. Green Marketing Orientation: Achieving Sustainable Development in Green Hotel Management[J]. Journal of Hospitality Marketing & Management, 2019: 1-17.

[51] Papadas K K, Avlonitis G J, Carrigan M, et al. The Interplay of Strategic and Internal Green Marketing Orientation on Competitive Advantage[J]. Journal of Business Research, 2019, 104: 632-643.

教学支持说明

▶▶ 课件申请

尊敬的老师:

您好!感谢您选用清华大学出版社的教材!为更好地服务教学,我们为采用本书作为教材的老师提供教学辅助资源。该部分资源仅提供给授课教师使用,请您直接用手机扫描下方二维码完成认证及申请。

任课教师扫描二维码
可获取教学辅助资源

▶▶ 样书申请

为方便教师选用教材,我们为您提供免费赠送样书服务。授课教师扫描下方二维码即可获取清华大学出版社教材电子书目。在线填写个人信息,经审核认证后即可获取所选教材。我们会第一时间为您寄送样书。

任课教师扫描二维码
可获取教材电子书目

清华大学出版社

E-mail: tupfuwu@163.com 网址: http://www.tup.com.cn/
电话: 010-83470158/83470142 传真: 8610-83470107
地址: 北京市海淀区双清路学研大厦B座509室 邮编: 100084